·西北工业大学政策研究基金资助项目·

高等教育改革与创新

(第六册)

主　编　陈小筑　姜澄宇
副主编　徐　澄

西北工業大學出版社

图书在版编目(CIP)数据

高等教育改革与创新.第6册/陈小筑,姜澄宇主编.—西安:西北工业大学出版社,2011.6
ISBN 978-7-5612-3100-5

Ⅰ.①高… Ⅱ.①陈… ②姜… Ⅲ.①高等教育—教育改革—中国—文集 Ⅳ.①G649.21-53

中国版本图书馆CIP数据核字(2011)第125189号

出版发行: 西北工业大学出版社
通信地址: 西安市友谊西路127号 **邮编:** 710072
电　　话: (029)88493844 88491757
网　　址: www.nwpup.com
印 刷 者: 陕西向阳印务有限公司
开　　本: 727 mm×960 mm 1/16
印　　张: 23
字　　数: 404千字
版　　次: 2011年6月第1版 2011年6月第1次印刷
定　　价: 45.00元

前　言

编辑完《高等教育改革与创新》第六册书稿，西安下了一场雨夹雪，给久旱不雨的古城带来了清新和湿润。再过几天，就迈进2011年了，同时跨入了国家的“十二五”规划，在这历史的重要时刻，且把这本书稿作为辞旧迎新的一个小小礼物吧。

《高等教育改革与创新》第六册，汇集了2008年和2009年西北工业大学政策研究基金资助的教育研究成果。两年多来，世界高等教育蓬勃发展，西方发达国家继续引领着高等教育的发展潮流，国际国内高等教育交流与合作更加密切并向纵深发展。在国内，随着建设创新型国家和人力资源强国战略的实施，高等学校肩负着更加光荣的任务和神圣的使命，不仅要在转变经济发展方式方面发挥重要作用，而且还要成为人类先进文化的领跑者、社会主义核心价值观的传播者。在即将过去的2010年，国内教育界发生了两件大事，即国家颁布了《国家中长期教育改革和发展规划纲要(2010—2020年)》和《国家中长期人才发展规划纲要(2010—2020年)》，并分别召开了全国教育工作会议和人才工作会议，连同早期颁布的《国家中长期科学和技术发展规划纲要(2006—2020年)》，为今后10年高等教育的改革与发展勾画了蓝图，指明了方向。高等教育要从注重规模的扩张真正转到全面提高质量上来，提高质量是高等教育发展的核心任务，是建设高等教育强国的基本要求。作为像西北工业大学这样的国内“985工程”高校，还面临着“加快创建世界一流大学和高水平大学步伐”的光荣任务。全面提高质量，蕴涵着丰富的内容：推进学科建设，提高人才培养质量，提升科学研究水平，增强社会服务能力，是其题中应有之义；深化管理体制改革，健全激励竞争机制，有效发挥教职工民主管理的作用，乃至建立现代大学制度等，也无不体现着质量内涵和办人民满意的教育的诉求。

新的历史时期，高等教育面临着新的发展机遇，如何实现党和国家的重大发展战略、如何建设高水平的大学，有太多新的课题需要教育工作者去探索和研究。在这方面，西北工业大学广大干部、教师和研究生们在政策研究基金的资助下，一直在做着教育研究工作，并取得了丰硕的成果。

读者从《高等教育改革与创新》第六册以及已经出版的前五册中，可以看到作者不同的研究路径、汲取多学科知识的营养、领悟思维的睿智以及群体研究的力量。令人欣喜的是，这种群众性的理论研究氛围在全校已经形成，越来越多有思想的人加入到了研究行列，从而带动了理论研究水平的整体提升。随着理论研究的步步推进，高等教育的一些深层次矛盾和问题又会不断地浮出水面，成为学校教育工作者面临的新的挑战和有待攻克的堡垒。教育工作者就是这样在认识客观世界和找出其发展规律的循环往复中，改造和提升着自己的主观世界，从而使办学行为更加符合教育规律，使科学理论引领学校的发展，在学校的发展中实现党和国家的建设目标。

理论和思想是行动的先导。理论研究的地位和作用怎样估计都不过分。愿高等教育理论之花鲜艳夺目，常开不败！

编　者

2010 年 12 月 15 日

目　录

上篇　发展战略与管理创新

用科学发展观辩证审视高校发展中若干关系　姜澄宇 …………………… 3
以科学发展观统一思想　努力建设高水平研究型大学　叶金福 …………… 7
高校大额财务负担形成由来及解决对策建议　姜澄宇　徐　澄
　吴介军　潘　泉 ………………………………………………………… 11
大学保密管理的探索与实践　王贵农 …………………………………… 16
营造国际化教学环境　提升高校国际化水平　张　骏 …………………… 21
以科研为主导的导师负责制和资助制的制度困境及其对策
　罗向阳　支希哲 ………………………………………………………… 27
通用航空工程师培养模式与途径研究　孙　瑜　訾　方　李华星 ……… 34
美国研究型大学的办学特色　王春萍　杨蜀康 ………………………… 43
工业技术研究院转化高校科技成果的实践和思考　杨　铭　于　忠
　田荣斌 ………………………………………………………………… 48
经贸类研究生培养模式创新的四维度分析　周　炯　王一宁 …………… 55
大学治理权力结构下的民主管理权　杨云霞 …………………………… 61
资源共享与实验室科学内涵式发展　张　原　李　鑫 …………………… 66
高校科研项目团队绩效评价方法研究　陈俊杰　杨　霄 ………………… 72
基于系统思维的高校科研团队绩效管理研究　陈俊杰　张红芳 ………… 79
高校科研团队的组建与管理模式　宋小玉　侯立珍　张亚莉 …………… 87
基于 SCI 收录论文的作者科研合作无尺度网络研究　徐根玖　杨新一
　张胜贵 ………………………………………………………………… 93
研究生创新能力培养平台实施绩效实证研究　陈洪根　薛　静
　肖丽丽 ………………………………………………………………… 105

试论高校大学生创新能力的培养　王　华　张学良　姚群秀…………… 112
论新形势下博士研究生的综合培养　闫育周　薛惠锋　管兴华
　　寇晓东…………………………………………………………………… 119
基于知识管理的高校青年教师培养体制研究　高　娜　邱若娟………… 125
研究型高校教师工作压力问题探讨　高惠莉……………………………… 132
高校教师教育技术培训工作探索——以西北工业大学为例
　　赵春燕　侯　颖………………………………………………………… 141
西方发达国家高校教师激励机制比较研究　黄　越　王　静
　　张　琨…………………………………………………………………… 146
基于NetLogo平台的高校机关管理干部工作动力与激励机制系统仿真研究
　　刘　强　徐　澄　晁小荣　訾　方……………………………………… 152
高校现行绩效薪酬模式的缺陷及优化设计　黄　越　张　辉
　　王　静…………………………………………………………………… 160
体适能视角下知识分子体质现状与对策研究　韩　文　赵夏娣
　　张　莹…………………………………………………………………… 167
高校管理干部工作动力及激励机制研究　俞坚苗　姜继娇……………… 174
高校管理干部动力机制研究　晁小荣　徐　澄　李　鑫　訾　方……… 184
提高高校党政机关干部工作动力初探　訾　方　徐　澄………………… 191
高校实验技术人才测评方法研究　张　原　李　鑫　杜兴号…………… 196
基于和谐管理理论的高校教学管理研究　牟　蕾　闫晓霞……………… 203
基于新格局下高校图书馆多元化管理模式　关　红　戚红梅…………… 207
陕西省独立学院发展战略的SWOT模型分析　陈汉英　燕云捷 ………… 213
群体性冲突事件的项目管理视角分析模型与分析路径
　　郭　鹏　贾颖颖　王　敏……………………………………………… 220
基于SoS理论的城市群体性事件预警机制研究
　　郭　鹏　王　敏　贾颖颖……………………………………………… 227
专业化、特色化的MBA教育创新研究　郭　德　梁娟红 ………………… 237
理工类研究生英语信息加工项目式课型的理论与实践探讨　智　慧…… 242
影响高校教师使用教育技术的因素与对策研究　赵春燕　侯　颖……… 251
高校师生体质健康现状调查与对策研究　聂东风　王家彬　赵春娜…… 258

高校师生健康管理解决方案初探　巨安丽　何凯亮　程秀文
邓秀菊…………………………………………………………………… 267

下篇　德育与大学文化

以制度创新推进高校党的基层组织建设　陈小筑………………………… 279
当前反腐倡廉教育过程中存在的主要问题及其对策　王贵农…………… 283
基于政治参与视角的大学生政治社会化问题探析　秦　燕　张啸川…… 289
近年来大学生政治社会化问题研究述评　秦　燕　陶蕴芳……………… 298
高等学校党组织先进性建设的实践与体会　杨　晓　段根良…………… 308
论党内民主的内外因及其相互关系　武婉珍　华艳君…………………… 311
研究生第二课堂:提高研究生创新能力的有效途径　王宇波
张雪霞　李春林　陈　磊 ………………………………………… 317
高校思想政治理论课实践教学的思考　高旭红…………………………… 321
新媒体环境下高校红色网站建设的几点思考　陈仲昌　陆佩华………… 327
新校区校园文化建设的问题及对策　张淑华……………………………… 331
基于创新型人才培养的高校学生党建工作体系研究　刘小军…………… 338
大学和谐班级构建要素分析　商存慧……………………………………… 342
大学生志愿服务的价值与长效机制研究　高旭红………………………… 347
以人为本思想在重点学生管理中的应用　巨维博　徐方暖　李　捷
王军军……………………………………………………………… 354
后记……………………………………………………………………… 359

上　篇

发展战略与管理创新

用科学发展观辩证审视高校发展中若干关系

姜澄宇

当前，全党和全国人民正在深入学习、努力践行科学发展观。从哲学角度看，科学发展观的本质就是辩证唯物主义的发展观。在高校贯彻落实科学发展观，就是要坚持用科学发展观武装广大干部和师生员工的头脑，把科学发展观的要求转化为谋划发展的正确思路，转化为促进发展的政策举措，转化为领导发展的实际能力。对西北工业大学而言，学习和实践科学发展观的核心就是要科学辩证地处理好发展中的矛盾和问题，促进学校又好又快、可持续发展，早日实现国际知名高水平研究型大学的建设目标，为中华崛起做出更大贡献。

一、当前发展与长远规划的关系

学校当前工作纷繁复杂，千头万绪，必须一步一个脚印地认真做好。但是，深入研究高等教育规律，熟悉国内外一流大学发展动态，把握本校前进方向更为重要。正确的定位和科学的规划是确保学校又好又快发展的重要前提。党的十七大报告指出，要优先发展教育，建设人力资源强国。人力资源强国必然是高等教育强国。西北工业大学作为国家“985工程”和“211工程”重点建设的高校，在推动创新型国家建设和实现由高等教育大国向高等教育强国转变进程中，肩负着不可推卸的历史使命。多年来，学校坚持以发展“三航”（航空、航天、航海）学科为特色、以培养高素质创新型人才为中心，走内涵式发展道路，全面服务于国家安全和国民经济建设。虽然西工大地处西部，但其具有的深厚历史底蕴，汇集的“三航”科技英才，拥有的国家和国防科技重点实验室及工程研究中心，为学校的发展提供了强大的物质和文化支撑。学校第十次党代会集中了全体师生员工的智慧和意志，明确提出了“三步走”的发展战略，即到2010年左右，基本建成国内一流、国际知名高水平研究型大学；到2020年，全面建成国内一流、国际知名高水平研究型大学；到2038年即建校100周年之际，向世界一流大学冲刺。与此同时，学校制定了中长期学科建设规划、师资队伍建设规划、人才培养规划、国际交流与合作规划、校园建设规划等。用经过奋斗可以实现的目标鼓舞人、凝聚人，去夺取一个又一个胜利。

二、办学规模与水平提升的关系

我们希望建一所大大学，还是一所好大学？对于像西工大这样特色鲜明的研究型大学，不能依靠量的扩张，而是要依靠质的提升。学校的规模一定是要靠基础设施建设、师资队伍等软硬件条件来配套支撑的。规模的不断扩张必然使学校处于无休止的基建状态，很难集中精力和财力考虑水平提升问题。让一个高生师比学校的老师以充沛的精力从事高水平的科学研究，是很难做到的。因此一流大学规模必须有度，不能无限扩大。学校这几年认真处理好做大与做强的关系，在规模控制方面采取了有力的步骤和措施。本科生原先每年的招生数都在 4 000 人以上，现在则降到每年 3 500 人左右。研究生的规模控制在每年 2 600 人左右（硕士生每年 2 000 人左右，博士生每年 600 人左右），加上专业学位的研究生，在校本科生和研究生的比例基本上接近 1∶1。这样一个规模和结构，与学校现有的软硬条件是基本吻合的，使我们能够精雕细琢，培养高素质的学生和产生高水平的科研成果。

三、传统与新兴学科、主干与支撑学科的关系

学科是大学的基本元素，最能体现出大学的办学优势和特色。经过半个多世纪的建设和发展，西工大已经形成了三航、3M（材料、力学、机械）、3C（计算机、控制、通信）的工科主干学科群。这些学科全部都是国家重点学科，是学校明显的特色和突出的优势所在，对学校的学术水平与地位起着关键作用。因此，坚持“三航”特色是西工大学科建设的首要方针。现代学科的发展趋势是学科间的交叉与融合。有重点、有选择地发展新兴交叉学科，对科技创新有重要促进作用。学校分析了 21 世纪科技发展趋势，于 2003 年审慎而又果断地建立了生命科学院，大力发展生物材料、生物电子、航空航天医学等交叉学科，取得了可喜进展。

在注重发展特色和主干学科的同时，学校近几年高度重视支撑学科的建设。学校提出要建设一个强大的理科，为工科的发展打牢坚实的理论基础。与此同时，学校也提出来要建设一个与工科和理科协调发展的管理和人文社会学科，推进校园文化的发展和繁荣，培养大学生的综合文化素质，建设社会主义和谐校园。

四、人才培养大众化与精英型的关系

人才培养是高等院校的根本任务，也是实现党的十七大提出的建设人力

资源强国的根本途径。中国的大学有 1 000 多所，在这么大的群体中，研究型大学只占少数，它们肩负着为国家培养拔尖创新人才的重任。西北工业大学明确提出了要坚持培养高层次精英人才的理念，要努力培养各行各业的领军人才。我们的学生特别之处在哪里？如何培养他们的创新精神和创新能力？这一直是学校关注的重大问题。作为首批进入教育部研究生创新工程的 11 所大学之一，这几年，学校在研究生和本科生教学中采取了一系列的办法和措施，设立了一批大学生创新实验室和创新基地，配备了高水平的指导教师，启迪同学们发散性思维。在创新基地里推行“四自”原则，即自行设计、自己动手、自由探索、自主创新，着力提升学生的创新意识和动手能力。创新基地的建设结出了丰硕的成果，西工大夺得了 2005 年全国大学生数模竞赛唯一最高奖“高教社杯”，2007 年全国大学生周培源力学竞赛团体冠军，2008 年世界大学生数模竞赛国内团体总分第一，足球机器人、舞蹈机器人、空中机器人多项冠军。与此同时，学校众多重点实验室都对研究生和高年级本科生开放，学生参与老师的科研项目，或参与生产实习和工程实践，科研和教学有机结合，科研带动教学，教学促进科研，保证了学生培养的质量和水平。

五、科研经费与成果、应用研究与基础研究的关系

在科研工作中落实科学发展观，应着重解决好“两个并重”的问题：一个是科研经费和科研成果并重的问题，另一个是应用性研究和基础性研究并重的问题。“十一五”以来，西工大承担各类科研项目 6 750 余项，牵头主持国家重大项目 108 项，累计科研经费 44.86 亿元，2009 年科研到款突破 12 亿元。以前，学校一直将科研项目的争取和科研经费的到款额作为考核学院和教师工作的一个重要指标。作为一流大学，科研项目和科研经费的数量已经不是反映学校实力的唯一指标，更为重要的是要看通过这些研究取得了哪些重大成果，对国家国防建设和社会进步做出了哪些重大贡献。可喜的是，西工大近年来在科研经费增长的同时，也取得了一系列的标志性成果，如获得了国家科技发明一等奖，国家科技进步一等奖等多项奖励；作为全国唯一的高校获得中共中央、国务院、中央军委联合表彰的最高殊荣，为我国国防现代化建设作出了重大贡献。2008 年度，西工大师生发表的 EI 论文总数居全国高校第 9 位，国内论文总数居第 8 位。高影响因子的论文稳步增加。

世界一流大学都是知识创新能力最强的大学，在前瞻性、前沿性的基础科学研究中做出了卓越的贡献。没有高水平的基础研究就不可能成为世界一流大学。西工大科研最大的特点就是善于承担国家重大工程项目，具有很强的集成创新能力，这在国内高校是很突出的。但如何在注重应用研究的同时，大幅度提升基础研究和原始创新的能力，加强学校科研工作的发展后劲，一直是学校高度关注的重要问题。学校于2006年成立了基础研究院，首批投入1 000万元自筹经费设立了基础研究基金，开辟了基础研究的政策特区。确定的研究方向主要包括两类，一类是以原始创新为目的的自由探索研究，重点是瞄准科学前沿问题，探索科学基本规律；另一类是围绕国防安全与国民经济需求，体现交叉与融合，解决航空、航天、航海关键领域的基础性和前瞻性科学问题。

六、大楼与大师的关系

一流大学不能没有大楼，更不能没有大师。世界一流大学必须拥有一批世界级的人才。如何吸引和汇聚一批真正有才华的人才在西工大充分施展抱负，一直是学校着力解决的核心难题。作为西部高校，聚集大师和高层次人才尤为紧要。近几年，学校大力推进"人才强校"发展战略，"十一五"期间投入上亿元实施了"翱翔人才工程"，目前已取得阶段性成果。学校在注重用宏伟的发展目标去吸引人、用优良的传统去凝聚人的同时，也注重用真挚的感情去关心人、用良好的环境去吸引人。近几年，学校通过"都市花园式"友谊校区和"山水园林式"长安校区的建设，一批"大楼"拔地而起，逐步营造起了优美舒适的工作和学习环境，让广大师生员工既安居，又乐业。

高校贯彻落实科学发展观，是一个重大的时代课题，关系着高校实现又好又快的发展，关系着民族的振兴和国家的强盛。我们将在今后的办学实践中不断探索，努力提高实践科学发展观的能力和水平。

以科学发展观统一思想
努力建设高水平研究型大学

叶金福

近年来，我国高等教育发展迅速，人才培养、知识创新及服务经济与社会发展能力大大提高，高等教育的规模、结构、质量协调发展，实现高等教育大众化，成为了高等教育大国，确立了建设高等教育强国的目标。西北工业大学作为"985 工程""211 工程"重点建设高校，在建设创新型国家、推进我国由高等教育大国向高等教育强国迈进中应当有所作为。按照新形势、新任务的要求，要建设高水平研究型大学的目标，首要的任务就是深入贯彻落实科学发展观，进一步理清建设国际知名高水平研究型大学的办学思路，求真务实，与时俱进，不断开创学校各项事业发展的新局面。

一、认清形势，把握方向

经过"985 工程""211 工程"多年连续建设，西北工业大学的办学实力进一步增强，已经站在了新的起点上。同时，学校也面临众多新形势和新要求：第一，中央确定了建设和谐社会的目标，更加强调以人为本的理念。这是我们执政党执政理念的根本变化。在市场经济建设前期，我国经济体制改革更多强调减员增效、改革分流、明晰产权，树立市场风险意识。科学发展观和和谐社会的新要求则要求我们辩证统一地认识此问题，主动适应由此带来的可能变化和要求。第二，国家确定了建设创新型国家的目标，制定了中长期的科学发展计划，确定了 16 个重大专项。这将带来政府对公共政策、资源投入的调控，也提出了对创新型人才培养的新要求，进而对高等教育提出了新要求。第三，中央提出了建设高等教育强国的口号，这个目标对高等教育界的科学发展具有很强的指导意义。高等教育强国，意味着在人才培养、科学研究、社会服务等多方面，从量到质都有着对应的明确指标和比较对象。第四，国际政治经济局势特别是两岸关系的变化。西北工业大学是国防特色鲜明、"三航"学科突出的科学技术大学，服务的主要对象是国防军工企事业单位和部队，我校科研项目的相当一部分是来自于这个领域，很多成果也取自这个领域，两岸关系的变化会对我们这样具有国防特色的高校带来深刻的影响。

今年，西北工业大学和原国防科工委所属的七所院校整建制划转工业和信息化部隶属，将会对我们这些工科优势明显的军工高校提出更多推动新型工业化和信息化的新要求。此外，随着学校新校区的全面投入使用，两校区运行即将成为一种常态，对学校的管理方式、运行成本、思想政治工作等提出了新的要求。经过“十五”“十一五”的建设，西北工业大学的办学实力、办学资源、社会资源、社会影响力和标志性成果以及我们的思想观念、内部的运行机制，都发生了重大的变化。通过“211 工程”和“985 工程”建设，我校在教育教学基础设施、学科建设、科学研究、教学条件和师资队伍、国际合作与交流等各方面的水平大大提升。如教育部“质量工程”“本科教学水平评估”等进一步提升了教育教学水平；通过科技创新工程使学校的科学研究水平大大提高，学校对国家的科技创新贡献率逐年提升。我校“十五”以来承担各类科研项目 6 780余项，其中牵头主持的国家重大项目 104 项；科研经费累计超过 40 亿元。“十五”以来，共获国家和省部级以上科技奖 288 项，学校为国防科技事业做出了重大贡献，真正成为了国家科技创新的主力军。

二、科学发展，实施“三步走”战略，一张蓝图干到底

1. 以提高质量为核心，努力提高教育教学水平

经过几年的发展，学校的整体规模、结构已经基本稳定。现在每年本科生招生数大约 3 500 名，硕士生 2 500 名，博士研究生 600 名。基于这样的规模，如何提高人才培养质量？从本科教育来讲，创新、创业能力都摆上了非常突出的位置。我们要思考怎么样从知识传授向更加注重能力和素质转变？如何加强师风、师德、教风建设？从学生角度来看，如何端正他们的学习目的，鼓足他们的学习干劲，改进他们的学习方法，以及进行行之有效的思想政治教育、公民道德教育及法制教育，使素质得到提升和拓展，这是我们要加以关注的。西工大在这方面已有很好的基础，也有着优良传统。在下一步发展中，要继续保持我校几十年来精心培育的优良传统，要确保教学的中心地位不能动摇！研究生教育方面，我校取得了不少成绩，但由于地域差异等原因，给生源质量带来的影响也不容忽视。此外，个别导师对育人的认识不足，一些导师由于科研工作繁重，对学生指导、交流投入不够。这都给提高研究生教育质量埋下隐患，我们要高度关注并花力气解决。

2. 统筹兼顾，保持科技发展的良好势头

科学研究方面，我校的科研气氛很浓，学术论文、科研经费、科研成果等都达到了较高的水平。2007 年，我校科研经费 11.93 亿元，论文是 5 500 多篇，而教师只有 1 600 多名，人均指标已经到一个很高的水平，无限追求量的增长

是不现实的。在这种情况下，按照科学发展观的要求，我们必须进一步深入统筹协调好量的增长和质的提高的关系，注重规模、结构、质量、效益的统筹兼顾。一方面，我们提出更加重视质的提升、重视原始创新，要建设强大的理科。学校成立了基础研究院，每年自筹资金数百万元用于加强基础研究。但是也要看到，我们强调的是更加重视质，而不是简单地否定量。在实验室建设方面，各级各类重点实验室的数量和科研器具的装备水平已经较高，不少实验设备与国外相比也相差不大。今后，需要更多考虑如何提高科研平台的“产出”，提高仪器设备特别是高层次设备的利用率和共享率。

3. 人才队伍建设“三支队伍一起抓”

高校也有“三支队伍”，分别指教师队伍、专业技术队伍和党政管理干部队伍，其中师资队伍建设是重中之重。我们要注重引进对我校现有师资有很好补充的高水平教师，更要关注现有师资队伍的锻造提升。要在动态的人才培养中，以各种激励措施，把这支队伍打造成适应学校发展建设需要的高水平的师资队伍。要利用现在相对好得多的优势，利用整个相对改善的大环境和相对充裕的人力资源，稳定现有师资队伍。对师资队伍建设而言，和谐社会不是大锅饭，以人为本也不能允许搭便车。要强调宽容，但不是宽容落后。要提高质量，改善结构，既要靠高质量的人才增量，也必须调整已有的人才存量。一方面靠培训提高，另一方面则要转到适宜的岗位，仍然要发挥市场和竞争在资源配置的基础性作用。在管理队伍建设方面，则要进一步完善体制机制，以制度为保障，促进管理更加科学、精细，不断提高管理的规范化、程序化、标准化程度。

4. 注意政策的连续性，一张蓝图干到底

在 2003 年的第十次党代会上，我校确立了建设高水平研究型大学的战略目标，制定了到 2010 年基本建成高水平研究型大学、到 2020 年全面建成高水平研究型大学、到 2038 年建校 100 周年之际，向世界一流大学冲刺的“三步走”战略。要实现这个目标，就要一张蓝图干到底。

三、推进和谐校园建设，更加注重以人为本

近年来，学校在硬件条件改善、教职工收入水平提升、管理服务等软件的改善等方面都有了很大的进步。可以设想，收入水平、硬件条件的改善是有限的，而且今后增速将逐渐放缓。如何继续提升学校的吸引力、增强师生创新工作的动力成为我们面临的新问题。我们认为，要更加注重和谐校园建设，注重“软实力”增强，创造更适宜生活、更适宜工作、更适宜成才的环境，以人为本，以我们的文化感染人影响人，这也正是很多高层次人才渴望的。硬条件的改

善是有限的，而软环境的提升是无止境的。

四、推动民主建设，以扩大党内民主带动人民民主

党的十七大强调要“推动民主建设，以扩大党内民主带动人民民主”。我们要按照十七大精神，积极推动民主建设。要继续推进校务、政务、院务公开，充分发挥党委会作用，尊重教代会的民主管理和监督职能，充分发挥教授治学的作用。常委会作为最高决策机构，要更健全地贯彻民主集中制，关注现代大学制度的研究，按照大学章程、依法治校，处理好行政权力和学术权力的关系。一流大学、一流学院、一流学科的目标多姿多彩，但是背后隐含的要求是要有一流的人。一流的人当然包括领导班子，作为领导班子，在中国建设一流大学责任更大。当前，我们已经站在了新的起点上，向一流迈进的漫漫征途，来不得浮躁，更不能炒作虚热，这是一个长期的艰苦的跋涉。对这一点我们高校的领导干部要有清醒的认识。我们要在科学发展观指导下，把握发展规律、创新发展理念、转变发展方式、破解发展难题，努力实现科学发展、和谐发展。

高校大额财务负担形成由来及解决对策建议

姜澄宇　徐　澄　吴介军　潘　泉

近几年来，我国普通高等学校大额财务负担问题已经引起社会广泛的关注，并且成为去年“两会”记者所关心的热点问题之一。据有关方面统计，全国高校约有 2 000 多亿元的财务负担，确实已使举债高校不堪重负，严重影响了正常的教学、科研秩序，制约了这些高校持续、健康的发展。我们认为，必须尽早妥善解决高校大额财务负担。当前，妥善解决这个问题的时机已趋成熟，应该提上国家和有关主管部门的议事日程。

一、高校大额财务负担的形成与由来

1. 大幅度扩大高等教育招生规模是党中央、国务院审时度势作出的英明战略决策

世纪之交，国际局势发生了深刻的变化，世界多极化和经济全球化的趋势在曲折中发展，科技进步日新月异，国力竞争日趋激烈。中华崛起的核心因素是提高全民族的科学文化素质，培养和造就一大批高素质优秀人才。

1998 年全国高等教育毛入学率仅为 9.8%。1999 年，党中央、国务院总揽我国现代化建设全局，面对 21 世纪经济、科技和社会发展的新形势，下决定大幅度扩大高等教育招生规模。这是中央审时度势作出的重大决策，是时代要求，民心所向。全国高校克服困难，积极响应了这一决策。经过短短几年的努力，到 2002 年，高等教育毛入学率首次超过 15%，进入国际公认的高等教育大众化发展阶段，2007 年则进一步达到了 23%。短短几年，我国高等教育规模先后超过俄罗斯、印度、美国，成为世界第一，迈出了由人力资源大国向人力资源强国转变的关键性一步。

大幅度扩大高等教育招生规模，为全面建设小康社会提供了强有力的人才支撑和知识贡献。仅“十五”期间，高等教育就为社会输送了 1 397 万毕业生，这些毕业生已经成为我国现代化建设各行各业的骨干力量和支撑人才。在大幅度扩大高等教育规模的前提下，高等教育的质量稳步提高，高等教育对社会发展和经济发展的贡献率大幅度提升，“十五”期间，高校获取了国家科技

进步奖的 53.6%，国家技术发明奖的 64.4%，国家自然科学奖的 55.1%。在国家科技创新体系中，我国大学特别是研究型大学，正日益成为基础科学研究的主力军、应用技术研究的重要方面军和科技成果转化的强大生力军。

高等教育招生规模的扩大和跨越式发展，极大地满足了广大人民群众日益增长的对高等教育的需求，为数以千万计的青年学子提供了有可能改变他们一生命运的机会。我国高等教育十年大跨越的深远影响必将在今后几十年乃至百年中逐步显现，成为中华民族伟大复兴的强劲动力。

2. 大幅度扩大高等教育招生规模势必为高校带来巨大的资金需求

高等教育大扩招使全国普通高校在校生规模由 1998 年的 360 万人增加到 2006 年的 1 800 万人，直接造成了办学资源的全面紧张。在教育部颁布的《普通高等学校本科教学工作水平评估指标体系》中，对高校的办学基本条件作出了明确的规定。以综合院校为例，应该达到的基本指标有：生师比 18∶1，生均教学行政用房 14 平方米，生均教学科研仪器设备资产值 5 000 元，生均图书 100 册，生均占地面积 54 平方米，生均宿舍面积 6.5 平方米，百名学生配教学用计算机 10 台等，对生均体育场地、生均食堂面积等指标也都有具体要求。按照这个并非高标准的指标体系测算，国家至少需要投入 6 000 亿元左右，才能基本完成扩招任务，而同期普通高校国家预算内基本建设投入远远不足，缺口巨大。

3. 高校贷款建设迫不得已

高等教育是非赢利的公益性事业，其发展建设所需的资金主要靠各级政府投入和社会力量投入。改革开放以后，我国高校逐渐改变了大学生学习成本完全由政府包揽的状况，实行了成本分担机制，但目前国家的事业财政拨款与公办大学学生缴纳的学杂费仅够维持大学的日常运转，学校的经费自筹能力十分有限。在这种情况下，为了落实党和国家的战略决策，保持正常的教学、科研秩序，保证人才培养质量以及学校的和谐稳定，多数高校几乎只有向银行贷款来进行办学条件建设，以完成扩招任务。

4. 政府、银行、高校三方的积极性促成了高校贷款建设

高校所隶属的中央部委、地方政府深知科技、教育和人才对推动经济发展和社会进步的极端重要性，积极鼓励和支持高校利用银行贷款进行建设。在一段时期，许多省、市、区都表现出极大的热情。银行方面，出于对贷款的安全性考虑并盘活资金，愿意给不存在多大风险的高校提供大额贷款。高校作为"当事人"，抓住机遇、自我发展的积极性自不待言。三方积极性的融合形成了既圆满完成了扩招任务，同时也使高校背上了大额财务负担的现状。

二、高校大额财务负担应由国家偿还的理由

高校贷款建设是对国家扩招战略目标的积极响应，是化解矛盾的必然之举。世纪之交，中国高等教育的跨越式发展，波澜壮阔、气势恢弘、举世瞩目。如果没有高校向银行大额贷款，国家扩招战略目标就无法实现，众多高校也不可能顺利通过本科教学工作水平评估，党中央建设人力资源强国的步伐就会受阻。

高校贷款形成了巨大的优质教育资源和国有资产。高校贷款资金的使用，从根本上改善了办学条件，一个个高雅美观的新校园呈现在世人面前，从硬件上进一步缩短了与世界高等教育强国的差距。高校贷款形成了土地、校舍、设备等优良的办学资源。据统计，与1998年相比，普通高校校园面积增加了2.6倍，教学用房面积增加了3.7倍，教学仪器设备总值增加6.4倍，近10年，仅公立高校账面资产就增加了5 000亿元。对于占中国高等教育绝对主力的公立大学而言，贷款建设所形成的这些优质的固定资产全部是国有资产，国家是其唯一的所有者。这些优质资产将在今后对推动我国高等教育事业的发展发挥巨大的作用。

高校建设程序规范，银行贷款使用效益高。高校贷款主要用于基本建设和仪器设备购置，多数高校进行了新校区建设。在新校区建设过程中，绝大多数高校都严格按规章制度办事，历经论证、规划设计、报批、征地、立项、招标、建设等环节，保证了建设的规范性和科学性。在建设过程中，绝大多数高校着眼长远，精打细算，厉行节约，把有限资金用在刀刃上，从制度上加强对工程项目的监管，保证了贷款的使用效率和投资效益。粗略估计，高校总体以2 000多亿元的银行贷款，完成了需要投资6 000多亿元的巨大工程，为国家节省了大量资金。

国家和地方政府目前已经具备偿还高校大额贷款的能力。改革开放以来，我国经济持续快速发展，国家和地方财力迅速增长，2007年我国GDP达到24.66万亿元，全国财政收入达到5.13万亿元，国家完全有能力妥善解决高校大额财务负担问题。

三、解决高校大额财务负担的办法与对策

高校向银行贷款建设新校区和改善办学条件，完成了党和人民托付的扩大招生规模的任务，同时也使高校背上了沉重的财务负担，极大地影响到这些学校的正常运行。由于贷款需要按期支付利息，因此，这些贷款如不尽早处理，将使学校的负担越来越重(按照贷款总规模2 000亿元计算，高校每年支

付给银行的利息高达 150 亿元，超过“985 工程”五年国家财政的总投入)。在目前高校自筹能力普遍很弱、面向学生的收费标准不可能提高的情况下，国家应该出台积极的应对措施，减少高校的财务负担，化解高校的财务风险，从而保证我国高等教育健康发展。

我们认为，解决高校大额财务负担可以采取以下几种模式：

根据高校扩招前后净增加的学生人数按照定额标准进行二次性补贴。教育部教发(2004)2 号文件关于普通高等学校基本办学条件指标合格标准，区分不同类型院校，对生均教学行政用房、生均教学科研仪器设备、生均图书、生均占地面积、生均宿舍面积，百名学生配教学用计算机数、配多媒体教室和语音实验室座位数等指标作出规定，国家可以按照这一规定测算出应有的生均投入，对各高校按扩招净增加的学生人数，以生均投入为标准，进行一次性补充建设投入。

普遍提高生均拨款标准。国家对高等教育的投入，1998 年高等教育财政性生均预算经费为 8 529 元，而到 2006 年只有 5 375 元，在不考虑物价上涨等因素的情况下生均预算经费实际减少 37%。为了改善高校的财务困境，国家可以考虑提高生均拨款标准，使教育投入占 GDP 的比率达到国家规定 4%的水平。在这种情况下，学校的可支配财力将有一个较大幅度的稳定增加值，进而国家可以要求高校提出明确的还款计划。

对高校由贷款形成的用于教育事业的固定资产及土地进行评估后分规模补偿。高校贷款用于投资建设的绝大部分都形成了学校的土地、校舍、设备等优质的办学资源，形成了学校的固定资产。国家可以对已形成的资产委托中介机构进行评估。如果新增资产与扩招规模相匹配，则国家予以认可并进行一次性补偿；如果新增资产超出扩招规模需要，或与扩招任务无关，则国家不予补偿。

四、解决高校大额财务负担要注意的几个问题

补偿应考虑学校的不同层次与类别。高等学校办学类别和办学层次不同，办学的投入和办学成本就会有很大差异。从层次上来看，研究型大学与一般普通大学的人才培养目标不同，培养成本的差别就很大。就研究型大学而言，要培养一流的人才、取得一流的科研成果、达到一流的学术水平，就必须拥有一流的学术研究的硬件环境和一流的办学条件，这些条件包括学生实习，创新实验条件，学生参与科研活动的条件等。从学校类别上来看，理、工、农、林、医、财经、政法、体育、艺术等不同类别学校的办学成本也不一样，国家可考虑区分不同学校的层次与类别，以生均基本办学条件为基数，乘以不同的系数进

行一次性补偿。

补偿应在遵循原有财政口径的基础上实行分担机制。高校的大额财务负担可以采取按隶属关系由中央和地方财政分别解决。原则上,中央部委直属高校的负担由中央财政解决,地方高校的负担由中央和地方两级财政共同解决。在这方面,部分省、市、区都有了很好的尝试。对于经济发展较快的发达省份和地区,国家应该鼓励、提倡和支持对教育的投入,中央财政并适当予以补偿;对于经济欠发达地区的高校,主要还要靠中央财政的投入。

补偿应区别公办和民办。根据学校性质的不同,公办高校的办学经费主要来自各级政府的财政投入,学生缴纳的学杂费用较低,民办高校的办学经费来自社会力量投入和学杂费收入,学生缴纳的学杂费较高。鉴于此,国家在对高校负债补偿时,主要应对公办高校的建设负债进行补偿。民办高校属于社会力量办学,应该给予鼓励和适当的补偿,主要考虑在某些办学政策上予以扶持。

五、几点建议

这次大范围、大规模的高校贷款建设,并形成大额财务负担的现象留给我们许多值得认真思考的地方,由此我们建议:政府主要部门对于高等教育的发展规模应进行更为深入的论证分析,建立科学的中长期人力资源发展规划;政府主管部门应通过招生指标来控制各级各类学校的办学规模,对条件不具备的学校削减其招生规模;今后公办高校的发展建设应该严格按照各级主管部门的审批程序进行,不能再采取“先斩后奏”的模式;今后国家应加强对高校贷款的监管力度,控制高校的财务风险,建立有效的风险防范机制。应根据教育部和财政部联合下发的《关于进一步完善高等学校经济责任制加强银行贷款管理切实防范财务风险的意见》文件,利用高校银行贷款额度控制与风险评价模型,建立财务预警系统,从而使高校纳入规范化、科学化的发展轨道。

参考文献

[1] 温家宝.政府工作报告.十一届全国人大一次会议《政府工作报告》辅导读本[M].北京:人民出版社,2008.

[2] 陈至立.以提高质量为核心加快从高等教育大国向高等教育强国迈进的步伐[J].求是,2008,3.

[3] 崔邦炎.关于当前高校财务方面几个问题的思考[J].中国高等教育,2007,17.

[4] 中华人民共和国教育部.全国教育经费执行情况统计公告.

大学保密管理的探索与实践

王贵农

西北工业大学作为一所具有国防军工特色的大学，担负着为国防科技工业培养人才、科技创新和服务的重要使命，在办学的过程中，始终面临着敌对势力渗透、策反和窃密的严峻形势。因此，做好保密工作既是服务国防军工事业的需要，也是学校建设发展的需要，更是维护国家安全利益的需要。根据国防科技工业保密要求，学校于 2006 年顺利通过了国家一级保密资格认证，在保密资格认证工作中，学校围绕如何加强保密管理，进行了积极而有效的探索和实践。

一、大学保密管理的特殊性分析

大学保密管理既要符合保密工作的一般性要求，也应当符合大学保密工作的特殊性要求。正确认识和把握保密管理中的特殊性问题，是做好大学保密管理的前提。

1. 科技成果的公开性与信息保密秘密性之间的矛盾

大学的基本功能之一是开展科学研究，其社会地位和声誉在很大程度上取决于科学研究水平和学术影响力，这就要求教师和学生的研究成果必须在学术刊物上发表，或在学术会议上交流，或以学术专著等方式公开，以赢得社会同行或公众的承认。其次，科学研究活动本身就要求跨学科、跨学校、跨行业，甚至跨国家进行联合攻关，信息共享，以促进科学技术的进步。而保密管理则要求涉及国家安全利益的信息处于秘密状态，不为社会公众所知，一些科研成果因保密要求而无法进行公开或交流，从学术上讲，会在一定程度上影响科学技术的进步与发展。另一方面，保密要求也就意味着以牺牲研究者获得一定的社会声望和利益为代价，使他们处于“默默无闻”状态。因此，少数研究者对于其科研成果信息的保密选择往往是不太情愿的。或者说，在保密管理中会影响一些教师和学生参与保密的积极性和自觉性。

2. 办学的开放性与保密管理限制性之间的矛盾

开放性办学是大学的基本特征之一。大学通过与政府、企业和社会各界的紧密联系进行产、学、研结合，实现社会服务价值；通过与国外大学、企业的合作开拓国际视野，促进交流，提升办学实力。大学开放性还表现在学校人员往来与交流关系的广泛性和复杂性，而且计算机和国际互联网已经成为教师、学生最基本的学习和研究工具，带来学术交流的方便和快捷，可以使信息传播在瞬间遍及世界，实际形成校园活动范围无边界。大学是开放的，无边界的，难以控制的，明显地增加了保密管理难度。反之，办学开放性的限制越多，保密管理的难度将会相对降低，又必然在一定程度上影响大学的开放性，从而导致办学开放性与保密管理限制性之间的冲突。

3. 教师和学生的流动性与保密管理稳定性之间的矛盾

教师拥有特殊的专业知识和能力，是社会人力资源中的稀缺人才，他们具有良好的社会适应能力，为政府、企业等各类社会机构所争夺，其流动性远远高于其他社会成员。大学生更是社会成员中最活跃的群体，学成就业是他们必然面对的人生选择。此外，人脑又是信息存储最基本，也是最重要的载体。这就意味着存储在人脑中的保密信息随着人员空间变动而随之流动，导致秘密信息失去控制的可能性大大增加。保密管理则要求在规定的时间内，保密信息不得公开与失控，原则上要求参与涉密项目的科研人员相对稳定。人事管理则遵循人才自由流动的原则，尽管在人才流动协议中可以设置保密条款，但是，如何有效防止国家秘密的泄露、公开或失控仍然是大学保密管理面临的难题之一。

4. 科研活动的多样性与保密管理单一性之间的矛盾

大学科研活动的多样性特征主要表现在：科研组织结构可以分为松散型和紧密型；在研究人员的构成上，体现彼此知识结构的交叉性和专业背景的相关性；在科研活动的形式上，体现跨学科、多层次、多方位联合攻关；在合作研究的时间上又可以分为短期、中期和长期；等等。因此，一个人同时掌握多项秘密，或者一个科研项目涉及多项秘密，很容易模糊保密管理的时间、空间，使多种涉密信息处于复杂的、交叉的和无序的交织状态。保密管理则要求清晰划分出秘密信息彼此之间的界限，一件秘密对应于一项内容，以利于保密管理。

二、大学保密管理的基本做法

根据大学保密管理的规律和特点，学校不断创新保密管理理念、模式和方法，进行了一些新的探索和实践。

1. 确立保密“最小化”理念，增强保密管理有效性

一个完整的保密项目从流转过程来看，可以分为源端、中间段和终端三个保密阶段。大学承担的研究课题绝大多数来源于政府、军方或企业的委托，其

涉密项目一般处于流转过程的中间段，此段的秘密信息是进行过分解降密的，而且在研究过程中产生的信息往往处于不确定秘密状态，即尚未形成完整的信息价值，密与非密的界定也不清晰。因此，在此阶段中的信息秘密原则上可以进行“保密最小化”处理。也就是说，根据课题研究和保密安全的需要，确保秘密信息的内容和授权接触秘密信息的人数被限制在最小的范围内。在定密、涉密人员审定、要害部门部位确定等环节，尽最大可能定密就低不就高，涉密信息和人员审定就少不就多，真正体现“保核心、保关键、保重点”的保密工作基本原则。同时，“保密最小化”也是增强保密管理有效性和降低保密成本的最基本要求。

2.以科研项目为基础，构建项目保密管理体系

科研活动是围绕项目开展的，以项目确定涉密人员、场所、部门、部位以及信息资料等，形成一个相对完整的保密体系。学校制定了《涉密科研生产项目跟踪管理手册》（以下简称《手册》），通过全过程保密跟踪管理，使军工科研项目在项目准备与申请阶段、项目立项与执行阶段、项目结题验收阶段、项目推广转化阶段以及项目申报奖励成果阶段，始终处于有效控制之中。

涉密项目保密管理的关键是做好与之相关的人员、载体和秘密信息流动的管理。《手册》以主要涉密人员、涉密载体和秘密信息流动管理三条线，分别记录其审定、变更、流转等情况。在项目立项时明确参研人员、涉密计算机和涉密信息及其载体的初始状态，在研究过程中，及时报告相关内容的变更流转情况。通过审查参研人员变更、载体外带审批和秘密信息的产生及流转的记录，做到心中有数、责任分解、落实到位。实施科研项目全过程跟踪保密管理，理清了保密环节，明确了保密管理的时空，有效地克服了科研活动多样性给保密管理带来的问题。

3.加强保密教育，建设校园保密文化

保密管理中人是主体，处于最核心的地位，涉密人员保密意识和能力的状态决定了保密管理的水平。作为军工院校，教师和学生的教学科研活动会较多地涉及军工国防秘密，学生毕业以后进入军工国防单位工作的可能性大。加强对全体师生员工开展保守国家秘密的教育，应当是大学保密管理中的重要环节和基本要求，也是解决教师和学生流动性与保密管理稳定性之间矛盾的有效途径。此外，大学本身就是从事知识传播、人才培养的场所，具备开展保密教育的天然优势，良好的校园保密文化也有利于提升广大师生员工自觉保密的能动性。

在保密教育活动中，学校主要抓了三项工作。第一，将保密教育内容纳入大学生思想品德课教学体系之中，充分利用课堂教学和日常思想教育活动，让

学生懂得保守国家秘密是宪法确定的每一个公民应尽的义务。第二，加强涉密人员的岗前教育和在岗培训。青年教师上岗之前，必须通过保密培训和保密知识水平测试，实行"持证上岗"。充分利用学校党校培训教育平台，有针对性地对各级领导干部和重要岗位人员进行保密教育。对涉密人员还重点加强保密方法和技术的培训，不断提高他们的保密防范能力。第三，开展制度性的"保密知识宣传月"、签订《保密责任书》以及举办保密专家报告会等活动，增强广大师生员工的保密意识，努力使保密文化成为校园文化建设的重要组成部分。

4. 强化保密监督检查，严密堵塞管理漏洞

督查是保密管理中的重要环节，抓好督查，对于提高保密管理水平，解决大学保密管理中的突出问题具有重要作用。通过督查可以掌握第一手资料，做到保密管理"底数清、情况明"，为保密管理制度设计、计划安排、行动部署等提供重要依据。在督查的过程中，可以及时发现问题、总结经验，指导基层单位保密工作，更好地体现为基层服务的管理理念。此外，根据督查中发现的问题，对责任单位和责任人进行严肃处理，从而加强警示教育，严格管理，维护保密法的权威。

学校保密处人员实行重点单位联系制度，每周两个工作日下基层检查，通过分项包干、分类检查等督查方式，逐步规范和完善督查制度，不断推动基层重点人员和单位改进与完善保密管理。实行网上日巡查制度，由专门人员每天定时对各类专门网站或栏目进行检索巡查，了解网上泄密情况，并且及时处理，最大可能地减少损失。实行学术论文和学术会议的督查制度，加强对学术活动的保密管理，防止失泄密问题发生。

5. 重视保密技术运用，努力提升保密防范能力

由于信息技术的迅速发展和广泛应用，计算机和互联网已经成为大学教师和学生从事科学研究不可缺少的工具和手段，但同时也成为秘密丢失、泄漏或被窃取的主要领域和途径。此外，通信、远距离监视监听、办公自动化等高新技术在窃密中的应用，使窃取秘密的手段和技术更加隐蔽和高超，长期以来的保密方法和技术已经显得有些落后和不适应，无法满足当前大学保密管理的需要。因此，学校在重视保密传统的人防、物防基础上，更加重视技术防范，积极运用保密技术拓展和提升保密整体防范能力。

几年来，学校先后购置了"主机监控审计系统""互联网涉密信息搜索系统""可信介质管理系统""上网检查取证系统"等信息安全防范产品，并且不断进行升级更新。学校还积极争取陕西省保密局的支持，由保密处和计算机学院负责具体建设陕西省涉密信息系统测评分中心，加强对计算机和互联网新

技术的研究和应用。

三、大学保密管理实践中的几点体会

通过大学保密管理的不断探索与实践，广大师生员工的保密观念有了明显的转变，各项保密规章制度有了进一步的完善，学校保密工作取得了长足的进步。在实践中可以归纳出以下几点体会：

第一，将保密管理融入大学管理是做好大学保密管理工作的基础。保密管理源于学校人才培养和科学研究活动，也是为促进学校建设发展服务的。保密管理必须与具体的教学、科研和其他管理活动相结合，使保密管理符合人才培养、科学研究活动的一般规律性和特殊性要求。保密管理实质上也是大学管理的一部分，大学管理水平必然在保密管理中得以体现和反映。因此，在制度设计、工作部署与安排、检查与考核、奖励与处罚等各个方面都应当充分体现真正把保密管理纳入到大学管理活动的全过程之中，寓保密管理于业务工作之中，使保密管理更科学、更规范、更具操作性。

第二，各级领导的重视是做好大学保密管理工作的关键。西北工业大学承担着军工国防科技人才培养、科学研究和重要项目的研制任务，确保国家秘密不受侵犯是学校对国家的庄严承诺。学校党委还提出了新时期加强安全保密工作的总体思路、目标和方案，将安全保密工作与学校“一提三优”工程和创建和谐校园活动结合起来，在制度规定、机构人员配置、经费保证等方面给予了充分的保障，并且建设起严格的保密责任制网络和保密责任追究制度。

第三，高素质的保密管理队伍是做好大学保密工作的保证。保密管理队伍的素质、能力和水平决定大学保密管理的成效，必须建设起一支高素质的专兼职保密管理队伍。在队伍建设中，注重强化服务意识，将保密管理与人才培养、科学研究活动相结合，积极开展保密指导，寓保密管理于服务之中。狠抓保密工作落实，改进工作作风，将保密管理重心下移到学科组，植根于基层。重视保密管理理论研究，结合大学保密管理实际，积极开展理论探索，不断发现和解决新问题，总结新经验，创新保密管理模式、方法和途径。

保密工作责任重大，任重道远。做好保密管理只有起点，没有终点。大学保密管理始终面临着更严峻的形势和更新更高的要求，对此，必须要有清醒的认识。只有永不停息地探索与创新，扎实工作，才能真正构筑起安全保密防线，提高大学保密管理水平。

营造国际化教学环境
提升高校国际化水平

张　骏

高等教育国际化是为了培养具有国际意识、国际交往能力、国际竞争能力的高素质人才，通过国际交流与合作，促使各国高等教育之间相互影响、相互交流、相互竞争，从而优化本国的教育资源和要素，培养高素质人才的过程。说到底就是各国都想充分利用国内和国际两个教育市场，优化配置本国的教育资源和要素，抢占世界教育的制高点，培养出在国际上有竞争力的高素质人才。

近年来，我国的高等教育国际化取得了较大进展，但主要还集中在高水平人才派出的层面，本土高校教学环境国际化水平略显不足。本文通过分析我国高校教学环境国际化面临的主要问题，提出应积极采取措施，逐步营造国内高校国际化的教学环境。

一、营造国际化的教学环境，是提升高校国际化水平的基础

国际化的教育环境是高素质人才成长的沃土，也是创新型人才和大师级人才成长的最佳环境。高等教育国际化教育思潮源自20世纪50年代，在被国际学术界、教育界人士逐步认同后，世界上许多先进国家都将高等教育国际化列入其教育事业发展的具体日程，开始了快速而稳健的发展。通过国际化环境培养出来的人才在起步之初就已经站在巨人的肩膀上，可以做到兼容并蓄，博采众长。同时，高等教育国际化对于提高我国高等教育的现代化水平，拓宽高等教育市场，促进高校科研、管理的国际化进程，促进我国高等教育体制的变革与创新都将发挥积极作用。

为了培养具有国际意识、国际交往能力、国际竞争能力的高素质人才，推动高等教育国际化是必然的选择。英国、德国、法国先后出台各项鼓励政策，大力发展留学生市场、积极招收境外学生，积极开拓境外教育市场。尤其是作为现代大学制度发源地的德国更是重视留学生市场，既是留学生接收大国，又是留学生派出大国，一方面积极鼓励本国大学生到国外留学，另一方面不断出台鼓励政策吸引世界各地的高才生到本国留学。从国际比较中我们可以看到，通过加强国际学术交流、增大联合培养及合作研究、增强本地高校教学环境的国际化等途径来实现大范围的人才的国际交流与流动，并在这种流动的过程中受益。随着我国对外交流政策的不断调整和完善，我国高等教育国际化得到了迅速的恢复和发展。一是留学教育蓬勃发展。随着我国社会政治稳定、经济高速发展、综合国力和国际地位的显著提高，来华留学生数量大幅度增加，年均增长速度超过30%。二是国际合作办学发展迅速，国际学术会议增多。随着我国对外交流的日益扩大，中外合作办学近年来发展迅速，已成为高等教育国际合作与交流的重要形式之一。但是不难看出在高等教育国际化的进程中，我国还处在国际化的初级阶段，即更多地注重国际交流和联合培养，而没有充分利用国际资源来配置和优化本国高等教育资源，没有充分借助这种趋势来构架本国高校国际化教学环境，并以此提升本国高校的国际知名度和国际竞争力。

高校教学环境国际化主要是指在高等教育国际化的进程中，本地高校借助国内外的各种教育教学资源，在高校中形成能够将本国学生与外国留学生结合培养的国际化教学环境，从而促进各种不同的民族文化、生活习惯、思维模式、教育理念和综合知识的交叉、碰撞和融合，进而将本地高校建成国际型高校的过程。在我国本土建设国际化高等教育环境，可以促进培养具有国际视野和竞争力的高级人才，服务社会并影响社会经济发展。因此抓住高等教育飞速发展的契机，大力推进本土教学环境国际化，提升我国高校国际化水平，是摆在高等教育工作者面前的迫在眉睫的事情。

二、我国高校教学环境国际化面临的主要问题

近年来我国高校与国外高校之间的交流与合作日益频繁，尤其是启动“国家建设高水平大学公派研究生项目”和“中国政府奖学金”项目后，我国的高等教育国际化推到了一个新的层面。但是，我们在高等教育国际化进程中还主要处在国际交流与合作的层面，尤其是在营造我国高校国际化教学环境方面与发达国家还有很大差距。目前我国的教学环境国际化还面临许多困难，这主要表现在以下几个方面：

1. 高校的各项工作国际化进程不统一

高校教学环境国际化工作主要涉及留学生人数、教学生活条件、学科专业培养条件、教材和教师因素等。按照“木桶效应”，高校教学国际化程度取决于各项配套工作中国际化程度最低的那一项。目前，我国高校在引进国外优秀人才、先进技术方面及选派优秀的大学生到世界著名大学深造或攻读博士学位方面等，都实施了相应的计划，取得了长足的进步。然而，在吸引国际留学

生方面却相对落后。目前国内高校普遍出现了留学生教育与本国学生教育脱节,缺乏完善的留学生教学体系和教学条件的问题。以西北工业大学为例,近几年学校加大了留学生招生规模,留学生数量上升到每年130余名,并继续保持着加速上升的趋势,但随之而来出现了一些问题,主要表现在:招收来的留学生不能完全对应学校的招生简章,出现导师紧缺、难以落实的问题;留学生要求学习的专业和课程与学校研究生培养方案存在差距;留学生培养制度及管理制度不完善;留学生的学习、实验、自修环境不够充足等,常出现"按倒葫芦起来瓢"的现象,在一定程度上阻碍了学校教学环境国际化的进程。

2.没有构成完整的国际化教学体系

要构建国际化教学环境,就要做到对外国留学生和本国学生同堂授课、同卷考试。也就是说,要能在某一学科领域招收国际留学生,其培养方案中50%～70%的课程要用英语(外语)授课,这包括了本科生和研究生的公共基础课、专业基础课及专业课,特别是具有学校特色的优势学科、专业的大部分课程。目前,高校大部分教师已习惯于用汉语授课并且积累了大量的教案、教辅资料、国家级精品教材和丰富的教学经验,而用英语(外语)授课,无论在教材选择、教辅材料、教案的准备上,还是在授课技巧上都有实际的困难。更主要的是相当多一线教师的使用英语(外语)的能力无法担当起课堂教学的任务,反而增加了学生学习的难度,影响教学效果。目前,有些高校已开展了选派教师出国培训的计划,但选派教师的数量还不足,在国外的学习效果不尽相同,回国后有些教学效果还不尽如人意,大部分双语课程零星分布在各学科专业中,没有构成学科专业的完整体系,无法达到50%～70%英语的授课目标,没有形成英语(外语)整体授课能力,仍然无法构成国际化的教学环境。西北工业大学早就通过各种人才培养渠道加大了教师国际化培养力度,但教师选拔面分布太广,没有按学科专业集中,不能构成一个完整的课程体系;教师培训时间不一致,有的培训完成后还不能及时开设英语课程,造成间隔一段时间后的英语授课能力降低;教师的授课内容、授课教材和授课方式还不能完全适应国际化要求等,因此在任何一个学科专业推行教学环境国际化都存在一定的困难。

3.没有形成国际化的学习生活氛围

真正的国际化教学环境包括能够为来自世界各地的学生提供开放的、平等的、包容的教学和生活环境,在这里学生可以充分交流与沟通,从而起到学科融合、文化融合、民族融合的作用,达到拓展眼界、启迪创新思维的最终目的。众所周知,国内大学面向全国招生和只面向地方招生有着本质的不同,前者的生源具有文化互补性,有助于学生综合素质的提高和眼界的开阔,而后者就有很大的局限性，不利于学生的培养，因此国内的高校大多选择面向全国招生。如果一所大学具有20%左右的国际留学生，会对整个学生素质的培养和形成世界眼光起到积极的推动作用，并且是无法替代的作用。目前，学校留学生的规模是每年招生130名左右，在读400名左右。以目前的留学生数量来看，年招生比例仅占国内学生的1.9%，在读留学生比例仅占国内学生的1.7%，数量还是很小。另外，留学生入校后管理相对集中、学习相对集中、生活相对集中，授课和培养一般是单独进行的，没有和国内学生同堂授课、同卷考试，因而缺少了相互沟通的渠道和相互融合的环境，没有完全发挥国际化教学环境应该起到的大融合的目的。

三、营造高校国际化教学环境的制度设计

随着我国在经济全球化中的地位越来越高，高等教育迎来了千载难逢的契机，国家也对高等教育国际化给予了更多的资助和扶持，如何借助这一机遇来提升我国高校的国际地位和国际竞争力，逐步营造国际化的教学环境，是摆在我们面前的一个重大课题。

笔者认为，营造我国高校国际化的教学环境可以通过同步高校教学国际化各项工作、扩大留学生群体、建立学科专业培养体系、构建双语教学师资队伍、同步国际化教材和营造国际化氛围几项措施来进行。

1.同步高校教学国际化的各项工作

按照“木桶效应”，要使高校国际化工作快速提高，必须同步提高高校国际化的各项配套工作，尤其是解决薄弱环节，从而推进高校教学环境国际化工作。这主要包括加大力度配套留学生学习和生活的硬件环境，建立和完善留学生培养及管理制度，建立国际化培养方案和国际化交流氛围等。各项工作必须同步到位，使来校的留学生能够在明确的规章制度下，通过完善的学习和生活设施来完成学业，不再被各种问题困扰。以西北工业大学为例，目前学校进一步加大了留学生培养的工作力度，包括修建留学生公寓、提供留学生专用研究室、修订留学生招生简章、完善留学生管理制度、打通留学生培养环节等，创造浓厚的国际化氛围。

2.扩大留学生群体

高校拥有国际留学生的国家数、人数及质量是一所高校教育国际化程度的重要标志，一般来说留学生的人数应达到在校生总人数的20%左右。要想推进高校教学环境国际化，首先要在高校建立和配套各项学习生活设施的基础上扩大留学生招生人数以及招生范围，营造高校的国际氛围，将高校教学工作推到国际化进程中。目前学校航空学院已开始推行国际化教学改革，与英

国 Cranfield 大学、荷兰 Delft 大学、德国宇航院(DLR)等国际著名航空大学和研究机构建立了密切合作关系，为留学生培养规模化和引进国际高水平师资奠定了坚实基础。

3. 建立学科专业培养体系，构建全英文授课体系

为了能够支撑留学生培养工作，必须构建以学科专业为基础的高校国际化教学环境，单独的几门双语课程是无法支撑系统教学体系的。要根据培养方案，以一级学科为基础，拿出适合国际化招生培养工作的学科专业，在50%～70%的课程中实行双语教学，包括公共基础课、专业基础课和专业课，构建起完整的国际化学生培养方案。学校在具有良好基础条件的航空学院进行试点，以航空学科为基础，拿出 20 门左右的专业基础课程和专业课程用英语授课，构建起航空工程学科的培养体系，以满足该学科国际化改革的需要。

4. 构建双语教学师资队伍

师资队伍是国际化教学中的重要因素，国内高校经常出现的状况是有一定数量的双语教师，但零星分布在不同学科专业，不能完整构成任何一个学科专业的培养方案。为了解决这一问题，可以通过聘请和培养同步的原则来实现。首先选出适合国际化培养的一级学科专业，在该专业选定 50%～70%的课程用双语教学，然后根据课程选拔适合的双语教师。如果没有合适教师的课程，可以通过从外校或国外高校聘请的方式，同时每门课程配备 2 个教师同步学习若干次以便迅速提高和接班，从而构建起本校的双语教学师资队伍。推行国际化教学改革的航空学院已积淀了一批国外学成回国的优秀中青年教师，具备了全英文教学的师资基础，另外学校将对不完全具备条件的关键课程采用聘请外教等形式予以补充，可以构建起一支国际化的师资队伍。

5. 同步国际化教材

国际化教材是国际化教学中的一项重要因素。在选定学科专业后，高校应以国际化的眼光审慎地选择双语教材，而不应局限在现有的国家推荐用教材和自编教材的范围内。应该成立外语教学小组，开展外语授课的相关研究工作，特别是英语教材、教案、多媒体课件、教辅材料等研究，最终形成具有本校特色的国际一流的英语教材、教案、多媒体课件、教辅材料等。航空学院从七七级开始就率先在校内采用外文专业教材授课，对国外航空专业教材的现状较为熟悉，并和航空工业出版社合作进行美国 AIAA 系列航空专著的译制工作，为高水平英文教材建设奠定了坚实基础，并且也引进了很多原版英文教材，具备了快速同步国际化教材的基础。

6. 营造国际化氛围

推动高校教学环境国际化的目的就是通过国际化环境的营造促进各种不

同民族文化、生活习惯、思维模式、教育理念和综合知识的交叉、碰撞和融合，从而启迪思维开阔眼界。为了做好这一项工作，我们必须在扩大招生的基础上打破留学生培养和国内学生培养的界限，采用统一的培养模式来进行培养和考核，并在此过程中积极促进不同国家、不同种族的学生和国内学生广泛的接触和沟通，营造一个真正的国际化氛围。学校通过在航空工程领域的国际化教学环境建设，逐步推进留学生与国内学生的同堂授课、同卷考试的大融合培养模式，促进各种不同民族文化、生活习惯、思维模式、教育理念和综合知识的交叉、碰撞和融合，以期达到国际化的最终目的。

以科研为主导的导师负责制和资助制的制度困境及其对策

罗向阳　支希哲

一、引言

研究生教育是国家建设创新型国家和高等教育强国战略决策中的重要组成部分，是培养高素质创新型人才的重要载体。改革开放30年来，我国研究生教育取得了举世瞩目的成就，但与发达国家相比，还存在一定的差距。尤其是随着近10年来研究生规模的不断扩张，加之相关条件和政策措施尚未跟进，研究生培养过程中的问题和矛盾愈发突出，研究生学科专业结构不能很好地适应经济社会发展要求日益明显。为了强化导师对研究生的责任意识和科研指导，激发研究生的竞争意识和学习热情，理顺导师和研究生之间的关系，优化研究生学科专业结构等进而提高研究生培养质量和水平，"以科研为主导的导师负责制和资助制"为核心的研究生培养机制改革2006年开始在哈工大等3所学校试点，2007年实施改革高校增至17所；2008年改革已推广到47所设置研究生院的高校；2009年，改革推广到全部中央部委属院校，同时鼓励各省、自治区、直辖市选择省属高等学校开展改革试点工作[1]。此次研究生培养机制改革引起了持续而又广泛的关注、质疑和争论。以科研为主导的导师负责制和资助制会面临什么样的制度困境，我们在研究生培养机制改革推进过程中如何面对和解决这些制度困境？本文围绕这两个方面拟作探讨。

二、以科研为主导的导师负责制和资助制的制度困境

高深知识是导师与研究生相互依赖性行为的载体，高深知识的授受、讨论与创造是导师与研究生相互依赖性行为的主要内容。高深知识的固有属性内在地要求与之相关的行为拥有自由的保障。学校从学术逻辑上讲不能干涉导师与研究生基于高深知识的微观行为过程，从成本约束上说也无法实时掌握这种微观行为过程的所有信息。因此，这种行为的信息在导师、研究生与学校之间的分布是不对称的，学校在这方面居于信息劣势，从而表现出了"导师指导、研究生学习"所具有的难以测度的行为特性。

在一种行为无法被监督或者监督该行为的成本十分高昂时，我们常常面临着两种选择：要么放弃监督，同时放弃的还有因监督带来的潜在收益；要么提供一种激励结构，在这种激励结构下，被监督者受“无形之手”的引导并按照监督者的意图行事，当然这需要支付新的成本。由于研究生教育在高端人才培养和国家发展战略中地位重要，国家因此具有提供激励结构诱导师生双方的依赖性行为以期达到政策目标的内在动力。为了规避之前导师和研究生因信息不对称而产生的道德风险，提高两个方面的积极性，此次研究生培养机制改革涵盖了基于导师和研究生行为的新规则，其核心内容就是以科研为主导的导师负责制和资助制。在新的制度结构下，导师要向学校交纳一定的助研经费，并依托其科研工作对研究生进行培养，学生则不再享有公费待遇，所有研究生必须先向学校交纳研究生培养费，再根据年度考核结果享受不同等级的奖学金。这种新的激励结构能否实现制度设计者们的预期，我们暂时无法给出结论。但不能忽视的是，这种制度会面临着需要支付新的直接成本、间接成本以及会引发一系列机会主义行为等制度困境。

1. 直接成本

以科研为主导的导师负责制和资助制的出台和推广，是一个制度变迁过程。制度变迁是制度的替代、转化与交易过程。作为一种“公共物品”，制度同其他物品一样，其替代、转化与交易活动也都存在着种种技术的和社会的约束条件，而这些约束条件构成了制度的各种成本[2]。导师资助制即导师向学校交纳助研经费在研究生培养中是国际惯例，当然并非所有学科都是如此，美国就有一些高校对人文基础学科的研究生培养实施补贴而不是让导师交费。我国在研究生培养机制改革过程中将导师资助制本土化首先面临的两个问题就是如何科学确定导师资助的标准，以及更为重要的，如何科学体现不同学科领域的资助差异。我国多数试点高校在建立导师资助制的过程中，虽然参照了国际惯例和学科差异，但改革仍有不足之处。比如，多数高校的改革方案，都要求人文基础学科的导师要交纳助研经费，而且仅与理工科导师交纳的助研经费相差几百元而已。而事实上，理工科导师获得课题经费的总数往往是人文基础学科导师获得的10倍、20倍，甚至更多[3]。这种巨大反差容易将人文基础学科的导师推向学校的对立面，增加制度执行的成本。为了降低制度执行成本，就需要首先对制度内容进行科学设计，而科学确定能体现学科差异的导师资助标准的过程事实上是利益相关者之间的一种博弈过程，内含于博弈过程之中的代价就是一种新增的制度设计成本。

与之相关的是，新的制度为了体现成本分担原则，引入竞争机制并能够激发研究生的学习热情，规定所有研究生要向学校交纳研究生培养费，并根据年度考核情况享受奖学金。由于研究生培养机制改革后研究生的奖学金覆盖面较之以前要广泛得多，金额较之以前也大得多，如果没有一套科学严谨的研究生考评机制，这一制度预期就有可能落空。比如，若仅以论文发表的多少以及论文所载期刊的级别来决定奖学金的等级，研究生就有发表"短、平、快"文章的内在激励，更为严重的是容易滋生剽窃、抄袭甚至"花钱买版面"的学术不端行为。因此，设计一套能够真实反映研究生学习努力程度和努力结果、促进研究生之间良性竞争的考核体系尤为重要，而这和导师资助标准的确定一样，都需要花费成本。

2.间接成本

以科研为主导的导师负责制和资助制强调研究生培养与科学研究紧密结合，要求导师招收培养研究生，必须依托其科研工作进行，并为研究生提供"助理研究"的岗位和报酬。事实上，这里暗含了制度设计者的一种假设，即没有课题的导师是没有能力带研究生的。从信息经济学的角度来看，课题就成了导师是否有能力带研究生的甄别信号，但是，学科的巨大差异和目前课题评审机制的不科学往往导致这种甄别信号失真。信号失真不仅意味着没课题而有能力指导研究生的导师没有带研究生的机会，造成了导师资源的浪费，而且意味着没有研究课题的导师失去了通过带研究生锻炼自身的机会。由于路径依赖的关系，有课题的导师课题越来越多，没课题的导师获得课题的机会越来越小，短期来看，只是影响某些学科的导师或年轻导师的成长，长远来看则不利于整个导师队伍的建设。导师队伍建设——作为研究生培养过程中的关键——一旦受阻，就难以保障研究生培养质量和水平。

3.引发机会主义行为

人都有在既定制度框架下追求自身效用最大化的倾向。这种倾向同样可能存在于导师和研究生身上。导师资助制的目的，是希望导师交纳助研经费后，能将自己指导的研究生纳入到课题研究中去，对研究生负起更多科研训练的责任，对研究生提出更高的科研要求，从而理顺目前淡化和雇佣化的师生关系。但是，以科研为主导的导师负责制和资助制可能会引起一些相反的行为。

第一，导师招收研究生，需要向学校交纳助研经费，而且人均助研经费原则上会随着招生人数的增加而递增，在这种情况下，导师有可能尽量减少招生，并且可以美其名曰是因为自身能力不够，因为导师在自身是否具有招收更多研究生的能力的判断上具有信息优势，外界很难测准。目前，就有一些名校的名教授公开宣布"罢招"了[4]。导师尽量减少招生有两个方面的原因。第一，导师也会受到自身拥有经费的硬约束；第二，导师资助是某种情景暗示，不经意间提供了关于适当行为的信息，其效应是对研究生招生与培养进行了角色转换。原先指导研究生被认为是导师的一种责任以及对导师能力和水平的一种认可，而现在则似乎变成了一件有价商品，在招生与培养被置于某种类似市场的情景下，导师的责任感和荣誉感降低了，导师不会因为减少招生或不招生受到过多的批评和自我批评。

第二，导师也有可能为了挽回“损失”，拼命给学生增加任务，使师生关系变为事实上的“雇佣关系”。这种情况在拥有重大课题的理工科导师身上发生的概率最大，正如有教授认为，“以前许多博导就是老板，这种情况工科特别盛行，学生招得越多干活的就越多，现在老师要交钱了，我最担心教师会更加明目张胆地把学生当成打工仔。”[4] 由于导师指导、研究生学习的行为对于学校而言具有极大的自主性，在学校无法介入其微观过程的情况下，这种“雇佣关系”容易被合法化。

第三，学生读研意愿降低。在传统的研究生考核评价体系下，对于那些想读研究生的人来说，能否获得高额奖学金具有很大的不确定性，基于知识创造的努力和结果之间存在的时滞以及考核过程不够民主和透明等因素都会加大这种不确定性。因此，很多人就会担心若考研后争取不到高额奖学金的话，会给自己的生活和学习带来困扰，并有可能使家庭“因教致贫”或“因教返贫”。未来预期对当下行为具有很大的构建效应，学生读研的意愿因而有可能下降，这也意味着一部分具有学术潜力的学生很有可能首先把自己淘汰掉了，研究生的生源市场从而会出现一定程度的收缩。

第四，导师与研究生容易形成合谋。研究生培养机制改革赋予了导师很大的责任，导师当然对权利（力）有更大的诉求，比如，导师在决定谁被录取上有更大的自主权，这应该是改革的一个内部逻辑。由于导师自主权力行为所表征的真实信息无法为外界全部分辨，导师就有可能利用信息优势做出这样的行为，“招生时，如果导师没有经费，可能会想到转嫁负担，由考生暗中支付这笔钱。这样，名义上是导师出钱，实际上有可能会演变为谁出得起这笔钱谁就被录取”[5]。导师和研究生之间形成的合谋可能会引起新的教育不公平现象。

三、对策思考

企图享受制度收益而不支付制度成本的想法是不现实的，同样，企图依靠正式制度解决所有问题的想法也是不切实际的。为了享受潜在的制度收益，有些成本是必须承受的，尽管这些成本十分高昂。同时，我们要注意制度在现实中的局限性，要通过进一步完善相关措施来克服制度因激励不兼容性所导致的与预期不一致的情况，在这个过程中，非正式制度的功能不可忽视。

1. 科学核定导师资助标准，形成学科专业结构宏观调控的微观基础

研究生培养机制改革之前，导师招收研究生利责失衡，从而出现了"滥招""招而不管"现象。规定导师必须依托其科研工作培养研究生并向学校交纳助研经费，事实上是将导师及其所在学科置入到了一个竞争的市场机构中，他们受助研经费这一"价格机制"的引导。没有课题或课题经费很少的导师因无法向学校交纳助研经费从而失去招生资格或只能尽量减少招生，如此一来，导师所在学科的招生规模也就得到了控制。而优势学科专业往往因导师有充足的课题经费其招生规模不会受到多大影响。这样，学科专业结构得到了市场机制的有效调节。但这种逻辑结果产生的前提是导师资助标准是科学合理的。研究生培养单位要根据经济社会发展要求合理规划研究生学科专业发展布局，并根据学科专业发展规划科学核定导师资助标准。导师资助标准不能太低，否则不能将不具有优势的学科专业压缩或"淘汰"；但也不能太高，否则会影响优势学科专业的招生积极性，使得招生规模低于潜在的招生能力，从而浪费了优质教育资源。科学合理的导师资助标准，即是能在其边际上实现上述预期的均衡。

2. 建立研究生培养创新基金，扶持潜在优势学科发展

市场在资源配置过程中起着基础性作用，但市场也会失灵。在课题资源配置过程中，那些具有潜在优势的学科以及一些基础学科或新兴交叉学科被置于不利的竞争地位，如果没有一种罗尔斯意义上的"差别对待原则"，这些学科就无法发展壮大，合理的学科生态也无从构建。因此，学校要根据自身实际，充分挖掘具有潜在优势或特色的学科，充分重视一些基础学科、新兴交叉学科对学校未来发展的重要意义，统筹各种来源经费建立研究生培养创新基金，用于扶持上述学科的发展。研究生培养创新基金实行指导教师申请，专家委员会评定。这些学科的导师在暂时没有课题、无法提供助研经费的情况下也能通过申请研究生培养创新基金获得招收研究生的资格，既有效利用了导师资源，也为导师提供了在培养研究生过程中锻炼自身的机会从而有利于导师队伍建设，还因为持续招生能够壮大学科发展生力军队伍，而这些都是学科发展最为关键的人力资源。

3. 完善研究生考评体系，激发研究生研究与创新热情

研究生考核评价内在于研究生培养过程之中，对研究生的学习和研究具有重要的导向作用。传统的"一考定终身"、导师话语权过小以及以论文数量为纲的研究生考核评价体系束缚了研究生的研究与创新热情。在新机制下，最高等级的奖学金额度很大，不同等级奖学金之间的差距也很大，而研究生的考评结果直接决定了享受奖学金的等级和额度，因此，如何科学构建公平合理

的研究生考评体系让研究生能在奖学金的激励下葆有学习和研究热情以及如何避免研究生在研究过程中的短视倾向是研究生培养机制改革的一项基础性工作。由于研究生的学习和研究是依托导师的科研工作进行，导师在研究生评价过程中具有相对的信息优势。将研究生奖学金指标下达给导师，由导师根据研究生在科研工作中的态度、表现、创新能力的发挥等综合决定谁有资格获得奖学金的做法能增强研究生的竞争意识，促进研究生学习、科研和创新的积极性。导师尤其要鼓励和支持那些潜心开展基础研究和前沿探索而一时无法出成果的学生，这样可以避免研究生在研究过程中过分追求“短、平、快”成果的不良倾向。

4.健全利益表达和协调机制，维护研究生合法权益

权力具有自我扩张的本性，权力不受约束就有被滥用的危险。导师负责制强化了导师的权利和责任，增强了导师对研究生进行教育和管理的调控能力，但如果处置不当，则有可能导致研究生处于更加“弱势”的地位[6]。导师的权力直接对应于研究生的权利，因此，健全研究生利益表达和协调机制，既是有效约束导师权力的制衡力量，也是维护研究生合法权益的重要制度安排。由于研究生是导师指导行为最直接的利益相关者，研究生对导师的指导行为最有切身感受，因此研究生培养单位要将研究生对导师的评价作为考核导师的重要组成部分。研究生培养单位可以成立研究生申诉委员会、研究生工作调查委员会和导师惩戒委员会，对于导师在研究生奖助学金评定过程中滥用权力徇私等，研究生可以向研究生申诉委员会申诉，以求得公正处理和对待。对于导师只对自己的助研经费负责，过多增加研究生工作任务而疏于指导，或者导师将助研经费转嫁给研究生等，研究生可以向研究生工作调查委员会举报和投诉，调查委员会要进行客观与细致的调查，并将调查结果呈送给导师惩戒委员会。对于研究生申诉合理、举报属实，导师确实存在不当行为的，导师惩戒委员会要根据具体情况对责任导师进行惩戒，情况严重的，取消其导师资格或向相关部门提出将其开除的建议案。

5.加强导师道德建设，弥补正式制度的不足

社会秩序的维持需要正式制度发挥作用，但正式制度却不足以维持整个社会秩序，因为有些人类行为无法用正式制度来调节以及正式制度的实施成本过于高昂。人类社会之所以能够一直延续下来，非正式制度，比如价值信念、伦理规范、风俗习性和道德观念等起着重要作用。由于导师基于高深知识的研究指导和科研训练的行为外界不易监测，导师即使出现了不当行为，研究生在举报和投诉时也会顾虑重重，因此，导师的诸多行为仍然会处于正式制度的真空中。研究生培养单位要更为有效地约束导师行为，必须加强导师道德

建设，通过开展师德师风教育等活动增强导师的责任感和使命感，促进导师关爱学生，公正对待学生，以学生为本，并将指导研究生的行为过程、帮助研究生成才的指导目的真正纳入到自身效用函数中。导师道德作为一种心理契约，具有弥补那些明细清楚的条款力不能及的功能。在明细条款缺位的情况下，导师道德信念通过自我实施机制，在一定程度上能够遏制导师在研究生培养过程中的道德风险。

参考文献

[1]　国务院学位办主任杨玉良院士谈研究生培养机制改革[EB/OL]. http://www.moe.edu.cn/edoas/website18/55/info1228291000960355.htm.

[2]　卢现祥. 西方新制度经济学[M]. 北京：中国发展出版社，2003：80.

[3]　武毅英. 对我国研究生培养机制改革现状的思考[J]. 教育研究，2008(9).

[4]　导师招生要交“助研经费”引起争议[N]. 中国青年报，2007-03-23(3).

[5]　人文社科硕博导师如何面对“助研经费”[N]. 科学时报，2007-03-27(B01).

[6]　雷世富. 正确认识研究生培养机制改革下的导师负责制[J]. 学位与研究生教育，2008(3).

通用航空工程师培养模式与途径研究

孙 瑜 訾 方 李华星

环顾当今世界，科技迅猛发展，创新日新月异，工程技术对经济和社会的推动作用日趋显著，对具备实践经验、创造能力、创新精神的工程技术人才的需求也日益突显。

2007年，大飞机项目作为国家重大专项立项实施，这是我国振兴航空产业、提升综合国力的一项重大战略决策。这一国家战略带动产生了对高素质、专业化、创新型航空工程人才的需求，也为我国高等教育培养工程人才的目标定位、机制模式和方案体系提出了新的课题。

一、我国航空工程教育发展及人才培养情况

1.我国航空工程教育的历史与现状

据现有史料考查，我国的航空高等工程教育，可追溯到1918年，至今已有90余年的历史[1]。新中国成立后，在借鉴苏联航空工程院校专业设置和人才模式的基础上，经过多次院校合并和专业调整后，我国的航空高等工程教育主要集中在西北工业大学、北京航空航天大学和南京航空航天大学等几所院校[2]。改革开放以来，我国的航空工程师培养在继承已有基础的同时，不断学习接受和借鉴融合国外航空工程教育的办学经验、发展特色和成功案例，结合国家航空工业发展战略，建立了多层次、多规格的培养体系，积极探索航空工程教育、教学规律，逐步改革创新与航空工程人才培养目标相适应的培养方案、课程设置、教学实践等培养体系与模式，取得了显著成果。

按照工程师/工程人才的分类及其培养目标、层次的不同[3]，目前我国航空工程教育可划分为两个层次，即以培养研发、设计类工程师为目标的创新型工程人才培养，主要布局在“985”及“211”工程研究型或研究教学型的理工科大学（如西工大、北航、南航等）；以培养生产、服务类工程师为目标的应用型工程人才培养，主要布局在教学研究型或教学型工科大学以及高等职业院校（如南昌航空大学、西安航空职业技术学院、成都航空职业技术学院）。近年来，伴随国家大力推进航空工业发展的步伐，许多高校也纷纷设立航空院系或相关

专业，成为航空工程教育传统院校布局的有益补充与拓展。

2.我国航空工程师教育存在的问题

2005 年 10 月，麦肯锡全球研究院(MGI)的一份《应对中国隐现的人才短缺》[4]报告中指出：中国拥有 160 万年轻的工程专业人才，其中约 33%是学工程的，但毕业生中只有大约 10%具备从事该行业的必备技能。现代航空工程师的内涵已不再局限于传统的设计工程师、工艺工程师的范畴，而是向"大工程""系统工程""通用"的方向发展。在培养和造就合格航空工程师的探索与实践中，我国航空工程教育取得了辉煌的成就和宝贵的经验，但也存在着传统教育机制与新型航空工业发展模式不匹配、培养体系一成不变或与人才需求变化升级不同步、教学方案固化单一与激发学生创造力创新性不协调等问题，在人才培养方面凸现出重教学轻实践、重传授轻实验、重基础轻创新、重理论轻技能、重理工轻人文、重专业轻融合等缺点，这些都成为制约我国航空工程人才培养发展的瓶颈问题。

3.我国航空工程教育面临的机遇与发展空间

研制和发展大型飞机，是《国家中长期科学和技术发展规划纲要(2006—2020 年)》确定的重大科技专项，是建设创新型国家，提高我国自主创新能力和增强国家核心竞争力的重大战略举措[5]。2010 年，中央财政预算安排 300 亿元左右，重点推动大型飞机等 11 个科技重大专项的实施。由此而带动的对航空工程师人才的巨大需求，成为我国航空工程教育新一轮发展的动力源和助推剂。例如，2009 年中国航空工业集团公司与北京航空航天大学、西北工业大学实行校企合作，每年分别向两所高校出资 1 000 万元，在人才培养、产学研项目合作和基地建设等方面进行深入合作，为高等院校开展航空工程教育和航空工程师培养拓展了空间。

教育部于 2009 年提出的"卓越工程师培养计划"，是列入中国高等教育中长期发展规划中的一个重要计划，是大规模工程教育改革的信号。该计划将借鉴世界先进国家高等工程教育的成功经验，创建具有中国特色的工程教育模式，通过教育和行业、高校和企业的密切合作，以实际工程为背景，以工程技术为主线，着力提高学生的工程意识、工程素质和工程实践能力，培养出一大批创新型工程师，为我国走新型工业化道路和建设创新型国家提供坚实的人才支撑和智力保证。航空工程教育作为计划实施不可或缺的一部分，也将以此为契机，按照"培养未来的卓越航空工程师"为目标，逐步推进教育、教学改革，优化培养模式方案，进行积极的探索与实践。

二、国外工程教育及工程师培养模式研究

工程技术人才的培养质量直接决定工程技术的水平和发展的速度，决定国家的工业竞争力和综合国力，因此世界各国特别是工业发达国家都大力支持工程教育的改革与发展，推进工程师人才培养体系模式的创新，其中不乏特色鲜明、成果斐然的院校与案例，对其进行比较研究和分析吸纳，有助于我国航空工程教育拓宽视野、汲取精华、借鉴发展。本文选取世界航空工业发展的两大强国——美国和法国——为主要研究对象，对其高等工程教育和工程师培养的改革动向、发展趋势、特色模式等加以分析阐述。

1. 美国“2020 工程师”计划及“CDIO”工程教育理念

美国作为工程科技的强国，其工程教育发展演变的轨迹、时代特征、发展趋势、改革动向以及工程师培养体系模式等受到了我国学者广泛的关注和研究。近年来，学界热衷讨论美国“2020 工程师”计划及其产生的两份报告[6-7]（《愿景报告》和《行动报告》），从中研究美国工程教育在社会认可、跨学科与知识融合、工程师的领导力、工程与可持续发展、工程人力资源开发以及对工程教育的研究探索等六个方面的改革动向及发展趋势，并借鉴《行动报告》中关于夯实工程专业的地位、扩大全方位的合作、试行工程教育普及化、坚持改革策略的系统性等建议，为我国面向创新型国家建设的工程教育改革提供参考。

学界对美国高等院校工程教育的研究中多集中于几所知名院校，其中首推麻省理工学院（MIT）。其特有的“LIIP”办学意识（即领导者 Leader、首创精神 Initiative、工业界 Industry、人 People）[8]、协同课程（即由自然学科、工程技术、人文学科教师以团队形式协同、跨学科教学）、独特的课程评价制度及学科布局、开放课程等，都充分体现了大工程观。特别值得一提的是，由 MIT 的美国工程院院士 Ed. Crawley 教授为首的团队和瑞典皇家工学院等四所大学组成的跨国研究组合于 2004 年创立的 CDIO 工程教育理念，对于我国航空工程师培养很有借鉴价值。CDIO 即构思（Conceive）、设计（Design）、实现（Implement）、运作（Operate），是“做中学”和“基于项目教育和学习”（Project Based Education and Learning）的集中概括和抽象表达，它以工程项目从研发到运行的生命周期为载体，使学生以主动的、实践的、课程之间有机联系的方式学习工程。该理念不仅传承和延续了欧美 20 多年来的工程教育大改革的精髓，更重要的是还直接参照工业界的需求（如波音公司的素质要求以及 ABET 的标准 EC2000 等）制定出具有可操作性的基于培养计划、教学方法、教师资质、学生考核、学习环境以及实施过程和结果检验的 12 条标准，使培养出学生能够完全满足产业界的要求。迄今已有几十所世界著名大学加入了

CDIO 国际组织，在其航空、航天及机械等专业全面采用了 CDIO 工程教育理念和教学大纲，取得良好效果，按 CDIO 模式培养的工程师尤其受到社会与企业的欢迎。

2. 法国工程师培养模式

法国的高等工程教育拥有近 300 年的发展历史，250 余所工程院校的工程师培养体系别具特色，独树一帜。在教育方式上，法国的高等工程教育以"多科性""多面性"为特色，课程体系和培养方案的设计十分注重理论与实践相结合。各类工程院校与工业企业长期保持密切联系和合作关系，在不同的年级和学期设有专门的课时和实践方案，为学生提供诸如"蓝领实习"（Blue-collar Internship，在第一、二学年之间进行为期 1～2 个月的实习），"初级工程师训练"（Junior Engineer Training，在第二、三学年之间进行为期 3～4 个月的培训），"毕业项目设计"（Graduation Project，在毕业前到相关企业公司或研究机构进行为期 3～6 个月的项目设计）的实习实践平台；具有同类或相近专业的工程学院之间，以及与欧盟和世界范围内的相关知名院校之间，都有着密切的联系和交流，为学生提供半年至一年的外校交换学习机会。

法国的许多工程院校以及研究机构之间还组成了教育集团或学校网络（School Networks），例如法国航空航天大学校集团（Groupe des Ecoles Aéronautiques et Spatiales，GEA），拥有法国国立民航大学（ENAC）、法国立高等航空制造工程师学院（ENSICA）、法国国立航空航天大学（SUPAERO）、法国国立航空机械与技术大学（ENSMA）四所成员学校，共同进行航空工程教育领域的高等/继续教育和研究，成员学校之间可开展学生互换、联合项目培训等校际联合培养与交流[9]；法国技术大学-应用科学院集团（UT-INSA），由法国工程技术大学集团（UT）与由法国国立应用科学院集团（INSA）构成，所属 8 所院校（UTBM，UTC，UTT，INSA-Lyon，INSA-Rennes，INSA-Rouen，INSA-Strasbourg，INSA-Toulouse）均系法国一流工科大学，是法国培养工程师的精英学校。法国高等教育发展中出现的这种大学（科研机构）集团形式，既是其特殊教育体制的历史产物，又是伴随法国高等教育和工程教育发展改革的融合创新之举，能够使各成员院校在兼具原有特色的基础上，密切交流、相互借鉴、协同发展，使相近学科领域和专业间的交流合作更为自然、通畅，使成员学校在人才培养和科学研究等方面的功能与内涵都得以拓展延伸。

3. 其他国家在工程教育方面的有益做法

德国作为世界工业强国，其工程教育和对工程师的培养也有其独到之处。德国将工程教育与工程师资质制度融为一体，以培养成品工程师为目标，在教学模式上突出实践取向，例如其别具特色的“三加一”学制具有极强的灵活性和实用性——较短的学制、面向职业的教学、与企业界的密切联系、偏重于应用型的研究，这种模式下培养出来的工程人才职业适应能力强，不必接受职业岗位培训就可以直接上岗，受到社会和工业界的欢迎。

日本通过建立多元化的外部评估机制，如日本技术人员教育评估机构(JABEE)等，对教学目标、学习时间、教学手段、教学环境、教学成果和教学改善机制等指标体系进行评估，从而强化工程教育的教学质量管理。日本曾于1999年提出了重视培养学生“具现力”的口号。所谓“具现力”就是将所学知识以一定的形式具体表现出来的能力，其内容有创造力、实践能力、沟通力和体力。同时，还增加以伦理为核心的人文类的课程，以期培养出具有健全人格的工程技术人员。

近年来，印度经济发展和国际地位提升备受关注，其中一个重要的因素是其工程师数量和质量的快速提高。印度理工学院(IIT)在各类工程院校中首屈一指。该校建校不到60年，却发展成为国际一流的工程类高等院校，毕业生被誉为国际高科技领域的人力资源市场中最具国际竞争力、最受欢迎的“产品”，其快速崛起的经验极具借鉴价值。IIT十分重视课程的适切性和职业化、现代化和国际标准化；以提升学生的“就业-创业”能力为目标构建人才培养模式；坚持多样性与综合性相结合，进而构建个性化和终身性的工程教育体系。

三、我国航空工程师教育的探索与发展

1. 中国民航大学的中欧航空工程师学院

2007年4月，中国民航大学与法国航空航天大学校集团(GEA)联合建立了中欧航空工程师学院，这是我国航空业引进法国“工程师学院”教育模式创办的首家航空类工程师学院，是国际水准“航空工程师”本土化培养的一次有益尝试。

(1)培养模式。借鉴法国乃至欧洲航空高级工程师的培养模式，由来自法国GEA的四所工程师学校的教授、企业工程师和科研单位的研究员，以及经认证的中国民航大学专家学者授课。全面引进法国工程师课程体系，将法语教学(第一学年)、预科教学(第二学年)和工程师教学(第三学年)有机融合。学生毕业后可获得相应的中国民航大学本科或研究生文凭，同时可获得经法国工程师学衔委员会认证的法国工程师文凭。

(2)专业设置。学院进行本科和研究生教育，设置“飞机结构与材料”“推进系统运行与维护”“电子系统与机载设备”三个专业，以“为中国民航培养精

英人才”为目标，主要培养航空器深层次维修和航空安全运行管理方面的国际化人才。

(3)人才培养模式特点。学院与欧宇航(EADS)、空客等6家外方企业以及民航总局空管局、国航等5家国内单位企业建立了合作关系，强化“注重实践、突出能力”的工程特色，构建多学科交叉融合的实践教学课程体系，将单一的、彼此缺乏衔接的实习教学整合为有机结合的实践教学体系，顺利实现工程教育和执照工程师培养的平滑对接。

2.北京航空航天大学的中法工程师学院

2004年11月，北京航空航天大学与法国中央理工学院集团签约创建中法工程师学院，开辟了以“通用”为特色的工程教育新天地。“通用工程师”包含了“厚基础、宽领域、高水平、国际化、通用型”的概念，其培养目标是具有雄厚科学基础、接受正规工程技术训练、兼有工程技术和管理科学知识的国际化通用工程师，并进一步成长为工程领域的领军人物。

(1)培养模式。采用法国中央理工大学的通用工程师培养模式。学制6年，按要求取得全部学分的学生将获得双文凭:北航工学硕士学位和法国工程师文凭。这种模式以预科教育为基础。在预科教育阶段，学生受到非常扎实的科学基础教育；在其后的工程教育中，学生受到涉猎领域非常宽的工程基础教育。并通过与企业界以及与科研单位密切合作为学生提供专业教育，引导学生向某一专业领域发展。

(2)运作体系。①“基础课程、专业课程、人文课程”三维一体的理论教学体系；②贯穿于工程师教育阶段的实践教学体系；③质量保障体系，对教师和学生有一套严格的考核制度。

(3)人才培养模式特点。①加强数理化和自然科学基础，强化外语和计算机应用能力；②加强自然科学和工程专业的基础，同时进行管理学、经济学、法律科学的教育；③加强工作能力、工程意识和工程管理方法的培养；④通过教学、课程设计和工业实习，加强学生的工作实际问题处理能力；⑤关注品德、修养、职业道德和爱国主义精神的培养；⑥使其能够很好地帮助中法企业交流。

3.西北工业大学“研究实践型教学”改革探索

(1)注重团队实践，构建学生综合运用能力培养平台——航空科技复合型人才培养模式创新实验区。

西北工业大学紧紧抓住当前国家发展研制大飞机和新一代战斗机牵引航空工业大发展的大好时机，以培养基础扎实、知识面宽、工程实践能力强的优秀飞机设计工程师为主要目标，探索新的人才培养模式，为国家航空工业培养具有宽广的航空专业知识、优秀的团队协作精神、突出的创新和应用实践能力的航空科技复合型人才。

2007年建立国家首批航空航天领域“国家级航空复合型人才培养模式创新实验区”。人才培养模式改革的重点是:由主要“课业传授式教学”转变为以理论教学、工程实践、科学研究相结合的“研究实践型教学”,使学生在实践与研究中理解、掌握知识和技能,整合和改革实践性环节。学生毕业论文与其他实践性环节结合进行,完成时间由一个学期改革为两个学期;指导教师由一人指导改革为教师团队指导,指导教师团队由不同专业的高校教师、航空企事业单位专家联合组成;学生由传统单一、离散的研究题目,改革为互相联系、配合的系统子项目,即团队设计。题目由一个专业领域改革为涉及多个专业领域。

与大型飞机科技工程和新一代战斗机研制紧密结合,实验区人才培养直接面向和服务于国家经济发展,飞机设计院所的专家进入本科生课堂,讲授专业知识及工程应用知识,指导学生的毕业论文,使学生有直接参与大型飞机和新一代战斗机设计的实践机会。

结合国家航空工业新时期人才培养的需求及特点,对人才培养模式进行了探索、实践和总结提高。提出和建立了航空科技复合型人才培养体系:航空专业知识与新知识教育;综合运用与工程实践能力培养教育;创新能力培养教育;品德素质与国防教育。

突出“学以致用”的高等工程教育思想,培养学生掌握和运用理论知识解决工程实际问题的习惯和能力;制定适合“宽航空专业知识”及“强工程实践能力”需求的培养方案,两个新的途径具体为:

与国家重大飞机型号任务紧密结合,与飞机设计研究院所及飞机制造公司联合指导学生的毕业论文,使学生直接参与飞机设计实践,增强学生的工程实践能力;

学生以小组的形式完成飞机总体设计、空气动力学设计、结构强度设计等各个飞机设计主要环节工作,以拓宽学生航空专业知识面。

目前实验区的“团队设计”主要有三种模式,一是由学校教师组成团队指导,学生在学校完成项目设计;二是学校与研究所(如中航一飞院、成都飞机设计研究所、沈阳飞机设计研究所等)联合指导,学生结合实际项目在科研单位完成项目设计;三是与国外大学联合,学生在国外有一定的实习实践期,双方共同指导进行项目设计。

(2)强调自主创新,构建学生创新能力培养平台——航空科技创新基地。

为了培养学生的创新精神和能力,学校成立了“航空科技创新基地”,是全国第一个以航空科技实践教育为主题的创新基地。依据“以航空科学为核心,为学生创新能力的培养构建环境和平台"的建设理念，努力将基地发展成为培养创新型、大师级航空科技人才的摇篮。航空科技创新基地包括设计区、研讨区、加工制作区、培训教室和成果展示区等部分。配备高性能计算机及各种设计分析软件，辅助学生开展创新设计。配备多种加工设备、测试仪器和风洞实验设备，保障学生的各种实验研究工作。配备较为完善的外场试飞仪器设备，为学生设计方案的飞行验证提供支持条件。创新基地设立学校专项经费、教师课题经费、高水平竞赛等多种资助方式，鼓励学生开展自主创新活动。

创新基地建立了以"未来飞行器设计大赛""空中机器人大赛"等竞赛为载体的实践教学体系，为培养学生的创新意识和能力搭建平台。近年来，创新基地学生取得国家专利授权20余项，获全国竞赛一等奖15项，在2008年全国未来飞行器设计大赛中夺得大赛唯一的一等奖。

四、思考与建议

冯·卡门讲过："科学家研究已有的世界，工程师创造未来的世界"。培养高素质、专业化、创新型航空工程人才，是振兴我国的航空产业、提升综合国力的必由之路。结合以上的分析和实践，针对我国高等航空工程教育目前人才培养的目标定位、机制模式和方案体系提出以下建议：

(1)结合国家战略，打造通用航空工程师培养体系。

(2)顶层设计，整合资源，制定航空工程师培养体系路线目标。

(3)以实践为引导，密切与产业界的合作，实现人才供需对接。

(4)注重国际化路线与本土实际的结合。

参考文献

[1]　张祖善.我国航空高等工程教育专业设置的历史变迁[J].航空史研究，1998(2)：17-22.

[2]　中国航空工业史编辑委员会.中国航空工业史丛书——航空工业高等教育史(1951-1987)[A]，1995.

[3]　林健.工程师的分类与工程人才培养[J].清华大学教育研究，2010(1)：51-60.

[4]　Diana Farrell，Andrew Grant.应对中国隐现的人才短缺.麦肯锡全球研究院(MGI)，www.mckinsey.com，2005，10.

[5]　NAE. The Engineer of 2020：Visions of Engineering in the New Century[M]. Washington DC：The National Academies Press，2004.

[6]　NAE. Educating the Engineer of 2020：Adapting Engineering Education

to the New Century[M]. Washington DC: The National Academies Press,2005.

[7] 李曼丽.改革开放三十年来工程教育比较研究回顾与思考[J].清华大学教育研究,2008(3):59-71.

美国研究型大学的办学特色

王春萍　杨蜀康

办学特色是一所大学的核心竞争力之所在。现代大学要赢得竞争，首先在于其是否有鲜明的办学特色。本文对美国的多所研究型大学进行研究，总结其办学特色的形成与发展路径，以期对我国研究型大学特色办学有所启示。

一、大学办学特色形成于传统阻力与变革动力的碰撞之中

美国虽然建国时间较短，但大学教育却具有悠久的历史，并为美国发展成为世界强国做出了巨大贡献。哈佛大学在380余年的发展中秉承“吾爱吾师，吾更爱真理”的精神理念。在美国1776年建国时，哈佛大学已经有140年的历史，因此有“先有哈佛，而后有美利坚”的赞誉，并以培养出6位美国总统和34位诺贝尔奖获得者为世界瞩目。

回顾哈佛大学的发展历史，我们可以发现，一所大学的成长与成熟，其实就是在竞争中不断变革、形成自己办学特色的过程。哈佛大学成立之初，移植的是剑桥大学的办学模式，以培养牧师、律师和官员为目标，初建时期，其规模只相当于旧中国乡间的一所村塾，如今已发展成为规模宏大、设备先进、成就卓越、影响深远的全美学府之首，这不是上帝恩赐，也不是自发而成，而是哈佛大学一代又一代人艰苦创业，不断革故鼎新的结果。

1693年，北美第二所学府威廉·玛丽学院（今弗吉尼亚大学的第一所学院）诞生。1701年，耶鲁学院（今耶鲁大学的第一所学院）成立。这两所学院的出现，使哈佛大学有了伙伴和竞争的对手。18世纪下半期，北美洲陆续建起了9所学院，新建的学院虽然大体上仍沿袭英国古老学府的模式，但是毕竟时代不同了，受欧洲启蒙运动和产业革命的影响，数学和自然科学陆续挤进这些学院的教学领域。受英国古老大学传统影响较深的哈佛大学，面临着强有力的挑战。1727年，哈佛大学建立了数学和自然哲学的教授讲座，这是顺应时势的变革之举。此时，北美产业革命的势头兴起，新兴的工商业对应用科学的需求使哈佛面临着重大的抉择：要么墨守成规，这将失去它在北美高等学府中的领袖地位；要么推陈出新，以求继续执掌北美学府之牛耳。哈佛选择了后一条路。新陈代谢，革故鼎新，是事物发展的普遍规律。哈佛从仿效英、德到

独创新制，由只学固定课程到采取自由选修制、集中和分配制、普通教育制，以致形成以普通教育为基础、以集中与分配为指导的自由选修制等等，无一不是突破传统、创新发展的结果，时至今日仍未止步。这是一所学校欣欣向荣的生命力所在。

二、大学办学特色的龙头是学科建设

学科是大学的基本元素，在一所大学中处于龙头地位。一流的学科代表了世界科学技术发展的水平和方向，体现了大学的办学优势和特色。一所大学之所以能够永葆青春，必须从学科建设抓起，世界一流大学无不以拥有一流的学科而著称。

斯坦福大学被认为是第二次世界大战后美国发展最快的大学。1946 年，电子工程学教授特曼出任斯坦福大学工学院院长。此时的美国正值第二次世界大战刚刚结束的时期，特曼大胆地提出了“学术尖顶”的构想，决定打破所有学科均衡发展的传统做法，采取特殊措施，吸引冒尖人才，重点发展一些有条件的科系，以把它办成学术尖顶，从而在全国人民面前树立起一个鲜明的形象。为此，特曼首先选择了化学、物理和电子工程三个学科作为突破口。经过特曼等人的努力，除化学成效稍逊外，物理学科成就斐然，最突出的就是布洛克因发现核磁共振现象，并因此而获得 1952 年诺贝尔物理学奖。这是斯坦福建校半个世纪以来获得的第一个诺贝尔奖，也是该校步入名牌大学的一个标志。而成就最大的还是电子工程学科。特曼依靠出租学校的土地，建立高科技工业园，不仅使该地区成为美国高新技术企业发展的集散地，人们把它称为“硅谷”，而且还极大地增加了学校的收入，吸引了人才，为电子工程学教学、科研的发展创造了优越的条件。现在，斯坦福大学的电子工程学科和“硅谷”一起已成为世界各国著名研究型大学进行学科建设的一个样板，斯坦福大学也因此而名扬寰宇。

具有一流学科是一流大学的重要特征，而一流学科需要高强度的投入。在解决学科建设资金等资源的问题上，一般来说大学较注重如何寻找更多的资源，而如何对所拥有的资源进行最有效的配置、对成本效益的分析关注不够。但是，在办学经费比较充足、财力雄厚的美国研究型大学，却认为这两者同样重要。它们在努力发掘、拓展资源以保证办学目标实现的同时，高度重视对所拥有资源的有效配置，以尽可能降低成本、提升效益，善于舍弃便是这一原则在学科建设上的集中体现。斯坦福大学原有一所建筑学院，在全美建筑学院排名中列前 10～12 位，享有较好的声誉，但斯坦福大学于 1969 年撤销了建筑学院。理由有三：一是建筑学院规模很小，而要开设一个大型建筑学院必须至少同时发展建筑学、土木工程等 4 个专业，需要有很大的投入，而当时美国建筑行业的就业情况并不理想；二是通过尝试估算成为建筑领域领先学院的成本及其可能性，觉得为了使该学院达到斯坦福大学所有专业排名都居于前 5 位的标准所付出的代价不值得；三是在距斯坦福大学 1 小时车程的地方，其友邻伯克利加州大学已有一所非常出色的建筑学院，排名居全国第一或第二，如果将现有资源用于发展与伯克利加州大学相媲美的领域，则可以使斯坦福的工作做得更好、更有效益。正是由于斯坦福大学在学科建设的重点选择、目标制定中，善于审时度势，明确比较优势利发展可能，使学科发展的战略规划思路清晰，重点突出，资源配置保障有力，其许多特色优势学科长期居于全美大学前列。

三、学科发展应坚持有所为，有所不为

从世界范围来看，任何一所大学都不可能事事俱精，在所有的学科领域达到世界一流水平，也不可能在很多领域同时达到世界一流水平。如伯克利加州大学原来有化学院、工程学院、环境规划学院、文理学院、自然资源学院、新闻学院、公共政策学院、教育学院、经济学院、法学院、光学检测学院等共 14 个学院，下设 100 多个学科系，各个学科的发展非常均衡，每个学科的水平都很高。但是没有一个学科是真正的世界一流，特色不明显，因而始终进不了世界一流大学的行列。当时，他们提出的口号是“每个领域都要保持全美前三名”，后来发现这不可能。于是，他们就调整发展战略，集中力量，重点发展生物原子工程（因为当时在美国发展生物原子工程的时机非常好），要求学校的每个系都尽量去和生物原子挂钩，像机械系、电机系、化工系等都要从不同角度配合生物原子的研究，以形成自己的特色。经过几年的努力，终于促成劳伦斯发明了加速器。正是由于发明了加速器，伯克利加州大学一下拿了 17 个诺贝尔奖，伯克利的生物原子工程学科成了世界第一，伯克利加州大学才世界著名。

这就是美国研究型大学的做法：真切了解自身的长处，反复进行权衡，明确学科的比较优势，并想方设法不断加强这种优势，使之脱颖而出，独树一帜。他们着重抓好两个环节：一是做好学科规划。注重规划的过程和决策的民主性，组成由学校高层管理者、杰出教授、教师代表参加的学科规划小组或委员会，尽可能考虑到学科的代表性，通过多层次听取意见和充分讨论，校内外学科情况的反复比较，确定优先发展的学科及其排序。二是抓好沟通与实施。在明确优先发展学科，并加大支持力度的同时，谨慎耐心地处理好一些相互冲突或相互竞争项目的关系，尤其是做好与学术组织和学科负责人的沟通工作，

使各个部分都能理解、支持、配合优先发展学科，使之成为全校的奋斗目标。原伯克利加州大学校长田长霖应邀在清华大学演讲时就阐述了这样的观点："世界上地位上升很快的学校，都是在一两个领域首先突破。一个学校不可能在很多领域同时达到世界一流，一定要有先后，研究型大学一定要想办法扶持最最优异的学科，把它变成全世界最好的"。

四、建立有效管理体制

当代科学发展的一个重要趋势就是学科既高度分化又高度综合，且以高度综合为主。世界各国著名研究型大学的学科建设在管理体制上基本上都顺应了这一趋势。一方面，继续保持按学科分化要求建立起来的院系科层式学科建制的传统，以促进学科的进一步分化；另一方面，又根据学科综合化发展的趋势，建立了大量的各种形式的跨学科的研究中心或组织，以促进不同学科的交叉、融合。伯克利加州大学，仅文理学院下就设有 40 多个系，另有 19 个专业组和 10 个本科生跨系科组织。麻省理工学院，设有建筑和城市规划分院、工程分院、人文与社会科学分院、斯隆管理分院、科学分院、怀特卡保健科学、技术与管理分院等 6 个学院，下属 22 个学系，还设有人工智能实验室、贝特斯直线加速器、生物技术处理工程中心等 44 个跨学科的研究中心和实验室。在麻省理工学院要建立一个新系，很不容易，而要建立一个跨系、跨学科的研究组织则相对要容易一些。因为大家都有这样一个共识：建立跨学科组织，开展跨学科研究，容易出成果，容易形成新学科。而新学科的持续生成是一个大学的希望和活力所在，是提高大学竞争力的基础，因而容易得到支持。

有效的管理体制不仅在于促进学科建设的健康发展，而且更重要的在于吸引、留住学科关键人才，进而培养出更加出色的人才。担任哈佛大学校长达 20 年（1933—1953 年）之久的美国著名教育家科南特说过："大学的荣誉，不在它的校舍和人数，而在于它一代一代人的质量。"在择师和育人上坚持高标准、高质量，哈佛大学才得以成为群英荟萃、人才辈出的第一流著名学府，对美国社会的经济、政治、文化科学和高等教育都产生了重大影响。哈佛大学的成功与其管理体制是密不可分的。

大学管理一定要尊重学术规律，在建设现代大学制度的过程中，一定要力促大学自主办学，自主发展，自我约束，这样才能有效激发大学的生命力，推动大学的办学特色建设。

参考文献

[1] 横付广.试论高校办学特色的基本特征与挖掘提炼[J].中国大学教学,2008(1).

[2] 李化树.论大学办学特色[J].清华大学教育研究,2006(4).

[3] 王世华.世界一流大学的办学理念及启示[J].中国高教研究,2006(9).

[4] 许迈进.美国研究型大学的学科发展战略及具启示[J].中国高教研究,2005(4).

[5] 程永波.启迪与借鉴:关于国外著名研究型大学学科建设实践的研究[J].黑龙江高教研究,2006(3).

工业技术研究院
转化高校科技成果的实践和思考

杨 铭 于 忠 田荣斌

1973年，台湾当局为了推动科技产业发展，组建了台湾工业技术研究院。它针对当时台湾产业规模小、研究创新能力不足等状况，在地方政府主导下，整合已有研究机构，吸引多方投入，开发前瞻性、关键性、共性技术转移给产业界，并与当局的技术开发规划、企业及市场需求紧密联系在一起，同时为企业提供产业化发展所需的全方位服务。台湾工业技术研究院的发展直接孵化衍生出台积电等一批小巨人企业，并进而确立了台湾在国际IT等产业的重要地位。同样取得突出成就的还有韩国产业技术研究院、荷兰产业技术研究院等。这些机构的成功经验证明，工业技术研究院是聚集企业、研究院所、大学、资本市场等多方力量，共同提升企业核心竞争力，推动区域经济发展的有效模式。

借鉴台湾工业技术技术研究院的发展模式，近年来，我国很多地方建立了多个旨在推动科技成果转化的工业技术研究院。2005年6月，由江苏省原省委书记李源潮同志倡导组建的苏南工业技术研究院在苏州科技城正式揭牌成立。同年，广州市政府与中国科学院共建广州中国科学院工业技术研究院。年底，陕西省政府主导组建的西北工业技术研究院、陕西工业技术研究院在西安挂牌。此后，陕西省又相继组建了陕西电子工业技术研究院、陕西能源化工技术研究院、陕西农产品加工技术研究院等3个工业技术研究院。

工业技术研究院在大陆作为一件新生事物，虽然各地的做法各异，进展不一，但可以肯定的是，他们的探索和实践对于加快工业生产应用技术研究及成果转化，促进企业自主创新能力和产品更新、产业结构升级，推动区域经济可持续快速发展具有重要意义。为了研究和探索如何办好工业技术研究院，本文对依托西北工业大学成立的西北工业技术研究院3年来的发展实践进行了总结和分析，在此基础上，对如何围绕高校科技成果转化，办好工业技术研究院进行探讨。

一、工业技术研究院发展的探索和实践

地处西安的西北工业大学是我国唯一一所以三航（航空、航天、航海）为特色的研究型大学。陕西省是我国重要的科技教育大省和军工大省，发挥科教军工优势、推动军民结合、促进区域经济发展一直是陕西省的重要发展战略。为了推动和加快实施这项战略，在陕西省政府主导下，2005 年底，依托西北工业大学，由西北工业大学与陕西省政府、原国防科工委、西安市政府、各大军工集团以及在陕军工企事业单位及地方优势企业共同出资 8 000 万元组建了西北工业技术研究院，专门从事军民两用科技成果转化和产业化的专业集成研发机构。

西北工业技术研究院自成立之初就面向陕西省工业经济结构调整、经济增长方式转变的需求，以高技术产业培育转化、企业发展服务、科技信息集散、政府决策咨询、国际技术交流合作为手段，搭建军民结合的集成创新平台，促进军民技术的双向转移、扩散和升级，促进区域自主创新与可持续发展。

在建设思路上，西北工业技术研究院坚持服务于地方经济和军工企业的基本方向，按照组建期、成长期、成熟期“三步走”战略进行建设。同时，坚持“政府推动、高校主导、企业支撑、国际合作、市场化运作”的运行模式，项目运作上采用项目经理负责制，实行科学规范管理。西北工业技术研究院实行理事会领导下的院长负责制，采用会员制吸纳省内各大高校和省内军工企事业单位参加。投资者拥有对工业技术研究院集成创新和再创新的科技成果的优先使用权。

日常运行中，采取“小核心、大网络”的组织形式，建立网络化的动态组织系统。“小核心”由工业技术研究院自身的核心管理与研发转化体系构成。“大网络”将充分利用陕西省军工科技优势资源，建立动态联盟，逐渐形成目标一致、相互协调、动态有序、不断发展的网络化的组织管理和研发推广体系。

西北工业技术研究院成立以来，围绕装备制造、新材料、电子信息、新能源等领域，与在陕航天、航空、兵器、船舶、核工业等军工单位、大中型企业、高科技企业、高等院校等展开了多层次、多方式的合作，建立了专家人才数据库、项目产品数据库、军民两用技术成果数据库、高精尖特加工设备和大型实验设施数据库等军工资源共享平台，先后与 140 多个企事业单位进行调研洽谈，共筛选了 120 个项目，对其中的 48 个成果和项目进行了重点论证，启动了龙腾系列芯片、电流互感器、碳化硅陶瓷基复合材料刹车片、化工生物连续式结晶器等 16 个项目的工程化和产业化工作，新成立企业 12 家，投资总额 6.4 亿元。西北工业技术研究院直接投入产业引导资金 3 485 万元，带动和吸引军工企

业及其他渠道投资6.1亿元，2007年实现产值3.07亿元，有效地促进了军民两用技术的开发和成果转化，取得了较好的运营效果。2008年，投资4.97亿元的西北工业技术研究院产业化基地建设项目正式启动。项目内含国防科技工业(西北)特种制造技术工程应用研究中心、西北工研院军民两用技术产业功能区、陕西民进军产业功能区，同时还承担着西安航天科技产业基地孵化器的功能。

依托西安交通大学组建的陕西工业技术研究院3年来也取得了可喜的成果，先后组织实施了±800 kV干式直流套管关键技术研究及其产业化、高电压真空断路器、重型汽车中央控制系统、建筑节能等15项重大科技创新项目，目前已有5项进入产业化实施阶段，可带动产值50亿元。陕西电子工业技术研究院、陕西能源化工技术研究院、陕西农产品加工技术研究院等尽管成立较晚，也都充分发挥依托高校优势，分别在半导体照明、太阳能光伏、农产品加工以及陕北地区二氧化碳地下地质封存及综合研究等方面开展了卓有成效的工作。

二、工业技术研究院推动高校科技成果转化的机理和定位分析

3年来，西北工业技术研究院充分发挥自身对军工行业了解的优势，结合陕西经济结构的特点，将工作重点集中在母体学校西北工业大学科研成果的转化和军工企业成果的民用转化。坚持科学规范的市场化运作，在项目孵化阶段就以股份、期权等形式明确约定预期收益的体现方式，从而避免了高校科技型企业成果持有人直接运作的弊端，也有利于促使研究人员持续不断产生创新成果。加之政府和高校背景支持，以及其非赢利性定位所确立的公平公正形象，使得工业技术研究院易于得到社会各界的认可、响应和支持，也建立了与高校等研究机构之间稳定的项目、成果、人才输送渠道和服务合作机制。总结分析西北工业技术研究院所取得的初步成就，在一定程度上得益于政府、高校、应用企业等的共同支持与良好互动。

引导经济社会发展方式、创造发展良好环境是政府的重要职责。陕西省委、省政府高度重视西北工业技术研究院、陕西工业技术研究院的发展。政府希望借助这种模式，迅速将特有的科技、教育优势辐射到地方经济具有特色的优势产业领域，实现在部分领域的率先突破并进而带动产业链全面发展，从而以较小投入能产出更多成果，推动经济社会实现跨越发展。2006年10月，陕西省委省政府发布关于增强自主创新能力提高经济竞争力的决定，明确提出“要充分发挥和利用陕西工业技术研究院和西北工业技术研究院集成创新和成果转化基地的作用，整合企业、高等院校、科研机构等各类资源，推进研究成

果的产品化、科技项目的工程化和产业化”。3年来，省政府在政策、经费投入和发展中有关问题的协调等方面给予全方位的支持。省政府主要领导每年都专题听取工业技术研究院工作汇报，协调解决具体问题。

人才培养、科学研究和社会服务是高等院校的三大职能。与人才培养和科学研究这两大易于量化、比较和评价的职能相比较，以科研成果转化和文化辐射带动为主要内容的社会服务功能是我国高校当前阶段发展中普遍存在的短板，在经济欠发达地区这一点更为突出。高等院校作为我国科技创新的重要力量，其富含的科技成果、科技人才资源，以及学科交叉所带来的创新可能性使得其在自主创新这一国家核心发展战略中具有不可替代的作用。尤其对于陕西这样的高校科技资源丰富，而经济欠发达的西部省份而言，推动高校科技成果的转化对于区域经济发展显得尤为重要。实现科研成果的转化既是作为社会重要创新力量的社会责任所在，可以提高社会声誉，锻炼科研队伍，同时，也可以给高校本身带来经济效益，对办学经费给予必要的补充并改善教学科研技术装备水平。西北工业技术研究院的理事长由西北工业大学校长兼任，学校的品牌效应及全面的支持对工研院的顺利起步和发展提供了重要的支撑和保障。

企业以赢利为目的，在企业实现经济效益的过程中，又面临着公共服务开放和壁垒的两难。特别是中小型企业，在关键技术攻关、产品创新、新品试制、中小规模融资、标准、专利、人员培训、管理咨询等方面有着非常旺盛的需求。这些需求既千差万别，未必能形成规模化需求，企业之间还可能因为竞争的原因存在互相壁垒，这就需要有非赢利性社会机构提供企业特别是中小企业所急需的企业公共发展服务，工业技术研究院不以赢利为目的的宗旨和高校、政府背景所带来的公信力，丰富的项目来源，以及与投融资体系、产业界的良好关系，可以为企业提供内容丰富的公共服务。

与台湾工业技术研究院相比较，西北工业技术研究院、陕西工业技术研究院等有着明显的不同。在组成方式上，台湾的工业技术研究院是在当局主导下，整合已有研究机构，其本身具有较强的研究能力和一定的人员、设备、场地和资金规模。而西北工业技术研究院等是在政府推动下，由高等学校主导，吸纳政府、高校和其他社会资源，人力、设备和信息资源很难进行大跨度的整合，基本从零起步，以投资方开办资金和逐步完善的管理服务于科研成果的转化，更多的是依靠政府和高校的公信力，以及所依托高校的科研实力。其次，台湾的工业技术研究院源自研究机构，而西北工业技术研究院源自高校，主要管理人员甚至项目经理很多都是或者曾经是高校科技管理人员，往往对某个领域或者某几个领域的科技发展情况非常熟悉，既对高校已有的科研项目比较了解，也深知高校自身完成成果转化的困难。第三，台湾工业技术研究院更多注重于解决企业发展成长中的问题，而西北工业技术研究院的重要任务首先是已有高校科研成果的应用和工程化，兼顾合作企业科技成果转化。

结合以上的分析比较，笔者认为西北工业技术研究院、陕西工业技术研究院这类依托高校设立的工业技术研究院的发展在起步之初一定要有所为，有所不为，找准定位。

从高校研究工作和成果的类型来看，高校的研究可以分为基础研究、应用基础研究和应用研究，创新的方式也包括原始创新、集成创新、引进消化吸收再创新。基础研究和应用基础研究以探求自然规律和真理为目的，其成果更具原创性，但是转化难度较大。因此，就依托高校而办的工业技术研究院而言，在科技成果转化的链条上应居于高校的下游和应用企业的上游，其所转化的成果应经过高校内部有关部门初步的审核，在其发展初期重点面向应用研究，否则面临每年每个高校数百项专利、几十项各种科技奖，极大牵扯各自精力。并且由于原始创新需要强大的科研力量作为支撑，因此在创新方式选择上，工业技术研究院发展初期也应更注重集成创新和引进消化吸收再创新。

就围绕成果转化各有关环节的分工而言，一方面，工业技术研究院不同于现有的成果持有人仅就单一成果进行转化，而是根据市场需求和成果转化可行性，有选择地在多个领域、多个项目上主动配置资源进行转化。另一方面，工业技术研究院不仅能提供成果转化所需的工程化能力、资金等，还应提供企业孵化所需的人员培训、财税法律、管理咨询等全方位服务。

作为一个投资性主体，工业技术研究院重在建立一种科技成果转化的渠道和机制，实现科技成果转化后也要采用股份制、转让、上市、清算等方式实现投资收益或投资撤出，从而形成自有资金的良性循环。而工业技术研究院与社会中介机构、中小型创新企业孵化机构不同之处在于它顺应高校需求，与高校、与上游的科研成果、科研团队之间保持着天然的紧密联系，能够获得持续不断的项目来源。当然，工业技术研究院的项目来源也并不仅仅局限于母体高校，而应面向整个社会。

三、推动高校科技成果转化的几点思考

基于以上的分析，我们认为，发展工业技术研究院是推动高校科技成果转化的有效方式，但对于我国而言，这种模式的发展还需要更多的思考、探索和实践。基于我们粗浅的一些认识，兹就依托高校设立的工业技术研究院的发展提出以下建议。

1.发挥专业优势

对于尚处于创办初期的工业技术研究院而言，应当鼓励部分工业技术研究院集中力量于某个或者某几个比较熟悉的优势行业或者优势地区，有所为有所不为，台湾工业技术研究院在开始之初也只是集中在几个领域。当然伴随着同一区域或领域内若干工业技术研究院的共存发展，工业技术研究院的长期整合也并非完全不可能。依托高校建立的工业技术研究院既要发挥自身密切联系高校的优势，也要避免重复建设科研生产能力并进而与高校或企业进行竞争。当前其重心应在于调动、协调政府、研究机构（成果、技术持有人）、投资方、科技企业孵化器、社会中介等各方面的力量。研究型大学创建工业技术研究院的目的也不在于要重新建立一套技术研发体系，而是建立与自身优势科研相衔接的转化机制。

2.理顺关系

首先是指在工业技术研究院和高校之间应当建立稳定的项目遴选输送机制和合理的利益补偿机制，这是依托高校所办工业技术研究院能够持续发展的基础。此外，目前高校大都已经建立科技开发公司等成果转化机构，这与工业技术研究院在成果转化链条上的位置有所重叠。高校现有的科技开发公司（资产管理公司）是学校的全资企业，代表学校管理所投资的企业，有规避市场风险的防火墙作用，也肩负着成果转化的职能。由于历史原因，很多公司还有遗留问题和负担，也缺乏充足的资金。工业技术研究院是学校出资参股的社会化转化机构，资金来源更为广泛，运行机制更为灵活。笔者以为，两者存在一定竞争关系，但职能上不能互相替代，应各自拓展发展空间，高校应主动处理好这两者之间的关系。

3.加大投入力度

科研成果转化需要一定的资金支持。科研成果工程化和产业化阶段的资金需求往往要大大超过科研费，已有技术或成果大都不是拿来就可以直接为企业所用或为社会所接受，还要有一系列的试制、试验、提高质量等工作内容。因此，举办工业技术研究院必须要有足够的经费投入，才可能确保项目转化的正常运行。同时，由于我国市场经济尚不够完善，政府的投入力度往往作为一种政策信号就显得尤为重要。从长期发展看，工业技术研究院还应实现开办资金和项目收益的合理循环，确保具备持续的资金保障能力。

4.进一步加强科学规范管理

过去高校科研项目能否转化、学科性公司能否生存的一个重要因素是管理者，很多项目或公司往往因为技术持有人直接办公司缺乏规范管理而夭折。工业技术研究院应充分运用市场配置资源的机制，准确定位技术持有人、应用单位、企业之间的关系，建立对高校、成果持有人的合理利益补偿机制，加强项目和公司管理的科学性和规范性，从而既确保技术持有人的正当收益，也促进科研工作的深入发展。

5. 彰显高校优势，为企业提供全方位服务

工业技术研究院与高校母体有着天然的血缘关系，工业技术研究院能否取得成功很大程度上也依赖于高校母体。应充分利用好高校这个多功能平台，发挥高校多学科综合优势，在关键技术攻关、人才培养、人员培训、国际合作、企业管理、文化建设等方面为企业提供更为丰富的服务。

高等学校科研成果转化是一项长期而艰巨的任务，不仅影响高校自身发展，也是建设创新型国家、建立国家创新体系的重要内容。工业技术研究院的诞生和发展相信将为加速这一进程发挥更大的影响和作用。

参考文献

[1] 姜澄宇. 搭建自主创新平台，服务区域经济发展[R]. 2006 中外大学校长上海论坛发言稿.

[2] 刘强. 中国台湾工业技术研究院案例研究[J]. 研究与发展管理，2003，(15)：42－46.

[3] 杨京京，等. 高校科技成果转化机制研究[J]. 科技管理研究，2005(8)：124－125.

[4] 牛振喜，等. 以工业技术研究院为中心的科技成果转化新机制研究[J]. 中国科技论坛，2006，(4)：40－44.

[5] 台湾工业技术研究院网站. www.itri.org.tw.

[6] 西北工业技术研究院网站，www.nitri.cn.

[7] 陕西工业技术研究院网站. www.sitri.cn.

经贸类研究生培养模式创新的四维度分析

周　炯　王一宁

随着国际经济形势和社会经济文化的发展，社会对经贸人才的需求不仅在结构上呈现多元化的特征，而且在人才质量、需求内涵、需求层次上也提出新的内容和要求。社会人才需求结构的转变对经贸类专业现有人才培养模式的改革创新提出了挑战，传统单一"专才型"培养模式和现代社会对人才需求愈发显得格格不入，培养富有创新精神、科研能力强和综合素质好的复合型、应用型人才已成为当代社会人才需求的主旋律。培养紧跟国际经济形势变化，与我国社会经济发展相适应，面向未来的经贸类高素质人才，目前的经贸类研究生培养模式创新势在必行。

一、经贸类研究生培养的现状和问题

在以"经济建设为中心"的改革开放新时代，经济类贸易类学科越来越成为社会科学学科门类中的"显学""热门"。山东社会科学院、山东经济学院多名专家组成全省人才供需预测课题组，主持开展2008春季全省行业人才状况抽样调查，该课题组首次建立了山东省"行业-学科人才增量转换矩阵"，测算出：今后3年山东省国民经济19个行业部门对经济学学科人才需求量最大，为17.78万人，管理学、理学、工学、医学排在经济学学科之后。同时，据专家数据统计，2010年考研人数预计将达到180万人。金融学、经济学和国际贸易学都是报考的热门专业。看来，2009年并没有因为金融危机而影响广大学子报考经贸类研究生的热情。

经济学人才需求的加大和经贸类研究生报考人数的激增，需要适应社会经济发展需求的研究生人才培养模式。但目前我国经贸类专业教育的现状不容乐观，特别是在培养创新型、科研型的高素质人才方面，现行人才培养模式与我国市场经济及现代化建设的发展之间不相适应的矛盾，已日益地暴露出来，主要表现在以下方面。

1. 培养目标单一

现行人才培养模式的培养目标较为单一、起点较低，仅仅局限在满足某一特定部门或岗位的工作需要上。长期以来,我国经济学贸易学教育的培养目标基本定位在“高级专门人才”之上,强调的是专业设置与工作岗位的一一对应关系,试图把学生培养为从事某一部门工作或完成某岗位职责的专家。这种培养目标的定位,造成专业设置具体化,学生所能胜任的岗位已按照培养目标予以定格,因此学生在择业上受到了极大的限制,走上工作岗位后又难以适应各种崭新的变化,有时即使是经济岗位之间的“内部”调整,也会因这种培养目标下的专业教育过细而不能胜任。

2.创新机制不完善

实践证明,培养大量具有创新意识和创新能力的高级专门人才是新时期研究生培养的主要任务。虽然教育部于2005年已经开始实施“研究生教育创新计划”,但由于经贸类研究生的招生规模扩大,学校在经费投入、师资队伍、教学条件等方面都存在很大的压力;同时,由于传统培养模式下学校创新机制不完善,教育创新体系尚未突破本科阶段的桎梏,在研究生教学中,无论从课程设置、教学方法、教学内容和考核方式都出现了和本科教育“雷同”的现象,过分注重教育内容的稳定性和知识的积累性,把课堂讲授作为主要授课方式。这在一定程度上造成了经贸类研究生的理论知识面不够宽广、知识结构和智能结构不合理的现象,从而限制了经贸类研究生创造性思维的发展和理论严谨性的确立,创新能力、实践能力乃至学习习惯都落后于时代要求,导师和研究生的创新动力不足。

3.实践应用能力薄弱

经贸类研究生专业属于应用性强的专业,通过开展实证研究(如:产业经济学中产业项目的开发与论证、产业区域规划和设计、产业管理和政策等),体现在实践操作层次的应用价值是主要方向。因此,应用能力和实践环节在研究生培养过程中应占有特殊的地位。但从实际情况看,不少大学相关专业都没有予以重视。如在培养方案中对课程学习和学位论文都有明确的要求,但对学生的实践环节的地位、作用以及目标都没有明确的规定。多数学校没有建立稳定的实践应用基地,研究生很少走出校门参加社会实践或社会调研,影响了对所学理论知识的理解和方法的应用,也难以了解最新的理论成果和学术动态。经贸类研究生的应用和实践能力普遍较弱,令人深思。

4.科研训练不足

没有高水平的科学研究,要培养出高质量、高层次人才是不可想象的。研究生的培养过程,不仅是研究生接受教育的过程,更重要的是研究生直接参与科研、强化科研意识、提高科研能力的过程。但从我国高校实际来看,自然学科与重点学科所获得的研究经费、受重视程度与教育资源也远非人文社会学科和基础学科能相提并论,"马太效应"十分显著。经贸类学科的研究生导师课题较少,研究生无法通过完成课题的形式增加对理论知识的理解和提高科研能力,造成了经贸类研究生科研实践参与度低、国际学术榜论文数量偏少、学术成果质量不高、原创性成果稀少。

二、经贸类研究生"四维度"培养模式构建

研究生培养活动是个系统工程,其培养过程是由许多环节、多种要素交叉作用的复杂结构系统,经贸类研究生人才培养必须符合社会经济发展对人才培养的要求,符合经贸类学科的规律和特点。

围绕人才培养模式和运行系统,以韦伯的理想类型法为方法论依据,本文初步构建了经贸类研究生培养模式的四维度框架(见表1),即价值取向、目标选择、过程控制和环境保障等四个维度,相对应的指标分别为教育理念、培养效果、培养机制和实施条件。

表1　经贸类研究生培养模式创新的"四维度"框架

维度分析	指　标	内　容
价值取向	教育理念	启发引导 主动创新
目标选择	培养效果	科研实践 综合素质
过程控制	培养机制	科学系统 管理到位
环境保障	实施条件	软硬互补 资源共享

1.培养模式的价值取向维度——教育理念

所谓"经贸类研究生教育理念",就是人们观念中的"好"经贸类研究生教育,是人们所希望的研究生教育的样子,是观念和精神的通称,包括对研究生教育本质特征、存在价值、职能任务和活动原则等问题的认识[1]。研究生教育理念是维系研究生教育发展的内在牵动力,是推动研究生教育健康发展的力量源泉。目前经贸类研究生教育质量的下降,关键是培养模式的陈旧和体制约束,以及与研究生教育的本质理念相左的教育观念,因此,"好"的经贸类研究生教育需要卓越的教育理念指导。

2.培养模式的目标选择维度——培养效果

培养效果是教育目的的体现,是教育活动的出发点和归宿。培养效果是指学校通过机制变革、创造良好的条件、采取一定的方法后,使研究生达到应有的基本要求和规格标准,切实提升了研究生的科研创新和实践素质,提高了综合素质。经贸类研究生培养,要在追求卓越的教育理念指导下,着眼于培养

精英人才。随着社会的进步和经济的发展，经贸类精英人才主要具备以下特征：无障碍的国际交流能力、具有国际视野和民族凝聚力、具有法制观念、具有创新精神和创造能力、具有终身学习的素质等。

3. 培养模式的过程控制维度——培养机制

过程概念是现代组织管理最基本的概念之一，卓越的结果来自于卓越的过程，通过过程控制实现人才培养目标也是一个基本途径。人才培养机制的好坏是决定培养过程控制的关键。人才培养体制中，学校教育是比较系统的，有一套基本的制度，但是在学校与社会的结合、学校和社会的联系方面还比较欠缺。研究生培养体制是研究生培养过程的基本制度保证，通过体制创新和体制完善，从而形成人才培养过程的系统化、科学化和多元化。通过比较全面和系统地对人才培养体制问题做出规划，包括观念的更新、人才培养模式的创新和人才培养评价制度的改革，构成整个人才培养体制改革的完整框架，从而指导培养过程，实现人才培养目标。整个人才培养体制实际上要实现两个目标：一是所有学生都能得到均衡的培养，达到成才目标；二是让那些有特殊才能的拔尖创新人才有更好的通道，能够更好、更快地成长。

4. 培养模式的环境保障维度——实施条件

为了达到培养精英人才的目的，需要一定的环境来支撑。经贸类研究生培养环境是指直接作用研究生主体并影响活动效果的客观因素的总和。实施条件指的是学校要为研究生培养提供良好的软件和硬件环境，同时积极开展交流合作，资源共享，达到资源的优化配置。研究生培养条件主要包括学术环境、师资、制度、物质和科研等方面。经贸类研究生的培养主要是在导师的指导下，阅读大量的文献资料，从中获取有效信息并对信息加以组合，开展有针对性的社会调研与实地考察来积累专业知识，运用知识探索未知，进行学术思考和课题研究。在研读和社会实践的过程中，运用灵活性、敏捷性、发散性、联想性等思维，对已有的理论知识或社会规律进行概括和归纳，要在经贸类研究生培养中充分发挥导师的引领和指导意义。

三、经贸类研究生培养模式创新思路建议

结合新时期经贸类研究生教育模式中存在的问题，借助于维度分析视角，提出以下培养模式创新思路。

1. 理念创新——确立新型人才观

知识经济时代的来临和经济全球化进程的加快，促使国家和社会对人才的基本观念发生改变。新型人才是多样化的人才，不仅需要具备较为扎实的专业基础知识，而且应当拥有广博的基础学科知识；不仅需要具备良好的思想素质

和文化素质，而且应当拥有宽广的国际视野；同时还应当具备较强的创新、创业、实践和组织管理等多方面能力，以及较强的合作和敬业等专业精神。因此，研究型大学有必要通过适当的教育培训、学术交流和参观考察等方式，使相关人员真切感受当今世界格局里国际竞争的严峻和残酷以及研究生培养模式创新的紧迫性。更重要的是，要通过培养学生认真反思的科学态度和求真意识。

2. 过程创新——培养过程科学化

随着我国研究生教育规模的日益扩大，内容不断更新，培养途径亦趋多样化。首先，进行教学改革，加强课程，尤其是学位课程建设。健全和完善以学位课程为中心，选修课灵活设置的课程体系。在研究生的培养过程中，课程体系要有足够的宽广度和纵深度，并具有前沿性和前瞻性。其次，加强科研与实践环节，提高经贸类研究生的科研与实践能力。美国的研究生教育"在过去25年中，大学生活发展的一个特点，就是使学生运用所学的方法和所受训练以解决人们生活中各种实际问题"[2]。科研能力的培养应从教学、科研、生产相结合的过程中得到加强。这一过程既可以培养研究生的科研能力，又能够促进科研成果转化为现实生产力。再次，组织开展研究生学术交流活动。聘请国内外优秀学者、专家来校、院或系所任教、办讲座、参加学术讨论会和合作研究，这样既可以使研究生不断获得新的学术思想，同时又能活跃学术气氛，提高研究生教学和科研水平。

3. 环境与机制创新——创建和谐校园环境

创建和谐的校园环境。这里所谓的"和谐"，主要是指一个大学各学科之间、导师之间、师生之间以及研究生之间存在一个开放的有形和无形的公共空间，大家有机会相互交流和借鉴，而非像过去那样各自为阵，彼此区隔。培养环境应是有序的、规范的。在这样的生存环境下，研究生的招生甚至培养，可尝试在一级学科框架下开展，从而避免目前过于狭窄的培养路向，而研究生导师的来源应该多渠道，尤其是应该广泛吸引海外及国内其他高校的毕业生，逐渐减少、乃至最终杜绝长期存在于我国高校中的近亲繁殖现象。只有在这样一种多元的、民主的学习社群中，我们才有可能改变那种教师过于主导而研究生又丧失主体性的教学模式，在彼此积极互动的过程中不断重组、建构新的知识，让参与讨论的每一个人的创造力都有机会迸发。创建和谐的校内环境，在于重塑高校的学校文化。在建立基本的现代大学制度的前提下，需要对学校目标和价值观重新定位，在不同学科之间搭建沟通的桥梁，让研究生培养的校园环境充满人文主义关怀。高校中洋溢的对开放精神与合作态度的强烈认同和诉求，必定会激发起研究生相互问难的热情，点燃其孜孜不倦的探究兴趣，而创造往往会在这种质疑过程中不知不觉地出现。

4.方法手段创新——重视研究方法论

我国研究生的培养一直以来比较重视方法论的教育与培养。但在课程设置上多倾向于思想方法论的培养，比如开设《自然辩证法》课程等，而对于具体的研究方法论在很大程度上则取决于导师的言传身教。换言之，在做研究中，怎样按国际上通行的方法去做第一手和二手的研究、定量和定性分析，则缺少一个课程培养安排。在这方面，要解放思想，重视对研究生的具体方法论的学习和指导，这并不排斥对研究生正确的世界观和思想方法论的教育。在现实世界的不同学科领域中，研究对象有其特定的运动规律。加强对学生的具体方法论教育，可以使他们尽快掌握具体研究方法，把握运动规律，缩短探索过程[3]。因此，若能在加强研究生的思想方法论教育的同时，增加具体的方法论课程学习，使学生不仅有正确的世界观而且能够按照国际上通行方法去研究问题，将可以大大提高经贸类研究生的创新能力。

5.途径创新——培养途径的个性化和多样化

首先，因材施教，制定个性化培养方案。对于部分专业基础扎实、科研能力强的研究生，可在导师的指导下尽早参加课题研究，将更多的时间、精力投入到科研和论文工作中；而对于那些专业基础差、科研能力弱的研究生，则必须强调课程学习的系统性，使其在进入科研过程前获得扎实的理论基础。其次，实行弹性学制、建立相对灵活的毕业政策。以适当缩短学制为取向，借鉴多种管理形式并存的欧洲式做法，建立相对灵活的毕业政策。修满学分的优秀学生可提前毕业；有创业要求和需要延期者可以延期，使研究生拥有更多自由选择的空间。再次，加强研究生自主学习意识。应采取精讲、讨论、自学、报告等多种教学形式，以突出研究生学习的主体性，增强其主观能动性，尤其要重视组织研究生开展课堂讨论或课堂报告，完成课程作业，课程作业的难度应高于课堂报告，选题应紧扣课程，联系实际，内容要有一定的创新。

随着经贸类研究生培养模式改革和创新的深入，在新型多样化人才观的指导下，通过培养模式创新改革，能够为经贸领域和国际经济交往领域及科研院所培养具备创新精神、科研能力强和综合素质高的高端人才提供思路。

参考文献

[1] 刘鸿.我国研究生培养模式研究[M].青岛：中国海洋大学出版社，2007.

[2] 张凤莲，江丕权.从美国高等教育的发展看其人才培养特征[J].高等教育研究，1995(5).

[3] 王衡生.论创新教育与高校研究生创新能力培养——英国大学研究生培养模式的启示[J].高教探索，2003(1).

大学治理权力结构下的民主管理权

杨云霞

一、问题的提出

在已有的研究中，多是单纯从高校民主管理权本身出发，从权力的渊源、权力的实现机制、权力的主体、权力的实施效果等方面进行研究，尽管也提出了一些完善民主管理制度的可行之举，但其研究过于关注民主管理权自身，而忽视了其所处的宏观社会背景和高校内部的权力结构，没有意识到民主管理权的现状是各种权力主体之间博弈的结果。要更好地实现民主管理权，所要解决的一个突出问题，是权力结构中权力主体之间的权力再分配以及结构的调整。因此，本文拟从大学治理的权力结构的角度来分析民主管理权，以期对高校民主管理权的困境以及实现路径和实现中的瓶颈进行一个较为明晰的梳理。

二、民主管理权在大学治理的权力结构中的地位

大学治理结构是指大学内外部利益相关者参与学校重大事务决策的结构和过程[1]。其中，利益相关者是指那些能够“影响”组织目标的实现，或是被这种实现“所影响”的个人或群体[2]。大学内外部的利益相关者包括了核心利益相关者，如教师、学生等；重要利益相关者，如财政拨款者；间接利益相关者，如科研经费提供者；边缘利益相关者，如当地社区等。其中，教师作为核心利益相关者，其所享有的民主管理权是其实现参与学校管理与决策的一个基础。

根据以往的研究，将大学内部治理中的权力分为四种：政治领导权力、行政权力、学术权力和民主管理权力[3]。本文借用这一划分，但由于民主管理无论是从法律的规定还是其自身的属性来看，更多的应属于一种权利，而非等同于权力，因此，本文使用民主管理权利一词。

从图 1 可以看出，政治领导权力和行政权力居于大学治理的主导地位和主体地位，而学术权力居于较为边缘的位置，民主管理权则居于更为边缘的位置。

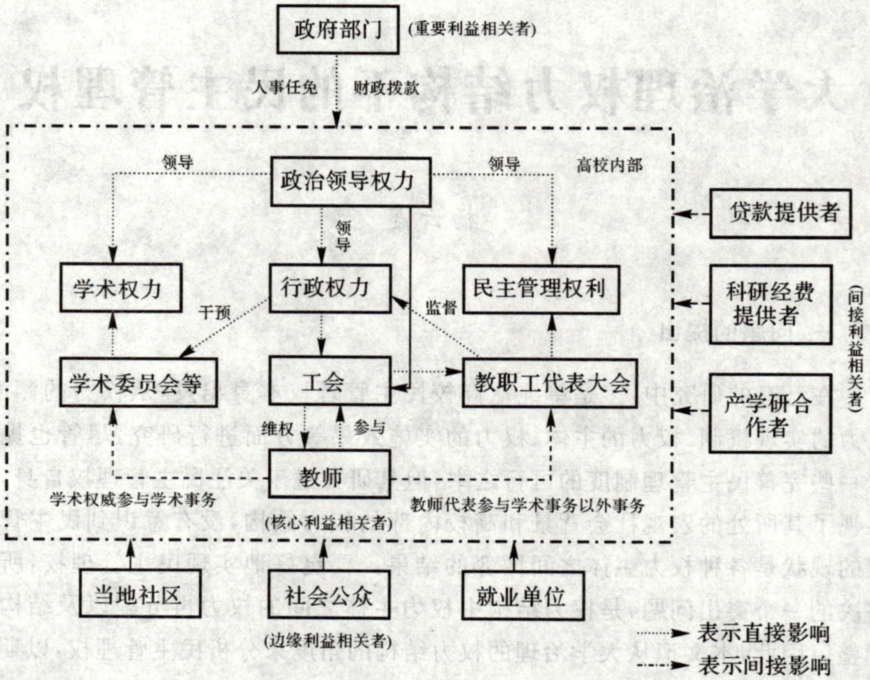

图1 高校治理的权力结构

三、高校民主管理权被边缘化的分析

民主管理权之所以处于边缘化的位置，主要是源于自身的资源匮乏性以及外部其他权力的挤压。

1. 民主管理权主体的资源匮乏性

教师作为高校的核心利益相关者，理应享有核心的管理与决策权。但由于教师这一民主管理权利主体相对于其他权力主体来讲，表现出极大的弱势，即自身的资源匮乏性。如自身的工资等收入、福利、医疗、住房、职称评定、科研经费等无不受制于相应的行政主管部门，这就造成其对行政权力处于依赖状态。与此同时，这一群体又缺乏与其他权力主体相抗衡的资本与能力，这就造成其所享有的民主管理权利注定是被边缘化的。而且，《中华人民共和国高等教育法》还赋予了教师通过教职工代表大会对其他权力的监督权，这更是一种被虚置的权利。因为对权力的监督是以权利之间的相互制约为前提的，教师这一民主管理与监督权的主体资源的匮乏性导致其无力与其他权力相抗衡。上述的问题，必然导致民主管理权在高校中成为一种行政权力的施舍，成为一种良好的单方意愿。

2. 民主管理权在法律资源配置中被虚化

民主管理权作为一种基本的社会权，在上至宪法、下到单位内部规章制度等系列相关制度中都做了规定。但法律中最大的问题在于仅仅设定了这样一种权利，面对该权利的具体内容、实现方式、违法责任等都缺少深层次的规范。如《中华人民共和国高等教育法》规定：高等学校通过以教师为主体的教职工代表大会等组织形式，依法保障教职工参与民主管理和监督，维护教职工合法权益。显然，这里将实现民主管理权的义务主体设定为高等学校，但如何实现、如不能实现的法律责任都缺乏规定，这就使得该法定权利被消解于无形中。

纵观世界教育发达国家的相关立法，无一不详尽地规定了教师参与管理与决策的细节性问题。如法国 1984 年《高等教育法》(萨瓦里法)对这一问题的理解和表达很值得深思，该法案的第三部分规定：法国综合性大学的校务委员会需由 30～60 名委员组成，其中，教授及研究员的代表应占 40%～50%，校外知名人士占 20%～30%，学生代表占 20%～25%，行政、技术、工人和服务人员代表占 10%～15%。又如，美国很多大学根据州议会的立法，规定了由教师群体组成的评议会的职权范围，包括：一是教师自身事务，如教师聘用、续聘和终身制，教师福利、奖励、健康等。二是研究和教育事务，如研究项目、经费、资源的分配，学科布局与院系调整、增废，招生、录取标准，课程设置和教学改进，学位标准和学位授予，优秀学生奖励等。三是关于大学发展事务，如大学重大战略规划、大学重大政策等。可见，除了教学和科研的学术事务外，评议会还负责教师事务，以及参与学校的重大决策。再如，德国的《高等教育总纲法》要求高级教员在学校各级机构中占半数以上席位，由大多数教师组成的部务委员会是学校的决策机构，由教授代表参与的学术评议会是大学一级的决策性机构。

在我国，之所以这一权利被虚置，从立法过程可以反映出这一结果。以高等教育法的制定为例，从 20 世纪 80 年代开始的前期调研、起草工作，到 1993 年国家教委启动的立法起草工作，到 1998 年的该法被审议通过，前后经过了多次调研、论证，召开有教师和学生参加的座谈会征求意见、四次审议，但讨论的核心焦点问题集中在改革高等教育管理体制，明确规定高校内部的领导体制，保障高等教育的投入，扩大高校办学自主权，扩大地方办学自主权等。而没有将关系到高校民主制度建设的民主管理权纳入讨论范畴，提上议事日程。这一方面体现了参与讨论的教师代表的民主意识的缺失，更为主要的是起草者行政权力的身份属性，决定了这一立法过程是对高校外部及内部行政权力的再分配，而不是各种权力之间的重新洗牌。而且教师代表参与者的缺失必然造成行政权力“一言堂”的结果。这就形成了现有的法律之中的权力配置上的不均衡，民主管理权只是作为一个点缀镶嵌于强大的行政权力中。

3.行政权力的资源强势性挤压造成民主管理权利的弱化

从大学的外部利益相关者来分析，政府既是大学的行政主管者，又是大学的资金提供者，同时还是大学“一把手”的委任者，作为大学的重要利益相关者，大学自身的生存与发展都无不依赖于该行政权力。这种大学外部治理中的行政权力的强势必然传递到大学内部治理结构中。下文通过大学内部权力的分布来分析行政权力的强势。根据刘向东等人的研究，将大学内部的权力划分为预算与财务权、教师聘任与晋升权、招生权、学科与课程设置权、研究决策权、房屋与设备资产权等六项，在中国的大学中，普通教师除了对“学科与课程设置”和“研究决策”有一定的建议权和咨询权以外，其余的权力则集中于行政系统，而且大部分权力集中于学校层面的行政系统，院系级的行政领导对于行政事务和学术事务享有较少的控制权[4]。这种权力的分布表明，行政权力挤压造成民主管理权的边缘化。

四、高校民主管理权的发展趋势

根据已有的研究，人们提出了中国大学治理变革的基本方向是建立代表教师群体意志的治理机构[5]。

根据大学理念，大学治理强调大学自治、学术自由和教授治校[6]，这就意味着大学作为社会法人机构，不受政府或其他任何机构的控制和干预，意味着大学成员以大学这个团体的代表资格而非以个人的资格来决定大学的自身管理。这必然排斥政府对大学的绝对外部控制，排斥大学内部的行政权力绝对强势地位。

随着利益相关者理论的出现，大学自治的理念逐渐被大学共治的理念所取代。利益相关者共同治理是寻求一种利益相关者参与共同决策和相互制衡的机制。在这种机制下，大学的决策权不是由政府或其代理人校长主导，而是交给由利益相关者组成的机构实现共同治理。其中，教师作为核心利益相关者，其参与共同治理并享有其中的核心决策权。通过共治，保障教师被真正赋予参与大学决策的权力，保护大学学术自由的传统[7]。

而当前，高校无论是从外部治理还是内部治理来看，无不表现出行政权力进一步强化的发展态势。事实上，从历史上来看，诸多大学民主进程的演变都是伴随着反复的波折，牛津大学从 12 世纪到 16 世纪，一直面临着罗马教廷和国王的双重强势控制，直到 19 世纪仍受到国王等行政权力的强权控制[8]。

但无论现实如何，作为大学，教师参与治理这一典型特征是不能改变的，也许正如科恩和马奇所说的“大学中的大多数人很多时候都不太注重决策的内容，而只是要承认他们在大学中的重要地位……教师们更强调他们参与教师决策的权利，尽管他们不运用此项权利。”[9] 但大学作为社会的一个先进文化的集合体，其民主制度的状况对于整个社会民主的推进具有重要的风向标作用。

参考文献

[1] Gayle D J，Tewarie B. Governance in the Twenty - First Century University：Approaches to Effective Leadership and Strategic Management [M]. [s. l.]：ERIC Digest，2003.

[2] Freeman R，Edward. Strategic Management：A Stakeholder Approach [M]. Boston：Pitman，1984.

[3] 秦惠民. 我国大学内部治理中的权力制衡与协调——对我国大学权力现象的解析[J]. 中国高教研究，2009(8)：26 - 27.

[4] 刘向东，陈英霞. 大学治理结构剖析[J]. 中国软科学，2007(7)：98 - 101.

[5] 郭卉，唐魏华. 美国大学治理中的评议会：组织制度与功能分析[J]. 高等工程教育研究，2009(4)：89.

[6] 李福华，尹增刚. 论大学治理的理论基础[J]. 比较教育研究，2007(9)：51.

[7] 于扬，张贵新. 美国大学治理变革及其发展趋势[J]. 黑龙江高教研究，2008(5)：64.

[8] 代林利. 牛津大学治理结构的形成与演变[J]. 现代大学教育，2007(4)：35 - 40.

资源共享与实验室科学内涵式发展

张 原 李 鑫

一、引言

实验室科学内涵式发展，就是运用科学发展观的思想和方法来认识和分析实验室建设管理中存在的问题，通过加强科学管理、合理布局、优化结构、共享资源来提高效益和质量，使人员、场地、设备、资金发挥更大的作用。从逻辑上讲，内涵与外延是相对应的，实验室的外延式发展主要表现在人员、场地、设备等要素数量的增加、规模的扩张，达到一定实验条件，其实质是实验室做大的过程；而内涵式发展则主要表现在实验室如何通过内部管理，持续提升现有学科建设、科学研究以及人才培养等关键要素的质量，充分挖掘内在潜力，提高核心竞争力，其实质是实验室做强的过程。实验室的外延式发展与内涵式发展是相辅相成、缺一不可的，外延式发展是内涵式发展的物质前提和基础，内涵式发展是外延式发展的核心动力和最终目的。

二、实验室建设向科学内涵式发展

随着我国经济持续、稳定增长，综合国力日益增强，国家不断加大对教育的投入，尤其在实施"211 工程"和"985 工程"建设项目后，国家对高校的投入急剧增加，仪器设备拥有量和总值迅速增加，教学、科研条件明显改善[1]。仪器设备是高等学校人才培养和科学研究的基本条件和重要工具，也反映了学校教育的发展水平和综合实力。高校通过购置大量的仪器设备，使设备的数量、种类和质量上都有了大幅度的增长和提高，促进了学科发展和教学科研水平的提升，为建设一批各级各类重点实验室和实验教学示范中心奠定了物质基础，并使实验室的规模取得了前所未有的发展[2]。实验室规模不断扩大、能力不断增强反过来又促进了高校学科建设和教学科研水平的提升。

然而，由于管理体制落后，思想观念陈旧，随着国家对科技、教育投入的增加，仪器设备重复购置、利用率低下、资源严重浪费等现象也日趋明显。虽然国家不断加大对大型仪器设备的投入，高校的装备水平总体都获得了进步，但与我国高校教学、科研发展的总体需求相比，总体资源不足的矛盾依然十分突出。同时，有限的资源还呈现出比较严重的地区间、学校间、学科间投入的不均衡问题。对此，要认识到数量的增加、增长往往依靠的是教育资源的“投入”和对教育资源的“消耗”，属于“外延式发展”，它不能直接促进质量的提高。只有通过科学的思想、方法和措施追求在有限资源基础上的“内涵式发展”，深挖现有潜力，才能保障科研教学的稳步发展。因此，实验室建设管理要从实际出发，依靠科学内涵发展，建立高效的运行机制和开放机制。大力推进资源共享，实现现有资源的合理有效利用，同时避免各种重复购置现象，是推动高校实验室科学内涵发展的一种重要形式。

三、建立科学的资源开放共享机制

建立科学的资源开放共享机制和严格的管理体系、配备具有现代科学技术和管理知识的实验技术人员，对实验室向科学内涵式发展转型具有十分重要的意义。

1. 提高实验室的投资效益和使用效益

资源开放共享可以加强大型仪器设备的前期购买论证，防止重复建设，提高投资效益；同时可以提高设备后期的管理维护水平，充分发挥设备的使用效益。在购买前期，通过建立评估制度，对各项投资科学论证、协调规划、合理安排，以防止产生重复购置造成的利用率不高和投资效益低下等现象。在后期管理维护上，提高使用管理设备的实验技术队伍的水平，充分挖掘仪器设备的潜力、扩充其原有功能、扩大其应用范围，实现仪器设备的正常高效利用；仪器设备的开放共享可以获得一部分收入，补充到运行经费中，既可以充实仪器设备的运行维护费用，也可以补充开放共享的劳务成本[3]。

2. 营造创新氛围，带动科学研究发展

随着科学技术的迅速发展，学科间的相互联系和相互渗透越来越紧密，边缘学科和交叉学科不断产生。科学研究需要多种学科的知识和多种测试技术手段的支持；测试仪器设备可以为多种学科的科学研究提供服务保障[4]。因此，通过建设大型精密仪器设备开放共享网络化平台，可以形成“盆地效应”，营造创新氛围，辐射带动边缘学科、交叉学科的发展。另外，资源开放共享工作的开展，促进了跨院系、跨学科的教学、科研合作，便于大家彼此了解研究动态，促进相关研究工作的水平提高和高层次人才的培养。

四、大型仪器设备资源共享工作的途径及措施

大型仪器设备的开放共享对促进实验室科学内涵发展具有重要意义。高

校应从实际出发，坚持“统筹规划、政策引导、试点运行、分步实施”和“依托学科、相对集中、专管共用、资源共享”的原则，以管理体制改革和运行机制创新为突破口，形成科学配置、布局合理、多层次、高效益、开放式的资源共享体系。

1. 科学规划大型科研设施建设

高校在“211工程”“985工程”等重大建设项目中，要针对各平台、学科建设方案中仪器设备制定购置计划，结合现有仪器设备资源进行科学论证，依据论证结果核定经费投入计划[5]。在论证其必要性、可行性、先进性之外，必须充分考虑开放共享，从源头上减少重复购置，提高投资效益。

大型仪器设备购置必须通过科学的评估机制进行评估。学校应成立一个在学科建设领导小组指导下的大型仪器设备采购评估小组，对学科及平台建设的重大科研仪器设施申请报告，给予科学评估，并提出意见和建议。评估小组通常由三部分人员组成，即学校学术委员会成员（主要是自然科学及工程科学领域的学者）、学校相关职能部门代表、大型仪器设备有关的国内外相关领域的专家。

评估小组根据5个评估标准进行评估：①只有通过大型仪器设备的使用才能够获得重大科学或工程进展的可能性；②拟购或拟建大型仪器设备在技术上可实现性及技术创新程度或购买成功的可能性（考虑国外的技术封锁和禁运等因素）；③主要使用大型仪器设备的学院或研究机构的科学技术实力；④有助于学科发展、重大科研项目研究和高层次人才的培养；⑤学校或本地区相关大型仪器设备的使用现状和技术水平。评估小组通过书面调查、访问座谈、会议讨论，然后根据评估标准综合整理专家意见，作为工作小组评估结果。经过评估之后，学校学科建设领导小组根据最后的评估报告，做出是否购买的决定。

2. 建立仪器设备共享中心，构建信息化网络平台

学校应当根据总体发展规划，集中财力建设若干功能相对集中、设备先进的大型仪器设备共享中心。中心依托相关学院建设，相对独立运行。中心的主要功能有：接受并分析来自本学院、校内其他单位或者校外委托的科学实验样品；开展大型仪器设备维护和维修的能力建设；组织与大型仪器设备实际应用相关的短期培训班、培训项目、研讨会等，开展技术培训；培养操作和维护大型仪器设备的实验技术人员；承担仪器设施配件和新仪器设施的研发、设计工作；提供咨询和顾问服务；等等。通过大型仪器设备的开放共享，可以汇聚来自各地的专家学者和各类研究人员开展研究合作，形成一个学术交流的平台，可以产生“盆地”效应，加大共享中心对科学研究的辐射与带动作用。

要充分发挥中心的“盆地”效应，必须构建信息化网络平台。通过建立大型仪器设备共享协作网、大型仪器设备资源数据库及信息管理系统等组成的网络信息平台。为校内外用户提供统一、规范的信息资源，实现在线服务、网上管理[6]。同时，充分利用国家已经建立的相关资源共享平台，如“西北大型科学仪器共享网”“陕西大型精密仪器设备协作共用网”等，加大辐射力度，吸引全省乃至全国的优秀人才利用中心的资源开展高水平的研究，同时可以进一步带动本校的相关研究领域的研究水平。

3.设立大型仪器设备开放共享基金

大型仪器设备的开放共享离不开经费投入的支持。如何能使大型仪器设备在投入最小的情况下实现可持续的良性运转，是目前各高校遇到的普遍问题。我们的做法是设立大型仪器设备校内开放共享基金，用于资助大型仪器设备对校内开放服务和支持我校科研项目使用大型仪器设备。对于不同情况，开放基金给予不同力度的支持（见图1），使有限的基金能发挥其合理、有效的作用[7]。

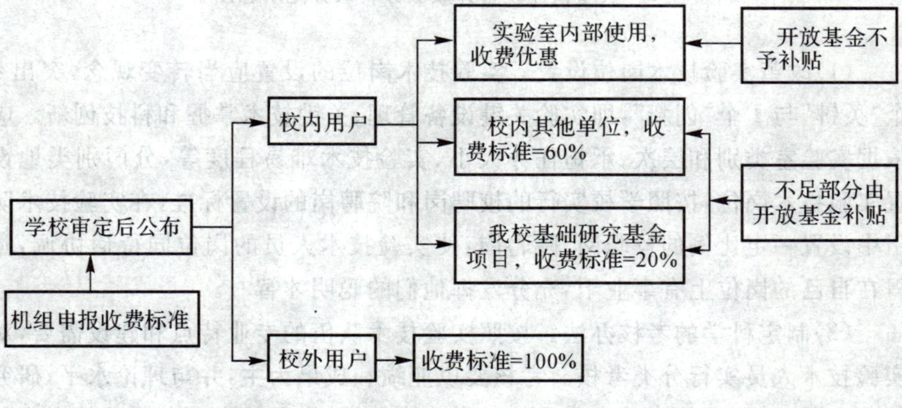

图1　大型仪器设备开放服务收费与开放基金资助示意图

要使大型仪器设备开放共享实现良性运行，合理地收取一些费用，实行有偿服务是必不可少的。通过科学定价、统一收费、合理分配，鼓励大型仪器设备主动对外开放，逐步实现以机养机的可持续发展模式（见图2）[8]。仪器设备开放服务的收入可用于仪器设备的运行维护以及发挥和调动机组人员的能动性和积极性。

4.加强实验技术队伍建设

实验资源的开放共享，人是最关键的因素。实验技术的研究与探索、设备的功能开发与利用、提供高水平的开放服务等等，都需要高素质的实验技术人员。因此，必须将资源共享与实验技术队伍建设有机地结合起来，形成互动发展，才能保证大型仪器设备开放共享长期进行下去。建设一支结构合理、高素质、高水平的实验技术队伍，必须做好以下几个方面的工作：

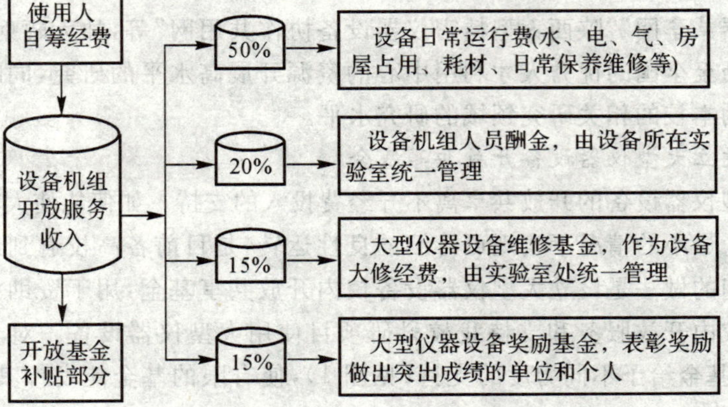

图 2　大型仪器设备开放服务收入分配示意图

(1)改革实验技术岗位设置。实验技术岗位的设置应当转变观念，突出 2 个“关键”与 1 个“创新”，即实验关键设备管理、关键技术掌握和科技创新。应依据实验室类别和层次、承担任务大小、实验技术难易程度等，分门别类地设置实验技术岗位，按照学校实行的校聘岗和院聘岗的设置标准，在实验技术队伍中设置一定比例的校聘岗、院聘岗，使实验技术人员的岗位同待遇协调，觉得在自己的岗位上有事业干，充分发挥他们的聪明才智[9]。

(2)制定科学的考核办法。按照实验技术队伍的专业特点和建设需要，对实验技术人员实行分类考核。考核要以业绩和成果为主，并与理论水平、研究技术水平、职业道德相结合。考核结果作为奖惩、专业技术职务评聘等方面的重要依据[10]。专业技术职务评聘依据学校的评聘原则和标准，完善实验技术队伍的专业技术职务系列和评聘办法，其中实验技术系列按研究员、高级实验师、实验师、助理实验师设置。设立“实验技术研究员”调动正高级职称岗位，一方面充分肯定了实验技术工作的重要性，调动实验技术队伍的积极性；另一方面，设立正高级职称岗位，对实验技术队伍提出了更高的要求，激励他们探索和创新实验技术。

(3)开展科学研究与技术培训工作。针对大型仪器设备的使用与功能开发，定期组织开展高层次、多渠道、多形式的培训活动，不定期开展一些研讨会、论坛和协作研究等活动。丰富多样的培训形式与内容，有利于深入挖掘大型仪器设备的工作潜力，提升科研学术水平，进而带动实验技术队伍水平的整体提升。

五、结语

积极推进资源共享工作，是促进高校实验室由传统发展模式向科学内涵发展模式转变的重要途径，对学校科学配置资源、提高仪器设备使用率和投资效益非常重要。学校应当以资源开放共享工作为抓手，以提升实验室的核心能力为目标，注重资源整合，通过政策引导，试点运行，不断创新管理体制和运行机制，实现实验室建设的跨越式发展。

参考文献

[1] 胡芳，徐浩. 论高校大型精密仪器设备共享平台的建设[J]. 实验室研究与探索，2008，27(12)：149－152.

[2] 黄天为，白德成，张文定. 大型仪器设备开放共享的机制与措施[J]. 实验室研究与探索，2007，26(10)：155－158.

[3] 王小趁，朱勘文，于晓. 试论高校大型仪器设备使用效率的提高[J]. 黑龙江教育(高教研究与评估)，2006(11)：74－75.

[4] 胡少六，教育红，何建平，等. 大型仪器科学管理的探讨[J]. 实验室研究与探索，2004，23(6)：74－75.

[5] 寇周明，戴建华. 我校大型精密仪器设备管理模式探索[J]. 华南热带农业大学学报，2005，11(4)：94.

[6] 马相堂，李昌青，刘键昌. 推进大型仪器设备共享的实践与思考[J]. 实验技术与管理，2005，22(10)：17－20，23.

[7] 张原，李鑫. 加强大型仪器设备开放共享工作，实现高校科学集约式发展[J]. 西北工业大学学报：哲学社会科学版，2009，29(3)：93－95.

[8] 魏高明. 积极探索不同开放模式，努力提高大型仪器使用率[J]. 实验技术与管理，2005，22(10)：21－23.

[9] 贾延江. 高等学校仪器设备共享系统管理及运行的激励机制研究[J]. 实验技术与管理，2006，23(10)：12－14.

[10] 曾宏. 对高校大型器设备共享机制及其管理模式的探讨[J]. 现代教育科学，2006(6)：109－111.

高校科研项目团队绩效评价方法研究

陈俊杰 杨 霄

一、评价指标体系

本文从“效益”和“效率”两方面对绩效进行评价。如表1所示，在指标体系的建立上，从“投入”“产出”“效益”三个方面建立了高校科研项目团队绩效评价指标体系。

表1 高校科研项目团队绩效评价指标[1-2]

一级指标	二级指标	三级指标
投 入	人力资源	研究人员数量(I1)
	科研平台	国家(省部级)重点实验室(工程研究中心)(I2)
		产学研联合体、大学科技园(I3)
	科研项目	科研项目总数(I4)
		国家自然科学基金重大项目数(I5)
	科研经费	国家基金投入经费数(I6)
		科研经费支出(I7)
产 出	论文与专著	发表论文数(O1)
		出版专著数(O2)
	成果鉴定与获奖	鉴定、验收成果数(O3)
		国家自然科学奖、国家技术发明奖、国家技术进步奖(O4)
		省部级科技进步奖、其他部级成果奖(O5)
	知识产权与成果效益	专利申请数(O6)
		专利授权数(O7)
		专利、技术转让许可收入(O8)

续表

一级指标	二级指标	三级指标
效益(A)	科研效益(B1)	科研论著产出率(C1)
		重大成果产出率(C2)
		获奖成果产出率(C3)
		专利产品产出率(C4)
		科研人员人均论文数(C5)
	经济效益(B2)	科研投资收益率(C6)
		成本费用利润率(C7)
	社会效益(B3)	科研成果转化率(C8)
		人才培养率(C9)

二、评价方法及模型

本文所采取的绩效评价方法是数据包络分析法(DEA)与层次分析法(AHP)相结合的评价方法,该方法是建立在已确定的评价指标体系基础之上的。对于“投入”和“产出”两个一级指标采用 DEA 评价方法的 C^2R 模型确定项目团队综合效率的分值 ω;对于“效益”指标,采用 AHP 方法计算其效益分值 Ψ。AHP 法反映决策者主观偏好,DEA 法反映各决策单元间指标数值的客观关系。为使求得的准则权重能综合地反映主观和客观的关系并充分体现 DEA 和 AHP 的优点,用线性加权的方法确定综合分值,即

$$\phi=\alpha\Psi+(1-\alpha)\omega$$

式中,ϕ 为综合分值;α 为主观偏好系数,$(1-\alpha)$ 为客观偏好系数,$\alpha\in[0,1]$,α 的具体数值由决策者根据偏好给出。

1. 由 DEA 法计算综合效率分值

高校的科学研究属于多输入、多输出的生产活动,输入和输出都可以由向量来表示[3]。由 C^2R 模型可得

$$\begin{cases}\min\theta_j\\ \text{s.t.}\ \sum\limits_{j=1}^{n}x_j\lambda_j+s_j^-=\theta_j x_j\\ \lambda_j\geqslant 0,j=1,2,\cdots,n\\ s_j^+\geqslant 0,s_j^-\geqslant 0,j=1,2,\cdots,n\end{cases}$$

指标体系中的投入部分即 $\boldsymbol{X}_j=(x_{1j},x_{2j},\cdots,x_{mj})^{\mathrm{T}}$。而产出部分,即 $\boldsymbol{Y}_j=$

$(y_{1j}, y_{2j}, \cdots, y_{sj})^{T}$。最后计算得到的 θ_j 即表示第 j 所高校科研项目团队的综合效率分值，$\theta_j \in (0,1]$。

2. 由 *AHP* 法计算效益分值

对于一级指标“效益”使用 AHP 法进行分析[4]：

（1）一级指标计算过程和结果。通过分析相关文献构造判断矩阵并计算一级指标权重（相对重要度）及一致性，见表 2。

表 2　一级指标判断矩阵

效益判断矩阵	一致性检验：CR = 0.003 6			
效　益	科研效益	经济效益	社会效益	权　重
科研效益	1	1/3	2	0.229 7
经济效益	3	1	5	0.648 3
社会效益	1/2	1/5	1	0.122 0

（2）二级指标计算过程和结果。构造判断矩阵并用软件求解见表 3。

表 3　二级指标判断矩阵

科研效益判断矩阵	一致性检验：CR = 0.032 2					
科研效益	科研论著产出率	重大成果产出率	获奖成果产出率	专利产品产出率	人均论文数	权　重
科研论著产出率(C1)	1	1	4	6	6	0.371 7
重大成果产出率(C2)	1	1	5	6	7	0.400 8
获奖成果产出率(C3)	1/4	1/5	1	3	4	0.124 2
专利产品产出率(C4)	1/6	1/6	1/3	1	1	0.053 9
人均论文数(C5)	1/6	1/7	1/4	1	1	0.049 4

经济效益判断矩阵	一致性检验：CR = 0		
经济效益	科研投资收益率	成本费用利润率	权　重
科研投资收益率(C6)	1	1/2	0.333 3
成本费用利润率(C7)	2	1	0.666 7

社会效益判断矩阵	一致性检验：CR = 0		
社会效益	科研成规转化率	人才培养率	权　重
科研成规转化率(C8)	1	2	0.666 7
人才培养率(C9)	1/2	1	0.333 3

(3) 各指标综合权重。在对一级指标、二级指标的权重计算完毕之后，需要对各指标进行综合权重计算，各指标综合权重计算结果见表 4。

表 4　指标综合权重

指标	C1	C2	C3	C4	C5	C6	C7	C8	C9
权重	0.085 4	0.092 0	0.028 5	0.012 4	0.011 3	0.216 1	0.432 2	0.081 3	0.040 7

在计算出各指标的综合权重值后，可令各指标满分值为 100。设计科研投资效益评价量表见表 5。通过项目团队效益指标数值为各指标打分公式为

$$D=\sum_{i=1}^{9} D_i W_i$$

式中，D 表示效益总得分；D_i 为各指标的得分；W_i 为各指标综合权重。

表 5　效益评价量表

指　标		内　涵	分　值
效　益	科研论著产出率(C1)（篇 / 千万元）	160 以上	90 ～ 100
		70 ～ 160	50 ～ 90
		70 以下	0 ～ 50
	重大成果产出率(C2)（项 / 千万元）	2 以上	90 ～ 100
		1 ～ 2	50 ～ 90
		0 ～ 1	0 ～ 50
	……	……	……
	人才培养率(C9)	20% 以上	90 ～ 100
		10% ～ 20%	50 ～ 90
		10% 以下	0 ～ 50

三、应用分析

国家某国防机构欲发起一项军事方面科研项目，项目的承办方要从 A，B，C，D，E 五所大学的科研项目团队中挑选。该国防机构委托评价机构对五所大学的科研项目团队近两年的数据进行绩效综合评价，并参考评价结果挑选科研项目承办方。以下为五个高校科研项目团队（A，B，C，D，E）近两年的原始数据，如表 6 所示。

表 6 高校科研项目团队原始数据

DMU	A	B	C	D	E	比较
研究人员数量(I1)	102	152	89	54	170	50
国家(省部级)重点实验室(工程研究中心)(I2)	3	3	2	3	4	2
……	……	……	……	……	……	……
专利、技术转让许可收入(O8)	10 450	6 100	5 041	5 200	21 410	3 000
科研论著产出率(C1)	70.073	139.145	191.220	166.776	63.053	
重大成果产出率(C2)	2.086	1.695	2.413	2.427	2.034	
……	……	……	……	……	……	
人才培养率(C9)	0.101	0.141	0.184	0.090	0.112	

1. 综合效率评价

对输入输出指标部分(I1 ～ I7,O1 ～ O8)用DEA法求其综合效率分值,在最后一列加入了"比较"DMU(输入少输出多,相当于非常理想但不存在的一个单元)是为了拉开各单元间的差距。具体计算使用MyDEA软件进行求解,结果见表7。

表 7 综合效率评分

DMU	A	B	C	D	E	比较
θ	0.581	0.530	0.480	0.716	0.417	1.000

由表7计算结果可知A,B,C,D,E五个科研项目团队的综合效率评分分别为A:0.581,B:0.530,C:0.480,D:0.716,E:0.417。

2. 效益评价

在之前已经用AHP法计算出了效益中各三级评价指标的权重。对各指标数值在效益评价量表(见表5)的基础下进行评分,将评得的分值分别乘以其权重并求和就得到了效益评价分值,结果见表8。

表 8 各项目团队效益综合评分表

得分	C1	C2	C3	C4	C5	C6	C7	C8	C9	AHP总分
权重	0.085 4	0.092	0.028 5	0.012 4	0.011 3	0.216 1	0.432	0.081	0.041	
A	38.9	90	68.7	82.1	75.3	75.0	72.7	90.5	45.5	72.3

续表

得分	C1	C2	C3	C4	C5	C6	C7	C8	C9	AHP总分
B	69.5	76.3	81.8	94	60.1	72.4	91.2	81.4	63.5	81.4
C	92	92	48.3	81.4	91	88.5	93.4	78.1	82.8	89.0
D	83.4	92.5	66.1	81.9	97	92.1	55.5	58.5	40.5	69.9
E	35	90	56.5	61	60.5	92.7	71.9	94.0	50.4	75.1

3.绩效综合评价

通过 DEA 法确定了科研项目团队综合效率分值 θ_j，和通过 AHP 法确定了效益分值 D 后，用线性加权的方法确定综合分值：

$$E = \alpha D + (1-\alpha)\theta_j \times 100$$

式中，E 为综合分值；α 为主观偏好系数；$(1-\alpha)$ 为客观偏好系数，$\alpha \in [0,1]$，α 的具体数值由决策者根据偏好给出。表 9 给出了不同 α 值下的综合评分。

表 9　不同主观偏好系数下的综合评分表

α	0.1	0.2	0.3	0.4	0.5	0.6	0.7	0.8	0.9
A	59.5	60.9	62.3	63.8	65.2	66.6	68.0	69.4	70.8
B	55.8	58.7	61.5	64.4	67.2	70.0	72.9	75.7	78.6
C	52.1	56.2	60.3	64.4	68.5	72.6	76.7	80.8	84.9
D	71.4	71.3	71.1	70.9	70.8	70.6	70.4	70.3	70.1
E	45.1	48.5	51.8	55.1	58.5	61.8	65.1	68.5	71.8

表 10 为不同主观系数下的综合评分排名表。

表 10　不同主观偏好系数下的综合评分排名表

α	0.1	0.2	0.3	0.4	0.5	0.6	0.7	0.8	0.9
A	2	2	2	4	4	4	4	4	3
B	3	3	3	2	3	3	2	2	2
C	4	4	4	2	2	1	1	1	1
D	1	1	1	1	1	2	3	3	4
E	5	5	5	5	5	5	5	5	5

四、结论

从以上结果可以看出，在主观偏好系数不同的情况下，随着系数的增加 A 和 D 项目团队的评分排名在下降，B 和 C 项目团队的评分排名在上升，尤其是 C 团队从第 4 名上升到第 1 名，而 E 项目团队的排名始终是最低的。这说明 D 和 A 的综合效率较高而效益较低，B 和 C 的效益高而综合效率低，E 无论是综合效率还是效益都是最低的。如果该机构更注重于投入产出效率，则可以在 A，D 中选择承办方；反之，如果更注重经济效益，则可以在 B，C 中选择承办方。

参考文献

[1] 戚湧，李千目，王艳. 一种基于 DEA 的高校科研绩效评价方法[J]. 科学与科学技术管理，2008：178－186.

[2] 王雪珍. 高校科研项目绩效评价研究[D]. 长沙：中南大学，2007.

[3] 魏权龄. 数据包络分析[M]. 北京：科学出版社，2004.

[4] 杜栋，庞庆华. 现代综合评价方法与案例精选[M]. 北京：清华大学出版，2005.

基于系统思维的高校科研团队绩效管理研究

陈俊杰　张红芳

一、高校科研团队及其绩效管理研究

1. 高校科研团队的定义和特征

(1)高校科研团队的定义。Sundstrom 等指出团队是指在工作中相互依赖为特定结果而共同承担责任的个体的集合，这一定义强调了目标明确与责任共担；斯蒂芬·罗宾斯(1994 年)认为，团队是指一种为了实现某一目标而由相互协作的个体所组成的正式群体，即所有的团队都是群体，只有正式的群体才是团队；麦肯锡顾问卡曾巴赫(Katzenbach)从团队的任务角度提出团队就是由少数有互补技能，愿意为了共同的目的、业绩目标而相互承担责任的人们组成的群体，这一定义突出了团队成员的互补性。

本文研究的科研团队是指以较大型的科研项目为依托，以某一科技领域或方向的前瞻性研究与开发为主要内容，由两个或两个以上相互依赖的、承诺共同的规则、具有共同愿景、愿意为共同的科研目标而努力的互补技能的知识工作者组成的正式群体，通过相互的沟通、信任、合作和承担责任，产生群体的协作效应，从而获得比个体成员绩效总和大得多的团队绩效。高校科研团队以高校教师为主体，是高校开展科研活动、培养高层次科技人才的基础。

(2)高校科研团队的人力资源及特点。科研团队作为高校学科建设和科研创新的基本核心组织，不仅担负着前沿理论和技术研究的任务，还承担着培养年轻教师和研究生，完成薪火相传的职责。当前我国高校中的科研团队大多由一位或几位院士或资深博导带领，下带多名中青年教师和博士研究生。他们是高校科研的基本单位和中流砥柱，所有成员都受过高学历教育，具有独立的科研能力和鲜明的知识分子个性，与企业中的知识团队在组织关系上既有相似点，也有不同点。主要差别体现在领导者和被领导者之间所特有的师生关系。

一般来说，高校科研项目团队的人力资源具有如下特点：

1)团队成员知识结构的相似性。作为高校科研组织的最小单位，科研团队中的成员都具有相似的知识背景和学历，他们通常以一个课题为中心，每个成员负责其中的一个子课题，相互间经常会有共同协作的内容，这种特性便于成员之间的沟通，但同时也使组织结构失去了多样性，容易导致学术中的一言堂。

2)团队管理内容的简化。除了学术管理以外，大部分的管理受制于学校这个大组织，教师的工资和福利由学校支付，研究生学籍管理有研究生院负责，这样大大简化了科研团队的人资管理内容，使团队领导能够集中精力从事学术研究和学术管理。但是，团队成员在学术项目的参与中也应该获得一定的劳动报酬和物质奖励。

3)团队成员的周期性流动。研究生在团队中既是知识的学习者，也是科研项目的参与者，团队中每年都会有成员毕业离开，又会有新生的加入。新来的学生通常接手上届老生的项目，在导师的带领下重复着学习和科研的道路，这种流动具有周期性。因此，形成一个良好的团队传统至关重要，许多科研活动中的有效方法和良好习惯需要代代相传。

2. 高校科研团队绩效管理的意义

由于高校科研团队所担负的科研任务艰巨复杂，有了较为完善的各项制度，才能使整个科研团队的工作始终处于有序运转状态。完善高校科研团队绩效管理过程的意义主要有以下几点：

(1)优化学科资源。通过评估，发现具有发展前景的学科新生长点和新的研究领域，为基金委调整决策系统、合理安排学科布局提供科学的依据和建议，使之更加适合我国国情和社会经济发展的需要。

(2)提高科研绩效。合理的组织分工、明确的目标、任务和适度的工作压力，有助于团队成员的相互交流、沟通、学习、合作和工作协调，从而产生 1＋1＞2 的效应。

(3)培养高层次人才。科学研究和学科建设要上水平、上台阶，关键是人才，只有抓住人才队伍建设这个根本，才能促进科学研究和学科建设的发展。

(4)营造良好的学术环境。在平等、民主、自由、活跃的学术气氛中，科研人员对学术问题进行交流讨论、比较参考、批判创新和融化组合，有力地推动科学研究的发展。

3. 高校科研团队绩效管理研究现状

对于科研项目团队的绩效管理，张体勤博士在《知识团队的绩效管理》中，主要针对在企业管理中如何进行知识工作者所组成的项目团队人力资源管理进行了深入研究，提出了基于系统式思维的知识团队绩效、绩效管理、绩效评价等概念；何可等对科研项目团队的绩效管理模式进行了系统研究，提出高效的科研项目团队应有适度的组织规模、合理的专业结构、和谐的团队精神以及共同的绩效目标等。由于高校科研项目团队存在领导者与被领导者间关系的特殊性、团队成员知识结构和周期流动性等特点，使得现有的关于知识团队绩效管理的研究成果不能完全适应高校科研团队的绩效管理，本文在已有研究成果的基础上，提出建立基于系统式思维方式的高校科研项目团队绩效管理机制。

二、基于系统思维的绩效管理

1. 系统思维的基本特征

系统思维不仅关注系统内部，同时关注系统与环境的互动关系；理解一个事物需要预先理解其包容系统；系统的绩效更多地决定于它的元素之间的相互作用而不是它们的独立行动。基于系统思维方式，团队绩效管理的内涵是：

(1)绩效管理的着眼点在于项目团队利益相关者之间的互动关系。因为团队成员不是产生团队绩效的唯一决定性因素。

(2)绩效管理的目的是使利益相关者满意。因为团队存在的价值在于对其利益相关者的贡献，所以需要建立一种团队利益相关者之间的协调与沟通机制。

(3)绩效管理是一个持续改善的管理过程。管理者不能仅根据某一个孤立的绩效数据来判断系统绩效的好坏，而是要通过对绩效数据进行持续不断地统计分析，才能清楚造成他们绩效变化的系统原因以及团队的绩效能否改善。

2. 基于系统思维方式的知识团队绩效管理

知识团队绩效管理是指在团队产生绩效的过程中，组织、协调知识团队利益相关者之间的互动关系，建立良好的团队环境和氛围，从而提高利益相关者满意度的管理过程。

与解析式思维方式不同，系统式思维方式认为知识工作者不是产生团队绩效的唯一决定性因素，知识工作者与构成团队系统的其他因素及环境一样，只是团队绩效的产生因素，即知识工作者是绩效产生的必要条件而非充分条件。局限于知识工作者本身的激励不仅不能消除由团队系统中固有的、无数个不可知的因素造成的偏差，反而会造成因团队内部不良竞争而使团队的共同愿景受到损害的后果。图1为知识团队系统运行过程中共同愿景形成过程的系统动力学模型。

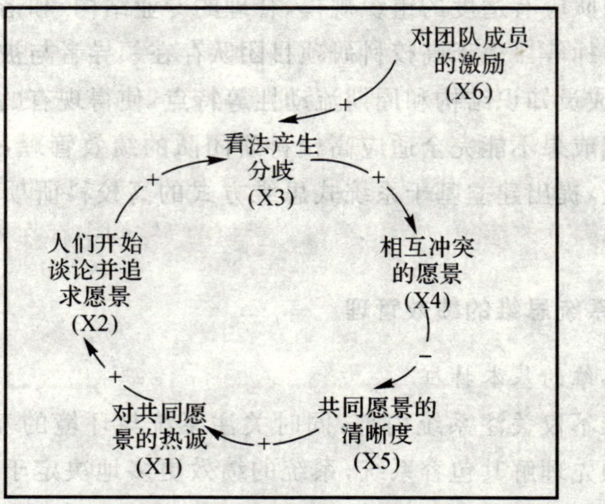

图1 针对团队成员的激励与团队共同愿景之间关系的系统动力学模型

三、系统思维在高校科研团队绩效管理中的应用

1.建立基于绩效契约驱动的科研团队

高校科研团队活动的主体是非全时、市场意识淡漠、较为独立的教师。与科研院所的科研人员相比，教学仍然是所有教师的主要职责，即团队主体人员是非全时的科学研究人员；与企业的科研人员相比，教师从事科学研究的直接目的是"职称"，一般不考虑科研成果的市场应用前景，市场意识淡漠；与非高校科研人员相比，高校教师的科研压力相对较小，其所从事的科研活动具有相对独立性，可以较为自由地选择研究课题。基于以上特征，为提高科研人员对国家高校科研基金的使用效率，增强科研团队成员和各级管理部门的责任感，建立基于绩效契约驱动的机制成为必要。

(1)基于绩效契约驱动的科研团队构成机制。按照彼得·杜拉克的观点，知识工作者与其管理者之间的关系用"伙伴关系"来形容远比传统的主管和下属、领导者与被领导的关系来得贴切。伙伴关系是一种平等关系，也是双方能够共谋福利的关系，它使上对下的监督转变为自我监督，从而避免管理知识工作者过程中面临的"信息不对称"难题。实现知识团队利益相关者之间伙伴关系的手段是一种能够做到"双赢"的以绩效为主要目的的契约(Performance Agreement，简称为绩效契约)。

在不转变团队组织结构形式的前提下，改变团队驱动力，建立基于绩效契约驱动的科研团队，有利于团队系统组成部分之间及其与系统环境之间和谐的关联关系的形成。

(2)建立科研团队构成机制中的绩效契约关系。高校科研项目团队的绩效是由团队主体知识工作者与其利益相关者之间的关联关系而产生的，以跨学科科研团队的组织结构关系为例，一方面高校负责科研项目的领导及其利益相关者均会对知识团队提供某种资源上的支持，团队的价值在于产生使利益相关者满意的绩效。简单来说，这种组织结构中存在如下契约关系(见图2)。

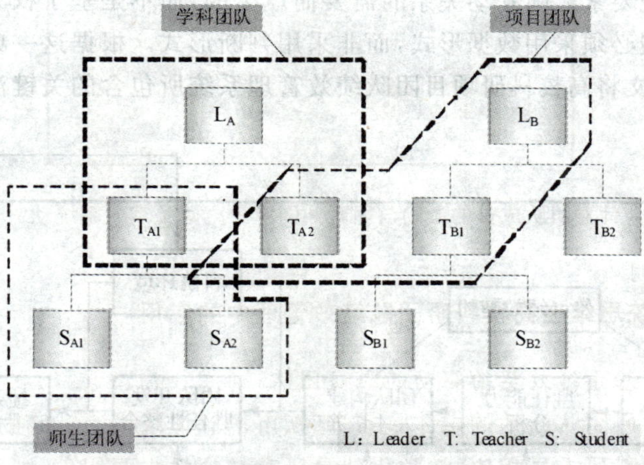

图 2　科研团队构成机制中的绩效契约关系

1)“投资者-成果提供者”关系：高校领导与团队领导之间的绩效契约关系，即高校主管科研项目的领导向课题投放资源，课题组长(T)提供科研团队的成果。

2)“资源使用者-资源提供者”关系：T 和 S 间的绩效契约关系。

3)“投资者-资源育成者”关系：高校领导与 S 间的绩效契约关系。

4)“资源使用者-资源”关系：T 与 T 之间的绩效契约关系。

5)“资源-资源育成者”关系：T 与 S 之间的绩效契约关系。

2. 建立基于系统思维方式的高校科研团队绩效管理流程

目前，无论在高校或是企事业单位，普遍为人们所接受的绩效管理理念是“结果导向”的管理方式，但绩效管理却不能局限于对结果的评价方面，而应放在产生结果的团队运作流程方面，因为只有好的流程才能产生好的结果。

流程是一个使用资源将输入转化为输出的活动的系统，它包括三个要素：输入、输出和活动。通常，在一项简单的活动中，不能带来附加值的活动占总活动的 90％以上。对于典型的知识团队——软件开发团队——来说，流程对团队绩效产出的影响关系可以表示为 $P=C^pT_1T_2$。式中，P 为知识团队的绩效；C 为团队任务的复杂程度；p 为流程成熟度；T_1 为团队成熟度；T_2 为管理工具使用程度。

经过对大量的知识团队的运行方式进行调研，并结合美国卡内基-梅隆大学的软件工程研究所的企业人力资源能力成熟度模型（People Capability Maturity Model），张体勤博士在其著作中提出知识团队绩效管理系统流程七个环节，并指出的绩效管理流程中，反馈无所不在，它是改善绩效系统的源泉，是基于系统要素之间互动关系的需要而产生的，而不是基于权力的需要而产生的。反馈必须采用数据形式，而非采用判断形式。根据这一典型的系统管理流程，本文将高校科研项目团队绩效管理系统所包含的关键流程图设计如图 3 所示。

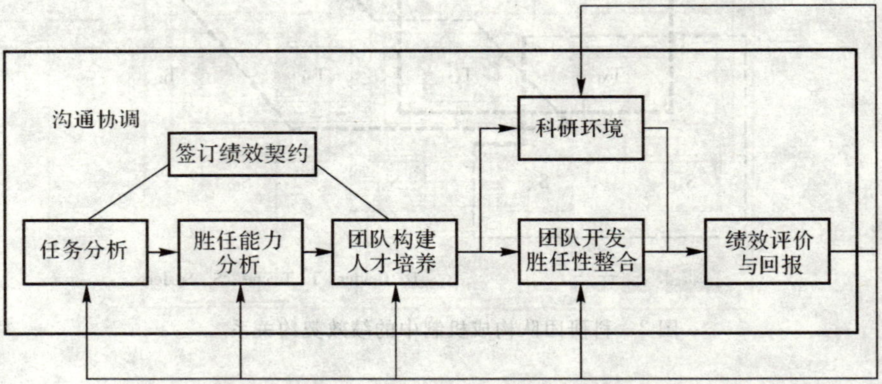

图 3　高校科研项目团队绩效管理系统所包含的关键流程图

3. 建立基于系统思维方式的绩效评价指标体系

知识团队的绩效是指有关知识团队系统的过程状态及团队最终产出物的数据总和，其产生过程如图 4 所示。

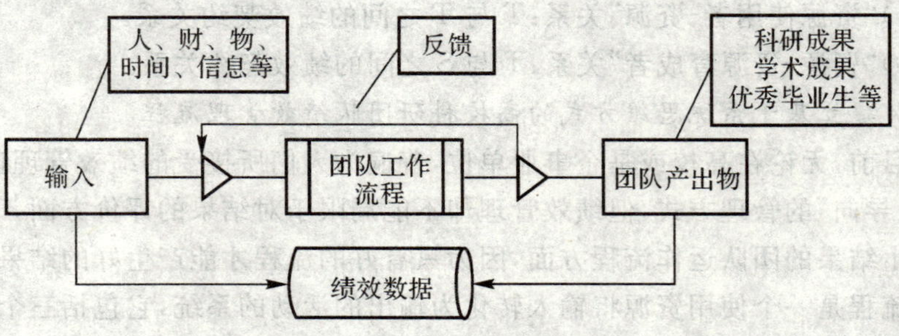

图 4　科研项目团队的绩效数据产生的流程图

由此可见，科研团队所产生的绩效数据不仅指团队所交付的成果、团队本身的专业技能提高以及团队所隶属高校的形象提升，而且也包含科研人员在团队工作中获得的才干增加、经济效益以及其他利益相关者从团队得到的有形或无形的回报等。高校科研团队绩效评价体系设计思想如图 5 所示。

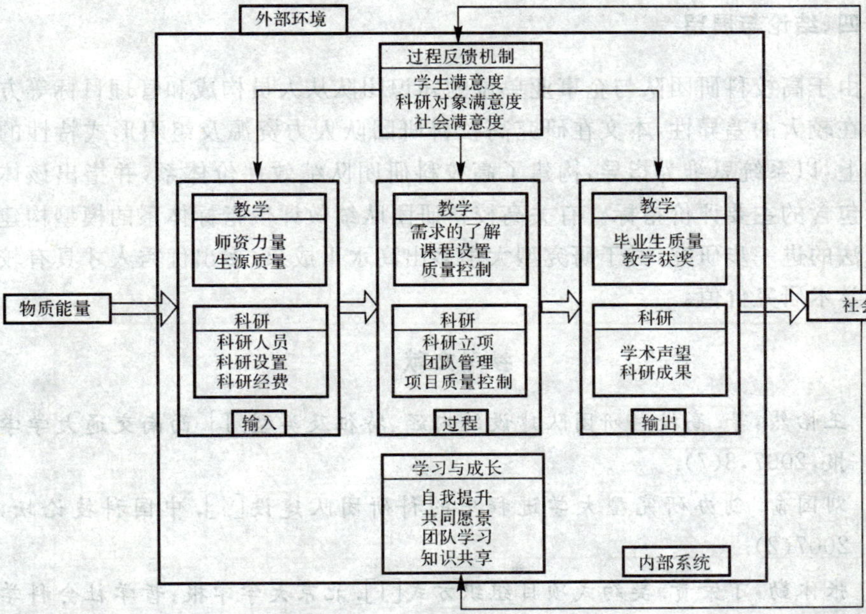

图 5　科研团队绩效评价体系设计思想示意图

针对高校教学和科研活动的形成过程，结合系统思维方式的高校科研团队绩效评价指标体系的设计原则包括与教学、科研目标相关；可具体化、量化和标准化；具有可信度和可接受度，避免偏见；能够系统地反映输入、过程和输出各方面的情况；不仅考虑现在的成果，而且考虑将来的发展；指标衡量科研团队，而非个人。

该体系所包含的指标主要分为：①效益型绩效指标。它指团队的利益相关者由于团队科研过程而得到的直接收获，即科研团队的成果交付物，如科研成果的技术领先性、功能点实现数、项目进度是否按时完成。②效率型绩效指标。它指获得的单位收益与各利益相关者的投入比。③递延型绩效指标。它指科研任务及其成果为学科领域的发展所带来的推动作用，如科研人员学科知识和科研能力提高程度、科研团队在学科领域的荣誉度等。④风险型绩效指标。它主要体现在科学研究是一项创造性的工作，能否取得成功充满了不确定性。

以上四项指标是判断科研团队能否满足投资主体期望值的关键因素，对于效益型和效率性指标来说，其实现程度越大，项目投资潜力越大；对于风险型指标来说，没有风险和风险过大都会给投资主体造成不安全感；递延型指标对利益相关者的未来影响越积极，对项目贡献越大。

四、结论与展望

由于高校科研团队与企事业单位的知识团队从人员构成和管理目标等方面存在较大的差异性，本文在研究高校科研团队人力资源及组织形式特性的基础上，以系统思维为指导，构建了高校科研团队绩效评价体系，并指出该体系所包含的主要评价指标。有关高校科研团队绩效评价指标体系的模型构建和算法的进一步研究，对于研究型大学多出高水平成果、多出优秀人才具有较高的学术研究价值。

参考文献

[1] 王怡然，等. 高校科研团队建设的内涵、特征及类型[J]. 西南交通大学学报，2007，8(7).

[2] 刘国俞. 创办研究型大学进程中的科研团队建设[J]. 中国科技论坛，2007(2).

[3] 张体勤，丁荣贵. 契约式项目组织方式[J]. 北京大学学报：哲学社会科学版，2001(6).

[4] 何可，刘世平. 基于科研项目团队的绩效管理模式研究[J]. 石油天然气学报，2006，28(6).

[5] 周园，王念新，梅强. 高校学科团队绩效评价研究[J]. 科技管理研究，2006(1).

[6] 刘惠琴，彭方雁. 融合与创新：研究型大学科研团队运行模式剖析[J]. 清华大学教育研究，2005，26(5).

[7] 张体勤. 知识团队绩效管理[M]. 北京：科学出版社，2002.

高校科研团队的组建与管理模式

宋小玉　侯立珍　张亚莉

一、高校科研团队的概念及特点

1. 高校科研团队的概念

高校科研团队是以科学技术研究与开发为内容，由为数不多的技能互补的、愿意为共同的科研目的、科研目标和工作方法而相互承担责任的以高校科研人员为主组成的群体[1]。高校科研团队大都以高等院校中的科研梯队、学术研究中心、课题组等为代表的教师科研型群体组织，具有一定的自发性[2]。

2. 高校科研团队的特点

科研团队一般具有五个基本要素，即人数不多、技能互补、有意义有吸引力的目标、使用共同的方法、相互承担责任。高校科研团队除具有以上特点外[3]，还具有自身独特的特点。其特点包括：

(1)高校科研团队一般是以重点实验室或者工程中心为依托。

(2)高校科研团队主要研究方向是重大的基础研究和应用基础研究。

(3)高校科研团队成员彼此之间比较熟悉或者已经有了一定的良好合作的能力和经历。因而能使高校科研团队尽快地缩短成员之间的磨合期，从而能迅速地出成果、创佳绩。

(4)高校科研团队一般以国内的优秀中青年科学家为学术带头人和骨干，有利于国内中青年人才的培养和发展。

(5)高校科研团队一般要求有3～5名的核心成员，并要求其拥有合理的专业结构和年龄结构。

二、高校科研团队的组建

科研团队的组建是科研团队的重中之重，怎样组建一个高绩效的科研团队，关系着科研团队在发展阶段能够达到的高度和能否圆满地完成科研团队的科研任务和目标。在科研团队的组建阶段，科研团队有许多的不确定性，团队目标的不确定、团队成员的不确定、团队运行体系的不确定、团队组织结构的不确定以及团队文化和价值观的不确定。科研团队的构建需要关注四个方面，如图1所示。一是建设科研团队的硬件设施；二是构建科研团队的内部框架，包括科研团队的任务、目标、角色、规模、人员的选用以及团队的规章制度；三是要建立科研团队与外界的初步的联系，主要包括建立科研团队与团队的利益相关者之间的良好的合作关系，确定科研团队的权限，建立对科研团队的绩效评估和激励与约束的制度体系；四是建设科研团队的文化，主要包括科研团队的价值观和精神建设，科研团队的道德观和愿景的建设和科研团队的文化礼仪建设[4]。

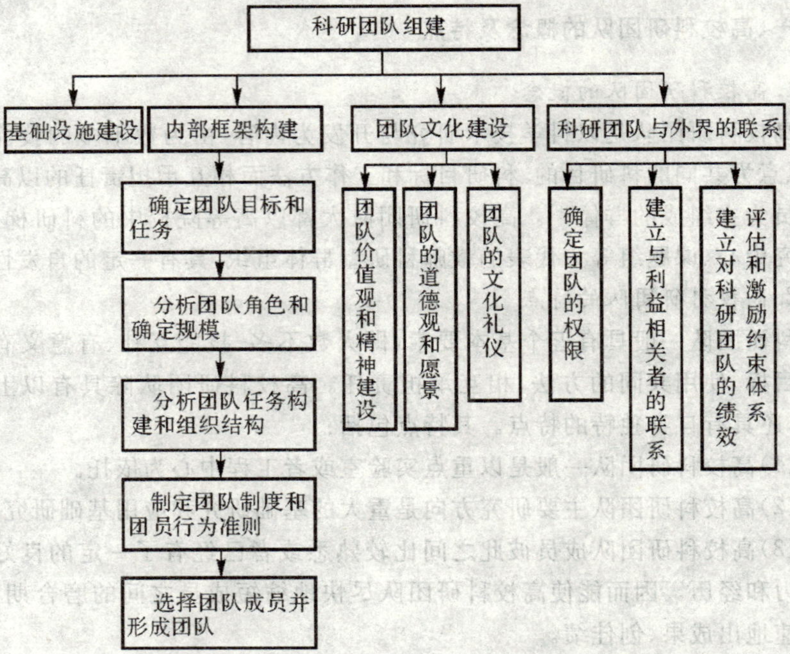

图1　科研团队的组建

1. 科研团队的内部框架构建

(1)在高校科研团队的组建中首先要确定科研团队的内部构架，建立科研团队的框架。高校科研团队的内部框架组建中首先要明确科研团队的目标和任务，明确的目标可以引导团队健康快速地组建和成长。

(2)在明确目标的前提下确定团队的组织结构，确定团队要如何运转，怎样构建。确定团队规模，团队规模太小成员同质性太强，不易产生创新和突破，规模太大成员异质性太强，容易演化为斗争，缺乏凝聚力。同时要分析团队所需人员及其角色，明确团队需要哪种技能型的人才，哪些知识型的人才，保证团队具有最佳的团队配置，最高的工作效率。

(3)团队有一点是共同的，即需要用完善的规章制度来进行自我控制和约束。规章制度对于团队的成功起着关键的作用，它在团队的组建期就会被确定下来，一旦被确立，一般不能轻易更改或者修正。规章制度可以保证所有团队成员的权利平等，团队工作的规范化，团队凝聚力的提高和团队文化的形成。

(4)在科研团队的组建初期，科研团队的人员选聘是最重要的。而科研团队领导在科研团队的人员选聘中起着至关重要的作用，科研团队的领导者必须考虑如何在时间和成本的限制范围内选择适合科研团队的成员。

2.建立科研团队与外界的联系

(1)要保证科研团队目标的顺利完成，需要在团队的组建初期识别出各种类型的科研团队的利益相关者，辨别清楚他们的需求和期望，和他们建立良好的合作关系，并在科研团队的运行过程中管理和影响他们的各种期望，从而为科研团队的工作提供一个很好的运行环境，这是至关重要的。

(2)科研团队有自己的权利，同时也有自己的义务。在科研团队创建初期，科研团队领导必须明确地界定科研团队的权限，这样有利于科研团队在以后的运行中明确哪些事情是可以自己做决定的，哪些决策不是科研团队能够做到的，从而为科研团队的健康运行创造一个良好的权限环境，使得科研团队的成员能够更加容易地做出决策和决定。

(3)建立和实施对科研团队有效地科研评估和创新激励机制，对于提高科研团队绩效、降低“搭便车”效应十分重要。建立对科研团队的有效地激励和评估体系，可以规范科研团队的行为，评价科研团队的效能和激励科研团队的工作。

3.建设科研团队的硬件设施

科研团队的基础研究设施的先进与否关系着团队的研发能力，因此，建立比较完善的硬件设施对科研团队能否创造出更多的成果起着至关重要的作用。

4.建设科研团队的文化

团队文化是团队成员共有的价值观、信念和习惯体系，是团队发展过程中应遵循的或形成的工作方式、思维习惯和行为准则。优秀的团队文化是团队成功的关键因素。

三、高校基于学科带头人的科研团队的管理模式

学科带头人的科研水平和人格魅力直接决定了科研团队的学术起点和学术开发能力。构建基于学术带头人的科研团队管理模式，充分发挥学术学科

带头人的能力和作用，进而规范科研团队的管理，增强科研团队的实力是非常重要的。如图2所示，基于学术带头人的科研团队管理模式主要以学术带头人为基础，以学术带头人的能力和权利为要素，把科研团队的管理分为三个层面，即理念层面、物质层面和制度层面[5]。理念层面中以人为本的发展理念贯穿整个科研团队组建和管理的始终，重视科研团队的文化建设；制度层面的建设是基于学术带头人科研团队管理模式的主体，而优秀的科研团队带头人是此管理模式的重中之重；物质层面是基于对资源的整合和自主创新能力的培养。

根据学者宣勇、黄扬杰在《学科带头人的能力与学科组织成长》中的总结，科研团队学术带头人的能力主要有学术研究能力、战略规划能力、社会活动能力、组织管理能力和创新变革能力。而科研团队学术带头人的权利主要有法定权利、奖励权利、强制权利、专家权利和个人影响力。学术带头人的这些权利和能力是建设科研团队的重要因素，只有充分地恰当地发挥了这些权利和能力才能建设高效的科研团队。

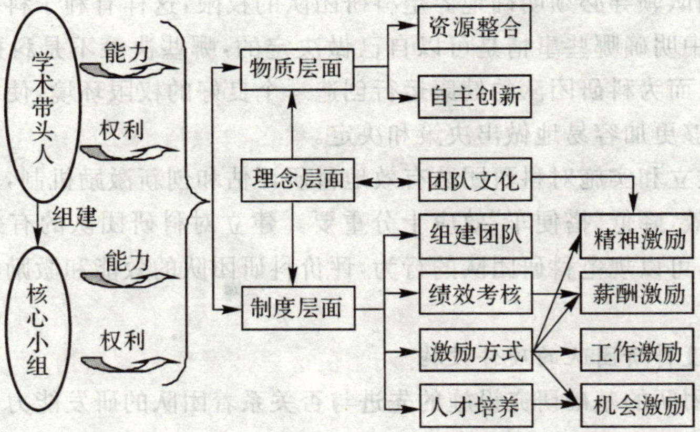

图2 基于学术带头人的科研团队管理模式

1. 基于学术带头人的影响力申请科研项目

在选择负责人时需要考察候选人已取得的学术成果和教学成果，论证候选人的教学水平和学术水平。第一，团队负责人要具有战略眼光，在科研及学术上具有前瞻性，能够准确把握科研动向，进而选定科研发展方向和科研目标。第二，创新型科研团队负责人还要具有一定的管理才能。这是因为，团队负责人不仅是团队的学术骨干，而且还要同时承担组织、协调、管理团队的职能，这也是一个团队成功的必要保证。第三，团队负责人还要具有一定的人格魅力，具有吸引人、团结人、凝聚人的品行修养。学术带头人要有良好的社会影响力，有良好的科研机构和先进的实验室作为依靠，这样可以更加容易地申请到科研项目。

2.基于学术带头人的影响力组建科研团队核心小组

科研团队的运行模式都是以科研项目为驱动的，通常采用"核心组-外围人员"的运作模式[6]，形成并且管理一个高效的科研团队。只有团队领导者一个人是不行的，必须依靠一个领导小组，也就是科研团队的核心小组。这个核心小组就是科研团队领导者的左膀右臂，负责科研项目的各个阶段的工作。核心小组通过领导者的授权和领导者的影响力协助科研团队领导者管理团队。在科研团队的领导者申请到科研项目后，科研团队领导者就需要依靠自身的影响力组建团队的核心小组。

3.基于学术人能力和权利的全面领导机制

优秀的学术带头人具有无可比拟的个人影响力和权利，因此，要合理地利用学术带头人的权利和影响力来对科研团队进行领导，建立健全的领导机制，主要有以下 5 个方面：

(1)与成员一起建立团队共同的愿景。优秀的学术带头人作为高校科研团队的领导者具有全面的知识和先进的理念，同时具有强大的个人魅力，因此，科研团队领导者可以借助自己的知识和影响力帮助团队成员明确团队目标，形成团队共同的工作方法。

(2)把团队成员的个人发展放在重要位置。科研团队要为个人目标的实现提供途径，为团队成员的个人发展提供广阔的空间和平台。科研创新团队具备人才培养的良好的学术氛围和资源优势，团队应该是一个科研人才的孵化基地，具备良好科学素质的优秀人才在这里被发现并着重培养，从而为科研团队的持续创新和不断延展提供人才的支持。

(3)尊重和信任团队成员，适度授权。学术带头人作为科研团队领导具有一般的科研团队领导无可比拟的个人权利和影响力，因此，在团队的管理中，团队领导应该学会合理授权，调动成员的积极性，充分信任团队成员有完成任务的能力和责任感，从而为科研核心小组提供权利和影响力上的支持，充分的发挥科研核心小组的能力，更好地管理科研团队的成员，协调科研团队各个阶段的工作。"民主式"充分授权的领导风格能够调动成员的积极性和主动性，增强责任感，从而增强团队的内聚力。

(4)注重培养团队文化。高校科研团队文化的形成与团队领导者有着密切的关系，团队领导者的价值观直接影响团队的文化取向，团队领导者的风格影响到团队的气氛。作为学术带头人应当发挥自己对科研富有激情、乐观的科研精神，支持性的管理风格，使人们敢于尝试、不怕失败。

(5)建立多元的激励机制。单一的激励机制无法全面激发大学科研团队知识型员工的积极性，因此，大学科研团队要建立以人才为核心、以科研团队学术带头人影响力和权利为基础的多元的激励机制，激励机制的建立要在把握知识型员工的内部激励因素包括成长激励因素、工作激励因素和外部激励因素的前提下，实现物质奖励与精神奖励相结合，侧重于精神激励；整体奖励与个体奖励相结合，侧重于整体激励。科研人员一般忠诚于事业，有强烈的成就感需求。工作成绩、职位晋升等与个人职业生涯发展相关的因素对于他们有重要的激励作用。科研人员对具有挑战性的研发工作具有强烈的工作意愿，因而，工作兴趣、工作挑战、工作认可、工作资助、工作责任和工作胜任对于他们有重要的激励作用。

学术带头人具有得天独厚的学术能力和影响力，在科研团队的组建和管理中能够发挥出巨大的能量，合理充分地应用好学术带头人的个人能力于科研团队的建设中，是高校科研团队发展中必须重视的课题。

参考文献

[1] 李晨光. 论高校科研团队[J]. 科学与管理，2003，4.

[2] 赵峰. 高绩效科研团队建设的思考[J]. 桂林电子工业学院学报，2003，23(2)：91-93.

[3] 陈春花，杨映珊. 科研组织管理的新模式——团队运作[J]. 科学管理研究，2002，20(1)：28-30.

[4] 丁荣贵，杨乃定，等. 项目组织与团队[M]. 北京：机械工业出版社，2004.

[5] 杨炳君，姜雪. 高校科研团队人力资源管理模式创新研究[J]. 大连理工大学学报：社会科学版，2006，27(1)：63-66.

[6] 陈春华，等. 科研组织团队运作的应用研究[J]. 科学学研究，2002(4)：206-208.

基于SCI收录论文的作者科研合作无尺度网络研究

徐根玖　杨新一　张胜贵

一、引言

自1998年Watts，Strogatz提出小世界模型[1]和Barabasi，Albert提出无标度网络模型（即BA模型）[2]以来，自然界中存在的大量现实系统都可以用复杂网络加以描述。合作网络是现实世界中普遍存在并且目前研究较多的一种复杂网络，其中包括电影演员合作网[3]、商业联盟网路、科研合作网等等。

随着科学技术发展日趋全球化，合作研究日益成为科学研究的主流方式。科研合作网络是描述科研人员合作关系的网络，通常把每个科研人员作为网络中的一个顶点（或称节点）。如果两个科研人员之间共同发表过一篇科研论文，这两个顶点之间就连接一条边。科研人员之间形成了一个结构复杂的网络，在复杂网络中该类网络的节点之间连接的复杂性、网络演化特性以及网络的动力学行为等问题，一直是近几年研究比较多的问题，也是研究人员利用实证数据研究复杂网络比较多的领域。Ramasco等提出了一个合作网络模型（RDP模型），该模型捕捉到了合作网络的度度相关性（Degree - degree Correlation）及簇度相关性（Clustering - degree Correlation），其度分布服从幂律行为，模型的不足之处是合作的大小分布（Act - size Distribution）是外生变量，而不是模型的内在组成部分。何阅、周涛等人建立的合作网络的一般模型，弥补了RDP模型的不足，在其模型中，每次合作的大小分布为单峰指数衰减函数；通过调节择优连接参数，可使模型的节点度在指数分布于无标度分布之间转换[10]。

SCI是国际上广泛承认的、权威且相对客观的科研成果评价工具，应用SCI数据库作为评价标准，其权威性和客观性在过去的几十年中得到了学术界的广泛认同。根据SCI数据库中的论文收入情况，构建作者科研合作网络模型，可以有效地分析科研合作网络总体结构和构成要素，讨论其角色及其相互关系，确立具有影响力的学术团队、团队核心及团队的成长过程，探讨不同团队、学科间的合作关系，强调学科之间的优势互补，演化具有生命力的交叉学科，可以为科研规划提供有力的理论依据。

本论文主要基于 SCI 收录论文建立作者科研合作网络，并分析该网络的无尺度性，进而进行实证研究，给出学术核心判定和学术团队界定的基本方法。

二、作者科研合作网络的无尺度性

1959 年，Erdos 和 Renyi 为了描述通信和生命科学中的网络，开启了针对随机网络的研究。随机网络理论有一项重要预测：尽管连接是随机安置的，但由此形成的网络却是高度民主的，即绝大部分节点的连接数目会大致相同。随机网络也称作指数网络，因为一个节点连接 k 个其他节点的概率，会随着 k 值的增大而呈指数递减。

1998 年，Barabasi、Bonabeau、郑夏雄及 Albert 在研究中发现互联网是由少数高连接性的页面串联起来的，如图 1 所示，80％以上页面的连接数不到 4 个。然而只占节点总数不到万分之一的极少数节点，却有 1 000 个以上的连接，并非想象的随机网络。他们在计算恰好拥有 k 个连接的万维网页面的数目时，发现网页的连接分布遵循所谓的“幂次定律”：任何节点与其他 k 个节点相连接的概率，与 $1/k$ 成正比。幂次定律和表征随机网络的钟形分布大相径庭。具体来说，幂次定律不像钟形曲线那样具有一个峰值，而是由连续递减的函数来描述。如果用双对数坐标系来描述幂次定律，得到的是一条直线。与随机网络中连接的民主分布不同，幂次定律所描述的，是由少数集散节点（如 Yahoo 和 Google）所主控的系统。

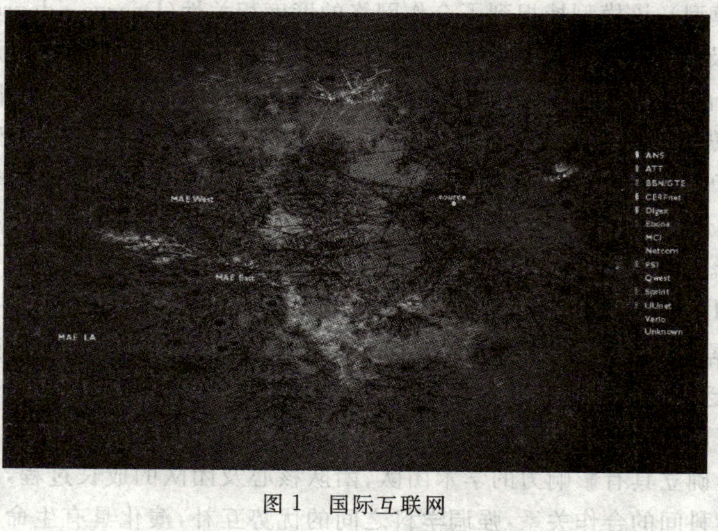

图 1　国际互联网

Barabasi 的开创性成果，为人们认识复杂网络的动力学行为提供了新的理论根据，在许多科学领域掀起了无尺度网络的研究热潮。无尺度网络的特性可以概括为以下几点[9]：无尺度网络的生长性、无尺度网络的优先连接性、无尺度网络必须有集散节点的存在、无尺度网络的强柔韧性、无尺度网络的致命缺陷是对集散节点的极度依赖型。

无尺度网络研究的主要内容都是围绕上述特性来进行的。例如：Internet 网络、电影与电视演员合作网络、科学家合作网络、人类关系网络、蛋白质作用网络、语言学网络等静态几何量的统计分析；以网络模型为基础，对传染病、渗流模型、网络搜索、网络导航等动态过程的动力学特性的研究；基于网络结构特性，对网络的容错性，抗攻击能力，病毒传播与防治等网络结构稳定性的研究。这些研究丰富了对复杂网络系统在各个领域的认识，增加了人们对各种复杂网络的新特性的理解。

本论文的统计数据来源于美国 Thomson ISI 公司所出版的 SCI 数据库。论文以此数据库为依据，统计分析了 2004—2007 年间，西北工业大学研究人员发表被检索的论文的数量与作者数量。根据统计分析结果，建立一个作者科研合作网络演化模型来描述这种网络的发展过程。网络中，每一位作者用网络图中的一个节点代表（同一个名字作为一个节点）；不同作者间只要有合作（即公开发表共同署名的学术论文）就把他们之间的这种联系用“无权连线连接的方式”来表达。不区分合作作者的论文署名顺序，同一篇文章的多个作者间的合作关系简单地用全连接方式表达。

论文使用邻接矩阵来表示各个学院科研人员之间的合作网络。邻接矩阵 $\boldsymbol{M}$ 中，$M(i,j)$ 即表示第 i 个作者与第 j 个作者之间的合作关系。其中，$M(i,j)=0$ 表示第 i 个作者与第 j 个作者之间未产生合作，$M(i,j)>0$ 表示第 i 个作者与第 j 个作者之间在当年合作了 $M(i,j)$ 次。

假设作者科研合作网络一般化推演如下：网络初始假定有 m_0 篇论文，每篇论文有一个或几个作者，共有 n_0 个作者。按照时间 t 的变化，每次增加一个科研论文标题，同时作者合作网络（假设每篇科研论文最多有 k 个作者）按照下面情况变化：以概率 p_2 增加一个或者多个新作者合作；以概率 p_2 增加一个新的作者与多个已有作者合作；以概率 p_2 不增加新的作者，多个已有作者合作，其中：$p_1+p_2+p_2=1$。对于上面的每一种情况，设立如下规则：

规则 1：对于每一种情况，以不同的概率 q_1，确定合作者数量 i（合作撰写了该篇论文），这些作者构成一个全连通的子网络，其中

$$\sum_{i=1}^{k} q_i = 1$$

规则 2:节点之间的连接强度设定规则。两个节点之间初次合作,节点之间建立连接,连接强度设为1;如果再一次合作,节点之间的连接强度加1;依次类推。

规则 3:在网络中选择合作者的规则。合作作者之间的选择,采用节点强度优先选择方法,选择概率为

$$\prod(i)=(s_i+1)/\sum(s_j+1)$$

式中,分子 s_i 为节点 i 的强度,等于该节点所有连接强度之和;分母为网络中所有节点的强度之和。其中分子分母都出现加1,目的是说明孤立节点也有可能被选择建立连接。

下面来对作者科研合作网络无尺度性质进行检验:

网络节点的度为节点连接的边的总数目。网络中节点的度分布用分布函数 $p(k)$ 来表示一个节点恰好有 k 条边的概率,也等于网络中度数为 k 的节点的个数占网络节点总个数的比值。下面计算新网络模型中节点的强度分布,节点 i 的强度的变化率为

$$\frac{\mathrm{d}s_i}{\mathrm{d}t}=p_1(\prod i\sum_{j=1}^{k}jq_{1j})+p_2(\prod i\sum_{j=1}^{k}jq_{2j})+p_3(\prod i\sum_{j=1}^{k}jq_{3j})$$

假设在前面算法模型的三种不同情况中,每种情况中选择 j 个作者合作的概率相等,也就是,$q_{1j}=q_{2j}=q_{3j}=q_j\,(j=1,2,3,\cdots,k)$,那么在上式中可以设

$$\sum_{j=1}^{k}jq_{1j}=\sum_{j=1}^{k}jq_{2j}=\sum_{j=1}^{k}jq_{3j}=m$$

代入公式可得

$$\frac{\mathrm{d}s}{\mathrm{d}t}=(p_1+p_2+p_3)m\prod i=m\prod(i)$$

由于网络系统中,t 时刻共有作者人数为

$$N=n_0+(p_1\sum_{j=1}^{k}jq_{1j}+p_2)t=n_0+(p_2m+p_2)t$$

网络连接强度总数

$$\sum_{i=1}^{t}s_i=s_0+\left[p_1\sum_{j=1}^{k}\frac{j(j-1)}{2}q_{1j}+p_2\sum_{j=1}^{k}\frac{j(j+1)}{2}q_{2j}+p_3\sum_{j=1}^{k}\frac{j(j-1)}{2}q_{3j}\right]t$$

设

$$\sum_{j=1}^{t}\frac{j(j-1)}{2}q_{1j}=\sum_{j=1}^{k}\frac{j(j+1)}{2}q_{2j}=\sum_{j=1}^{k}\frac{j(j-1)}{2}q_{3j}=E$$

那么

$$\sum_{i=1}^{t} s_i = s_0 + (E + p_2 m)t$$

代入公式得到

$$\frac{\mathrm{d}s_i}{\mathrm{d}t} = \frac{m(s_i + 1)}{N + s_0 + 2(E + p_2 m)t}$$

当时间 t 充分大时，上式化为

$$\frac{\mathrm{d}s_i}{\mathrm{d}t} \approx A_1 \frac{s_i}{t} + B_1 \frac{1}{t}$$

其中

$$A_1 = \frac{m}{(p_1 m + p_2) + (E + p_2 m)},\quad B_1 = A_1$$

简单计算可得，节点强度的概率分布为

$$p(s) = \frac{(m + B_1 + A_1)^{1/A_1}}{A_1 (s + B_1/A_1)^{1+1/A_1}} \propto s^{-(1+1/A_1)}$$

由统计结果 $p_1 = 0.4$，$p_2 = 0.4$，$p_3 = 0.2$，相应的 $q_1 = 0.4$，$q_2 = 0.4$，$q_3 = 0.2$，$q_4 = 0.1$，可以求得

$$\sum_{j=1}^{k} j q_{1j} = 0.25 + 2 \times 0.4 + 3 \times 0.25 + 4 \times 0.1 =$$

$$0.25 + 0.8 + 0.75 + 0.4 = 1 + 1.2 = 2.2 = m$$

由 $\sum_{j=1}^{k} \frac{j(j-1)}{2} q_{1j} = \sum_{j=1}^{k} \frac{j(j+1)}{2} q_{2j} = \sum_{j=1}^{k} \frac{j(j-1)}{2} q_{3j} = E$ 可得

$$E = \sum_{j=1}^{k} \frac{j(j-1)}{2} q_{1j} = 0 + q_{12} + 3 \times q_{13} + 6 \times q_{14} =$$

$$0.4 + 3 \times 0.25 + 6 \times 0.1 = 0.4 + 0.75 + 0.6 = 1.75$$

所以，$\sum_{i=1}^{t} s_i = s_0 + (E + p_2 m)t = s_0 + (1.75 + 0.4 \times 2.2)t = s_0 + 2.63t$

而 $N = n_0 + (p_1 m + p_2)t = n_0 + 1.28t$，当时间 t 充分大时，

$$\frac{\mathrm{d}s_i}{\mathrm{d}t} \approx A_1 \frac{s_i}{t} + B_1 \frac{1}{t}$$

其中

$$A_1 = \frac{m}{(p_1 m + p_2) + (E + p_2 m)} = \frac{2.2}{(0.4 \times 2.2 + 0.4) + (1.75 + 0.4 \times 2.2)} =$$

$$\frac{2.2}{3.85} = \frac{4}{7}$$

$B_1 = A_1$

由

$$p(s)=\frac{(m+B_1+A_1)^{1/A_1}}{A_1(s+B_1/A_1)^{1+1/A_1}}\propto s^{-(1+1/A_1)}$$

得

$$\log[p(s)]\propto\left(1+\frac{1}{A_1}\right)\log s\propto-\frac{11}{4}\log s$$

由此，可以得出度的分布将呈幂率分布，因此，以上所建的模型属于无尺度网络。

三、实证分析

1. 作者科研合作网络的度的分布

由邻接矩阵可以求得每个顶点邻接边的权重值总和，即各研究人员当年的合作总人次。2007 年理学院各顶点邻接边权重和可以求出 2007 年理学院合作网络的平均度为 4.939 8，而 299 个节点的完全图最大边数为 44 551，两者比值为 0.000 110 88，即所构建的合作网络是一个稀疏网络。每个科研工作者实际合作的人数有限且远小于整个网络中存在的节点总数。在此基础上，就可以继续统计得到历年各学院研究人员合作人次的各项指数。

2. 作者科研合作网络的特征路径长度

从网络中可以看出学院的科研人员有较为清晰的团队界限，一个或多个团队构成一个子图，各个子图之间不连通。根据各学院科研合作人员构成的邻接矩阵，可以求得各个子图对应的邻接矩阵，可以求得如表 1 所示的各个子图的平均路径长度表。

表 1　2007 年理学院科研团队平均路径长度

作　者	平均路径长度	团队人数	平均路径长度/人数
Zhao XP	12	197	0.060 914
Xu W	12	197	0.060 914
Liang GZ	12	197	0.060 914
Wei BB	6	33	0.181 818
Zhao JL	12	197	0.060 914
Zhang Y	12	197	0.060 914
Tian Z	12	197	0.060 914

可以得出结论：平均路径长度与团队人数之比，值越小，团队越大。

3. 作者科研合作网络的聚类系数

合作网络中各节点的度是很小的，整个网络的度也是很小的，可以用聚类系数来度量各节点与其他节点的关系。根据邻接矩阵，可以找到节点 v 的邻域 Γ_v，由此可以通过

$$\gamma_v = \frac{|E\Gamma_v|}{\frac{k_v}{2}}$$

给出节点 v 的聚类系数 γ_v。而 γ_v 表示了真正出现在实际的 Γ_v 中的边的净比率，因此可以用来描述科研人员之间的合作紧密程度。

根据邻接矩阵，可以求得 2007 年理学院各科研人员的聚类系数，对比 2007 年理学院合作网络图，可以看出，大部分科研人员的聚类系数是 1，小部分小于 1，在合作网络图中度比较大的少数几个节点，其聚类系数都小于 0.1。其统计情况如表 2 所示。

表 2　2007 年理学院各科研人员的聚类系数范围与人数统计

聚类系数范围	<0.1	0.1～0.2	0.2～0.3	0.3～0.4	0.4～0.5	0.5～0.6	0.6～0.7	0.7～0.8	0.8～0.9	0.9～1.0	1
人数/人	4	1	2	12	14	8	18	10	13	8	196

结合已有的数据来看，聚类系数在(0,1)之间，只有在这之间的才有可能成为学科核心。对比合作网络图，可以得出结论：聚类系数在(0,1)区间之内，越小越在核心网络中占主导地位。

进一步考虑作者次序，改进上述作者科研合作网络结构。历年各次序作者的数量统计结果如表 3 所示。

表 3　历年各次序作者数量统计

作者次序 / 年份/年	1	2	3	4	5	6	7	8	9	10
2004	217	215	174	125	60	23	6	2	0	0
2005	345	338	280	195	105	35	9	1	1	0
2006	564	557	478	338	197	86	34	11	6	0
2007	580	574	512	388	227	100	22	9	4	1

按照通常的做法，将第一作者作为贡献最大的作者，就可以直接将第一作者的权重定义为 1，其他次序的作者，按照比例做归一化处理，如图 2 所示。

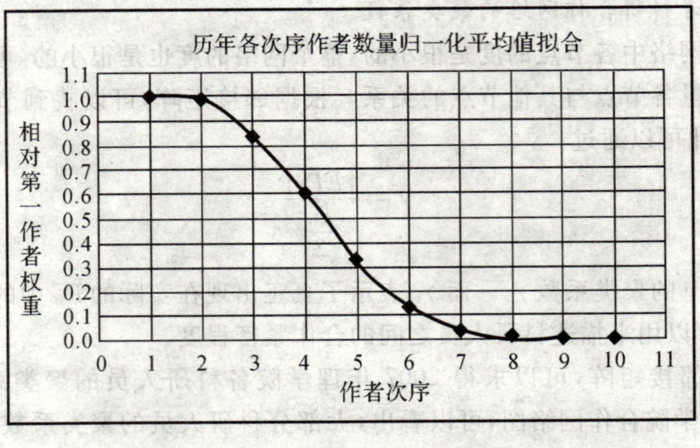

图 2　历年各次序作者数量归一化平均值拟合

由上述图表，可以定义作者次序与权重的关系见表 4。

表 4　作者次序与对应权重

作者次序	1	2	3	4	5	6	7	8	9	10
对应权值	1.000 0	0.986 9	0.835 9	0.602 4	0.330 4	0.133 1	0.038 0	0.011 8	0.005 1	0.000 4

至此，将修改模型规则如下：

规则 1：对于每一种情况，以不同的概率 q_1，确定合作者数量 i（合作撰写了该篇论文），这些作者构成一个全连通的子网络，其中

$$\sum_{i=1}^{k} q_i = 1$$

规则 2：节点之间的连接强度设定规则。A，B 作者，A 对于 B 的有向连接为 A 所在作者次序的权重，B 对于 A 的有向连接为 B 所在作者次序的权重。

规则 3：在网络中选择合作者的规则。合作作者之间的选择，采用节点强度优先选择方法，选择概率为

$$\prod i = (s_i + 1) / \sum (s_i + 1)$$

改进后的模型仍然是呈幂率分布，保持了无尺度性。改进模型中，通过有向边及其权值，可以判别出边两边的作者的排名次序。

4. 学科核心的判定

从以上分析可以得出以下结论：邻接边的权值总和越大的节点，在合作网络中越占主要地位；聚类系数在(0,1)区间之内，值越小的节点在合作网络中

越占主导地位，即邻接边权重和与聚类系数是判定学科核心的两个重要指标。图 3 为 2007 年理学院模型改进前后的网络截图对比。表 5 为 2007 年理学院聚类系数前五名的科研人员的各项参数值。表 6 为 2007 年理学院各项参数前五名的科研人员汇总。

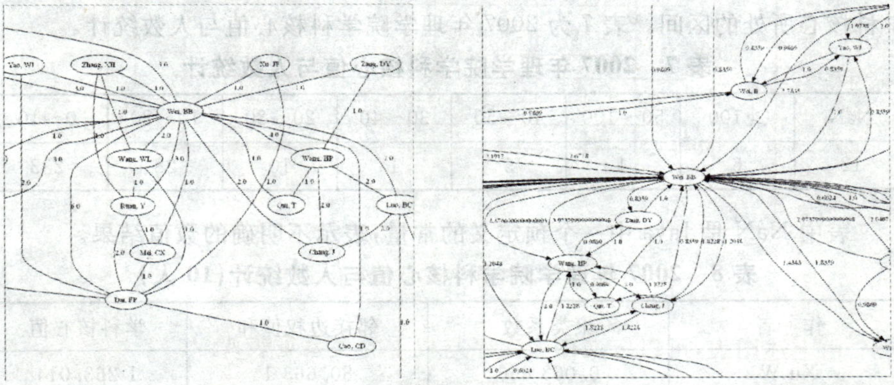

图 3　2007 年理学院模型改进前后的网络截图对比

表 5　2007 年理学院聚类系数前五名的科研人员的各项参数值

作　者	聚类系数	邻接边权值和	度
Zhao XP	0.058 5	34.155 3	32
Xu W	0.063 9	80.663 1	35
Liang GZ	0.086 4	56.727 9	39
Wei BB	0.137 3	26.876 3	18
Zhao JL	0.210 1	27.767	24

表 6　2007 年理学院各项参数前五名的科研人员汇总

作　者	聚类系数	作　者	邻接边权值和	作　者	度
Zhao XP	0.058 5	Xu W	80.663 1	Liang GZ	39
Xu W	0.063 9	Liang GZ	56.727 9	Xu W	35
Liang GZ	0.086 4	Fan XD	43.423 6	Zhao XP	32
Wei BB	0.137 3	Zhao XP	34.155 3	Zhao JL	24
Zhao JL	0.210 1	Zhao JL	27.767	Wei BB	18

表格中 Zhao XP，W XN，Liang GZ，Zhao JL 四位作者在三项参数统计结果中均出现，但从这几个量中看不出直接的关系。因此，设定

$$学科核心值=\frac{邻接边权值}{聚类系数}$$

从计算结果中，论文选择 50 作为判别学科核心的阈值，而 20～50 是潜在学科核心所处的区间。表 7 为 2007 年理学院学科核心值与人数统计。

表 7　2007 年理学院学科核心值与人数统计

NaN	＞100	50～100	40～50	30～40	20～30	10～20	0～10
12	6	4	5	1	10	28	233

表中 NaN 是 Java 中一个预定义的常量，表示不明确的数值结果。

表 8　2007 年理学院学科核心值与人数统计(10 人)

作　者	聚类系数	邻接边权值和	学科核心值
Xu W	0.063 866	80.663 1	1 263.014
Liang GZ	0.086 37	56.727 9	656.802 7
Zhao XP	0.058 468	34.155 3	584.173 4
Wei BB	0.137 255	26.876 3	195.813
Zhao JL	0.210 145	27.767	132.132 6
Fan XD	0.366 667	43.423 6	118.428
Kong J	0.338 235	27.444 5	81.140 26
Chen CL	0.333 333	26.042 3	78.126 9
Huang Y	0.325	23.216 8	71.436 31
Liu YY	0.383 333	25.152 9	65.616 26

5. 学科团队的界定

一个学院作者构成的合作网络中存在多个不连通的子图，其中有些子图是全连通的，有些不连通；有些子图中各节点的度相等，有些存在一个度远高于均值的节点，有些子图中存在多个度远高于均值的节点，如图 4 所示。以上不同的情况将成为学科团队判定的依据。

对于仅有一个度远高于均值的节点的情况，可以判定，这是一个科研团队，该科研团队的核心即为该节点。该子图的所有节点就是该团队所有成员。理学院的很清晰地看出合作网络中存在 3 个团队，均是子图中仅有一个度远高于均值的节点。

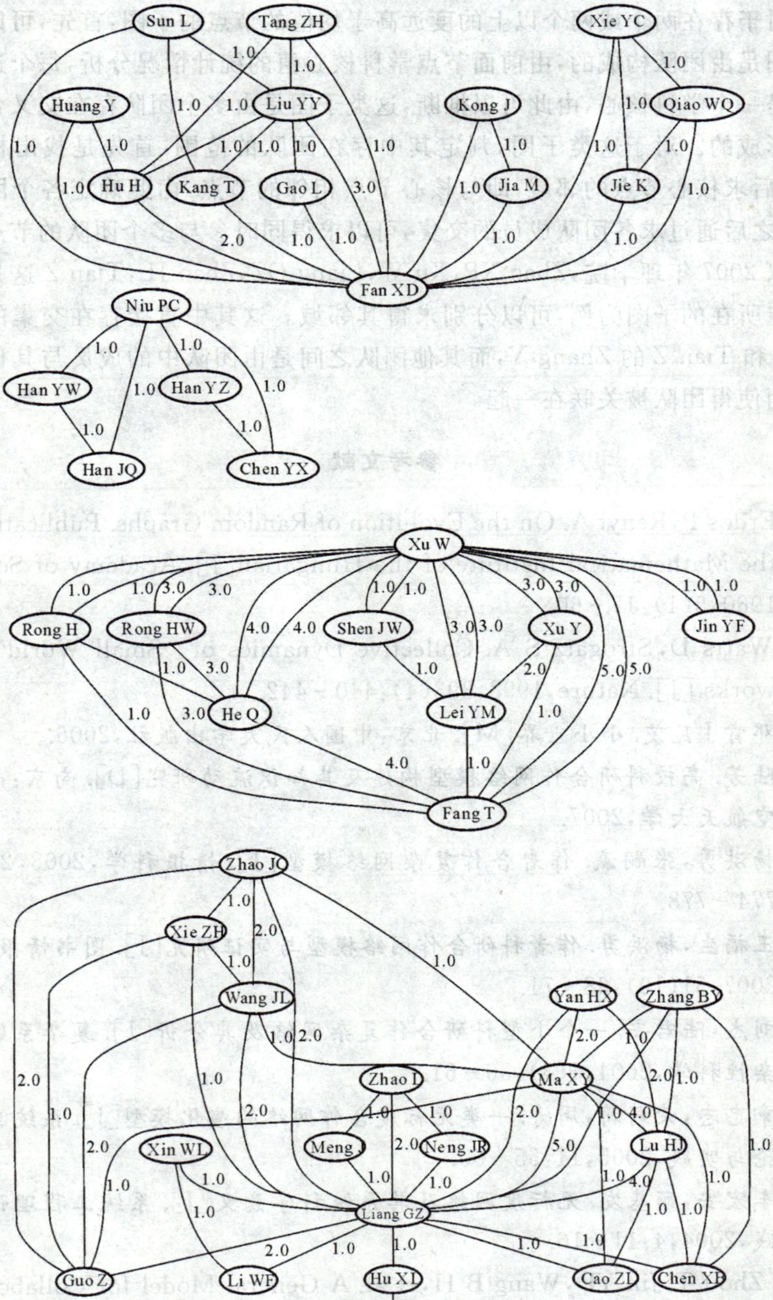

图 4　2007 年理学院合作网络截图

对于存在两个或两个以上的度远高于均值的节点的子图，首先，可以得出该子图是由团队构成的，由前面节点学科核心值的统计情况分析，每个这类节点就是一个学科核心，由此可以推断，这类子图是由多个团队存在交叉合作关系而形成的。对于这类子图，判定其中存在团队的范围，首先是找出核心节点，然后求核心节点的邻域，即与核心节点相邻的节点，由此确定各个团队的成员，之后通过求各团队成员的交集，可以求得同时参与多个团队的节点。

以 2007 年理学院，Zhao XP，Xu W，Liang GZ，Zhao JL，Tian Z 这几个核心节点所在的子图为例，可以分别求得其邻域。这其中直接存在交集的仅有 Xu W 和 Tian Z 的 Zhang Y，而其他团队之间是由团队中的成员与其他作者合作而使得团队被关联在一起。

参考文献

[1] Erdos P，Renyi A. On the Evolution of Random Graphs. Publications of the Mathematical Institute of the Hungarian[J]. Academy of Science，1960，5(1)：17－60.

[2] Watts D，Strogatz S A. Collective Dynamics of "Small World" Networks [J]. Nature，1998，393(4)：440－442.

[3] 邓肯 J 瓦茨. 小小世界[M]. 北京：中国人民大学出版社，2006.

[4] 陆芳. 高校科研合作网络模型构建及其知识流动研究[D]. 南京：南京航空航天大学，2007.

[5] 杨洪勇，张嗣瀛. 作者合作复杂网络模型[J]. 情报科学，2008，26(5)：774－778.

[6] 王福生，杨洪勇. 作者科研合作网络模型与实证研究[J]. 图书情报工作，2007，51(10)：68－71.

[7] 刘杰，陆君安. 一个小型科研合作复杂网络及其分析[J]. 复杂系统与复杂性科学，2004，1(3)：56－61.

[8] 章忠志，荣莉莉，周涛. 一类无标度合作网络的演化模型[J]. 系统工程理论与实践，2005，11：55－60.

[9] 车宏安，顾基发. 无标度网络及其系统科学意义[J]. 系统工程理论与实践，2004，4：11－16.

[10] Zhou T，Jin YD，Wang B H，et al. A General Model for Collaboration Networks [R]. arXiv：condmat/ 0502253.

研究生创新能力培养平台实施绩效实证研究

陈洪根　薛　静　肖丽丽

一、引言

创新能力是国家竞争力的核心，是我国应对未来挑战的重大选择，是实现建设创新型国家目标的根本途径。为此，教育部于 2002 年酝酿并提出了研究生教育创新计划(原名称为“研究生教育创新工程”)；2005 年 1 月，教育部印发了《教育部关于实施研究生教育创新计划，加强研究生创新能力培养，进一步提高培养质量的若干意见》，强调加强研究生创新能力培养，是我国研究生教育战线共同的重要任务；2006 年 1 月 24 日，陈至立[1]在国务院学位委员会第二十二次会议上讲话中进一步指出，提高创新能力是研究生教育的紧迫任务，要从国家战略的高度出发，努力建设一批在研究生教育中发挥骨干和示范作用的创新型人才培养基地。

关于研究生创新能力培养平台的研究，国内主要集中于其建设模式的探讨和实践。在理论探讨层面，文献[2]在论述建立公共实验体系的必要性基础上，重点研究了工科研究生公共实验体系的建立问题，同时结合实际情况，阐明了其在培养高层次创新人才中的作用；在实践基础上，文献[3-4]对旨在培养学生创新意识、提高学生理论创新和实践创新水平的研究生创新能力培养平台的建设目标、建设模式、运行机制等内容进行了探索，为研究生创新能力培养平台的建设和运行管理提供了一个理论实践框架。文献[5]针对知识经济时代人才需求的特征，探讨了高校创新人才孵化器建设模式，内容包括基于创新人才孵化的功能目标的确立、四大服务功能的构建和三大基础支撑体系的建设；随着我国“研究生教育创新计划”的全面实施，针对如何聚集高校优秀的科研力量、整合各方优势资源、在优势学科和重点领域做出相关的创新成果等研究生创新计划走向纵深的重点问题，文献[6]从打造研究生创新团队的目标出发，重点对研究生教育创新中心这一实施基础平台的管理、实践和激励等问题进行了探讨；结合自身实际的学科特点，文献[7]构建了促进师资、精品课程、教材、科技创新平台和基地等要素同步提高的学科建设和科学研究相结合的创新人才培养体系：此外，文献[8-11]分别从比较角度、产学合作角度、导学关系角度和博士培养角度，对研究生创新能力培养平台的建设和实践问题进行了研究。在实践探索层面，随着“研究生教育创新计划”的推行实施，各高校研究生培养单位和各级研究生教育管理部门在国家统一规划下，分别制定了适合各自特色的实施方案，建立了与本校特点相结合的研究生创新能力培养平台，主要模式有研究生创新中心、全国博士生学术论坛、研究生暑期学校、精品课程、研究生国际联合培养、培养模式及课程改革、博士生访学等形式，有效实践了“研究生教育创新计划”提高研究生培养质量，特别是博士生的创新意识和创新能力的核心思想。

研究生创新能力培养平台研究是一个系统工程，除建设模式、管理模式、运行机制等实施问题，还涉及实施效果的测评问题，而关于这方面的研究目前还比较鲜见。为此，本文以西北工业大学研究生创新实验中心为研究目标，从毕业研究生质量比较角度对研究生创新能力培养平台实施绩效进行实证研究，为进一步实施研究生教育创新计划、推动研究生创新能力培养平台建设发展，提供现实和理论改进基础。

二、统计分析设计

1.统计样本界定

进入研究生创新实验中心进行实验的人员分布主要为西工大的材料学院(A)、机电学院(B)、电子信息学院(C)、自动化学院(D)、计算机学院(E)和人文与经法学院(F)这 6 个学院，自研究生创新实验中心 2003 年运行以来一共毕业了 2006 届和 2007 届两届学生，故将统计主体样本界定为这 6 个学院的 2006 届和 2007 届两届毕业研究生，对这 6 个学院在研究生创新实验中心做过实验的两届毕业研究生质量与本院两届毕业研究生总体质量状况进行对比。

2.统计指标确定

在广泛收集文献资料和深入分析的基础上，结合高校毕业研究生质量评价实际，本文提炼出高校毕业研究生质量评价的 4 个关键指标，即世界 500 强企业就业比例(Z_1)、省级优秀毕业研究生比例(Z_2)、校级优秀毕业研究生比例(Z_3)、就业率(Z_4)。根据以上四个统计评价指标，可确定高校毕业研究生质量评价的 5 个统计变量指标分别为：毕业研究生总人数(X_1)、进入世界 500 强企业的毕业研究生人数(X_2)、省级优秀毕业研究生人数(X_3)、校级优秀毕业研究生人数(X_4)、实际就业毕业研究生的人数(X_5)。

3.统计指标数据来源规则

2006年度和2007年度学院的统计变量指标X_i(Ⅰ)($i=1,2,3,4,5$)数据分别相应来自于由学校研究生工作办公室编制的《西北工业大学2006届硕士研究生毕业纪念册》和《西北工业大学2007届硕士研究生毕业纪念册》中毕业去向和优秀毕业研究生的原始资料整理结果；研究生创新实验中心的统计变量指标X_i(Ⅱ)($i=1,2,3,4,5$)则来自于研究生创新实验中心内部管理数据库对照《西北工业大学2006届硕士研究生毕业纪念册》和《西北工业大学2007届硕士研究生毕业纪念册》中毕业去向和优秀毕业研究生的原始资料整理结果。

三、数据结果分析

1.数据统计结果

根据上文统计分析设计内容，研究生创新实验中心毕业研究生质量调查统计结果如表1所示。表中，{A,B,C,D,E,F}={材料学院，机电学院，电子信息学院，自动化控制学院，计算机学院，人文与经法学院}；类属Ⅰ指的是学院毕业研究生各指标状况，Ⅱ指的是学院在研究生创新实验中心做过实验的毕业研究生各指标状况，由此则学院毕业研究生总人数可以表示为X_1(Ⅰ)，学院在研究生创新实验中心做过实验的毕业研究生总人数可表示为X_1(Ⅱ)，其他指标依此类推；各评价指标的运算规则为：按照同年度进行运算的原则，$Z_1(j)=X_2(j)/X_1(j)$，$Z_2(j)=X_3(j)/X_1(j)$，$Z_3(j)=X_4(j)/X_1(j)$，$Z_4(j)=X_5(j)/X_1(j)$，j($j=$Ⅰ，Ⅱ)。比如，2006年度材料学院(A)的“世界500强企业就业比例”Z_1(Ⅰ)=2006年度材料学院(A)的“进入世界500强企业的毕业研究生人数”X_2(Ⅰ)/2006年度材料学院(A)的“毕业研究生总人数”X_1(Ⅰ)=6/124=4.84%。

2.统计数据分析

进入数据分析的样本，在研究生创新实验中心做过实验的2006届和2007届毕业研究生各学院所占比例分别为：材料学院(A)9.79%和8.85%、机电学院(B)15.38%和9.38%、电子信息学院(C)33.57%和45.31%、自动化控制学院(D)21.68%和18.23%、计算机学院(E)11.89%和12.50%、人文与经法学院(F)7.69%和5.73%。以上数据反映出进入研究生创新实验中心的实验学生电子信息学院、自动化控制学院、计算机学院和机电学院所占比例较多，这与研究生创新实验中心一期“实验中心”建设工程投入设备主要为电子、控制类的实际相符；电子信息学院2007届数据较2006届变幅远远高于其他学院，这与研究生创新实验中心在一期“实验中心”建设工程基础上，二期“13个主题实验室”建设工程电子信息学院的“电子综合创新实验平台”主题实验室率先建成投入试运行而其他主题实验室均尚处于建设过程未投入试运行的实际相符。

表1 研究生创新实验中心毕业研究生质量调查统计结果

一级指标	二级指标		毕业年度	类属		学院 A	B	C	D	E	F	综合
统计变量指标	毕业研究生总人数/人	X_1	2006	学院	Ⅰ	124	233	178	204	155	77	971
				中心	Ⅱ	14	22	48	31	17	11	143
			2007	学院	Ⅰ	154	257	197	242	163	86	1099
				中心	Ⅱ	17	18	87	35	24	11	192
	进入世界500强企业的毕业研究生人数/人	X_2	2006	学院	Ⅰ	6	2	2	6	10	0	26
				中心	Ⅱ	2	1	1	2	3	0	9
			2007	学院	Ⅰ	8	2	5	12	2	0	29
				中心	Ⅱ	3	1	3	4	2	0	13
	省级优秀毕业研究生人数/人	X_3	2006	学院	Ⅰ	1	2	2	2	2	1	10
				中心	Ⅱ	0	1	1	2	1	0	5
			2007	学院	Ⅰ	2	3	2	2	1	1	11
				中心	Ⅱ	1	2	2	1	0	1	7
	校级优秀毕业研究生人数/人	X_4	2006	学院	Ⅰ	11	19	14	17	12	6	79
				中心	Ⅱ	3	3	5	4	3	1	19
			2007	学院	Ⅰ	12	17	14	19	12	6	82
				中心	Ⅱ	5	4	12	6	3	2	32
	实际就业毕业研究生的人数/人	X_5	2006	学院	Ⅰ	112	197	169	196	140	42	857
				中心	Ⅱ	14	22	46	30	13	8	133
			2007	学院	Ⅰ	127	233	177	218	145	32	932
				中心	Ⅱ	17	18	87	34	23	9	188
统计评价指标	世界500强企业就业比例 %	Z_1	2006	学院	Ⅰ	4.84	0.86	1.12	2.94	6.45	0	2.68
				中心	Ⅱ	14.29	4.55	2.08	6.45	17.65	0	6.29
			2007	学院	Ⅰ	5.19	0.78	2.54	4.96	1.23	0	2.64
				中心	Ⅱ	17.65	5.56	3.45	11.43	8.33	0	6.77

续表

一级指标	二级指标		毕业年度	类属		学院						综合
						A	B	C	D	E	F	
统计评价指标	省级优秀毕业研究生比例/%	Z_2	2006	学院	Ⅰ	0.81	0.86	1.12	0.98	1.29	1.30	1.03
				中心	Ⅱ	0	4.55	2.08	6.45	5.88	0	3.50
			2007	学院	Ⅰ	1.30	1.17	1.02	0.83	0.61	1.16	1.00
				中心	Ⅱ	5.88	11.11	2.30	2.86	0	9.09	3.65
	校级优秀毕业研究生比例/%	Z_3	2006	学院	Ⅰ	8.87	8.15	7.87	8.33	7.74	7.79	8.14
				中心	Ⅱ	21.43	13.64	10.42	12.90	17.65	9.09	13.29
			2007	学院	Ⅰ	7.79	6.61	7.11	7.85	7.36	6.98	7.46
				中心	Ⅱ	29.41	22.22	13.79	17.14	12.50	18.18	16.67
	就业率/%	Z_4	2006	学院	Ⅰ	90.32	84.55	94.94	96.08	90.32	55.84	88.26
				中心	Ⅱ	100	100	95.83	96.77	76.47	72.73	93.01
			2007	学院	Ⅰ	82.47	90.66	89.85	90.08	88.96	37.21	84.80
				中心	Ⅱ	100	100	100	97.14	95.83	81.82	97.92

从类属维看，两年来研究生创新实验中心的四个评价指标数据与全学院数据相比均具有明显优势，说明研究生创新实验中心对进入进行实验的研究生能力培养具有显著的推动作用；尤其是在校优秀毕业研究生（Z_3）和就业率（Z_4）两个指标上，研究生创新实验中心的数据优势更为明显，进一步说明了研究生创新实验中心在广泛培养研究生基本综合素质方面的主要积极作用，这与研究生创新实验中心定位于“本科实验的发展和科研实验的基础，是本科基础上的提高和向研究生科研阶段过渡”的实际相符。

从时间维看，研究生创新实验中心四个评价指标的2007年数据普遍高于2006年，说明研究生创新实验中心的实施绩效正稳步上升；在中心数据的带动下，全学院的四个评价指标2007年数据与2006年相比也普遍处于上升趋势。以上结果的形成，与研究生创新实验中心实验资源投入的不断增加和内部管理日益完善等实际相符。

从单个学院数据看，研究生创新实验中心对 Z_1 指标的促进作用，除人文与经法学院之外，其他学院均具有明显的提升作用，这可能与就业市场高质量企业对学科在全国高校中综合实力表现要求有关。由于我校人文学科在全国相对较弱，整体概率上其毕业研究生进入世界500强企业工作的可能性比较小，研究生创新实验中心在该学科 Z_1 指标上的作用无法体现，故人文与经法学院的中心和全学院 Z_1 指标数据两年均为 0。对于 Z_2 指标，从单个年度看，2006 年材料学院和人文与经法学院的中心数据均为 0，2007 年计算机学院的中心数据为 0，其他学院的中心数据相对于全学院均有明显优势；但从两年综合来看，所有学院的中心数据均优于全学院数据。造成单年度 Z_2 指标中心数据不如全学院数据的结果，我们分析可能与该学院的全学院 X_2 指标数据较小，而这几个学院进入研究生创新实验中心做实验的学生规模（比例）相对较低有关，从而形成该学院进入研究生创新实验中心做实验的学生竞争省级优秀毕业生的随机性增大，不能完全反映出研究生创新实验中心与学院在这一指标上的总体实际情况。对于 Z_3 指标，中心数据均优于全学院数据。作为与 Z_2 指标属于同一类型不同层次的评价指标，Z_3 指标却没有与 Z_2 指标一样在个别学院数据上出现不一致趋势的结果，这是因为与 Z_2 指标相比，虽然学院进入研究生创新实验中心做实验的学生规模没变，但由于全学院 X_3 指标数据较大，降低了随机性。从研究生创新实验中心的功能定位上看，我们认为 Z_4 指标最能反映研究生创新实验中心对毕业研究生整体质量的提升作用，分析数据结果也充分表明了这一点：研究生创新实验就业率相对于全学院数据具有全面的绝对优势。这是因为，研究生创新实验中心定位于对研究生创新基础能力的训练，有效锻炼和提升了研究生科研探索的创新思维和实践动手能力，弥补了就业市场研究生“理论水平有余，实践创新能力不足”的缺陷，满足了就业单位的需要。

总之，从不同角度分析数据结果表明，研究生创新实验中心对于提升毕业研究生质量具有明显的促进作用。

3.发展策略及建议

以上描述性统计分析，证明了研究生创新实验中心对于提升毕业研究生质量的明显促进作用。时间维 2006 年和 2007 年数据的进一步对比分析，显示实验资源投入的增加和内部管理的完善，对提升研究生创新实验中心的实施绩效具有重要支持作用。因此，在今后的发展中，应进一步加大实验资源的投入，建立起一个与实验学生之间资源供需平衡的实验平台；同时，须进一步完善实验室内部管理制度，通过各种激励方法和促进手段，激发实验学生的创新热情，增强实验学生的创新实践动力，进而提升实验学生的创新水平。此外，还应进一步加大宣传，不断推动创新实践在研究生群体中的发展，吸引更多的研究生进入研究生创新实验中心进行创新实践。

参考文献

[1]　陈至立.在国务院学位委员会第二十二次会议上的讲话[J].学位与研究生教育,2006(3).

[2]　刘丽琳,孙久厚.建立公共实验平台培养研究生创新能力[J].学位与研究生教育,2002(2).

[3]　薛静,张骏."研究生创新实验中心"建设探索与思考——教育部"研究生教育创新工程"建设项目[J].中国高教研究,2004(6).

[4]　张骏,薛静."研究生创新实验中心"实践探析[J].学位与研究生教育,2005(1).

[5]　薛静,等.知识经济时代高校创新人才孵化器建设模式探讨[J].中国高教研究,2005(7).

[6]　方祯云,等.建设研究生创新中心打造研究生创新团队[J].中国高等教育,2005(9).

[7]　宋保维,崔景元.结合学科建设和科学研究,构建创新人才培养体系[J].中国高教研究,2006(1).

[8]　程智勇.研究生创新人才培养模式的新探索[J].扬州大学学报:高教研究版,2006(1).

[9]　阮向前.产学合作:培养创新型工科研究生的有效途径[J].科技进步与对策,2003(22).

[10]　宗力,等.农业机械化工程学科研究生创新性人才培养模式的实践与思考[J].华中农业大学学报,2005(1).

[11]　宋招权.全方位搭建平台,推进博士生创新教育[J].科技进步与对策,2006(1).

试论高校大学生创新能力的培养

王 华 张学良 姚群秀

21世纪是知识经济时代和信息时代，更是一个全面创新的时代，在这个时代，知识创新将成为社会文化的基础和核心，创新人才将成为决定国家竞争力的关键。钱学森曾说过，高校办学就是要培养出那种科技创新精神，培养会动脑筋、具有非凡创造能力的人才。在高校中，大学生创新能力培养已引起足够重视，但还存在着一系列影响因素，如何培养我国在校大学生的创新能力是我国的教育工作者亟待研究和探寻的问题。

一、我国在校大学生创新能力现状

在“一考定终身”的应试教育体制影响下，分数成为衡量学校人才培养的重要指标，以至于在高校广泛流行的“分、分，学生的命根”，大大制约了学生创新意识和创新能力的培养。从高校教育模式讲，我国高校教育主要是偏重科学知识传授而忽视创新精神的培养。课堂教学表现为重科学原理和概念讲解，缺乏探索性的引导和启发，属于灌溉式；实验教学注重按照规范的实验程序验证已有的定律和现象，缺乏综合性自主设计的实验，属于验证式；学业考核偏重知识的重现，缺乏创新方面的考察和所学方法的综合运用，属于记忆式考察；指导思想强调的是“共性、整体、统一”，缺乏个性的培养和教育。这种模式的结果是培养的学生知识结构单一，难以融会贯通，其好奇心、想象力和创造力受到压制。

从目前在校大学生个人创新能力表现讲：一是具有一定的创新意识，但不善于充分利用和积极创造条件。在校大学生往往不能把握本学科最新发展的动态，闭门造车，没有主动到国民经济主战场上去调研，不重视相关学科知识的迁移。二是思维敏捷，想象力丰富，但缺乏创新性。随着大学生知识和经验的不断积累，尽管思维特别是逻辑思维有了很大程度的发展，其想象力十分丰富，但由于知识面窄，社会经验不丰富，特别是缺乏科研项目的锻炼，他们的思维方式往往比较单一，很难独立地产生新形象、新概念、新理论和新方法。三是有灵感，有创新意识，但不善于将其付诸实践。大学生的创新动机、创新意识较强，希望在学习中不断产生新的思想，发现新的学习方法，有新的发明和创造，但是，他们在产生灵感时，却没有有意识地去捕捉，也不会充分利用大学中丰富的人、财、物资源，最终只能停留于想象，无果而终。四是虽然努力付诸实践了，但创新目标不够明确，不能够坚持到底。大学生有创新的热情，但是由于缺乏坚持不懈的勇气、广泛的沟通和对社会的全面了解，往往在遇到困难时，半途而废。

二、高校在大学生创新能力培养方面的制约因素

1. 国家教育评价体系不利于在校大学生创新能力的培养

我国高校长期以来在教育评定上，往往只把受教育者获得书本知识的多少作为衡量教育质量的标准。杨振宁教授对此提出了批评，指出它虽"有利于学生积累知识，打下扎实根基，但是相对来说在进行科学创新的时候缺少创新意识"。因此，我们国家的学生在校考试成绩不比国外的学生差，但毕业后多数人的创新能力明显不如发达国家的学生。我国在提高高校创新能力培养途径上，也主要停留在口号和表面，并没有深入开展各项提高高校创新能力培养的措施。

2. 高校未建立在校大学生科技创新的长效机制

学校对在校大学生科技创新工作还没有形成系统的规划，不能结合学校和学生的特点准确定位，很难建立在校大学生科技创新的长效机制。教师在教学上也主要是以传统的课堂讲授为主的单向的知识传递模式，很少形成互动，降低了在校大学生的创新意识；学校在提高学生创新能力培养方面的资金投入力度还远远赶不上形势的发展，造成很多有创意的科技创新项目因得不到资金支持或缺乏必要的指导而无法开展，制约了学生科技创新活动的开展。

3. 在校大学生个人创新意识不足，不利于大学生创新能力的培养

大学生作为自身创新能力培养的主体，其对创新能力培养的认识水平、态度和努力状态是内因，也是决定这种能力培养状况和水平的主要因素。

目前，在校大学生普遍创新意识不强主要有五个原因：①缺乏参与创新活动必要的知识结构；②在创新实践中主动性不强，自觉性不高，不能够独立地发表自己的看法和见解，缺乏应有的创新意识；③在学习过程中，根深蒂固的"应试教育"造成他们最关心的是老师"会考什么"，而很难对学习内容本身产生兴趣和产生怀疑，缺乏挑战课本观点，挑战权威的精神；④他们缺乏一些必要的创造力的训练，往往感到创新活动高不可攀，无从下手，因而缺乏投身创新实践的勇气，使学生创新能力培养缺乏内在的动力和基础。⑤创新的实践不是一朝一夕就可以完成的，现今社会日趋激烈的竞争使他们太过注重短期的得失，缺乏持久的创新激情。

三、大学生创新能力培养的途径

在校大学生创新能力的培养是一个系统工程，应贯穿于大学教育全过程，使培养出来的大学生不仅具有创新精神，又具有创新能力。笔者认为培养在校大学生创新能力，主要从“国家完善创新教育体制”“高校形成良好创新教育环境”以及“大学生加强自身创新意识和创新能力培养”三个方面来进行，图1为在校大学生创新能力培养简图。

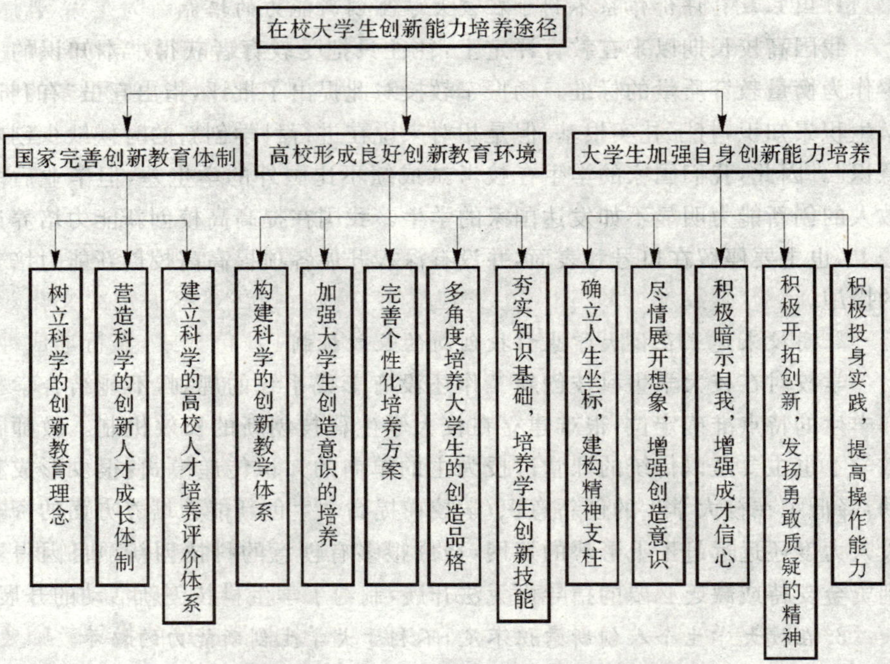

图1 在校大学生创新能力培养简图

1. 不断完善创新教育体制，促进学生创新能力培养

(1)树立科学的创新教育理念。

创新教育理念是创新教育体系的核心和灵魂，树立创新教育理念是培养创新能力的前提，在教育思想上要正确认识和处理继承与创新的关系，以人的全面发展为本，开发人的创造潜能，加强学生创新精神和创新能力的培养。国家应站在迎接新世纪知识经济挑战的高度，适应新世纪对人才培养的需求，着眼并着手于引导高校培养高层次的有创新能力的大学生。要以创新教育观念为先导，以加强学生的创新精神和实践能力为重点，努力实现“三个转变”：即教育由注重传授知识向更加注重培养学生学习能力和创造能力转变；以教师

为中心向以学生为中心转变；由继承性教育向创新性教育转变，树立以科技创新为核心的教育思想，形成以科技创新为核心的人才教育体系，将培养在校大学生科技创新能力融入教育教学全过程。

(2)营造科学的创新人才成长体制。

培养大学生的创新能力离不开环境氛围的影响，良好的校园文化能有效提高学生的综合素质和能力，创新型校园文化对提高大学生科技创新能力有重要的推动作用。高校要致力于搭建精品化、特色化的创新型校园文化平台，着力构建创新人才脱颖而出的校园文化环境，以大学生科技创新为龙头，开展大学生科技创新系列活动，鼓励在校大学生积极参与教师的教学和科研工作；积极创造条件，开展广泛的社会实践活动，让广大在校大学生有更多的机会接触社会、了解社会。在社会实践活动中产生创造性的火花，表现创造举动，提高创新能力。

(3)建立科学的高校评价体系。

评价是导向，改变传统的评价模式，我们要引导高校在重视对学生评价的同时，加强对教师教学绩效的评价，营造尊重、鼓励创新，宽容失败的文化氛围。改变传统的学生学业评价中"一考定全局"终结性评价模式，实行形成性评价和终结性评价相结合、课内教学与课外自主学习相结合的全程评价，实现评价目标的多元化、评价手段的多样化、形成性评价和终结性评价并举、定性评价和定量评价相结合的激励性评价机制，对于积极参加各类科研活动、科技竞赛、公开发表科技论文的学生给予相应的学分，且给予一定的物质奖励，并将创新成果与评优、推免研究生挂钩。要激发教师培养科技创新人才的积极性、主动性和创造性，制定教师指导学生科技创新活动工作量的计算办法，充分肯定教师的劳动成果，对于指导学生在创新活动中取得成绩的指导教师要给予一定的精神和物质奖励，只有这样，教师参与创新的热情才会高涨，学生的创新成果才会越来越显著。

2. 高校形成良好的创新能力培养教育环境，提高学生综合素质

(1)构建科学的创新教学体系。

学校要以培养高素质创新型国际化人才为目标，教学要以"挖掘潜能、培养兴趣、发展个性、完善人格"为宗旨，使学生产生强烈的创新意识和创新动机。因此，要在师资力量配备上，加强教师的创新意识和创新教学能力培养，保障创新教学的正常进行；在课程设置上采取各种融合措施，理顺教育层次结构，提高学科综合性，改革课程设计，构建合理的课程体系，优化课程结构；在教学方法上，要变课堂灌输教学为启发式、讨论式教学，加强实践教学，鼓励学生积极参与创新实践和学习；在考试方法上，要改变着重考查学生掌握知识的

程度为着重考查学生灵活运用知识的能力，从而达到全面地培养学生创新意识和实践意识的能力[6]。

(2)加强大学生创造意识的培养。

提高学生创新意识将有利地促使学生创新思维的形成和发展。学校应当要求在校大学生主动参与创造性的活动，同时，要形成“以学生为主体，教师为主导”的教育模式。教师要充分信任并鼓励学生，对每个学生要抱有真诚的期望，并增加与学生讨论的机会，给学生提供一个思想摩擦碰撞的环境，同时让每个学生充分发表自己的看法和观点，并鼓励学生对不理解的问题主动发问，这将推动学生不断地带着疑问去思考、去研究、去创造。

(3)完善个性化培养方案。

要培养出学生的创新能力就必须全方位地保护大学生的个性，发挥他们的特长。学校要努力给学生创造一个知识结构个性化的环境，让他们根据社会需要和自身特点及兴趣爱好构筑自身的知识结构；要把对学生的潜能开发、个性发展作为基本出发点，对学生的正当兴趣和爱好给予必要的引导和支持，因此对在校大学生创新能力的培养过程中，必须转变教师职责在于“传道、授业、解惑”的传统教育观念，充分重视学生的主体意识和个性差异，实行因材施教。教师在教学过程中要培养学生的好奇心和求知欲，要为学生禀赋和潜力的充分开发创造一种宽松的环境。

(4)多角度培养在校大学生的创造品格。

创造品格是创造能力发展的精髓和动力，它在创造能力的形成中起主导作用。因此，通过开展竞赛激发学生的创造动机和他们的创造欲望，以此调动他们的全部力量来实现目标；平时教学中要注意培养他们的创造热情，推动他们去深入地钻研感兴趣的事物，从而获得系统而深刻的认识，取得事业的成功；通过开展“科学家讲堂”“企业家报告”等主题活动，营造激励学生创新，并不断磨砺其创造意志及创造品德，使学生养成独立钻研、一丝不苟的学习习惯和良好的品德。

(5)夯实知识基础，培养学生的创新技能。

扎实而深厚的专业基础理论知识是进行创新的基础和前提。有了厚实的基础，才能以不变应万变，离开坚实知识的支撑，去空谈创新能力的发展，只能是无源之水、无本之木，最终不是流于空想，就是陷于盲目。教师在课堂教学中要切实抓好专业基础理论知识的教学，并不断提升学生交叉学科知识。学生要不断增进对自然科学、社会科学和人文科学的了解，开阔视野，寻找不同学科、课程和知识间的联系，形成知识体系的整体观念，这样才有利于学生创新能力培养。

3.加强对在校大学生个人创新能力培养,促进个人成才

(1)确立人生坐标,构建精神支柱。

作为大学生,应以服务于社会主义建设为出发点,以推动人类进步事业为目的,以为国家、为人民多做贡献为己任,才能充分体现当代大学生强烈的事业心和责任感。大学生要形成创新意识,首要的就要具有敢于攀登科学高峰的勇气,又要具有顽强的意志和献身精神,要在思想中构建起这种强大的精神支柱。

(2)尽情展开想象,增强创造意识。

想象是建立在观察、记忆、思维之上的一种特殊能力,是人的大脑加工改造记忆中的原有现象,而创造新形象的过程。在校大学生要通过阅读学习,使形象思维和逻辑思维交融,开发想象能力;大学生要通过对周围事物的细心观察,发现创新的目标,并提出大胆的设想;再通过大脑的想象和刻苦钻研,使设想和愿望成为现实。事实表明,无数科学家在观测和实验的基础上,通过丰富的想象力,摘取了科学研究和发明创造的桂冠,如瓦特蒸汽机的发明、牛顿万有引力的产生、中国第一颗原子弹爆炸、氢弹的成功爆炸等。

(3)积极暗示自我,增强成才信心。

大学生正值青春期,思想活跃,富于幻想,但各方面都还不太成熟,易受外界干扰,情绪波动比较大。因此,大学生需要积极抵御外界的不良侵扰,提防现实生活中丑恶与阴暗面的腐蚀;还要经常对自己进行积极的暗示,强化优良的心理品质。排除各种不良的心理因素,矫正抑郁、自卑、骄傲、固执等不良情绪,抑制情感的大起大落,增强自我培养的信心,使心灵变得更加完美和充实,大学生只有更加自信,才会呈现出乐观向上的、进取心强的人生态度,从而在创新素质、自我培养方面做到持之以恒。

(4)积极开拓创新,发扬勇敢质疑的精神。

好奇心是人们对客观特型事物的反映,勇敢质疑是创新者事业成功的突破口。好奇心是事业成功的启蒙老师,每一个有志于开发创造力的在校大学生都应该始终保持自己那份纯真而可贵的好奇心,还要扩展和培育自己的好奇心,并加以自我赞赏,顶住他人的非议,使好奇心得以维护和扩展,产生创造力。学生要不畏惧权威和名人,敢于怀疑旧观点、旧学说,敢于对公认的东西表示怀疑,善于横向思维和反向思维,这是创新者所必不可少的素质。因此,在校大学生应培养这种大胆尝试、勇敢质疑的精神,潜心寻找创新的突破口。

(5)积极投身实践,提高动手能力。

动手能力是创新能力中必不可少的一个方面。特别是当今现代化建设中,对于动手能力的要求更精细、准确和迅速,同时要求大学生能够成为动脑

能力和动手能力相结合的手脑并用型人才。在创新活动中，创造性思维和想象只有通过实际操作，才能转化为物质成果。而实践环节是培养大学生综合应用所学知识、开展综合研究的开放式基地，因此，大学生应随时注意训练和培养自己的动手能力，积极投身于各类实践活动之中，提高动手能力，为发明创造奠定基础。

参考文献

［1］　黄晓波，陆文.大学生创新能力培养策略探索［J］.黑龙江教育，2009(6)：43-44.

［2］　杨哲.试析加强大学生创新能力培养的有效途径［J］.网络财富，2009(6)：23-25.

［3］　朱新力.对培养大学生科技创新能力的思考［J］.河南工业大学学报：社会科学版，2009(3)：144-147.

［4］　曹中秋.大学生创造意识与创造能力的调查研究［J］.教育探索，2008(3)：27-28.

［5］　贾佳.浅谈大学生创新能力的培养［J］.石家庄经济学院学报，2009(8)：139-140.

［6］　胡龙华，李国金.大学生创新能力培养的影响因素及其对策［J］.南方冶金学院学报，2003(11)：91-93.

［7］　段步玉.试论大学生创新素质的自我培养［J］.太原大学教育学院学报，2009(6)：36-39.

［8］　施菊华.大学生创新能力培养机制的构建与实施［J］.重庆工学院学报：社会科学版，2009(5)：179-181.

论新形势下博士研究生的综合培养

闫育周　薛惠锋　管兴华　寇晓东

博士研究生教育是我国高等教育的最高层次教育，对于我国国民经济发展、科技腾飞、社会进步有着至关重要的影响。改革开放以来，我国经济社会飞速发展，对高层次人才的需求与日俱增。进入21世纪以来，中国高等教育实现了“精英教育”向“大众化教育”的转变，博士研究生规模的迅速扩大，这对我国高等教育事业的发展尤其是博士研究生培养和教育，既带来了新的机遇，也提出了新的挑战。本文重点分析博士研究生综合培养存在的问题，并针对性地提出了几点解决方法。

一、现阶段博士研究生培养的突出问题

1. 培养规模与培养条件不相匹配

有关数据表明，我国在校大学生人数已居世界第一。近10年来，博士研究生年均增长21.3%，博士研究生的招生量已经达到发达国家的规模。截至2007年，我国在校研究生人数已经达到150万人，研究生教育规模在世界上位居前列，我国已成为仅次于美国的研究生教育大国。但与此同时，我国普通高校在博士生培养方面许多软件和硬件不到位，其中硬件问题相对比较容易解决，随着近几年国家实施“211工程”和“985工程”，一批全国重点高校通过大力加强学科建设、实验平台建设和创新基地建设等渠道，初步解决了博士生培养的硬件问题，但是导师队伍建设、制度建设和过程管理等软环境的改变绝非朝夕之功。

2. 培养速度与培养基础不相适应

近年来，为了促进研究生教育的大发展，许多学校竞相申报博士点。有些博士点缺乏高学术水平的学科带头人或缺少结构合理的研究梯队；有些博士点则属于临时拼凑，实际上并不具备博士点的实力；更有一些学校不是把博士研究生教育作为知识创新和学术发展的关键渠道，而是将其作为学校地位、社会关系和经济创收的主要途径，无视自身的培养能力和学术条件，盲目地招之又招。这样虽然博士点数量增加了，博士生人数增加了，但博士培养质量却下

降了。究其原因，主要是由于现有学术环境与博士教育形势不匹配造成的。

3.培养方式与培养目标不相一致

落后的培养方式在一定程度上制约了博士研究生教育。由于导师队伍建设的速度跟不上学生人数增长的速度，造成博士培养难以实现精品化管理和精英化教育。诸如一个导师带十几名甚至几十名博士生；博士生像本科生一样上大班的专业课；有些专业课内容过于陈旧，跟不上科学技术和时代的发展，有些课程更是因人而设，忽视了课程教学系统性和创新性；一些培养学生学术能力和研究方法的课程则安排较少，致使研究生的学位论文出现了方法欠缺、论述平淡、观点平庸等诸多问题。

4.导师队伍建设亟待加强

大多数博士生导师都是在学术上有较深造诣的教授担任，有些甚至是学科带头人、著名学者、院士。他们大部分都能认真负责在学习和生活上对研究生给予关怀和指导，特别是有些既负责研究生的指导工作又负责学校的行政工作的导师，无论多忙都会抽出时间与所指导的研究生进行学术交流并给予耐心指导。但是，目前导师队伍中也存在很多问题。一些导师业务不强，学术发展停滞，缺乏理论创新，有些甚至连像样的科研项目也没有；一些导师责任心不强，对学生的学业和生活关心不够，难以做到"尊重学生、理解学生、关心学生"，造成学生对导师失去了信心甚至产生抵触；一些导师把学生当成自己学术发展和赚钱的工具，让博士生大量承担一些低层次的工程技术应用研究项目，有些导师为了让一些骨干多为自己出力，甚至不惜让这些学生延期毕业。

5.学位论文质量堪忧

撰写学位论文是博士研究生科研能力培养的主要途径，是研究生综合运用所学知识去发现问题、分析问题和创造性解决问题的重要环节。当前，博士学位论文存在的质量问题主要体现在：其一，学风不严谨，抄袭现象严重，有相当多的博士学位论文存在抄袭现象；其二，学术内容创新不够，如论文选题没有瞄准本领域国际前沿问题，缺乏创新性，观点缺乏新意，方法简单重复；其三，学术管理不规范，表现为导师指导不够，写作不规范，缺少严谨求实的学风，研究生管理者对论文审查不严，缺少必要的诸如中期审查制和外审制等，论文答辩流于形式且容易通过，评价制度不健全，非学术性因素对学术的影响日益盛行。

二、新时期博士研究生应当具备的六种素质

1.科学的世界观

世界观决定着一个人的人生追求、人生目的和对现实生活的价值选择。

现实当中，有一些博士研究生虽然学术成果很多，但社会责任感不强，思想境界不高，过分看重和追逐个人名利；有的精神空虚，在各种不良活动中寻找寄托；有的不注意加强个人道德修养和科学精神，缺乏脚踏实地搞研究的勇气和耐心；等等。这是博士研究生没有树立起科学世界观的种种不良表现，如果这些问题不解决，博士研究生即使能够顺利拿到学位，那也不能算作真正意义的成才。

2. 自强不息的奋斗精神

自强不息的精神，意味着不屈不挠战胜困难，生命不息奋斗无止境。这种精神是博士研究生能够保持旺盛斗志、在攀登科学高峰的道路上不断前进的不竭动力。另外，还要注重积极适应环境，在进取中讲求方法、策略和技巧，这也是博士研究生培养过程中应该注重加强的。

3. 敏锐的学术洞察力

博士研究生培养的目的是"精深"和"渊博"知识的高层次研究人才，敏锐的学术洞察力是其学术生命所在。我国的博士研究生教育强调对坚实宽广的基础理论和系统深入的专门知识的掌握，目的就是能够让其独立并创造性地开展科学研究工作。综合来看，博士研究生不论是解决实际问题还是开展科学研究，敏锐的学术洞察力至关重要，这是对科学的一种悟性，一种发现力、整合力，它是博士生保持持续创造力的前提和基础。

4. 较强的科技创新能力

"创新是一个民族发展的不竭动力，是科技进步的源泉"。随着我国市场经济的发展，社会各行各业的从业标准和技术含量日益提高，这就对高层次专门人才培养工作提出了更高的要求。博士研究生要积极适应这一要求，在学习理论知识、培养研究能力的同时，要更加注重对自己实践动手能力的培养：一是主动深入生产科研单位一线，通过实践来检验自己掌握的理论知识。二是积极参加各种科技创新活动。利用研究生创新实验中心和博士生基金等渠道，提高动手能力。三是加强学术创新，以科研项目和科研平台为支撑，主动探索学科前沿和先进技术。

5. 丰富的社会历练

随着知识经济的到来，培养远大理想、品德高尚和知识渊博全面发展的栋梁之材已成为时代的呼唤。博士研究生在校期间，很大一部分内容是在完成知识积累，这是符合社会要求和时代发展的。但同时丰富的知识并不能取代足够的见识，"秀才不出门，尽知天下事"的时代早已成为历史。现今社会，许多事情眼见都不一定为实，更何况不见就更难形成正确的认识和见解。这就要求博士研究生不仅具备渊博的知识，还要具备丰富的社会阅历，要利用各种机会走出校园，拓宽视野、增长见识，成为对社会有用的全面人才而不是“象牙塔”里的书虫。读万卷书，行万里路，应该并行不悖。

6.优秀的表达能力

在许多场合，需要博士研究生亲自表达自己的观点和见解，这是除了发表学术论文之外的另一个展示才华的重要手段。博士研究生要经常参加学术交流、理论研讨、汇报等活动，优秀的语言表达能力至关重要。因此博士研究生要主动参与丰富多彩的校园文化活动，来锻炼自己的口才、表现力、竞争欲望和竞争意识，以期在当前全球化人才竞争中提升自身竞争力。

三、加强博士研究生综合培养的几点对策

1.构建科学合理的课程体系

学位条例规定，博士学位获得者应“在本门学科上掌握坚实宽广的基础理论和系统深入的专门知识”，与硕士学位的区别就在于宽广和深入4个字上。为了实现这样的要求，博士生应通过课程阶段学习，进一步扩充自己的知识面，在学好、学精本学科知识理论的同时，注意加强对相关学科知识的学习。对专业知识的掌握应更系统、更深入，应该注重深入到本学科的前沿和相关学科的边缘。博士生课程设置一般分为三大部分：基础理论课、专业基础和专业课、非学位课程。其中非学位课程主要是为了拓展博士生的知识面而设置的一些补充式的讲座或选修课。在课程选学方面，可以采取灵活方式，并鼓励博士生跨专业、跨学科，甚至跨院跨校选课。另外还可以探索与国内外高校联合培养博士的新途径。

2.严格博士培养的过程控制

博士研究生在学制管理上相对于本科生、硕士生来讲比较松散，课程学习基本集中在第一年完成，后面三年时间主要是在导师的指导下开展科研和撰写博士论文，相对比较自由。再加上博士研究生在职人员比较多，很容易造成博士研究生由于不能按时完成各阶段任务，最终无法完成学业的现象。因此高校要加强博士生培养的过程控制，要求博士生分阶段制定学习和研究计划，导师和研究生管理部门要定期对博士生各阶段的任务进行指导、督促、检查和考核，及时掌握研究生学习、课题研究和学位论文进展情况，督促和帮助博士生顺利完成博士阶段学习。

3.充分发挥导师作用

博士生导师要坚持做到“立德树人”，育人为本，德育为先。优秀的人才必须有优秀的品质和完善的人格才能成就伟大的事业。一名优秀的博士生，不仅要具有过硬的业务素质，而且要具备良好的思想品德。导师与研究生之间，

不应只是简单的传道、授业、解惑，而更应强调知识的创造、治学的态度以及求真务实的道德感和责任感的传承。导师在博士研究生的培养中承担着非常重要的角色和责任，导师的潜移默化和言传身教对研究生“做人、做事、做学问”影响很大。另外，导师应把治学的道理与做人的道理结合起来，教会博士生学会处理好各种矛盾，学会合作，主动融入科研团队，发挥积极作用。

4. 积极开展学术交流

一是通过组织博士生学术沙龙，经常性地开展学术研讨，拓宽博士生知识面，活跃学术思想，相互启迪，相互收益，进而达到开拓学术视野，激发创新火花的目的。二是组织好学术讲座。可以参照选修课要求博士生必须选听其中的若干个学术讲座，修够相应的学分。另外，还可根据学科发展现状，瞄准国际先进水平，组织专题学术讲座，可以邀请院士、长江学者、学科带头人讲学。对理工科博士生而言，还可以组织管理、经济、人文学科等学科领域的学术讲座。三是为博士生参加国内外学术会议创造条件。参加国内外学术会议是培养锻炼博士生国际视野、提高研究水平的最佳途径。应该鼓励博士生与国内外知名学者直接交流，及时了解国际学术前沿。

5. 严格学术学位管理

目前，博士论文答辩、论文评审等重要环节主要是由导师或学位论文答辩委员会负责组织，博士学位授予的基本权利还是在导师或论文答辩委员会一方。目前我国还没有博士论文质量评价以及学位授予条件的更为细化的具有普遍性和可操作性的参考标准和评判标准。况且，由于其他社会因素强加给导师学术评价以外的压力，致使导师很难客观地行使自己的否决权利，这也在一定程度上影响着学位论文答辩的科学性和客观性。因此，在博士培养质量和学位授予方面必须加强制度建设和严格管理，应该尽快制定博士论文以及学位授予更为细化的具有普遍性要求的参考标准和评判标准，同时采取有力措施保证标准的实施。

6. 重点培养创新素质

创新是科学研究的生命，是提高博士研究生培养质量的关键。博士生培养要鼓励拔尖，完善创新激励机制，可以通过创新中心、学术年会和科技论坛等平台，加强对博士生创新能力培养。可以加大对博士生创新项目的资助，加大对“全国百篇优秀博士学位论文”的奖励力度。另外，还要通过搭建高水平的学科和实验室平台，让博士生站在巨人的肩膀上享受科学高峰的体验。还可以资助优秀博士生到国内外重点实验室进行访学研究，充分发挥校外优势学科的辐射作用，实现高校间的优势互补和资源共享，为研究生提供创新科研的国际平台。

四、结束语

改革开放以来，中国的发展成就举世瞩目，但要进一步实现科学、协调的可持续发展，就需要大量高层次创新型人才。怎样才能为社会培养输送更多优秀的博士人才，稳步实现中央提出的由“高等教育大国”向“高等教育强国”转变的战略目标，是当前高等教育界面临的一个重要现实问题。当然，博士生培养是一个复杂系统工程，只有通过社会、政府、高校、导师、学生等环节的共同努力，才能科学合理地解决好这个问题。

参考文献

[1] 陈至立. 认真贯彻党的十七大精神，以提高质量为核心，加快从高等教育大国向高等教育强国迈进的步伐——在教育部直属高校工作咨询委员会第十八次全体会议的讲话[J]. 中国高等教育，2008(1)：4－9.

[2] 周济. 推进教育事业科学发展，为建设人力资源强国而奋斗[J]. 中国高等教育，2008(2)：4－9.

[3] 薛惠锋. 论新形势下研究生的成才观[J]. 中国研究生，2007(1)34－35.

[4] 陈自强. 培养高素质博士研究生的体会[J]. 重庆医学，2007(1)：21－22.

[5] 温凤媛. 我国研究生教育快速发展中存在的问题与思考[J]. 辽宁教育研究，2006(1)：89－91.

[6] 孙燕. 高校博士生培养现状与对策[J]. 大学教育科学，2006(5)：103－105.

[7] 李建成. 提高研究生培养质量的思考[J]. 高等教育研究学报，2003(2)：44－45.

[8] 宋协青，王殿元. 新时期提高研究生培养质量的思考[J]. 辽宁教育研究，2001(7)：23－24.

基于知识管理的高校青年教师培养体制研究

高　娜　邱若娟

青年教师已成为高校教师队伍的重要组成部分，在教学、科研等工作中，扮演着重要的角色，是未来办学能力和发展潜力、高校竞争力的重要影响因素[1]。青年教师在高校承担了主要的教学任务，其教学水平和教学效果在很大程度上影响着高校教学工作的总体水平和质量，如何快速提高年轻教师的素质，建设好年轻教师队伍是关系到高等教育未来发展的长远大计。因此，加强高校青年教师的培养，促进青年教师的成长与提高是当前和今后一个时期我国高校师资队伍建设面临的一项战略性任务[2]。

知识管理的思想与实践首先萌发于以数字技术为背景的企业管理。一般认为，知识管理是企业或组织在坚持以人为本的前提下，用来获取、创造、存储、共享与运用以提高绩效的理论与技术[3]。它不仅是对知识社会与信息爆炸在理论和实际上作出的回应，也日益成为一个组织取得成功的核心推动力的现实化反应[4]。知识管理突出强调了组织内知识的识别，以知识为基础的激励方案的制订，促进知识共享战略的实施等。学校是选择、组织和传播知识的重要场所，教师群体不仅承担着以上功能，也是知识创新的主体，其自身的专业发展更是通过知识的内化与外化过程得以实现。因此，运用知识管理的技术和理念促进教师快速成长，构建培养青年教师的体制成为高校发展的新途径，通过对青年教师知识管理提升教学效能。

一、知识管理的基本理论

知识管理的核心理念是知识的转化与创新。20 世纪 90 年代早期，日本学者 Nonaka 和 Takeuchi 等提出的显性知识和隐性知识相互转换的 SECI 模型是知识转化与创新的经典理论[5]。SECI（Socialization 社会化；Externalization 外化；Combination 结合；Internalization 内化）模型被认为是用来描述组织中产生、传递及再造知识的严谨且实用的方法。简单地说这一模型包括：一种互动动力——传递；两种知识形式——显性知识和隐性知识；三个层面的社会集合——个人、群体、组织；四个“知识创造”的过程——社会化、外化、结合化和内化。具体如图 1 所示。

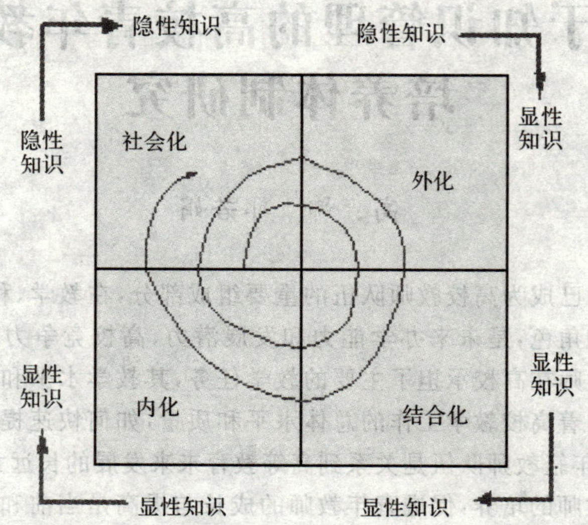

图 1 知识转化模型

知识不是一成不变的,而是在不断地变化之中。隐性知识潜藏在人的意识活动中,是人类知识各层次融会贯通、触类旁通的关键,而显性知识则离散地存在于意识活动中,可以形象书面地表达出来[6]。隐性知识是显性知识的基础,显性知识是由隐性知识转化而来的,它们不仅互为前提,而且在一定条件下还以螺旋体的形式相互转换,其相互转化的过程就是知识的共享和创新的过程。

知识管理(Knowledge Management,KM)是一种自团队组织的无形资产创造价值的过程,"它是以知识为基础的体系、人工智慧、软件工程的改进、人力资源管理,以及组织行为之组合概念"[7]。知识管理的迅速兴起,带来了管理模式的重大变革和管理思想的重大转变[8]。所谓知识管理是帮助人们对拥有的知识进行反思,帮助和发展支持人们进行知识交流的技术和内部结构,并帮助人们获得知识来源,促进他们之间进行知识的交流;知识管理就是运用集体的智慧提高应变和创新能力,提高组织绩效和员工技能素质。

二、教师知识管理

金玉芝、梁占华等[9-10]认为教师知识管理是指教师对于专业教学知识的持续取得、储存、分享、运用与创新的过程。通过建立一套有效的知识管理系统与制度，增加教师专业知识的分享性与流动性，认为教师知识管理是指教师个人产生、获取、收集、组织、传播、共享、利用和创造新知识，运用集体智慧促进教师个人专业成长和提升学校整体应变及创新能力的系统过程。在知识型社会里，知识及拥有知识的个人是组织最重要的资产。对于学校而言，教师及潜藏在教师身上的知识就是提升学校竞争力的重要动力来源。通过对教师知识的管理，青年教师能够在资深教师的基础上快速成长。

1. 教师知识管理的内容

知识管理是通过对知识的获得、存储、应用、流通过程进行管理，提高对知识的获得和应用，以提高知识本身效用的工具、手段及方法。进行知识管理的最终目的就是通过群体的协作过程创造知识、共享知识、利用知识，并将知识直接作用于提高群体效率和竞争力。因此知识管理的核心及强调重点是创造一种隐性知识和显性知识互动的机制和平台，通过隐性知识的表述转化成不断积累和共享的知识库，机构的每一个成员通过共享这个知识库来不断学习和成长。知识管理的实质在于知识的创新与共享，它并不在乎拥有多少知识，而是利用现存的知识进行创新，创造出新的价值，让需要知识的人，很方便地利用知识。

教师的知识是一种综合性的个体知识，它既包含有公共性的理论知识，又包含有个体性的实践知识；既包含有显性知识，又包含隐性知识。因此教师知识管理的内容从显性知识和隐性知识两个方面进行。

(1)对教师的理论性显性知识进行整理、分类和条理化。教师的理论性显性知识包括学校和教师个体的藏书、著述、资料、文件等。这是教师知识管理的基本内容，也是教师知识管理其他内容的基础。

(2)实现教师知识的有效获取和积累。教师知识的动态性表明教师必须不断去更新、充实自己的知识，这就是学校必须把帮助和支持教师更新和充实知识以实现教师对知识的有效获取和积累作为教师知识管理的重要任务。实现对教师知识的有效积累，要重视对既存的理论性显性知识的接受性学习，要从外界环境中摄取准确、及时、有效的信息，包括查阅最新出版的相关书刊资料，浏览因特网发布的最新消息等，然后把所得到的初级信息加以筛选、梳理，使之系统化、有程序化，再结合自己在这方面已拥有的知识和经验做进一步的分析，使新旧知识自然地结合在一起。同时更要注意在学校人文环境下，在教学实践中，在与学生及其他老师的互动中，主动构建自己的信息知识体系。

(3)实现教师显性知识和隐形知识的转化，借以创造知识和实现知识的有效增值。教师知识管理的重要任务是促进教师成员的知识创新，通过知识创新扩充组织的知识积累，促进教师的专业发展和学校的发展。而学校知识创新的实质就是显性知识和隐形知识之间相互作用而形成的知识的转化而后增值的过程。按照日本学者 Nonaka 和 Takeuchi 的观点[5]，显性知识和隐性知识可以通过四种方式转化：

一是社会化，通过经验共享使个人的隐性知识转化为组织的隐性知识，使个体的隐性知识在组织内交流和分享；

二是外化，通过对话和反思，将隐性知识转化为显性知识，将意念转化为实在；

三是结合化，通过沟通、扩散以及系统化将分离的显性知识聚合为系统和更为复杂的显性知识；

四是内化，个体通过学习和体悟使公共显性知识转化为个体隐形知识。

教师知识管理中知识的创造和增值正是通过这样一些方式实现的，积极促进这些转化的进行，有效地实现学校知识的创造和增值，正是教师知识管理的重要内容。

(4)促进教师知识的有效交流和分享。教师工作是个体工作，一个好的教师可以影响学生的一生，但任何一个学生都不是某一个教师独自教育的结果，而是多个教师在长时间内共同教育的结果。教师之间的协作配合是实现学校整体工作有效进行的前提，因此教师之间的知识交流、共享既是学校发展的前提，也是教师成长和学生发展的前提。唯其如此，促进和实现教师间知识的有效交流和分享就成了教师知识管理的重要内容。

2.教师知识管理的流程

参照 Bechman 1997 年提出的知识管理程序，我们将教师的知识管理总结为六项流程，分别是知识获取、知识表达、知识存储、知识共享、知识应用和知识创新。由于我们将教师知识分为了显性知识和隐性知识，因此在知识管理的六项流程中总是从两个方面进行。教师知识管理的流程如图 2 所示。

(1)知识获取。知识获取是教师获取自己所需知识的过程。对自己隐性知识可以通过反思、实践获得；对于其他教师的显性知识可以通过知识的检索获取；而其他教师的隐性知识可以通过成立教学促进小组互相讨论，访谈资深教师等形式获取。

(2)知识表达。知识表达是再将获取的知识存储之前要经过一个精炼的过程，对知识进行分类、编码、摘要、标准化、整合与归纳。

(3)知识储存。知识存储阶段是教师将已经获取的个人知识通过分类、整理，将其以书面化或电子化等形式存储在个人知识库的过程。所有教师个人知识库共同组成了学校教师知识库，即教师组织知识库。知识存储的目的有两个：一是知识系统化的存储有利于教师的方便提取和有效利用；二是存储知识以知识地图的形式呈现有利于知识的共享。

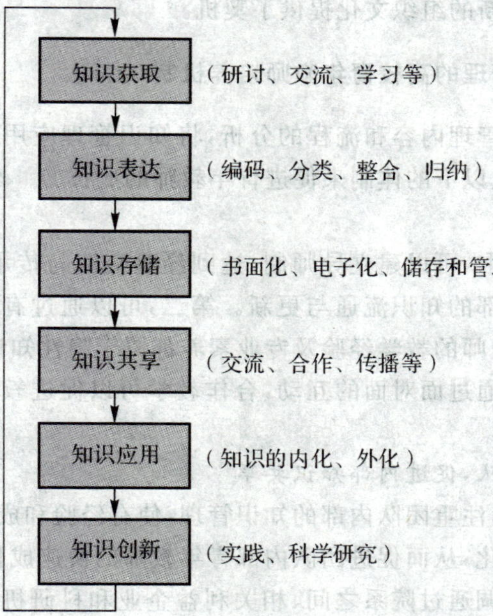

图 2　教师知识管理流程

(4)知识共享。知识只有经过共享，才能升华其价值，因此，知识共享是教师知识管理流程中重要的一步。通过共享使知识能够进行公开讨论，脑力激荡，从而形成知识联盟。教师知识的共享分为教师显性知识的共享和隐性知识的共享。显性知识共享是知识的结合化过程，主要途径是知识地图；隐性知识共享是知识的社会化过程，主要途径是教师之间的交流与合作。知识共享的直接目的是丰富教师的个人知识，本质是提高教师的知识创新能力。教师知识共享可以激发教师创新专业知识的潜能，学校整体的知识资产也得到增殖。

(5)知识应用。知识应用是教师知识管理的目的之一，也是教师获取和创新知识的途径之一。知识应用可以实现教师显性知识的内化，知识应用后进行反思又可以实现隐性知识的外化，因此，知识应用阶段是教师隐性知识和显性知识相互循环转化的过程，是知识的外化和内化的过程。知识应用可以实现教师显、隐性知识之间的转化，即知识的内化和外化。

(6)知识创新。知识创新是教师知识管理的核心理念。知识创新阶段是教师应用已有知识发现新的知识和规律，不断更新自己的现有知识体系的过程。该过程是教师已有知识转化为新知识的过程。教师知识创新的主要途径是实践和科学研究。知识创新不仅扩展了教师自身专业知识的广度和深度，同时也为学校创造新的组织文化提供了契机。

三、基于知识管理的高校青年教师培养机制

结合教师知识管理内容和流程的分析，将知识管理应用到高校青年教师的培养中，可以建立以下的体制来促进青年教师的成长。

1.建立导师制

针对知识的获取，可以建立导师制，达到经验交流与传承的作用，实际也刺激了学校组织内部的知识流通与更新。第二，可以通过有经验的教师与年轻教师合作教学，教师的教学经验及专业素养都属于隐性知识的范畴，因而最有效的传递途径是通过面对面的互动，合作教学可以促进教师之间教学经验的延伸。

2.建立科研团队，促进内部知识共享

建立科研团队，注重团队内部的知识管理，使有经验和成果的教授的隐形知识向显性知识转化，从而促进团队内部青年教师的快速成长；建立各院系之间的知识联盟。强调通过院系之间、相关利益企业和科研机构之间建立知识联盟，整合多重知识，通过在这种跨学科和跨层次的团队中实施有效的知识管理策略，建立知识型团队，使团队利用资源、知识和能力互补，使所有团队成员共同受益。这种团队有助于组织之间相互学习彼此的知识和能力，也有助于组织之间的知识融合，创造出新的交叉知识。

3.建立教师知识库

信息技术可以增加组织中创造、储存、共享和应用的宽度、深度、品质和速度。由此可见，信息技术与知识管理密不可分。可以充分利用信息技术将教师与知识结合，将大量优秀的教学知识与经验做系统的整理和连接，借助信息技术提供共享平台和沟通渠道，是教师能够从中获取所需知识。通过将教师内隐的专业知识和教学经验外显化和文件化，让其他教师得到分享和反馈，从而增加知识的价值和应用性。

对教师的档案、教学笔记、论文和参考资料等显性知识进行有效分类和整理，使知识文件化、档案化、电子化，存储于知识库中。通过知识管理工具，使教师个人能够充分运用建立的知识库，进行知识的获取和挖掘，得到自己所需的知识，促进知识在学校内部的分享和交流。

4.建立知识共享的激励机制

由于教师的专业知识大多是隐性知识，而且教师本身的分享意愿和主动性还不强烈，因而学校要建立一种有效的促进知识共享的机制，积极创造知识

共享的空间和机会，让教师愿意交流知识，有机会和空间分享他人的知识，热心贡献自己的知识，才能真正实现教师知识管理，从根本上促进青年教师的快速成长。

四、结论

本文从知识管理的理论入手，针对高校教师的特点，分析了教师知识管理的内容和流程，针对该内容和流程，建立了基于知识管理的青年教师培养体制。通过导师制、合作教学等手段，青年教师能够直接获取资深教师的隐性知识，提高教学水平；在全校范围内构建知识库，通过信息技术使教师能够共享知识，促进知识的应用性和创新性，从而促进教师专业成长，提高教师科研能力，使青年教师快速成长为高校发展的主力军。

参考文献

[1] 章琳. 发展性评价——高校青年教师成长的的阶梯[J]. 内蒙古师范大学学报：教育科学版，2005，11.

[2] 刘瑞贤. 高校青年教师成长道路与特点[J]. 中国高教研究，2008，2.

[3] 卡尔弗莱保罗. 知识管理[M]. 徐国强，译. 北京：华夏出版社，2004.

[4] 毛亚庆. 知识管理与学校管理的创新[J]. 教育研究，2003，6.

[5] Nonaka，Ikjurio. The Concept of Ba：Building a Foundation for Knowledge Creation[J]. Californ Management Review，1998，40(3).

[6] 李翠玲. 面向高校教师的知识管理系统的研究与设计[D]. 北京：北京交通大学，2006.

[7] Leibowitz Jay. Building Organizational Intelligence：a Knowledge Management Primer [M]. London：CRC Press，2000.

[8] 于海棠. 高校知识管理解构[J]. 现代教育科学，2003(4)：45－49.

[9] 金玉芝. 国明小学教师的知识管理——个人与组织面向之分析[D]. 台北：台北师范学院国民教育研究所，2001.

[10] 梁占华，郭甜，张玲. 中小学校教师知识管理系统设计构想[J]. 教育技术导刊，2006(1).

研究型高校教师工作压力问题探讨

高惠莉

一、研究背景

自20世纪70年代以来，教师的工作压力(Job Stress)问题日渐受到学者的关注。例如，英国著名教育研究学者J. Dunham (1976年)进行的一项研究调查表明大多数教师均承受不同程度的压力。剑桥大学学者C. Kyriacou和J. Sutcliffe的研究结果发现有20%的教师自称作为一名教师压力很大。瑞士日内瓦大学M. Huberman在研究中也发现40%的教师有过疲惫的经历。

在国内，潘欣等(2003年)调查发现：高校教师中普遍存在工作超负荷的现象。高校教师的职业压力主要来自教师公认的3个维度：职业适应、职业人际关系、个体人格因素。石林、冯蓓等(2003年)的调查结果显示，大学教师在工作上所感受到的总体压力不是很大，但其工作的自主性受到一定限制，挫折感也不小，对于工作的满意度仍然不高。教师所感受到的主观压力比较大。随着年龄的增加，教师在工作中所承受的压力也会随之减小。王海翔(2004年)的调查表明：高校青年教师教学任务繁重，在提升学历、晋升职称方面有较大的工作压力。李虹(2005年)调查发现，高校教师的工作压力强度总体上不高，84%的高校教师报告工作压力不大。李虹(2005年)另一研究发现，高校教师工作压力主要来源于：工作保障压力、教学保障压力、人际关系压力、工作负荷压力和工作没有乐趣的压力。黄淑玲、刘仙娥等(2005年)通过调查，归纳出影响高校教师压力的4个因子，分别为工作负荷、教学资源与学生表现、人际压力、个人生活压力。闫祯(2006年)调查发现，高校中青年教师的主观压力比较大。高校教师工作压力源有工作自主性、人际冲突和组织局限性。李兆良、高燕等(2007年)的调查表明，高校教师主要压力源位于前三位的是工资和福利待遇不佳、被科研和文章等问题搞得筋疲力尽、付出和得到的不成比例。

北京大学教育经济研究所(2008年)公布的一项调查报告显示：在高校中，52%的被调查教师认为“教师数量不足，人均承担工作量太重”；近60%的教师感到"压力很大"。广东省教育工会曾对全省19所高校近万名教师的健康状况进行过抽样调查，结果表明，高校教师只有约10%处于基本健康状态，约20%处于各种疾病状态，在剩下的70%属于亚健康状态的人群中，又约有1/3～1/2属于重度亚健康，即处于疾病的边缘状态。还有调查发现，61%的高校教师将工作压力评定为大或很大，52%的教师将生活压力评定为大或很大，即一半以上的教师面对较大的工作和生活压力，且工作压力比生活压力大一些。甚至近些年来，高校教师中屡屡出现"生命透支"和"英年早逝"的悲剧，更是令人触目惊心。

广东省教育工会曾对全省19所高校近万名教师的健康状况进行抽样调查，结果表明，该省只有约10%的高校教师处于基本健康状态，约20%的高校教师处于各种疾病状态，在剩下的70%亚健康状态的人群中，又约有33%～50%的教师属于重度亚健康，即处于疾病的边缘状态。据另一项调查显示，我国教师平均寿命为59.3岁，比全国人均寿命少13岁。这些研究均说明了教师职业压力的普遍存在。

二、高校教师工作压力源分析

高校教师的工作压力可分为来自社会方面的、学校方面的与高校教师自身方面的。

1. 社会变化和教育体制改革是高校教师产生压力的首要因素

社会变化和教育体制改革使高校教师感到了巨大的职业压力。我国社会进入了加速发展时期，这给人们的工作、生活带来了巨大的冲击与震荡，也给高校教师带来了巨大的压力。一方面，社会和家长对高校培养高素质人才、进行高层次科学研究的期盼，给教师产生了巨大压力；另一方面，高校教师长期从教，失去了许多获取更高收入的机会，在物价飞涨，各种成本不断提高的现代社会，高校教师承受着巨大的经济压力，这不可避免地改变着他们的价值取向和幸福指数。近年来，为了适应社会的飞速发展，各高校进行了一系列教育体制改革，虽然改革给教师带来了更大的发展空间和自由选择的机会，但改革使高校成为一个竞争异常激烈的场所，改革的局限性与高校教师较高的期望值产生了冲突，加上教师对新制度、新观念适应的选择性，难以协调好新旧体制的关系，难以处理好教学、科研的关系，造成教师的工作、生活压力迅速增加。

2. 管理制度及评价机制不合理是高校教师产生压力的关键因素

学校在教师的管理制度和评价机制方面存在的问题是教师产生压力的关键因素。随着我国高等教育事业跳跃式发展，学校对教师提出了更高的要求，对教师教学工作的量化考核，对科研工作的指标要求，使得教师面临着巨大的工作压力，对教师的学历、职称的门槛也在不断提高，这就迫使教师不断学习进修，以提高自己学历层次，不断探索学科前沿知识以提高自己的教学水平和科研能力。教师的工作压力是越来越大，在教师的职称晋升中，有限的名额使得每一次职称评审都成为“你死我活”的争斗，这种不合理的任用和评价机制使教师之间相互竞争、不断产生矛盾和冲突，无形中加大了教师的压力。

3.教师的个人因素和工作特点是高校教师产生职业压力的内在因素

由于教师个体认识评价的差异、期望值差异以及个性行为差异都造成压力的体验不同，有些人将压力看做是使人生充满意义和挑战，而另一些人认为是人生的障碍，无法抗争的不公命运。有些人在压力面前能正确评价，发奋进取，而另一些人则一蹶不振，精神崩溃。高校教师的工作是复杂的脑力劳动，创造性强，能动性大，工作要求高，使一些教师身心备受困扰。现在，学生对教师打分直接影响到对教师的评价和晋升，科研任务大大加重，同事之间竞争异常激烈，这些都增加了教师的心理压力。其次，加上当代大学生视野开阔，思维活跃，高校教师凭借传统的管教方式，已经难以驾驭学生学习的整个过程，教师虽然加倍用心于教学，但获得的心理回报却相对减少，容易引发心理失衡。

4.人际关系和注重公众形象是高校教师产生压力的重要因素

人际关系是造成高校教师压力的重要因素。高校教师的劳动具有个体性，从备课、上课到课外辅导学生，包括大部分的科学研究工作都是个体独立完成的，和其他教师之间合作的机会不多，相互之间缺乏沟通和了解，信息交流不多，感情相对淡薄，而职称、进修、申请课题、上课之间的竞争又比较频繁，教师中师生关系、同事关系、上下级关系等等如果处理不当对教师的心理产生比较大的压力。现代社会，高校教师承担着人才培养、知识创造的重任，被寄托了很高的期望。这些要求对教师来讲，既是工作动力，也产生很大的压力。特别是现代大学生，大多都是独生子女，是在众多长辈的百般关爱呵护下成长起来的，多养成了以自我为中心、任性的坏毛病和习惯，逆反心理较强，抗挫能力很弱，但在家长眼中教师就是教育的形象代言人，学生能否改掉这一切不良习惯都与教师有关，这些关注和期待都造成教师压力的产生。

三、工作压力对高校教师的影响

工作压力对高校教师的影响是多方面的，如对身心健康状况的影响，对工作效率的影响等。

1. 工作压力对工作效率的影响

压力本身并不是坏事，它也有积极的有价值的一面，适当的压力往往是一种动力，如增加工作效率，提高工作满意度等。但是过度持久的工作压力不但不能提高工作效率，反而还会削弱工作效率。工作压力与工作效率之间存在一种倒U型的关系，可以由图2所示的压力管理模型反映。

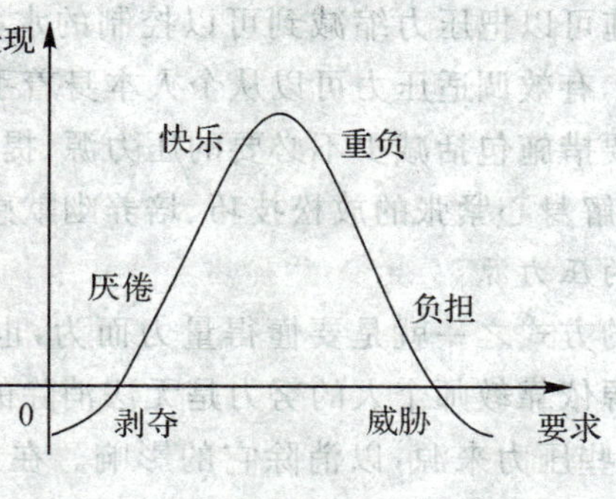

图2　压力管理模型

压力管理模型的纵坐标为高校教师个人的表现。压力管理模型的横坐标代表对高校教师的要求，需要高校教师实现的目标。压力曲线代表一个人对付压力的能力。压力曲线依最高点为分界点分为左右2个部分，左边部分又分为剥夺、厌倦、快乐3个阶段，右边部分分为重负、负担、威胁3个部分。当要求使高校教师能达到快乐的表现的时候，这种压力是对高校教师最好的，而且在这种压力情况下，高校教师的表现能力可能会发生上升的变化，提高高校教师的表现能力。过少的压力和过度的压力都会使高校教师的工作效率降低。不同的高校教师的压力曲线是不同的，相同的要求对一位高校教师来说可能是很好的激励和挑战，对于另一位高校教师来说可能就是重负，会压垮他。

2. 工作压力对教师身心健康的影响

能使高校教师快乐的工作压力对高校教师是合理的。既然合理的工作压力能够提高工作效率，那么高校教师在工作中承受一定的工作压力是必需的。因为合理的工作压力不但不会影响高校教师的身心健康，反而还能提高工作效率。对教师来说合理的工作压力能对高校教师产生正面影响。然而实际情况是，许多高校教师面临的工作压力已经超过压力曲线的最高点，这时会对高校教师的身心健康和工作效率产生许多不良的影响。过度持久的工作压力可以说是一种心理压力，它将直接影响到教师生理健康与心理健康，即产生生理反应与心理反应。由工作压力产生的过度的生理反应会使教师产生各种疾病，对身体健康造成严重的威胁，过度心理反应则会对心理健康造成严重影响。在受到较大工作压力影响的高校教师中，许多教师对前途没有信心，态度不够积极乐观，也难以保持愉快的心境。

四、高校教师化解工作压力的自我应对措施

有效的应对措施可以把压力缩减到可以控制的水平，防止产生严重的情绪紧张或生理问题。有效调适压力可以从个人本身着手，具体说来，高校教师工作压力应对的主要措施包括减少不必要的压力源、提高自我效能、学习有效的应对方式、学习疏解身心紧张的放松技巧、培养幽默感等。

1. 减少不必要的压力源

避免压力过大的方式之一就是要懂得量力而为，也就是不要让自己绷得太紧。许多压力来源依靠教师个人的努力是无法消除的。要减少压力来源的数量，就需要避开某些压力来源，以消除它的影响。在当前的社会环境下，高校教师容易卷入具有强烈竞争性的行为或事件中，造成压力会愈来愈大。其实很多事情是可以有所取舍的。有些带给自己很大压力的东西，主动地避开它或者放弃它。放弃一些和时代、环境、机遇不符的需要，放弃一些影响自己发挥潜力的所得，放弃一些习惯性的个性和自我，让自己有更多的余地来应对真实的压力。适度的压力最好，要记得随时检视自己正在承受的压力指数，减少不必要的压力源，让自己维持适度的压力。

2. 提高自我效能

自我效能就是个人对自己获得成功所具有的信念，亦即对个人能力的判断，对自己的信心程度。高自我效能的人倾向于相信自己拥有的资源可以应付所需，当遇到有压力的事件时，会将其视为“挑战”，而不是“威胁”；相对地，低自我效能的人可能会视为威胁而惊慌失措。因此自我效能也会左右我们努力、毅力及挫折忍受力的程度，对自己能力有信心者，面临压力时，不会被压力打倒，能坚定自己的能力去克服之；反之，对自己能力没信心者，很容易因为一些负面的经验而影响自己对压力的因应，有时候“相信什么”胜于“会什么”。信念就是一股力量，因此要解开压力所带来的枷锁，就是要相信自己能够妥善应对。因此，有必要建立个人信心，提升自我效能。此外，多增加自己的正向经验，也可建立自己的信心，随时自我肯定、自我激励，也可提高自我效能，如果能对事情保持乐观态度，也会更愿意努力。

3. 学习有效应对方式

面对工作压力时的反应可以简单分为问题解决取向与情绪焦点取向。问题解决取向是将重点放在问题本身，先评估压力情境并采取适当措施来改变

或避开压力，以有效而建设性的行为直接解决威胁的压力情境。而情绪焦点取向则是控制个人在压力下的情绪，不直接处理产生压力的情境，而先改变自己的感觉、想法、专注在减少压力对情绪的冲击，主要是使人觉得舒服一些，但压力源并没有改变。问题取向，重在改变压力本身；情绪取向，重在调节情绪。至于何者对个人最有效，则须评估整体情形。高校教师必须辨认出自己习惯的反应或应对策略，学习有效的应对策略，针对问题更弹性地使用有效的应对方式，从而真正地减小压力。

4. 学习放松技巧，疏解身心紧张

面对工作压力，如果一直把压力放在身上，不管是否能够承受，到最后会觉得压力越来越沉重而无法承担。如果能够坚持用放松的方法来缓解压力，就会消除压力所造成的危害。放松的技巧是一种很好的减压法宝，它可以帮助我们将日常生活中逐渐累积的压力降低到我们控制的层次。放松的成功之钥匙在于在工作中经历压力的时候，可以帮我们区别压力的层次。在能达到这样的境界之前，我们必须先要放松，然后才会注意到放松与紧张状态的不同。因此，我们应该将承担的压力在一段时间后适时地放下并好好地休息一下，然后再重新拿起来，如此才可承担久远。这就像对待工作一样，高校教师应该将工作上的压力在下班时放下而别带回家，回家后应该好好休息，明天再重新拿起这压力，如此就不会觉得压力的沉重了。放松的方法常用的有自我暗示法、肌肉放松法、呼吸减压法等。

5. 培养幽默感

工作是严肃的，但严肃并不意味着刻板、沉闷。在工作中，有一些适当的、高品位的幽默可以化解冲突、活跃气氛、振奋精神、缓解压力。幽默的好处在于，可以将平时没机会发泄的压抑念头安全地释放出来，不至于很容易地被眼前的问题压晕头。以幽默的方式嘲解自我，其实是表达较佳的自尊，即不强求自己完美无缺却能感觉很不错。若能自我解嘲，就有克服障碍的能力，并能迅速从失意中复原，而自尊亦相对提升，就能放得开，也能完全接受自己，舒解职业生活中的压力。因此，幽默的创造或对幽默的欣赏，能释放人们内心的攻击冲动与焦虑情绪，维持心理上自我感的平衡，减低忧郁症状，调节负面工作压力对于焦虑、忧郁等心情的影响，从而保持积极的工作态度和身心的健康。

五、高校教师压力管理策略

高校教师压力的产生既有个人的也有社会的原因，其主要方面以生活条件、科研因素和专业评估等涉及学校管理方面的为主。高校应采取有效措施，优化学校组织环境，实行人性化管理，为高校教师减轻压力，促进其自我实现和发展，维护其身心健康，进而提高教学质量，促进我国高等教育人力资源的可持续发展。

1. 坚持公开、公平、公正的原则

学校要坚持公开、公平、公正的原则，在一些改革措施出台的时候，认真倾听教师的意见，反映他们的心声。根据不同专业和不同岗位工作的差异、性质和特点，建立一套以定量为主、定量考核与定性考核相结合、客观反映不同专业不同岗位教师工作真实情况的教师考核评价体系。在科研管理方面，尽量避免频繁的统计和公示、抛弃片面追求文章数量或文章发表刊物级别的做法，在客观上减少粗制滥造甚至造假、剽窃等学术腐败现象的发生，减少教师不必要的心理压力。改革过去比较僵化单一的量化考核指标，建立公开、透明、客观、公正、赏罚分明的奖惩评价体系。另外学校在制定各项管理制度、推行一系列改革时，应加强与教师的沟通、交流，广泛听取各方意见，扩大教师的参与权和决策权，优化学校的组织氛围。

2. 建立合理的发展性评价制度

发展性教师评价制度是一种面向未来，以促进教师未来发展为目的的形成性评价制度。它没有将教师评价制度作为奖励和惩罚的机制。其目的是在没有奖惩的条件下，促进教师的专业发展。在评价方向上，发展性教师评价立足现在、兼顾过去、面向未来，重视教师未来发展和促进教师自身不断成长；在实施过程中，发展性教师评价让教师充分了解学校对他们的期望，并根据教师工作表现，确定教师个人发展需求，制定教师个人发展计划。评价制度若能体现扬长避短的激励性，亦有助于缓解精神压力。高校的教学和科研本是相辅相成的，但由于个体固有的差异，有的更擅长教学，有的更擅长科研，在评价标准上“一刀切”，可能使教师的优势不能发扬，同时耗费大量时间精力发展弱项，甚至始终不能达标，影响其自我效能感和个人发展，增大心理压力。可考虑制定如“主教学型”和“主科研型”的评价体系，评价标准有所侧重，既可形成优势互补的强势团队，又能体现浓厚的人文精神，尊重教师的个体差异，使教师乐其所长。

3. 加强高校教师的健康管理

(1) 建立高校教师定期健康检查制度，避免健康检查流于形式，保证一定的资金支持；同时针对高校教师亚健康状态较为严重的现实，积极宣传健康生活理念，利用各种形式普及自我保健意识和知识，防止和杜绝青年教师透支自己的身心健康。

(2) 在健康生活理念指导下，增加各种健身休闲、娱乐保健设施建设的投入，充分运用学校运动场地多、体育教师多的优势，对不同年龄、性别、不同专业特点的教师灵活安排,提高教师参加体育锻炼的可行性和积极性。工会要积极推广各类健身活动,形成全校范围内的健身运动热潮,并持之以恒。

(3) 在校医院建立慢性病管理中心,为教师提供定期检查及诊疗,为教师慢性病治疗提供优惠和方便。

4. 培养教师应对压力的能力

目前各大高校心理健康教育的对象一般仅为学生,建议有目的、有计划地针对教师开展心理健康教育,使他们更好地应对工作生活中的压力,增强应对压力的能力是缓解教师压力的重要途径。

(1) 培养正视并积极应对压力的思想。乐观、坚韧、高自我效能等良好的心理状态有助于成功地处理压力事件,因为这种认知对压力事件的评估更为积极。首先要认识到压力及其反应不是个性的弱点或能力不足,而是人人都会体验到的正常心理现象。其次,采取积极的压力应对模式自觉调整自己,把回避模式变为主动模式,正视压力,迎难而上,着手解决困扰和问题。

(2) 增强自我效能。阿尔伯特·班杜拉认为,对自身控制能力的预测能影响其应对行为的产生和持续。个体对自己应对行为有效性所持有的信念的强度,亦影响着人们是否试图去应对特定情境。相信自己的技能过于贫乏(低自我效能)所造成的评价将使这个事件不可控制,其结果是判定这个事件是压力性的。相反,个体自我效能高,对压力源的评价是这个事件是无关的或良性的。自我效能可以增加应对的成功率,有效减轻压力。教师自我效能的主要影响因素是学历、学校的管理制度、工作中所获得的发展条件、学校的支持系统、学校风气、教师关系、师生关系等。增强教师的自我效能感,可以从完善学校管理制度、为教师提供获得成功的机会、学校领导的关心与帮助、同事的信息沟通与情感支持等方面着手。当然,缓解高校教师的精神压力还应引起全社会的重视。社会舆论导向应积极营造一种尊师重教的社会氛围,避免用过分功利化和市场化的眼光衡量高校教师。其次,相关政府部门应科学规划,全面考虑,制定既有利于促进高校竞争又有利于教师稳定发展的政策,避免过于激进式的改革给教师带来过度的心理压力,为他们提供更适合其发展的空间,促进其自我价值的实现。

参考文献

[1] 王晓春,等. 国外关于工作倦怠研究现状述评[J]. 心理科学进展,2003,5: 567-572.

[2] 宗晓晓,杨宏飞. 高校教师压力、心理健康现状及对策研究[J]. 技术经济与管理研究,2008,2: 22-31.

[3] 石林.工作压力的研究现状与方向[J].心理科学，2003,3：494-497.

[4] 马苏江.高校教师的心理压力及其调适[J].黑龙江高教研究，2005,8：64-65.

[5] 康延军.高校教师心理压力源探析[J].聊城大学学报:社会科学版，2006,3:58-59.

[6] 李逢超，高校教师工作压力状况研究[J].山东理工大学学报:社会科学版，2009,1:96-99.

[7] 刘志成，廖莎.我国高校教师心理压力研究综述[J].当代教育论坛，2009,8:40-42.

高校教师教育技术培训工作探索
——以西北工业大学为例

赵春燕　侯　颖

一、引言

教育技术是提高教学质量、推进素质教育的重要手段，是推动高等教育现代化的重要方面。信息化时代，教育技术已成为高校教师教学活动不可或缺的技能之一，教师教育技术水平的高低对学校的教学质量起着至关重要的作用。本文总结了近十年发展的老师教材技术培训工作，提出了在培训中存在的问题，有针对性地提出了改进的对策和措施。

二、教育技术培训工作成果

西北工业大学是“全国高等学校教育技术协作委员会”授权的教育技术培训中心。自 2001 年 4 月开展教育技术培训工作以来，经过近十年的努力取得显著成效。广大教师积极倡导教学方法的改革和现代化教育技术手段的运用，最大限度地调动学生学习的主动性和积极性，培养学生的科学探索精神和创新能力；运用现代信息技术、网络技术等先进教学方法和手段制作多媒体课件，增大了课堂教学的密度，降低课堂教学的难度，激发学生的研究潜能，提高学生学习质量；实践教学中，在课程基础内容、经典理论的讲授中将大量反映学科前沿和工程技术、经济、文化发展的最新成果引入到课堂，拓宽学生的知识面；借助于国家精品课程建设，把有关课程的教学大纲、授课教案、习题、实验指导、参考文献目录等上传至网络，推动了高校建立基于网络的远程学习环境进程，为学生的个性化学习提供高质量的支持服务。

1. 完善的培养方案、灵活的方式方法是培训工作得以开展的基础

培训工作开展多年来，培训方案逐渐完善。在充分调研的基础上，结合学校实际，我们有针对性地先后开设了教育技术基础、音频处理及编辑、多媒体制作常见问题集锦、视频处理及编辑、计算机网络、图像的采集与制作、网络流式动画制作、网页制作、多媒体课件的设计等课程，做到有的放矢，基本满足了教师对教育技术培训的需求。

在培训时间上，尽量不占用教师的工作时间和国家法定假日，根据教师实际情况，将各单元课程按模块划分，选择晚上或周末时间开展培训。课时设置合理，不致因时间少而完不成教学计划。

在培训形式上，采取灵活多样的教学形式，大课面授加上机操作，一人一机，活学活用，干中学、学中干。授课教师均为教育技术领域的教育者及专家，有着扎实的专业基础知识及操作技能，理论与实践相结合，深受教师的喜爱和好评。

在教学管理中实施严格的规定与人性化制度相结合。教师不得无故旷课，凡缺课时数达到总课时 1/3 者，不得参加本期结业考试，但可免费参加下一期培训班的学习与结业考试。

参加培训的人员大多为学校教师，同时又有一些热衷教育技术技能的干部和工人，不限专业，不限年龄，只要有意愿均可参加，完全采取公平自愿的原则。

经过培训，考核合格者由“全国高等学校教育技术协作委员会”统一颁发证书，证书有效期为 5 年。获此证书者在我校晋升职称时可以免试计算机考试。这种方式与教师的职称等切身利益挂钩，既激励了教师参与培训的积极性，又使教师学到了知识，提高了教育技术的技能。

2. 参加教育技术培训的教师感言

根据来自航空学院、航天学院、航海学院、材料学院、机电学院、力学与土木建筑学院、动力与能源学院、电子信息学院、自动化学院、计算机学院、理学院、管理学院、人文与经法学院、软件与微电子学院、MPA 教育中心等单位参加培训的教师体会，可以看出，教师接受培训的收获主要集中在以下几点：

(1)了解了教育技术的基本理论和基本知识，认识到教育技术在教育教学中的重要作用，认为教育技术不仅可以为教学创造良好的环境，提高课堂教学效率和教学质量，增强教学过程中的交流，激发学生的学习兴趣，而且更加重要的是培养了教师不断学习和应用教育技术的理念。

(2)掌握了网页制作和多媒体制作的多种工具，如 Macromedia Flash MX 使动态交互网页如虎添翼；Photoshop 图片处理使教学内容具体丰富；Adobe Premiere 视频制作使教学中影视剪辑更生动。他们认为，与传统教育手段相比，多媒体辅助教学使学生对专业学科更感兴趣，提高学生学习的主动性和积极性；提高学生的思维能力；激发学生的创新能力。如果在讲课时适当使用多媒体技术，如用动画方式演示教学内容，可调动学生多种感官，使问题化难为易，提高课堂效率，并且缩短了教师的板书时间，增加了课堂的容量，在相同时间内传达的信息量大，信息的输出和表达更方便、清晰。

(3)在现今高校规模发展形势下，多媒体教学有利于高校的大班教学，有利于教学资源的整合及各高校教育资源的共享，使得不同地域、不同学校的学生都能够听到本专业最好的课程。特别是国家级、省部级精品课程资源的共享，实现了教育资源使用效率的最大化。

(4)除了掌握并运用软件之外，教师还学会了对教育技术中硬件设备的使用，包括现代教学媒体中视觉媒体如幻灯、投影，听觉媒体如录音、CD，视听觉媒体如电视、VCD和以计算机技术为基础的多媒体计算机辅助教学系统。

很多教师在培训体会中谈到，教育技术不仅是创新教育的桥梁，而且是创新教育的载体，只有运用教育技术，才能促进教育观念创新、教育内容创新。

综上所述，只有在教学中不断应用教育技术，现代教育才会不断地前进，也正是教育技术培训工作的顺利开展，才使得我们学校的精品课程取得如此好的成绩，成为教育技术培训开花结果的有力证明。

3.精品课程建设成果丰硕

精品课程是具有一流教师队伍、一流教学内容、一流教学方法、一流教材、一流教学管理等特点的示范性课程，它的建设已成为高等学校教学质量与教学改革工程的重要组成部分。通过精品课程来完善课程体系，进而实现一流师资、一流教材和一流技术的结合。从2003年至今，学校已建成国家级精品课程25门，陕西省精品课程66门，校级精品课程95门，涉及航空、航天、航海、材料、机械、物理、通信、计算机、数学、英语，自动化等诸多学科。航空、航天类国家级精品课程有飞行器结构动力学、飞行器结构设计、航天器控制原理、航空发动机燃烧学、导弹飞行力学、导弹总体结构设计等；航海类精品课程有水雷兵器原理、声纳原理、鱼雷技术基础等；机械类精品课程有机械原理、机械设计；材料类国家级精品课程有材料的力学性能等；物理类国家级精品课程有理论力学；英语类国家级精品课程有大学英语；数学类国家级精品课程有数学建模；计算机类国家级精品课程有计算机软件基础、操作系统等；自动化类国家级精品课程有机床数控原理及应用、自动控制原理等；信息类国家级精品课程有现代通信系统原理、电路基础、电工学等。陕西省精品课程的范围更广，增加了体育、管理、软件工程、化学、政治等类。

精品课程建设的好坏取决于教师队伍的整体水平，如在课程的设置、教学设计、教学内容、教学手段、后期精品课程的制作等方面，都需要教育技术发挥巨大作用。教育技术培训工作的持续开展，使得教师的教育技术水平越来越高，越来越符合现代教学的需要。作为一名现代教师，如果不懂得教育技术基本理论，不懂得精心设计一堂课，不懂得如何制作课件，不会着手进行音视频的编辑和图像资源的处理，那么就不可能制作出如此优秀的精品课程。

二、教育技术培训工作存在的问题及改进措施

教育技术学科的不断发展，使得教育技术理论日益更新，新技术、新方法不断涌现。通过培训不断提高教师运用现代教育技术的能力和水平，既是深化教学改革，提高教学质量的重要举措，也是高校教师继续教育、终身教育体系的重要组成部分。教育部门的大力支持，使得高校教师教育技术能力得到极大提高，但仍有一些因素阻碍了教师对教育技术手段的使用。通过调研分析，我们发现教师在运用教育技术手段实施教学的过程中的确还存在一些困难，如课件制作精力有限，教学资源不足，缺乏相应的推动和鼓励政策，自己的理论和技能不够，领导重视不够，投资少设备不好，教学过程中师生的互动和交流有待加强，教育技术人才队伍建设相对滞后等。

目前教育技术培训工作存在的问题主要体现在：培训政策不到位、培训内容单一、培训手段落后、培训内容更新较慢等，鉴于此我们应该探讨教育技术培训工作的改进思路，进一步加大政策支持力度、加快培训资源的建设、推进教学资源共享体系建设、注重教学设计理念的培训、探索混合式培训模式、加强培训理论研究，真正使信息化的投资在教育教学中起到应有的作用，体现出优秀教育资源的共享以及教学观念的改变。

为了更有效地利用计算机、网络、多媒体等信息技术促进高校教育教学改革，提高教学质量和师生满意度，进一步规范高校教师教育技术培训，加速教师教育技术水平的提升，笔者以西北工业大学教师教育技术培训情况为依托，依据问卷调查分析结果，有针对性地提出对策，期冀对提高教师教育技术能力、推进教育信息化进程有指导和借鉴意义，使之更符合教育信息化及现代化的发展。

(1)继续加强教育技术培训力度，坚持开展教育技术培训活动。将理论与实践相结合，不可偏重一方，在讲授理论知识的同时付诸实践活动之中。可把教育技术培训的课程以精品课的形式上传到校园网上，供教师随时学习；不断调研，随时了解教师的需求并采取相应措施，只有不断地调查，不断地改进，才会有不断的进步。针对教师课件制作精力有限的困难，采取适当延长培训时间，由专业培训老师辅助教师们完成相应课件的制作，教师也可在培训课上互相借鉴，互相帮助，通过培训平台，增加学习兴趣的同时，完成课件的制作，提高工作效率。

(2)加大教育教学投入，特别是软硬件的配备。根据学校实际，购买配置合理数量充足的计算机，使每个参加培训的教师都能在教室里固定的机位实地操作；学校通过购买优秀的教育教学资源或与其他学校合作，建立共建共享

教学资源机制，取人之长，补己之短，以节约时间和成本。

(3)建立激励机制，广泛吸引教师参加培训，并把所学的教育技术技能积极投入到教学工作中来。可在教学评优系统中加入采用现代化教学手段进行教学的条款，在一类课、精品课程的评选中也加进相关条款；设立专项经费，鼓励教师编制高质量电子教案、网络课程、素材库、案例库等；组织培训教师参加学校的立项、验收、讲评等活动；定期召开专题研讨会，宣传典型，深入发动教师在用好上下工夫。

(4)教育技术是一门新兴学科，还没有得到广大教育工作者的认可，还有很多教师不知道教育技术是干什么的，这值得我们深思。首先教育技术工作者要明确教育技术学专业的研究对象、理论基础，给教育技术一个明确的定位，而不能含糊不清、模棱两可。再一点，教育技术工作者要向周围的教师等广泛推广这门专业，让大家了解到在推进教育信息化进程中它是必不可少的，也是提高教育教学质量的有力保障之一。

(5)聘请教育技术领域的专家或学者，定期到学校来讲授教育技术的理论和实践以及发展动态；学校采取灵活多样的形式对教师开展培训，内容包括多媒体教学形式和方法的培训以及新软件的使用，条件允许的前提下，尽可能派遣教师参与其他学校的培训或召开的相关会议，帮助教师及时了解教育技术的现状和发展前景。

高等教育为经济发展和社会全面进步提供精神动力和智力支持，高校作为培养人才的主要基地肩负着国家的兴衰，教育技术的快速发展为高校教学质量的提升带来了前所未有的机遇，要充分认识到这一重大变革，深入了解高校教师的教育技术现状和阻碍他们有效使用教育技术手段实施教学的因素和主要困难，采取相应措施加以改善，以切实提高教师教育技术能力为目标，从而培养出理论扎实、技术过硬、素质全面、适应21世纪发展的富有创新精神和创新能力的国家栋梁之才，为教育信息化做出应有的贡献。

参考文献

[1]　尹俊华.教育技术学导论[M].北京：高等教育出版社，1996.

[2]　何克抗，等.教育技术学[M].北京：北京师范大学出版社，2002：25－30.

[3]　李玉环，陈庚，金以娟.高校教师教育技术培训工作状况分析与探讨[J].现代教育技术，2007，17(2).

[4]　李春玲.学校管理视野中的教师发展[J].教育发展研究，2006，2：31－34.

西方发达国家
高校教师激励机制比较研究

黄 越 王 静 张 琨

随着科技的进步和社会的发展，知识型劳动已成为新时代劳动的主导特征，成为经济增长的主要动力。高校教师作为知识人才，对其的激励越来越来为高校管理层所重视。高校教师激励机制的运行模式多种多样，但从操作层面上来看，最基本的往往是人事聘任、职称晋升和薪酬分配三大制度的实施，这也是国外高校通用的行之有效的激励措施。

一、发达国家高校教师人事聘任制度

西方发达资本主义国家高校人事制度的基础，在于发挥人才的积极作用以及促进学术研究水平的提高，努力完善组织与学者之间的竞争体制，以业绩及附加价值的实绩作为考核标准，然后决定任用、续任或者升任[1]。国外高校实行的教师聘任制可以分为三种类型：一是美国式的终身职制与任期制、契约制同时并行；二是德国式的除教授之外，其他大学教师都有任期的规定；三是日本式的所有大学教师为对象的由各大学自己决定的选择性聘用任期制。

1. 终身职制

终身职制是20世纪40年代在美国形成的一种高校教师管理制度，已在高校普遍实行。美国大学的多数教授和准教授享有终身职的特殊待遇。终身职制对于国家稳定高校教师队伍，吸引高水平的人才；对于保护学术自由，促进学术研究的健康发展；对于增加教师的安全感和连续性，以集中精力提高专业能力和业务水平，对保护教师的合法权利有重大作用。然而，这种终身职制也遭到政界、财团和媒体等方面的激烈批评，詹姆斯·贝斯(James L. Bess)教授认为终身职制缺乏动力机制，限制了大学教师的流动，恶化了大学的官僚作风，压抑中青年学术骨干，可能蓄养创造性低的教职人员而把创造性高的教师排斥在外[2]。

2. 聘用任期制

教师聘用任期制是指教师具有聘任在职的期限。美国大学的教授、准教授没有任期制，但是副教授和讲师通常具有任期制。英国大学教授、准教授和高级讲师没有任期制，面对一般讲师则有任期制。法国大学教授和副教授没有任期制，而助教等其他教师是由学院（系）规定任期。德国只有教授没有任期，一般规定讲师 6 年、高级助教 4 年（医学 6 年）、高级技师 6 年、学术助教和艺术助教 3 年任期。日本大学审议会在 1995 年 9 月在广泛征求意见和研究调查的基础上，提出了实行任期制的建议，其中建议不论国立、公立还是私立大学，任期制以助教、副教授和教授等所有的大学教师为对象，是否执行任期制及任职期的长短和再任的标准，都委托给大学自主选择。目前日本有包括早稻田大学和东京大学在内的 10％以上的大学实施任期制。

大学教师任期制可以充分调动教师的积极性，提高教育教学的效率、绩效和效益。然而，如果执行的方法不妥当或者滥用，就会增加高校教师的不满情绪，影响研究和教育的质量，增加工作成本（如进行审查考核的手续），使教师的学术意识和工作热情萎缩。

3．招聘和晋升制度

国外一流高校无论采用的是何种人事聘任制度，其共同的特点都是教师管理实施严格的招聘、考核任用及淘汰制度。美国大学根据部门发展战略提出新增岗位要求，设定严格的招聘要求，然后向社会公开招聘，经评审后获得任职资格的教师才能竞争岗位。一般刚毕业留校的博士，要经历至少十年的艰苦奋斗才可能晋升为教授。其中从博士后达到助理教授位置的条件是，必须在该领域做出较为出色的成绩并且能够独立工作，同时还要进行课堂教学。从助理教授晋升为副教授的要求是，在本领域做出了出色的科研成果，并且得到了国内同行的认可。从副教授晋升为教授的条件是，在世界范围内被同行认可，同时在某一方面有重大贡献，并且可以胜任学术带头人。晋升教授职务时的评审是来自全世界该领域里相当受尊重的专家、教授匿名评审。选择评审人员时还要严格避免选择与被评审人相关联的人。在法国，国家在相关的法律法规中对高校教师的任职资格、权利和义务都做出了明确规定，高校教师需要经过严格的筛选后由主管部门任命。在德国，高校教师通过严格考核，并试用半年后方可正式录用。高校讲师和科研高级助理均要求拥有博士学位，而且只有通过教授资格论文才能获取教授资格。严格的选拔和评审程序，使学校具有世界高水平的师资力量，进而保证了一流的教学和科研水平。

为了保证师资的质量和不断创新，美国高校多采取“终身后评审制”，对已经取得终身职的教授每五年重新审核一次，审核的标准和程序与晋升教授一致。评审未通过者，校方有权撤销其终身职，甚至解雇该教授。

二、发达国家高校教师薪酬体系

薪酬作为教师业绩的直接激励，直接关系到高校对科研人员的吸纳和激励，已经成为各国高校教师激励机制中的重要环节。进入20世纪90年代以来，传统的基于资历的晋级提薪的高校薪酬管理体制暴露出的弊端越来越多，西方发达国家纷纷采取措施，建立一套灵活的、竞争性的、基于个人绩效的薪酬分配制度，以增加教师的绩效意识和竞争意识。

1. 美国高校

美国高校普遍实行年薪制，教师的工资每一两年都要增加一次。增加工资通常可分为自动增加和奖励性增加两种。自动增加人人有份，奖励性增加是对教师取得良好教学效果、获得突出的学术成绩等以加薪的方式所给予的鼓励。大学教师的工资与教师所受聘的职务密切相关，而其职务的聘任和晋升的主要评审依据是学术成就、教学任务和公共服务。教师工资收入项目规范，实现了教师收入的货币化，这样既有利于提高高校对教师薪酬分配的控制能力，又有利于提高高校在人才市场的竞争力。

美国高校的薪酬制度充分显示了其发达的市场经济的特点，即教师工资待遇市场化。这种薪酬分配制度能够真实地反应各类劳动力的价值和供求关系，采用适应市场竞争环境的激励性薪酬，不同的职务设置不同级别的薪酬，不同学科之间教师工资收入也存在较大差异，市场上热门学科的教师工资收入高，反之则低，体现了社会财富在收入分配方面的公平性。目前，加拿大、澳大利亚等国家均采用这种市场导向型的薪酬分配制度。

2. 德、法、新加坡等国高校

德国、法国、新加坡等国把高校教师纳入公务员管理体系，执行公务员工资制度，工资收入实行的是一种多等级、由基本工资加家庭补贴构成的工资形式。面对知识经济和经济全球化的挑战，公务员工资制度暴露出模式单一，缺乏机动灵活性和公平性等弊端。1999年，德国进行了高教改革，新工资制度分为固定工资和浮动工资两部分，取消原来每两年晋升一档工资的做法，其中固定工资主要由职务、学历等因素确定，体现了知识的价值和市场的劳动力供求关系。决定浮动工资数额的因素有教学、学术、培养科研后备力量方面的成绩；在高校管理中担任的职务；超额的教学工作量等。

新加坡高校教师的工资制度也经历了从资历定级制向业绩工资制的逐步改革过程。1959年新加坡自治政府成立时，高校教师的工资体系继承了英国传统的以资历为基础的公务员工资体系。进入20世纪70年代，此起彼伏的加薪工潮严重影响了新加坡的竞争力、投资吸引力和长期发展目标。政府于

1986年组成经济委员会，提出了新的灵活薪酬体系。根据新的薪酬体系，高校教师的工资结构也调整为由基本工资（占70%）、集体津贴（占20%）、个人业绩津贴（占10%）组成。这样，总工资中固定部分的比例就下降为70%，浮动部分上升为30%。新加坡高校通过扩大总工资中浮动工资的比例，增强对员工的激励，达到提高个人和组织绩效的目标。

3. 日本高校

日本高校教师的工资收入由基本工资、补助、奖金组成。基本工资首先根据教师的任教经历和学历标准来确定职称，再根据年资确定工资等级；补助包括职务岗位津贴、家属抚养补贴、住房补贴、交通补贴、超课时津贴和特种工作津贴、教师研究生兼课津贴等。日本高校教师基本工资依据职务和学历，晋升根据年资和业绩考核，无论哪个工资级别，档次越高、档差越少，尤其是教授，一定档次以后的档差为100日元，几乎等于不再上涨了。这种工资制度能够较好地体现知识的价值和职业发展周期，体现教师的需要层次。教师的工资达到比较高的水平后，他们追求更多的是荣誉、声望和地位。

三、对我国高校的启示

从美、法、德、日等发达国家的教师管理经验来看，均充分发挥了激励和竞争效果。教师聘任、晋升职称、薪酬分配、个人发展等都是重要的激励因素。

1. 规范聘任模式，完善晋升激励机制

我国大多数高校还采取传统的招聘与选拔模式，基本上都是本校毕业生留校任教，教师自产自销，"近亲繁殖"现象比较严重，招聘过程都是导师推荐，院系批准即可，缺乏公平、公正、公开的聘用方式。教师一旦被聘用即是终身聘用，这就使得教师没有危机意识，容易出现安于现状、不能良好地履行教师职责的情况，不利于高校的健康发展。发达国家看似"残酷"的聘任制度对教师能够进行合理有效的考核和任用，实际上能充分激发教师的积极性，吸引国内外优秀人才，为高校的发展注入生机和活力。

我国高校还缺乏完善的教师晋升制度。目前晋升职务中工龄是一个很重要的指标，这使一些学术水平不高、科研能力不强的教师，在达到一定工作年龄时也能获得晋升，而且容易存在论资排辈的现象。基于个人多方面业绩考核的晋升制度更能调动教师的工作热情，使他们为了晋升更高一级职称而创造出更大的成果，促使高校教师具有较好的职业道德，从而提高学校的整体能力水平。

2. 引入绩效工资，建立市场化的薪酬分配制度

我国高校教师的薪酬结构普遍采取职务等级制，由固定的国家基本工

资和津贴组成。在同等职务上,无论能力高低,工作多少都有大致相同的收入,这与美国等高校年薪制相比缺乏激励,容易产生懈怠的情况。国外的高校以岗位、绩效、市场等因素调整薪酬结构,把各项津贴、补助等项目纳入工资,实行货币化分配。国外高校这种以绩效为核心付酬的薪酬分配方式,适合知识工作者的劳动特点,具有水平高、稳定性好、市场化、科学增长趋势和宽带的工作结构等特点。高校应改革僵化的个人收入分配制度,打破个人收入增长的平均化,以教师教学和科研的业绩、贡献为主要依据分配增量收入,真正实现多劳多得,优劳优酬,同时引入竞争机制,为优秀人才的脱颖而出创造条件。

3. 建立科学严谨的绩效目标考核体系

我国高校目前没有对不同岗位制定岗位职责和考核指标,考核实际操作的难度较大,不利于团队精神的培养和建设,考核过程易受到人为因素的影响,难以充分保证考核的客观公正性。美国的洛克(E. A. Locke)教授和拉萨姆(G. P. Latham)教授认为,适宜的考核通过设置目标来培养人的品德、能力和技巧,从而使每一个人都能发挥其最大潜力,注意的中心问题是为了双方共同利益[6]。在考核的执行上,为了增强员工对公平的感知,管理者需要确保员工理解对他们提供某种奖励或付薪计划所采纳的绩效标准,允许员工对评价进行挑战并给员工提供及时完整的反馈。同时为了保证考核的一致性和公平性,有必要引入纠纷仲裁机构。

我国高校在致力于加强自身发展、提升国际竞争力的进程中,应该汲取西方发达国家高校在人力资源管理上的经验教训,实施“全面激励战略”,把短期激励和长期激励、物质激励和精神激励有机地结合起来,只有这样,高校才能在人才市场上保持竞争优势,稳定队伍,吸引社会上的优秀人才,从而实现“科教兴国”的战略目标。

参考文献

[1] 李继海. 美、德、日等国高校教育改革发展新动态[J]. 中国高等教育,2003(8):40-41.

[2] 汪雯. 国外高校教师薪酬管理的特色与发展趋势[J]. 现代管理科学,2008(1).

[3] 邓雪琳. 发达国家高校管理队伍专业化建设经验与特色[J]. 继续教育研究,2006(6):23-26.

[4] 方燕峰,夏瑛瑄. 论人事管理向人力资源管理的转变[J]. 科学学与科学技术管理,2004(8):125-127.

[5] 伯顿·克拉克.学术权力——七国高等教育管理体制比较[M].张维平,等,译.杭州:浙江教育出版社,1989.

[6] James L Bess. Foundations of American Higher Education[M]. [S. l.] Simon & Schuster Custom Publishing, 1991:366－370.

[7] 吕静宜.高校教师激励体系剖析与构建[J].高教探索,2005(5).

基于 NetLogo 平台的高校机关管理干部工作动力与激励机制系统仿真研究

刘 强 徐 澄 晁小荣 訾 方

一、引言

现代系统科学发展依次经历了三个阶段:以控制科学为主要研究对象的"老三论"阶段,以自组织现象为主要研究对象的"新三论"阶段和以"复杂性"研究为主流趋势的当前发展阶段[1]。复杂性理论的最大贡献在于它提供了一种自底向上建模的研究方法,这种方法赋予组成系统的个体以简单的规则和关系,通过仿真来重现真实世界的复杂现象。研究复杂系统的技术方法很多,其中多 Agent 技术作为当前研究复杂系统动态演化的一种有效方法,在许多学科领域得到广泛的应用。国内外研究表明,多 Agent 技术相对于传统的面向对象和面向过程的仿真技术,具有对复杂系统行为更强的建模与仿真能力,特别是交互行为、智能行为和并行行为,它能在较短的时间内,模拟现实中需要长时间演化才能形成的复杂系统[2]。目前国内外已有 50 余种多 Agent 建模软件工具,其中美国西北大学计算机建模联合学习中心开发的 NetLogo 4.1软件就是一种可对自然和社会现象进行编程的建模工具,它非常适合研究现实世界中复杂系统的动态演化规律。在 NetLogo 4.1 中对应 Agent 的概念用一个形象的海龟表示,与传统的 Logo 语言一样,它是一种交互式语言,具有良好的兼容性,能够自动提供 Agent 之间的各种协调,以满足原型复杂系统的建模要求。NetLogo 4.1 有很强的会话能力,程序的模块化和可递归调用,使其具有较强的扩展性和丰富的表达能力,其过程的每一步可以是 Logo 基本命令或用户自定义,过程之间通过输入与输出进行通信。由于 NetLogo 4.1 能并行控制上千个海龟,并为这些海龟设定不同的行为模式,使研究开发个体的微观行动和群体相互作用涌现出的宏观现象成为可能,模型设计者可以用简洁的描述定义一个完整的模型,这特别适合复杂系统问题的研究。因而,本文选用 NetLogo 4.1 软件对高校机关管理干部工作动力与激励机制系统进行仿真研究。

二、激励机制体系

高校机关管理干部作为高校发展的中坚力量，是学校工作的决策者、组织者和指挥者，他们的工作动力直接影响着高校的办学水平和人才培养质量，影响着高校的竞争力[3]。在当今社会中，面对有着多元化需求的高校机关管理干部，高校应当如何更好地调动管理干部的工作动力，对管理干部进行有效激励，就自然而然成为一个受到多层次、多维度、多因素制约的复杂系统工程。

我国对高校管理干部激励机制研究始于20世纪80年代中后期。高校管理干部激励机制是指学校为实现其目标而根据管理干部的个人需要，制定适当的行为规范和分配制度，以实现人力资源的最优配置，达到学校利益和个人利益的一致[4]。激励机制体系作为一个开放的复杂大系统，一般由薪酬福利机制、职业规划机制、考核测评机制和工作文化机制四个部分组成，如图1所示。薪酬福利机制主要包含工资、津贴、岗贴、奖金等薪酬制度，以及医疗保险、养老保险、失业保险、住房和子女受教育等福利待遇；职业规划机制主要包含职务、职称晋升制度，学习、进修、培训政策和个人自我价值实现导向制度；考核测评机制主要包含工作绩效考核制度和单位民主测评制度；工作文化机制主要包含个人与同事、领导的人际关系，个人施展才能的机会，工作的创造性、自主性和挑战性，以及日常的工作环境等[5]。

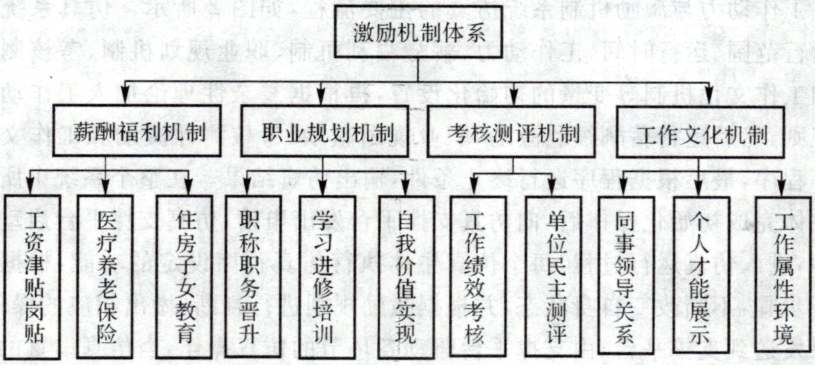

图1　激励机制体系

三、工作动力与激励机制系统仿真程序设计

在高校机关管理干部工作动力与激励机制系统仿真中，设定多种激励机制主体Agent的类型与属性并不困难，但是为了提高仿真运行效率，保证仿真观察界面清晰和便于仿真结果分析，在工作动力与激励机制仿真系统中只

设定五类主体 Agent，分别是工作动力 Agent、薪酬福利机制 Agent、职业规划机制 Agent、考核测评机制 Agent 和工作文化机制 Agent。为使仿真结果更加接近日常真实情况，按照复杂性理论，在工作动力与激励机制系统仿真中引入两类变量，一类是激励机制执行力，另一类是工作动力激发率。激励机制执行力是指薪酬福利机制、职业规划机制、考核测评机制和工作文化机制中的各类制度和政策，在具体实践工作中被贯彻落实的情况，激励机制落实地越到位，它的执行力就越好，反之，则执行力就越差。工作动力激发率是指个体对各类激励政策和制度的敏感程度，它是个体工作动力的内在属性，主要反映各类激励机制对不同个体工作动力的激励效果。

针对高校机关管理干部工作动力问题，“高校机关管理干部工作动力及激励机制研究”课题组从薪酬福利、职业发展、工作性质、考核激励等方面设计问卷，将个人对影响工作动力的因素，按重要程度分为非常重要、重要、一般和不重要。由学校政策研究室和组织部向机关管理干部发放了 200 份调查问卷，最终收回 155 份。通过对 155 份调查问卷分析研究发现，高校机关管理干部因年龄、职务、职称和学历的不同，对同一激励政策或制度会表现出明显的差异性。因此，在整个工作动力与激励机制系统仿真中，需要重点考虑的参数有工作动力数量、薪酬福利机制数量、职业规划机制数量、考核测评机制数量、工作文化机制数量、工作动力激发率，以及四类激励机制的执行力等。

工作动力与激励机制系统仿真的主要流程，如图 2 所示。仿真系统先完成运行范围、运行时间、工作动力、薪酬福利机制、职业规划机制、考核测评机制和工作文化机制等变量的初始化设置，再根据复杂性理论加入工作动力激励规则，然后运行薪酬福利激励、职业规划激励、考核测评激励和工作文化激励等程序，最后根据程序运行终止条件，输出仿真结果。在整个系统中所有仿真主体完成初始化操作后，向仿真支撑平台发出申请，仿真支撑平台启动仿真程序，进入仿真运行过程，每个仿真主体执行仿真程序设定的功能，根据仿真运行步骤，不断改变自身状态，并根据激励规则进行判断，做出相应的操作，将结果发送到支撑平台，由支撑平台驱动各环节的仿真操作，当仿真设置的终止条件出现时，通知各类仿真体，终止执行操作，停止仿真，输出结果。

在工作动力与激励机制系统仿真运行过程中各仿真主体 Agent 内部可以实现对各模块的循环调度，包括事件机制的随机生成、动态画面的产生以及运行期间参数的管理。工作动力与激励机制仿真系统主要包括薪酬福利机制对工作动力的激励、职业规划机制对工作动力的激励、考核测评机制对工作动力的激励和工作文化机制对工作动力的激励等程序。其中，工作动力数量在 1～50 之间为弱，51～100 之间为中，101～150 之间为强；工作动力激发率在

0.1～0.3之间为低，0.4～0.6之间为中，0.7～0.9之间为高；薪酬福利机制数量在1～30之间为差，31～60之间为中，61～90之间为好；职业规划机制数量在1～5之间为差，6～10之间为中，11～15之间为好；考核测评机制数量在1～10之间为差，11～20之间为中，21～30之间为好；工作文化机制数量在1～20之间为差，21～40之间为中，41～60之间为好；薪酬福利、职业规划、考核测评机和工作文化等激励机制执行力度在0.1～0.3之间为小，0.4～0.6之间为中，0.7～0.9之间为大。根据复杂性理论可设定工作动力与激励机制仿真规则主要程序如下：

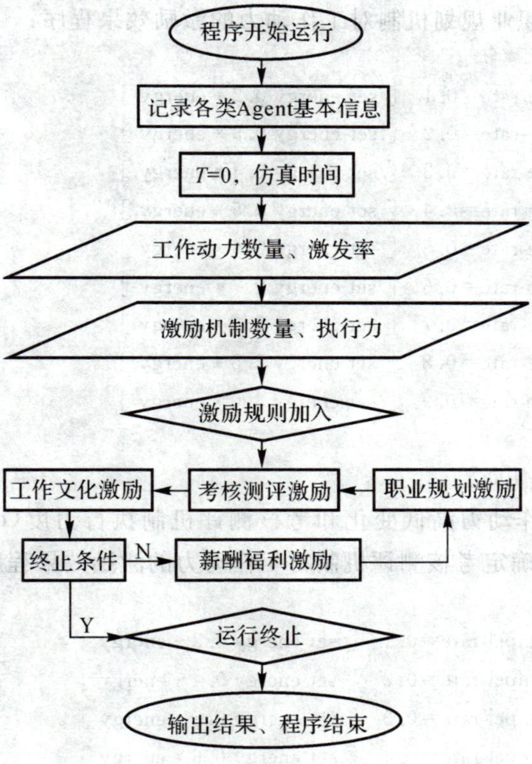

图2　工作动力与激励机制系统仿真主要流程

(1)根据工作动力高低变化和薪酬福利机制执行力度（wage－inspire－rate）大小变化，确定薪酬福利机制对工作动力的激励效果程序：

```
[ ask prey [ move
    if wage-inspire-rate=0.1  [ set energy 0.1 * energy ]
    if wage-inspire-rate=0.2  [ set energy 0.2 * energy ]
    if wage-inspire-rate=0.3  [ set energy 0.3 * energy ]
```

```
    if wage-inspire-rate=0.4  [ set energy 0.5 * energy ]
    if wage-inspire-rate=0.5  [ set energy 0.6 * energy ]
    if wage-inspire-rate=0.6  [ set energy 0.7 * energy ]
    if wage-inspire-rate=0.7  [ set energy 2.0 * energy ]
    if wage-inspire-rate=0.8  [ set energy 2.5 * energy ]
    if wage-inspire-rate=0.9  [ set energy 3.5 * energy ]
    ]
set energy energy - 100 ]
```

(2)根据工作动力高低变化和职业规划机制执行力度(career-excite-rate)大小变化,确定职业规划机制对工作动力的激励效果程序:

```
[ ask prey [ move
    if career-excite-rate=0.1  [ set energy 0.2 * energy ]
    if career-excite-rate=0.2  [ set energy 0.3 * energy ]
    if career-excite-rate=0.3  [ set energy 0.4 * energy ]
    if career-excite-rate=0.4  [ set energy 0.5 * energy ]
    if career-excite-rate=0.5  [ set energy 0.6 * energy ]
    if career-excite-rate=0.6  [ set energy 0.7 * energy ]
    if career-excite-rate=0.7  [ set energy 1.5 * energy ]
    if career-excite-rate=0.8  [ set energy 2.5 * energy ]
    if career-excite-rate=0.9  [ set energy 3.0 * energy ]
    ]
set energy energy - 100 ]
```

(3)根据工作动力高低变化和考核测评机制执行力度(check-evaluation-rate)大小变化,确定考核测评机制对工作动力的激励效果程序:

```
[ ask prey [ move
    if evaluation-impel-rate=0.1  [ set energy 0.3 * energy ]
    if evaluation-impel-rate=0.2  [ set energy 0.4 * energy ]
    if evaluation-impel-rate=0.3  [ set energy 0.5 * energy ]
    if evaluation-impel-rate=0.4  [ set energy 0.6 * energy ]
    if evaluation-impel-rate=0.5  [ set energy 0.7 * energy ]
    if evaluation-impel-rate=0.6  [ set energy 0.8 * energy ]
    if evaluation-impel-rate=0.7  [ set energy 1.5 * energy ]
    if evaluation-impel-rate=0.8  [ set energy 2.0 * energy ]
    if evaluation-impel-rate=0.9  [ set energy 2.5 * energy ]
    ]
set energy energy - 100 ]
```

(4)根据工作动力高低变化和工作文化机制执行力度(working-culturedegree)大小变化，确定工作文化机制对工作动力的激励效果程序：

```
[ ask prey [ move
    if culture-impel-degree=0.1  [ set energy 0.2 * energy ]
    if culture-impel-degree=0.2  [ set energy 0.3 * energy ]
    if culture-impel-degree=0.3  [ set energy 0.4 * energy ]
    if culture-impel-degree=0.4  [ set energy 0.6 * energy ]
    if culture-impel-degree=0.5  [ set energy 0.7 * energy ]
    if culture-impel-degree=0.6  [ set energy 0.8 * energy ]
    if culture-impel-degree=0.7  [ set energy 1.5 * energy ]
    if culture-impel-degree=0.8  [ set energy 2.5 * energy ]
    if culture-impel-degree=0.9  [ set energy 3.0 * energy ]
    ]
set energy energy - 100 ]
```

四、工作动力与激励机制系统仿真运行结果分析

工作动力与激励机制系统仿真界面如图3所示，假定在一个 $53\times26\ cm^2$ 的仿真观测面内，仿真开始时，工作动力数量=75，薪酬福利机制数量=45，职业规划机制数量=7，考核测评机制数量=15，工作文化机制数量=30，薪酬福利机制执行力=0.7，职业规划机制执行力=0.7，考核测评机制执行力=0.7，工作文化机制执行力=0.7，即在工作动力、薪酬福利机制、职业规划机制、考核测评机制和工作文化机制的数量取平时正常值，假设四类激励机制都能够较好地被执行的情况下，分别按照工作动力激发率从0.1～0.9进行仿真。

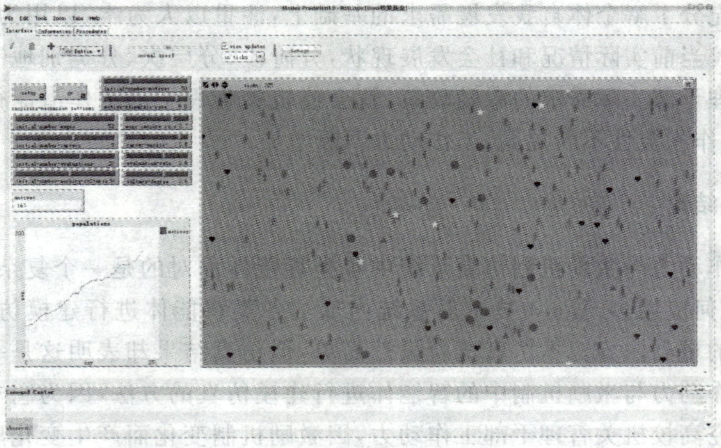

图3　工作动力与激励机制系统仿真界面

运行工作动力与激励机制系统仿真程序，可得到如表1所示的工作动力与激励机制仿真结果。若工作动力激发率水平低时，即使四类激励机制能够较好地被执行，经过很长时间后，工作动力的数量仍会变为零或大幅下降；若工作动力激发率水平中时，在四类激励机制的作用下，经过较长时间后，工作动力的数量基本保持不变或略有增加；若工作动力激发率水平高时，由于受到四类激励机制的影响，经过一段时间后，工作动力的数量出现明显增加，个体工作动机逐渐变强。

表1 工作动力与激励机制系统仿真结果

工作动力激发率 \ 仿真结果	低			中			高		
	0.1	0.2	0.3	0.4	0.5	0.6	0.7	0.8	0.9
运行时步/天	211	211	211	162	158	145	115	103	95
工作动机数量/个	0	0	22	65	76	83	103	107	126

通过上述仿真结果可以看出，在工作动力数量与激励机制数量和执行力等条件一定的情况下，随着工作动力激发率水平的提高，工作动力数量呈现出逐步上升趋势，工作动力被激发的运行天数呈逐渐缩短趋势。在工作动力激发率水平低时，仅靠较好地执行激励机制，只能使工作动力保持较长的运行时间，却不能使工作动力得到有效增加。这说明学校在对机关管理干部制定激励政策时，由于忽视了对个体需求的研究，致使出台的激励政策缺乏针对性，即使出发点是好的，但个体的工作动力也会随着时间的推移而逐渐减弱，甚至消失。反之，若在其他条件一定的情况下，逐步提高工作动力激发率水平，即学校在充分了解个体自我发展需求的基础上，注重以人为本，以用为主，认真结合学校当前实际情况和社会发展现状，分阶段、分层次、分类别地制定符合机关管理干部实际需求的激励政策，就会使机关管理干部工作潜能得到不断挖掘，工作积极性不断提高，工作动力不断增加。

五、结论

工作动力与激励机制仿真系统中各类智能体面对的是一个复杂、多变的环境，如何应用多 Agent 技术对系统内部的各类智能体进行建模仿真，是本文研究的重点内容。本仿真试验虽然简单，但仿真结果却表明这是一种较好地对工作动力与激励机制中的智能体进行建模仿真的方法，因为它非常适合分析研究高校机关管理干部工作动力，因激励机制变化而产生变化所遇到的决策问题。本文研究的工作动力与激励机制系统仿真模型是基于复杂性理论运行的，因此它具有较强的适应性和学习性，在交互仿真过程中，工作动力与激励机制通过相互自动适应，不断调整自身运行策略，以获得最佳运动方案。仿真实验结果表明，本仿真不仅可用于分析工作动力激发率水平高低对激励机制效果的影响，还可用于论证在条件一定的情况下，如何正确合理地制定激励政策问题。

参考文献

[1] 方美琪，张树人. 复杂系统建模与仿真[M]. 北京：中国人民大学出版社，2005.

[2] 史忠植. 智能主体及其应用[M]. 北京：科学出版社，2000.

[3] 张颖春. 高校管理干部考核体系浅议[J]. 中国高等教育，2007 (20)：58－59.

[4] 王鑫. 高校人力资源管理中激励问题研究[D]. 西安：西北大学，2008.

[5] Bilsky W，Schwartz S H. Measuring Motivations：Integrating Content and Method [J]. Personality and Individual Differences，2008 (44)：1753－1751.

高校现行绩效薪酬模式的缺陷及优化设计

黄 越 张 辉 王 静

高校改革中，教师薪酬改革已成为一个热点问题。目前基于绩效的薪酬模式存在缺陷，造成教师之间不良竞争、缺乏合作，产生败德行为、教师重科研轻教学等后果。本文运用社会交换理论和多任务代理理论对绩效薪酬模式的弊端进行了剖析，并在引入主观评价的基础上，构建了新的高校薪酬模式。

一、我国高校现行薪酬模式的比较

我国大多数高校现行的工资制度是以职务等级工资制度为核心的多元结构工资制，主要包括全国统一的事业单位职务等级工资、地方政府的补贴和校内津贴 3 个部分。多年来高校对校内津贴部分的改革主要是参照企业的薪酬制度，逐步形成了基于职位、基于能力和基于绩效的 3 种薪酬模式。对这 3 种薪酬模式进行综合比较，如表 1 所示。

表 1 高校现行薪酬模式比较

	基于职位的薪酬模式	基于能力的薪酬模式	基于绩效的薪酬模式
核心理念	以职位为依据	以能力为依据	以绩效为依据
中心思想	以事为中心	以人为中心	以人为中心
具有的功能	保障作用	调节作用	激励作用
达到的目标	组织目标	个人目标	组织和个人目标
公平性[1]	小	中	大
竞争性	小	中	大
保障性	大	中	小
激励性	小	中	大
灵活性	小	中	大
常用的形式	岗位津贴	特聘教授、长江学者等特殊津贴	教学、科研成果奖励
操作的难点	岗位分析和职位的评价	能力的评价	工作绩效的考核
适用条件	内外部环境比较稳定	能力竞争突出的环境	外部竞争激烈的环境

由表 1 可知，3 种薪酬模式中，基于能力的薪酬模式，运用于高校教师时在实际操作上对个人能力的评价仍存在相当大的难度。基于职位的薪酬模式已经不能很好地激励高校教师，也不再适应现阶段高校发展的趋势。基于绩效的薪酬模式因其独特的优势受到国内外高校的广泛关注及应用。其主要的优点有：奖励绩效好的教师能激励其他教师，从而提高整体生产力；对教师不断追求卓越起到较好的激励作用；有利于留住优秀人才，同时使业绩低的教师自然淘汰；减少教师的兼职现象，吸引其他领域的优秀研究型人才进入高校；将教师和学校的目标联系在一起，有利于学校的发展；等等。

二、基于绩效的薪酬模式的缺陷及原因分析

1. 基于绩效的薪酬模式缺陷

基于绩效的薪酬也称为绩效薪酬（Merit Pay）、业绩工资或绩功工资，是根据工作任务和工作业绩来分配教师薪酬的，将工作绩效与薪酬建立其制度性关联。在 20 世纪 90 年代后，绩效在薪酬决定机制中的作用在美国、英国、德国、日本及新加坡等发达国家的高校中得到重视[2]。

基于绩效的薪酬模式具有其独特的优点，能弥补在此之前我国高校一直采取的以岗位为中心的薪酬模式的诸多不足，能够更好地激励教师。然而，在逐步推行的过程中该薪酬模式存在的缺陷逐渐显露出来，并且在运用于高校教师时产生了一些问题。例如，教师之间存在不良竞争，缺乏合作；产生败德行为；教师中容易出现重科研轻教学的现象；激励效果不如理论计划中的明显；绩效考核制度的不科学使管理层的负担过重等。

2. 基于绩效的薪酬模式的缺陷原因分析

对于存在缺陷的原因，首先可以用 Homans 的社会交换理论进行解释。高校管理层和教师之间的雇佣关系是一种社会交换关系，这种关系形成的动机、方式和过程符合社会交换的模式。雇佣关系形成以后，教师要按照学校的需要付出自身相应的劳动，并以此来换取应得的劳动报酬，高校按照约定支付教师工资，以换取教师对学校的贡献，双方互动的社会交换过程便由此开始[4]。

根据社会交换理论中的攻击与赞同命题，当个人的行动没有得到期待的奖赏或者收到了未曾预料惩罚时，就可能产生愤怒的情绪，从而出现攻击性行为[4]。基于绩效的薪酬模式在执行中的关键问题就是对绩效进行客观而公正的考核，然而在实际的操作过程中，教学质量和科研水平等指标是难以量化的，这就造成了某些指标的测量不准确，或片面的量化某些指标，从而造成绩效考核的不客观。对绩效考核的不准确会使教师无法得到其所期待的奖赏，

这势必会引起教师的不满，降低教师的工作积极性，影响激励的效果。

根据社会交换理论的价值命题，如果某种行为的后果对一个人越有价值，那么，他就越有可能采取重复同样的行为。目前很多高校都把建设研究型大学作为发展的目标，学校越来越重视科研，在薪酬模式设计方面也就加重了科研成果的奖励力度。科研成果对教师的价值更大，教师自然会加重其在科研方面投入的精力，从而忽视教学任务的完成。

对于存在缺陷的原因，还可以从多任务代理理论（Multi－task Agency Theory）中得到解释[5]。高校管理层与教师之间是典型的多任务代理关系，教师需要将有限的精力分配于科研和教学中。教学与科研这两个任务是相辅相成的，在考虑教师对高校的价值贡献时应该综合考虑。然而，科研业绩容易被客观度量与验证，教学业绩的度量只能是主观的，而且无法进行验证，这就产生了多任务代理问题。骆品亮和陈祥锋（2000 年）的研究证明，在多任务环境下，若任务之间具有替代性，基于可被观测业绩的显性薪酬制度的激励效能将被弱化[2]。就是说，假设代理人有两项任务 A 与 B，投入的努力度分别为 e_1 与 e_2。记 $\boldsymbol{e}^{\mathrm{T}}=(e_1,e_2)$，$C(e)$ 为代理人努力的成本，努力程度 $\boldsymbol{e}$ 可获得毛利（扣除代理人报酬前）$B_{(e)}$，C 是严格凸的，而 B 则是严格凹的。生产函数为 $\boldsymbol{x}=\boldsymbol{e}+\boldsymbol{\varepsilon}$，其中 $\boldsymbol{\varepsilon}^{\mathrm{T}}=(\varepsilon_1,\varepsilon_2)$ 为正态分布向量，且协方差矩阵为 $\boldsymbol{\Sigma}=(\sigma_{ij})$，$i,j=1,2$。考虑线性合同报酬 $w(\boldsymbol{x})=\alpha+\boldsymbol{\beta}^{\mathrm{T}}\boldsymbol{x}$，那么，具有指数效用函数的代理人效用的确定性等价为

$$U(w,\boldsymbol{e})=\alpha+\boldsymbol{\beta}^{\mathrm{T}}\boldsymbol{e}-C(\boldsymbol{e})-\frac{1}{2}r\boldsymbol{\beta}^{T}\boldsymbol{\Sigma}\boldsymbol{\beta} \tag{1}$$

式中右边第三项表示风险收入，r 为风险规避系数。委托人为风险中性，其效用为 $\mathrm{B}(\boldsymbol{e})-\alpha+\boldsymbol{\beta}^{\mathrm{T}}\boldsymbol{e}$。假定委托人追求总效用最大，则其面临决策：

$$\mathrm{Max}\{B(\boldsymbol{e})-C(\boldsymbol{e})-\frac{1}{2}r\boldsymbol{\beta}^{\mathrm{T}}\boldsymbol{\Sigma}\boldsymbol{\beta} \tag{2}$$

$$\mathrm{st.}\ \boldsymbol{e}\in\arg\cdot\max\{a+\boldsymbol{\beta}^{\mathrm{T}}\boldsymbol{e}'-C(\boldsymbol{e})-\frac{1}{2}r\boldsymbol{\beta}^{\mathrm{T}}\boldsymbol{\Sigma}\boldsymbol{\beta}\}$$

由式(2) 可得

$$\boldsymbol{\beta}=(1+rC_{ij}\boldsymbol{\Sigma})^{-1}B',$$

$$\frac{\partial\boldsymbol{\beta}}{\partial\boldsymbol{e}}=\boldsymbol{\beta}_i=C_i(\boldsymbol{e}),\qquad \frac{\partial\beta_1}{\partial\boldsymbol{e}}=C_{ji}(\boldsymbol{e}) \tag{3}$$

当任务 A 可观测，而任务 B 难以被观测或被验证时，以任务 A 来估量代理人的业绩，即 $x=x_1=e_1+\varepsilon_1$；同时，由于任务 B 不可被观测，可认为协方差矩阵 $\boldsymbol{\Sigma}$ 中 σ_{22}^2 为无限大，而由于任务是替代的，$\sigma_{12}=0$。进一步，由式(3) 可得，

$$\beta_1=(B_1-B_2\frac{C_{12}}{C_{22}})\bigg/(1+r\sigma_2^{\frac{1}{2}}(C_{11}-C_{12}^2/C_{22}))\qquad(4)$$

注意到，若任务 A 和 B 是互补的，有 $C_{12}<0$；若任务 A 和 B 是可替代的，有 $C_{12}>0$。那么，由式(4)可知，若两种任务是相互代替的，激励系数 β_1 变小，也就是说，多任务的报酬机制的激励效能被弱化了。

激励效用被弱化可以由此解释为，在多任务环境中，如果任务具有可替代性，那么代理人增加某一任务的劳动投入会提高其他任务的边际机会成本，这样使得代理人将劳动更集中投入到容易被评价的任务中，而以无法完成另外任务为代价，这样便造成了薪酬制度激励的弱化。由于委托人与代理人之间的信息不对称，代理人有产生败德行为(Moral Hazard)的动机。高校对教师科研任务的限制往往是针对数量，例如发表论文的篇数以及科研项目的个数等进行的，由于信息不对称性，教师往往更热衷于追求“短、平、快”的科研工作，而忽视科研成果的质量及水平，这将影响到学校整体目标的完成。

三、基于绩效的薪酬模式的优化设计

Homstrom&Milgram(1991 年)通过对多任务代理模型的求解，得出基本结论：在存在道德风险的情况下，当任务之间是强替代性时，委托人要激励代理人完成某项任务，可以通过减少对其替代性任务的激励或通过与特定任务结果相关的支付来实现；而如果任务之间是互补性的，委托人只须激励其中一项任务的努力水平就可以带动其互补性任务的努力完成[1]。如此看来委托人可以通过优化设计新的薪酬模式来增强教师多任务间的互补性，克服替代性，激励代理人提高价值贡献。我们可以按照这种思路来设计高校教师的薪酬模式。

1. 引入主观绩效评价机制

在多任务环境中，任务之间的替代性造成激励的弱化，不符合委托人的意愿[7]。为了达到 Pareto 效率，则可以引入主观评价机制，将薪酬模式设计成以客观绩效评价机制为主，主观绩效评价为辅的形式。

主观绩效评价应用于两个方面。一方面是针对教学质量不易被度量的情况，对教学成果进行综合加权打分。假设一教师讲授某课程，通过学生打分、同行评议和专家总评的方法，对每类打分者的主观评价加以一定的权重 a_i，最终得出教师该门课程的教学分 $Q=\Sigma a_i q_i$。由于综合加权打分是一种主观行为，其评价具有一定的失真风险，设置该失真风险为 $r_i=e_i/l$(与该课程评价的抽象程度有关)，其中 e_i 表示打分者评价教师教学质量时出现的误差，l 为全校该门课程授课教师教学质量平均值。最后要将评价结果与教师薪酬联系起来，最大限度地激发教师的努力水平。设置教学成果与薪酬之间的关联系数β，则该门课程该教师的教学报酬为 $w=\Sigma(1+e_i)\beta Q$。

主观评价的另一方面，是针对科研成果（论文和项目）的质量。在对科研成果数目客观评价的基础上，进行主观加权评价质量，使得代理人的行为更符合委托人的意愿，激励教师发表高水平的论文和承担有影响的项目，提高学校的整体科研实力。采取的方法是选择专业相应领域的校外权威人士及学校内的教授博导、系主任等组成专家打分团，根据学科专业期刊的影响因子、被他人索引次数和科研课题的影响力等进行分级，并对每一级别赋予相应的分数s_i。比如专家对专业期刊经过主观评价分为权威期刊、国家核心期刊、一般核心期刊、重要期刊和其他期刊五类，分别赋值5分、3分、2分、1分、0.5分，对其他科研项目和专利的水平也赋以不同的值，最终根据教师科研成果进行累加得出科研分S。

2.增加多任务间的互补性

在客观绩效评价机制的基础上辅以主观绩效评价的办法可以综合评价教师的工作成果，起到良好的激励效果。但是在实际工作中存在教师的偏好，这种机制忽略了教师的偏好：偏向教学的教师将投入更多的精力于教学工作以获得更高的教学分，而偏向科研的教师则更注重科研，以获得更高的科研分来弥补教学上的不足。

这样就很容易造成教师的两极分化，偏向教学和偏向科研的教师都可以获得满意的收入。有效的薪酬激励机制就应该是激励偏好教学的教师重视科研，而偏好科研的教师不能忽视教学。Desgagne（1999年）从监视（Monitoring）的角度提出类似问题的解决办法[3]：假设代理人有A和B两个任务，委托人对任务A的业绩定期监视，面对任务B的业绩不定时审核（Audit），但是，只有当任务A的业绩被认为是高时，委托人才对任务B进行核查；若对B核查时，认为B业绩不尽如人意，那么代理人事后收入会低于任务B不被核查时所得。这样，两种任务的联系具有互补性，激励代理人对委托人优化贡献。Desgagne用这个思路设计了采矿工人的薪酬制：工人有两种任务，搭木架（工作的安全质量）和产出。虽然Desgagne的这个办法并不能完全适用高校教师的薪酬模式设计，但是我们可以按照这个思路来设计。

假设教师有教学和科研两种任务，根据上述的评价标准教师根据自己的教学和科研情况分别得到教学分Q和科研分S。教师的薪酬分成多个等级，分级的标准与Q,S的分值相关，具体的做法是首先选取Q为关键评价因子，根据Q的分值分成多个等级，然后在每一等级内再根据S值划分次等级，最后设置等级与薪酬间的关系因数，确定每一个次等级所获得的薪酬金额。这种薪酬模式可以限制代理人的偏好，如表 2 所示，假设代理人的教学质量分为 Q_1，那么根据科研分的不同可以拿到 K_1 到 K_3 相应等级的薪酬，但如果想要拿到比 K_3 更高一级的薪酬则首先要将教学质量分提高到 Q_2 以上，随后再根据科研分计算相应薪酬等级。

依据此种方法，代理人获得高薪酬的最优条件是同时提高 Q 与 S 的值。在具体的设计时还可以选取科研分 S 为关键评价因子，根据激励侧重点不同选取不同的关键评价因子。选取教学分 Q 值为关键评价因子，侧重于激励教师提高教学质量；选取科研分 S 值为关键评价因子，则侧重于激励教师创造科研成果。无论选取什么值为关键评价因子，只要与高校管理层的目标一致，教师都将最大限度地增加对委托人的贡献。

表 2　薪酬等级表

关键评价因子 Q	S	薪酬等级 K
Q_1	S_1	K_1
	S_2	K_2
	S_3	K_3
Q_2	S_1	K_4
	S_2	K_5
	⋮	⋮
	S_4	K_7
Q_3	S_1	K_8
	⋮	⋮
	S_5	K_{12}
⋮	⋮	⋮
Q_n	S_n	K_n

四、结语

高校管理层与教师间的社会交换关系以及教师多任务间的替代性使得高校基于绩效评价的薪酬制度的激励产生弱化。本文从多任务代理理论出发，扩展了绩效薪酬管理模式，设计了一种以客观绩效评价机制为主，主观绩效评价为辅，综合评价设置薪酬等级的薪酬模式。该薪酬优化模式可以促使教师兼顾教学和科研，提高成果质量，增大教师对高校的价值贡献，是对高校教师管理、高校科研教学管理以及高校改革实践的一项有益的探索。

参考文献

[1] 周二华，柯靖．高校实行基于绩效的薪酬模式的合理性探讨[J]．科技进步与对策，2005，(1)：151－153.

[2] 骆品亮，陈祥锋．研究型大学教师薪酬制度再设计研究[J]．科研管理，2005，(5)：10－15.

[3] Bernard Sinclair Desgagne. How to Restore Higher－Powered Incentives in Multitask Agencies[J]. The Journal of Law，Economics. & Organization，1999(15)：418－433.

[4] Baker，George，Robert Gibbons，Kevin J Murphy. Subjective Performance Measures in Optimal Incentive Contracts[J]. The Quarterly Journal of Economics，1994，109：1125－1156.

[5] 曾长虹，刘萌芽．基于多任务代理理论的高校薪酬激励机制探讨[J]．南华大学学报：社会科学版，2007(6)：32－34.

[6] 黄颖．R&D团队绩效考核及薪酬激励机制设计[J]．江苏科技大学学报：自然科学版，2006(3)：91－94.

[7] 黄瑛．论高校教师人力资本报酬激励主观绩效评价机制[J]．学术论坛，2005(7)：77－80.

[8] 朱志良．如何建立符合中国高校特点的教师评价体系[J]．国家教育行政学院学报，2003(11)：58－64.

体适能视角下知识分子体质现状与对策研究

韩　文　赵夏娣　张　莹

知识分子是我国科技发展、社会进步的中坚力量，担负着科教兴国重任。生活方式转变的速率加快及激烈的竞争机制，使知识分子长期“不看病、不检查、不休假、不疗养、睡不足、带病干[1]”，导致健康状况急剧下降，“亚健康”状况逐年上升，“过劳死”现象频发。研究表明，我国70%人属于亚健康，其中约70%均为知识分子[2]；10年内北京知识分子的平均寿命从58～59岁降至调查时53～54岁，较1964年北京人均寿命(75.85岁)低20岁；上海市中年高级知识分子约75%的人属于亚健康人群。早逝科技人员集中于35～54岁[3]；2005年浙江大学高知体检人均患病4.13种，未患疾病人数仅占4.84%；体能测试显示心肺功能约20%不合格[4]。患病率与职称、年龄正相关，科技进步和知识分子平均寿命负相关。一个民族过分疲劳会影响国力[5]。知识分子健康状况归纳：疲劳增加，活力、反应和适应能力减退[6]，即体适能水平降低。本文以体适能为视角研究知识分子体质健康状况，为改善该群体体适能水平提供参考。

一、对象与方法

1. 研究对象

本研究随机抽取陕西某高校20～59岁在职教职工，按照《国民体质测定标准(成年人部分)2003》(以下简称《标准》)进行体质检测，获得有效数据859例(男性467人，女性392人)。

2. 研究方法

(1)文献资料法。查阅国内外相关研究成果和标准，进行理论借鉴和分析对比。

(2)测试法。

1)指标选用。参照成年国民体质检测项目、标准，项目包括形态指标(身高、体质量、体质指数BMI)、机能指标(肺活量、台阶试验)、素质指标(坐位体前屈、握力、闭眼单脚站立、选择反应时)等，BMI≥28.0为肥胖，

24.0～27.9为超重，18.5～23.9为中等，＜18.5为瘦。对照《标准》分值，以10岁年龄段分组，男、女、总体共10个组，采用综合和单项评定，综合评级是受试者各单项得分之和，共4个等级：一级（5分为优秀）、二级（4分良好）、三级（3分合格）、四级（≤2分不合格）。为体现较好的区分度，单项研究中将不合格分为稍差（2分）和差（1～0分），分类检测比较分析。单项指标无分不综合评级。

2）测试工具：中体同方5000系列网络智能化体质测试系统，韩国杰文身体成分分析仪（Jawon Body Com pos ition Analyzer，VENUS5.5）。

（3）数理统计法。应用Excel2003和SPSS17.0对数据进行处理分析。

（4）访谈调查法。请教健康促进专家；随机访谈被测者57例，了解其自感健康状况、健身运动开展情况及健康体适能方面需求和建议等，为本研究提供参考。

二、结果

1.转外就医费用

2005—2009年比上年净增率分别为15.59％，36.02％，13.43％，8.71％，15.73％。5年来大病转外就医费用支出净增率均值为17.89％，标准差为10.52％，表明除物价因素以外，较重疾病的增速加大。

2.体质检测结果

（1）身体形态。由表1看出，男性肥胖率为13.7％（2005年全国城市非体力劳动者肥胖率为10.8％[7]），肥胖和超重者集中在30～49岁年龄段。由表2看出，女性30～49岁年龄段较瘦比例较大，20～29岁瘦者比例较大。

（2）身体机能。由表3、表4看出，总体肺活量有25.5％（219/859）人处于不合格（差和稍差），较2006年浙江大学的20％不合格数据超55个百分点[4]。

表1　男性职工各年龄段胖瘦特征　单位：％

年龄段/岁	例　数	肥　胖	超　重	中　等	较　瘦	瘦
20～29	91	10(11.0)	6(6.6)	69(25.8)	2(2.2)	4(4.4)
30～39	143	23(16.1)	29(20.3)	84(58.7)	6(4.2)	1(0.7)
40～49	144	21(14.6)	22(15.3)	97(67.4)	2(1.4)	2(1.4)
50～59	89	10(11.2)	6(6.7)	67(75.3)	2(2.2)	4(4.5)
合计	467	64(13.7)	63(13.5)	317(67.9)	12(2.6)	11(2.4)

表 2　女性职工各年龄段胖瘦特征　　单位:%

年龄段 岁	例　数	肥　胖	超　重	中　等	较　瘦	瘦
20～29	88	1(1.0)	8(9.1)	59(67.0)	8(9.1)	12(13.6)
30～39	187	1(0.5)	4(2.1)	150(80.2)	27(14.4)	5(2.7)
40～49	83	0	3(3.6)	64(77.1)	10(12.0)	6(7.2)
50～59	34	2(5.9)	0	27(79.4)	2(5.9)	3(8.8)
合计	392	4(1.0)	15(3.8)	300(76.5)	47(12.0)	26(6.7)

表 3　男性职工各年龄段肺活量评价　　单位:%

年龄段 岁	例　数	优　秀	良　好	合　格	稍　差	差
20～29	91	10(11.0)	27(29.7)	26(28.6)	21(23.1)	7(7.7)
30～39	143	15(10.5)	58(40.6)	45(31.5)	18(12.6)	7(4.9)
40～49	144	18(12.5)	52(36.1)	35(24.3)	25(17.4)	14(9.7)
50～59	89	9(10.1)	28(31.5)	23(25.8)	18(20.2)	11(12.4)
合计	467	52(11.1)	165(35.3)	129(27.6)	82(17.6)	39(8.4)

表 4　女性职工各年龄段肺活量评价　　单位:%

年龄段 岁	例　数	优　秀	良　好	合　格	稍　差	差
20～29	88	14(15.9)	27(30.7)	23(26.1)	19(21.6)	5(5.7)
30～39	187	21(11.2)	67(35.8)	61(32.6)	30(16.0)	8(4.3)
40～49	83	7(8.4)	26(31.3)	26(31.3)	21(25.3)	3(3.6)
50～59	34	3(8.8)	8(23.5)	11(32.4)	9(26.5)	3(8.8)
合计	392	45(11.5)	128(32.7)	121(30.9)	79(20.2)	19(4.8)

男性教职工台阶试验评价处于不合格(稍差和差)者 309 例(66.1%),各年龄段不合格所占比例依次为 20～29 岁 71.4%,30～39 岁 66.4%,40～49 岁 65.9%,50～59 岁 60.7%,与年龄负相关。评价为差的男性 20～39 岁年龄段尤为严重(39.6%和 25.9%)。女性台阶试验评价处于不合格(稍差和差)者 220 例(56.1%),20～29 岁段达 69.3%。男女不合格者共 529 例(61.6%)。表明心血管机能水平(特别是年轻人)较差。详见表 5、表 6。

表 5 男性教职工各年龄段台阶指数评价情况 单位:%

年龄段 岁	例 数	优 秀	良 好	合 格	稍 差	差
20～29	91	2(2.2)	8(8.8)	16(17.6)	29(31.9)	36(39.6)
30～39	143	1(0.7)	10(7.0)	37(25.9)	58(40.6)	37(25.9)
40～49	144	2(1.4)	18(9.7)	29(20.1)	65(45.1)	30(20.8)
50～59	89	4(4.5)	14(15.7)	17(19.1)	39(43.8)	15(16.9)
合计	467	9(1.9)	50(10.7)	99(21.2)	191(40.9)	118(25.3)

表 6 女性教职工各年龄段台阶指数评价情况 单位:%

年龄段 岁	例 数	优 秀	良 好	合 格	稍 差	差
20～29	88	3(3.4)	7(8.0)	17(19.3)	39(44.3)	22(25.0)
30～39	187	6(3.2)	23(12.3)	50(26.7)	70(37.4)	38(20.3)
40～49	83	3(3.6)	25(30.1)	17(20.5)	33(39.8)	5(6.0)
50～59	34	4(11.8)	6(17.6)	11(32.4)	11(32.4)	2(5.9)
合计	392	16(4.1)	61(15.6)	95(24.2)	153(39.0)	67(17.1)

(3)身体素质。

1)柔韧、平衡、灵敏素质情况:由表 7 看出,职工柔韧不合格占到该群体 22.2%(191/859),平衡能力检测不合格者占 29.1%(250/859),反应能力不合格者占 31.0%(266/859),女性身体素质不合格者较男性所占比例少。

表 7 教职工体前屈、单脚站立、反应时评价 单位:%

性 别	指 标	优 秀	良 好	合 格	稍 差	差
男 性 (n=467)	体前屈	67(14.3)	132(28.3)	149(31.9)	86(18.4)	33(7.1)
	单脚站立	68(14.6)	125(26.8)	121(25.9)	94(20.1)	59(12.6)
	反应时	23(4.9)	73(15.6)	217(46.5)	105(22.5)	49(105.6)
女 性 (n=392)	体前屈	94(24.0)	132(33.7)	94(24.0)	54(13.8)	18(4.6)
	单脚站立	92(23.5)	109(27.8)	94(24.0)	65(16.6)	32(8.2)
	反应时	42(10.7)	33(8.4)	205(52.3)	95(24.2)	17(4.3)

2)握力、纵跳、仰卧起坐情况分析:表 8 表明,教职工力量素质状况不佳,总体不合格(稍差和差)比例偏高,女性身体素质好于男性。

表 8　教职工握力、纵跳、仰卧起坐评价情况　　单位:%

性别	指　标	例　数	优　秀	良　好	合　格	稍　差	差
男性	握力	467	34(7.3)	110(23.6)	155(33.2)	134(28.7)	34(7.3)
	纵跳	234	29(12.4)	52(22.2)	63(26.9)	69(29.5)	21(9.0)
女性	握力	392	21(5.4)	93(23.7)	142(36.2)	108(27.5)	28(7.1)
	仰卧起坐	275	65(23.6)	112(40.7)	77(28.0)	14(5.1)	7(2.5)

(4)综合评价。及格(优秀、良好、合格三项之和)率为 45.2%,低于 2005 年全国成年组均值(48.2%[7])3 个百分点,女性总体好于男性,男性 20～39 岁年龄段不合格比例较大。

3.调查访问

随机对研究对象 57 例进行调查访问,结果显示:感觉有经常性疲劳、躯体疼痛、睡眠不足、体力减退等亚健康征象 45 例(78.9%),压力较大、运动不足等 37 例(64.9%);很少参与体育健身者 39 例(68.8%),原因是“没时间、身心疲劳、设施不足、不方便、缺乏氛围”等。生活不规律、工作压力大、家庭等因素也制约着健康体适能的调适。

三、讨论

健康体适能指“有足够的活力和精神应对日常事务,享受余暇、应付突发事件,而不致过度疲倦[8]”,是人拥有健康体质、心理,对环境适应的良好状态,是实现优质生活的物质基础。健康体适能的塑造是以强化体能锻炼水平为基础,随着身体素质和健康体能适应能力的提高,会引起相应机体形态结构、生理功能的变化,从而使亚健康状态得到改善。目前,运动已经成为全球消除和预防亚健康的一种最积极有效的手段。国内外人口文献表明,人的健康状况除了社会经济水平及先天原因以外,与其自身健康意识、饮食结构、行为方式密切相关,这些因素差异导致死亡水平在各类人口中的不同。

此次体质检测结果总体情况较好,与现代社会发展进步不无关系,但是在一些项目和部分年龄段检测中发现一些不容忽视的问题:男性 30～39 岁超重和肥胖比例偏大,超重和肥胖是高血脂、高血压、冠心病等发病的高危因素[9];女性 30～49 岁较瘦和女性 20～29 岁段瘦比例较大,太瘦同样对健康不利[10];心血管机能普遍偏差,与年龄负相关,可能因该群体在青少年成长阶段,承受应试教育压力,心肺功能未得到应有的发育和锻炼所致,此群体是免疫低下、易疲劳、心血管病潜在人群;职工肌肉力量偏弱,主要因长期伏案工作，缺乏相应的体力劳作和锻炼所致；职工自感健康状况不佳，有规律科学健身亟待加强，体适能水平急须调适。

医学研究证明，各种疾病的死亡率与人体锻炼所消耗的能量成反比[11]。选择适合自己需要的运动方式和手段来强化体能，对促进身体素质和适应能力，保持健康状态，有积极作用和社会意义。

应高度重视知识分子群体的健康问题，缓解升职、工作及科研压力，制定健康发展规划，从体制、机制上确保知识分子健康体适能水平保持在良好状态；定期进行教职工健康体适能问卷调查；每半年1次全面体检和体质检测，建立健康档案；每学期全面开展“全民健身月活动”；成立教职工健康关怀部，负责体质检测、心理问卷、健康体检、健身方案制定与指导实施等工作；全面实施“健康促进”工程；倡导健康理念，强调体质优先，知识分子应接受科学指导，主动、规律锻炼，强化个体体能水平。

参考文献

[1] 李兆良，陈大伟，高燕，等. 高校中青年知识分子“过劳死”引发的思考[J]. 医学与社会，2006，19(1)：12－14.

[2] 王月云，尹平. 亚健康的流行现状与研究进展[J]. 中国社会医学杂志，2007，24(2)：140－142.

[3] 继才. 警惕过劳死[J]. 中华养生保健，2004，4(12)：12－15.

[4] 马晓微，俞伟东，王建，等. 关注教职工健康构建和谐校园[EB/OL].(2006－10－08)[2010－08－25]. http://zdgh. zju. edu. cn/in fo. php?id＝2854.

[5] 寇建民，马文海，苏静. 对知识分子亚健康状态的调查研究[J]. 北京体育大学学报，2007，52(1)：51－53.

[6] 孙川，石志成，马少锋. 临床医生亚健康状况相关因素分析及对策[J]. 实用全科医学，2006，4(6)：734.

[7] 国家体育总局. 第二次国民体质监测公报[EB/OL]. [2010－08－25]. http://www. sport. gov. cn/n16/n300161/n614646/615026. htm. l2005. 12. 12.

[8] 贯洪洲，刘爱英. 体适能解析[J]. 河北体育学院学报，2008，22(2)：73－74.

[9] 陈浩. 江浙高校教师亚健康状态调查分析与对策[J]. 嘉兴学院学报，2006，18(5)：112－115.

[10] 高虹. 研究称BMI指数是计算健康体重最佳方法[EB/OL].

[2010－08－25]. http://cn. reuters. com/article/specialEven ts1/id-CNCHINA－3435120101202. 2010. 12. 2.

[11] 李萍，余晓霞，丁蓓蓓. 院校中青年人群亚健康状态调查结果及分析[J]. 海军总医院学报，2005，18(5)：183－184.

高校管理干部工作动力及激励机制研究

俞坚苗　姜继娇

高校管理干部是学校发展的重要依靠力量。适应形势发展的要求，采取切实有效的措施，开展对高校管理干部绩效及激励机制研究，是创建高水平大学的一个重要问题。

一、对于高校管理干部考评及激励制度现状分析

目前高校管理干部考评现状及存在问题：高校管理人员绩效考核内容理解不完整；评估管理人员的考核体系不科学；绩效考核结果不公开；不透明，反馈不及时，缺乏绩效改善措施；考核操作缺乏合理性；考核指标存在问题；考核结果缺乏有效的利用与反馈。

我国高校管理干部激励机制中存在的问题：高校管理干部激励机制形成的社会环境不够宽松；高校管理干部的聘任制度还很不健全；高校对管理干部工作业绩的评价考核不够科学；报酬制度的设计未能很好地与绩效挂钩；学校管理者对各年龄、各职务、各学历层次的管理干部的需要认识不足，激励方式单一；在管理干部职业需要与工作需要中，他们对物质利益的追求并不高；由于学校规章制度不健全或虽有制度而不能很好地执行，使得对管理干部奖励有余而约束不够。

二、问卷设计调查分析及样本分布

为保证问卷的科学有效，笔者多次对题项设计进行讨论，并逐一对高校干部征求意见，对问卷进行修改，故问卷具有较高的效度。

本次调查的样本范围为西安某高校管理学院、人文经法学院、计算机学院、力学与土木建筑学院、党委组织部，文理兼有，力求具有代表性。共发放问卷 80 份，回收问卷 78 份，其中有效问卷 77 份（样本分布见表 1）。

表 1　样本分布统计表

	样本分类	频　数	百分比
性　别	男	50	64.4%
	女	27	35.6%
学　历	大学本科	26	33.9%
	硕士研究生	33	42.4%
	博士研究生	18	23.7%
是否兼任行政任务	没有兼任	52	67.8%
	兼　任	25	32.2%

三、实证结果分析

对本次调查的结果采用社会科学统计软件包(Spss)进行统计分析。下面表中的百分数为选择不同项目的人数比例，平均值为对不同的选择分别赋值1,2,3,4,5后所做的均值统计，平均值越小，满意度或重要程度越高。

1.管理干部满意度评价

从表2中可以看出各方面的满意度评价。

表 2　西安某高校管理干部满意度调查结果统计表

排序	调查内容	满意	比较满意	不清楚	不太满意	不满意	平均值
1	与领导同事之间的关系	30.3%	52.6%	11.8%	3.9%	1.3%	1.934
2	校园环境	18.4%	57.9%	79.9%	15.8%	0%	2.211
3	工作条件	19.7%	35.5%	9.2%	28.9%	6.6%	2.671
4	住房条件	5.3%	46.1%	6.6%	31.6%	10.5%	2.961
5	学校的行政工作	7.9%	40.8%	19.7%	21.1%	10.5%	3.078
6	职称评聘工作	3.9%	31.6%	30.3%	21.1%	13.2%	3.079
7	师资队伍建设工作	3.9%	27.6%	26.3%	27.6%	14.5%	3.211
8	科研方面采取的措施	2.6%	78.9%	23.7%	30.3%	14.5%	3.250
9	教学质量考核	5.3%	22.4%	23.7%	35.5%	13.2%	3.289
10	进修学习机会	6.6%	23.7%	14.5%	42.1%	13.2%	3.316
11	收入水平	1.3%	26.3%	5.3%	40.8%	26.3%	3.645

2. 西安某高校管理干部需要层次结构及激励因素调查结果及分析

调查结果见表3。

表3　西安某高校管理干部需要与激励因素调查结果

序号	与工作有关因素	非常重要	重要	比较重要	不太重要	不重要	平均值
1	健康的身体	70.2%	20.3%	9.5%			1.393
2	公平的竞争环境	53.9%	39.5%	6.6%			1.527
3	良好的福利待遇	51.3%	42.1%	6.6%			1.560
4	合理的规章制度	49.4%	44.3%	6.3%			1.569
5	融洽的人际关系	52.6%	39.5%	5.3%	2.6%		1.579
6	子女能接受良好教育	51.3%	38.2%	6.6%	3.9%		1.600
7	个人学习进修的机会	53.9%	34.2%	10.5%	1.3%		1.600
8	良好的教学、科研工作条件	47.4%	39.5%	11.8%	1.3%		1.680
9	能施展才能的工作	44.7%	44.7%	5.3%	3.9%	1.3%	1.693
10	较高的工作津贴	48.7%	31.6%	17.1%	1.3%	1.3%	1.767
11	好的领导	44.7%	42.1%	9.2%	2.6%	1.3%	1.733
12	医疗、养老等社会保障制度	40.7%	42.7%	13.3%	3.3%		1.746
13	从工作中获得成就感	40.8%	42.1%	15.8%	1.3%		1.860
14	符合自己兴趣的工作	40.8%	39.5%	13.2%	6.6%		1.867
15	稳定的工作	36.8%	36.8%	22.4%	3.9%		1.947
16	职称职位晋升	35.5%	39.5%	19.7%	5.3%		1.960
17	通过工作对学校和社会做出贡献	31.6%	46.1%	15.8%	5.3%	1.3%	2.000
18	上级对工作的认可	32.9%	35.5%	22.4%	7.9%	1.9%	2.107
19	良好的工作环境	35.2%	31.6%	21.1%	10.5%	2.6%	2.133
20	较高的社会地位	22.4%	47.1%	25.0%	2.6%	2.6%	2.173

续 表

序号	与工作有关因素	非常重要	重要	比较重要	不太重要	不重要	平均值
21	良好的住房条件	18.4%	42.1%	35.5%	2.6%	1.3%	2.227
22	通过工作获得奖励和荣耀	23.7%	38.2%	28.9%	5.3%	3.9%	2.293
23	责任较大的工作	17.1%	46.1%	23.7%	7.9%	5.3%	2.346
24	学校的地位和知名	22.4%	39.2%	27.6%	18.5%	1.3%	2.568

管理干部需要结构分析：

激励的出发点是满足组织成员的各种需要，正确分析管理干部的特点和需要结构，是进行管理干部激励的前提。

(1)对需要层次的分类。经过对样表进行标准化测试和征询专家的意见，按需要层次对具体调查内容分类如下：生存需要、关系需要、发展需要。

(2)总体情况。根据表3，按重要程度排列前五位的需要，经过计算，得出生存需要、关系需要和发展需要的平均值分别为1.834 76，1.944 7和1.982 5，3个值充分显示了西安某高校管理干部当前最关注的需求状况。

管理干部认为最不重要的三项需要依次是学校的地位和知名度、责任较大的工作、通过工作获得奖励和荣耀。

(3)不同层次、不同类型的管理干部在需要方面的差异性分析。除特殊说明外，以下分析中的比例皆为选择“非常重要”和“重要”的人数比例之和。

性别之间：统计表明，在“上级对工作的认可”方面，对男性的重要程度(66%)明显高于女性(38%)，在其他方面间没有显著差异。这实际上说明了男性更渴望工作得到认可，事业上取得成绩的现实。

年龄之间：不同年龄的管理干部在需要方面的差异较为显著(主要差异见表4)。

表4　西安某高校不同年龄管理干部的需要差异统计表

需要层次类	差异显著的需要	全　体	青年≤35岁	中年36～50岁	老年≥51岁
生存需要	较高的工资津贴	80.2%	84.6%	81.2%	40%
关系需要	上级对工作的认可	68.4%	64.1%	71.8%	80%
	通过工作获得奖励和荣耀	61.8%	64.1%	59.3%	60%

续 表

需要层次类	差异显著的需要	全 体	青年≤35岁	中年36～50岁	老年≥51岁
发展需要	职称职位晋升	75%	69.2%	84.3%	60%
	符合自己兴趣的工作	80.2%	79.4%	78.1%	100%
	个人学习进修机会	46%	61.3%	31.2%	20%

分析:①青年中年管理干部对工资津贴生存需要的愿望明显比老年强烈;②老年管理干部更加渴望得到上级的认可和赏识,所有管理干部普遍看重通过工作获得荣誉和奖励;③职称职务晋级方面中年管理干部最为强烈,青年其次,老年管理干部的愿望最低,这和他们的生理、心理发展规律是一致的;④在个人学习进修机会方面青年管理干部需求强烈,而中老年则反映平淡;⑤符合自己兴趣、爱好的工作,青年、中年和老年管理干部的需求则隐隐呈上升趋势。

职称之间:不同职称之间的管理干部在需要方面的差异较为显著(主要差异见表5)。

表5 西安某高校不同职称管理干部的需要差异统计表

需要层次类	差异显著的需要	全体	助教	讲师	副教授	教授
生存需要	较高的工资津贴	80.2%	81.8%	76.1%	99%	40%
关系需要	上级对工作的认可	89.4%	99%	88.3%	88.9%	80%
	融洽的人际关系	85.5%	81.8%	88.0%	77.8%	99%
发展需要	良好的教学、科研工作条件	86.8%	81.8%	85.7%	94.4%	80%
	从工作中获得成就感	82.9%	72.7%	83.3%	83.3%	99%
	个人学习进修机会	88.1%	81.8%	92.8%	77.8%	99%
	符合自己兴趣的工作	80.2%	72.7%	80.9%	77.8%	99%
	通过工作对学校和社会做出贡献	77.6%	54.6%	80.9%	77.8%	99%

分析:因为管理干部的职称和年龄成正相关,年龄由小到大与职称由低到高在需要方面的显著差异基本存在很大不同。生存需要方面,教授对较高的工资津贴的要求相对较低。在发展需求方面,助教渴望上级对工作的认可和赏识得到可以施展个人才能的工作。教授对符合自己兴趣爱好的工作、从工作中获得成就感和通过工作对学校和社会做出贡献需求较高。从马斯洛需求

理论来说，他们已经进入到较高发展需求阶段。

学历之间：不同学历的管理干部在需要方面的差异较为显著（主要差异见表6）。

表6　西安某高校不同学历管理干部的需要差异统计

需要层次	差异显著的需要	全体	本科	硕士	博士
关系需要	上级对工作的认可	68.4%	80%	61.9%	66.7%
	融洽的人际关系	85.5%	84%	90.4%	66.7%
	通过工作获得奖励和荣耀	61.8%	64%	64.3%	44%
发展需要	个人学习进修机会	88.1%	88%	91.4%	77.8%
	通过工作对学校和社会做出贡献	77.6%	71.4%	71.4%	77.8%

3.高校管理干部激励因素分析

对激励因素的分类：

经过对样表进行标准化测试和征询专家的意见，将问卷按激励因素分类如下：物质激励因素、政策激励因素、环境激励因素、精神激励（含成就激励）因素。根据双因素理论，将精神激励称为内在激励因素，剩余为外在激励因素。

总体情况：

(1)根据统计，物质激励、政策激励、环境激励、精神激励的平均值分别为1.806 7，2.063 6，1.830 8，1.986 8，管理干部普遍认为物质激励在工作中至关重要，环境激励次之。

(2)分析得到按重要程度排列前五位的激励因素，而且作为外在的环境或政策激励因素，在管理干部的事业发展中具有重要的作用。

不同层次、不同类型的管理干部在激励因素方面的差异性分析：

表中数值为各项的平均值，值越小重要程度越高。

(1)年龄之间的差异统计表见表7。

表7　西安某高校不同年龄管理干部在激励因素方面的差异统计表

激励因素分类	全　体	青年≤35岁	中年36～50岁	老年≥51岁
物质激励	1.807	1.822	1.773	1.900
政策激励	2.064	2.099	2.052	1.867
环境激励	1.831	1.839	1.817	1.857
精神激励	1.987	2.034	1.920	1.711
内在激励	1.987	2.034	1.920	1.711
外在激励	1.909	1.928	1.890	1.871

经方差分析及 PostHoc 平均数的多重比较发现（F 值越大或者 P 值越小，代表结果越显著），年龄在物质激励、政策激励、环境激励没有显著差异（F=0.313，P=0.732；F=0.846，P=0.431；F=0.051，P=0.950），老年对精神激励比较看中（F=1.507，P=0.225）。

（2）职称之间的差异统计表见表 8。

表 8　西安某高校不同职称管理干部在激励因素方面的差异统计表

激励因素分类	全　体	助　教	讲　师	副教授	教　授
物质激励	1.807	1.750	1.872	1.694	1.800
政策激励	2.064	2.227	2.034	2.157	1.700
环境激励	1.831	1.766	1.837	1.889	1.714
精神激励	1.987	1.910	2.008	2.074	1.667
内在激励	1.987	1.910	2.008	2.074	1.667
外在激励	1.908	1.925	1.913	1.729	1.908

经方差分析及平均数的多重比较发现，职称在物质、环境和激励等因素方面均没有显著差异（F=1.043，P=0.375；F=1.498，P=0.201；F=1.563，P=0.201）。职称在政策激励上的主效应显著（F=2.820，P=0.041），教授与助教在政策激励方面有显著性差异（P=0.048），与副教授有差异但不是很显著，说明政策激励对教授的作用相对较强。

（3）学历之间的差异统计表见表 9。

表 9　西安某高校不同学历管理干部在激励因素方面的差异统计表

激励因素分类	全　体	本　科	硕　士	博　士
物质激励	1.807	1.800	1.829	1.722
政策激励	2.064	1.973	2.107	2.111
环境激励	1.831	1.749	1.864	1.905
精神激励	1.987	1.818	2.050	2.161
内在激励	1.987	1.818	2.050	2.161
外在激励	1.908	1.840	1.944	1.908

经方差分析及平均数的多重比较发现，学历在物质、政策和环境激励方面没有显著差异（F=1.306，P=0.737；F=1.051，P=0.352；F=1.135，P=0.324）。学历在的精神激励主效应显著（F=3.776，P=0.02），表现在本科与硕士在精神激励有显著性差异（P=0.024）。

(4)不同性别之间、是否兼任行政职务之间的管理干部，在激励因素的各个方面没有显著差异。

4.影响西安某高校管理干部工作积极性的因素

调查结果见表10。

表10　西安某高校人员调动原因调查统计表

排序	管理干部调动原因	排序第一的人数比例	排序第一到第三的人数比例之和
1	为了得到更加优厚的工资福利待遇	38.2%	68.5%
2	学校的工作条件和地位影响了自己事业的更大发展	35.5%	90.7%
3	自己的工作没有得到认可和肯定	14.5%	42.2%
4	对学校的政策制度不满意	6.6%	35.6%
5	为了子女能接受更好的教育	3.9%	55.2%
6	为了更为融洽的人际关系	1.3%	7.9%

根据统计结果，影响西安某高校管理干部工作积极性的因素依次是收入水平、良好的福利待遇、进修学习机会、教学质量考核等。

四、结论与启示

根据以上的调查研究，可以得出如下结论：

(1)在现阶段管理干部的物质需要是学校管理干部的主要需要，这与房价、物价增长等有直接的关系。另一方面，国家鼓励人才合理流动，各地工资的差异也给管理干部带来一定的刺激。如何使有限的奖酬资源得到合理的分配和利用，仍是学校分配制度改革的任务。青年、中年管理干部对物质需要的愿望更为强烈，间接带动了他们渴望提高自身学历和学识的愿望。

(2)自我实现发展需要是学校管理干部的主导需要，大多数管理干部追求自身的成就和事业的发展，高职称、高学历管理干部尤其表现得强烈。学校为满足管理干部的高层次需要做了大量工作，如改善教学科研条件、进修学习机会等等，但这与管理干部的需要还有较大的差距。

(3)老年管理干部在生存需要、关系需要方面的强度明显偏低，这和他们的生理、心理发展规律是一致的，这与他们安于现状有关，求动的心理较弱，他们是学校的稳定因素。但他们的发展需要很强烈，学校应建立合理的机制，吸引他们积极主动地投入到学校的管理中来，切实调动他们的积极性。

主要启示：

(1)要根据高校管理干部这一特殊激励对象，从满足高校管理干部需要出发，采取相应的策略和激励措施。

(2)要根据不同学校的发展定位和办学目标，研究和制定与之相适应的激励机制和对策，而不能盲目攀比，千篇一律。

(3)要研究高校内不同管理干部群体和个体的不同需要，实施分层分类激励措施。

(4)要结合人力资本理论，重视高校管理干部的人力资本投入和回报，合理设置管理干部薪酬，充分发挥薪酬这一神奇杠杆的激励作用。

(5)针对高校管理干部的高层次需要，在激励的各环节上，加强对高校管理干部的组织激励和文化激励，以探索对高校管理干部全方位的长效激励机制。

有待研究的问题：在研究薪酬激励时，理论上应使薪酬对内具有公平性，对外具有竞争性，如果国家工资管理体制和制度改革不突破，仅靠校内“贡献薪酬”部分的改革，是有限的，最多是一种制度的修补，固定的工资制度难以突破，薪酬激励的目标也就难以实现。由于时间和能力有限，对激励机制中的组织激励和文化激励方面研究还不够深入。相同的管理制度在不同的高校、不同的环境产生不同的效果，这是因为组织激励和文化激励发挥着特殊的功能，它是高校激励机制中不可缺少的组成部分。

参考文献

[1] 鲁茗.试论激励理论在高等教育管理中的应用[J].沈阳教育学院学报，2002,9(4):10-13.

[2] 施古峰.管理，在艺术的细节中升层——浅谈学校管理中的激励艺术[J],现代教育管理与教学,2007,(6);28-29.

[3] 杨秋艳.论高校管理中的有效激励[J].东北财经大学学报.2004,(1):93-94.

[4] 俞文凯.中国的激励理论及模型[M].上海:华东师范大学出版社,2003:214-219.

[5] 汤永杰.高校管理中激励理论应用探析[J].高等农业教育,2004,(11):51-52.

[6] 张颖春.高校管理干部考核体系浅议[J].中国高等教育,2007,(20):58-59.

[7] 于云波.正确运用激励理论提高学校管理绩效[J].经济师,2004(1):109-110.

[8]　时姗姗.运用激励机制提高高校管理绩效[J].现代企业教育,2007(2):47－48.

[9]　刘影,刘洋.论强化高校的激励机制[J].中国高教研究,1998(5):67－71.

[10]　张福明.高校激励约束机制新探[J].高教探索,2001(2):46－48.

[11]　周彬,吴志宏,谢旭红.教师需要与教师激励的现状及相关研究[J].教育理论与实践,2002(9):31－37.

[12]　减福学,戴贵斌.论高校管理干部的基本素质及提高[J].黑龙江教育学院学报,2002,3(2):65－66.

[13]　李彩燕.激励员工四大技巧[J].东方企业文化,2008,11:60－61.

[14]　Biernat M. Motives and values to achieve:Different constructs with different effects[J].Journal of personality,1989(57):6－95.

[15]　Bilsky W,Schwartz S H. Measuring Motivations:Integrating Content and Method[J]. Personality and Individual Differences,2008(44):1753－1751.

[16]　Brunstein J C,Schmitt C H. Assessing Individual Differences in Achievement Motivation with the Implicit Association Test[J]. Journal of Research in Personality,2004(38):536－555.

高校管理干部动力机制研究

晁小荣　徐　澄　李　鑫　訾　方

党政机关在高校的管理工作中起着重要的作用。它是高校党政领导赖以指挥全局、推动高校正常运转的重要组织，是承上启下、疏通左右、联系内外的桥梁和纽带，保证高校管理工作有效地开展。加强高校机关管理干部队伍建设，充分调动这支队伍的积极性、主动性和创造性，是促进学校管理工作上水平、各项工作顺利开展的基本保证，也是推动高等教育事业更好发展的必然要求。高校的师资队伍和管理干部队伍犹如鸟之两翼，缺一不可。要建立一流大学，培养高素质人才，师资队伍建设和管理干部队伍建设两手都要抓，两手都要硬。

一、高校管理干部动力机制的内涵

高校管理干部队伍建设面对的最大挑战是如何实施行之有效的动力管理。所谓动力开发，就是运用心理学的原理和方法，知人善任，充分调动劳动者的积极性和创造性，特别是要激发劳动者的内在潜力，深刻地揭示这个潜力的源泉和机制。动力机制是推动系统运动的各种力量相互协调而形成的有机整体，它决定着系统的生机和活力。在建设管理干部的系统工程中，各种动力因素相互作用，形成高校管理干部队伍建设的动力机制，共同推动高校管理干部队伍的建设。

1. 高校管理干部动力机制要素分析

根据德国心理学家勒温在其群体动力理论中的观点，人的行为取决于内在需要和周围环境的相互作用[1]。因此，高校管理干部队伍建设的动力机制可以从管理干部的内在需要和外部环境两个方面来进行分析，如图 1 所示。

(1)高校管理干部的内在动力。高校管理干部一般都受过系统的高等教育，拥有比较丰富的知识储量，自主意识强烈，实践能力突出，成就欲望高，事业心责任感强。同时由于工作职能间的差异，他们彼此之间还相对独立。高校管理干部这种不同于一般管理人员的工作性质，决定了他们对事业平台的搭建、工作氛围的营造、管理文化的建设等有更高的要求。当然，高校管理干部也有一般人所具有的对物质待遇和生活条件的需要。这些要求和需要既是他们工作创新的条件，也是促进他们发展的内部动力。

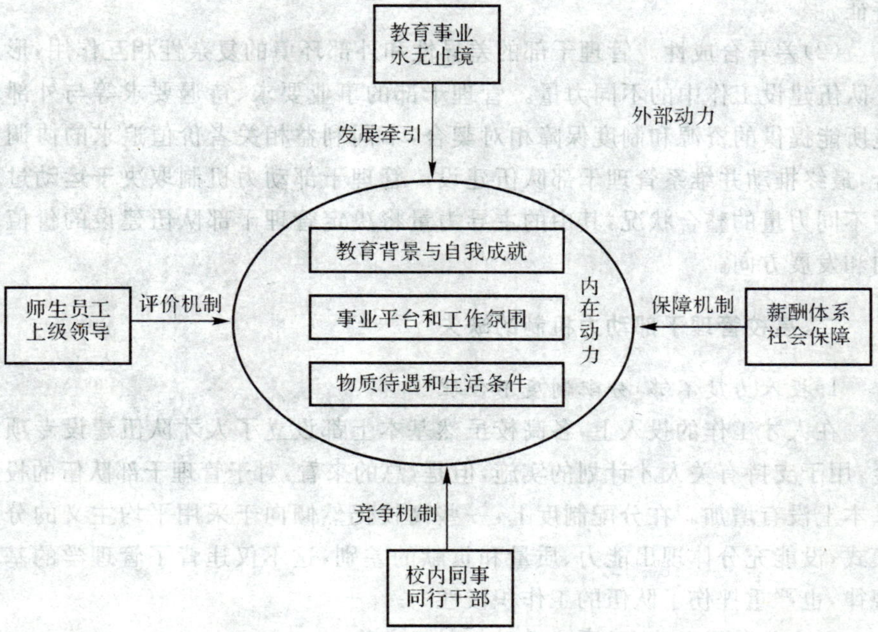

图1　管理干部的内在需要和外部环境

（2）高校管理干部的外部动力。从提高高校的综合实力和核心竞争力的角度来看，高等教育事业发展对管理干部队伍建设有着强大的需求，这种需求既是管理干部成长、发展的条件，也是管理干部队伍建设的外部动力。与此同时，管理干部也需要学校提供相应的资源和制度保障，需要上级领导和师生员工的认可和支持，同时也面临着校内外的竞争压力。但是，如果不能真正调动起管理干部的积极性和主动性，不能在干部队伍建设过程中激发干部的内在动力并在此基础上转化为外在的自觉行为，那么无论来自外部的推动力有多大，来自外部环境的压力有多大，要想提高干部队伍水平也是非常难的。

2.高校管理干部动力机制的特征

高校管理干部主要由校院两级党政管理人员组成。人才内部的差异性、群体工作的特殊性和外部环境的复杂性，形成了高校管理干部动力机制有别于其他动力机制的特殊性。概括来讲，主要有以下两个特征：

（1）多维复杂性。高校管理干部就其类型而言，可以分为宏观决策型、思想政治型、专业管理型、教学辅助型等；就其所处的外部环境而言，不同的国家和不同层次的高校对管理干部有着不同的要求和期望。因此，高校管理干部群体自身的差异性和外部环境的复杂性使其动力机制呈现了多维复杂的特征。

(2)差异合成性。管理干部的差异性和外部环境的复杂性相互作用,形成了队伍建设工作中的不同力量。管理干部的事业要求、待遇要求等与外部环境所能提供的资源和制度保障相对契合,不同利益相关者价值追求的协调整合,最终推动并维系管理干部队伍建设。管理干部动力机制取决于运动过程中不同力量的整合状况,其中的主导力量将决定管理干部队伍建设的价值取向和发展方向。

二、高校管理干部动力机制的缺失

1. 投入力度不够,分配制度不合理

在人才工作的投入上,各高校虽然基本上都设立了人才队伍建设专项资金,用于支持有关人才计划的实施,但是,总的来看,对于管理干部队伍的投入基本上没有增加。在分配制度上,一些高校仍然倾向于采用平均主义的分配模式,没能充分体现出能力、质量和贡献的差别,这不仅违背了管理学的基本规律,也严重挫伤了队伍的工作积极性[2]。

2. 文化氛围不浓郁,事业吸引机制不完善

管理干部的高等教育背景使得才能的发挥和事业的成功成为他们关注的重点。和谐发展的事业氛围、合作竞争的工作环境、规范合理的职业规划是吸引和留住管理干部的重要保证,也是充分发挥管理干部作用的“催化剂”。然而,就目前而言,高校的和谐发展氛围还不够浓郁,合作竞争的工作环境尚未真正形成,管理干部没有明确的职业生涯规划,“催化剂”效用没有得到发挥。

3. 管理体制不健全,管理合力尚未形成

管理体制的科学与否在很大程度上决定着管理干部工作的生机与活力。高校内部管理体制所营造的制度环境是高校职能得以发挥的基础,也是影响管理干部成长的重要外部因素。由传统计划经济沿袭下来的队伍管理体制模式僵化且管理机制的不健全,主要表现为干部队伍培养体制不健全。重视选留干部,轻视干部发展和培养;干部评价机制不合理,重视短期效益轻视长期效益,重视量化评价和结果评价轻视质性评价和过程评价[3];干部激励模式单一,没有充分考虑管理干部的特殊利益和心理需求等。

三、高校管理干部的动力机制构建分析

建立高校管理干部的动力机制就是在高等教育事业深化改革的背景下,在对管理干部的使用过程中,采取一定的方式和手段,建立起管理干部符合形

势发展需要的动力机制,打造一支精良高效的管理干部队伍,使管理干部真正成为高等学校事业发展的重要推动力量。

1.以激励促动力

激励是人本管理中的核心内容,构建一套适合高校管理干部的激励机制,对调动管理干部的积极性,提高管理干部的工作动力,发挥管理干部的创造力具有重要意义,从而为提高学校的教学质量和办学效益发挥更大的能量。

激励含有激发动机、鼓励行为、形成动力的意思。作为组织行为学和心理学的概念,是指通过了解人的需求和动机,设计一定的奖惩措施和工作环境,控制和引导人的行为,激发人的动力,使人才具有一股内在动力,积极努力地朝着所期望的目标前进的心理过程。激励的本质就是激发人的动力,而激励的过程实际上是人的需求得到满足的过程,也是激发内在动力的过程[4]。建立管理干部的动力机制,首先要实事求是地承认管理干部正当合理的个人利益,并建立起有效的激励机制,尽可能满足管理干部的合理需求,激发党员干部的内在动力。

正确认识激励的意义和作用,把握激励的时机、频率、程度和方向,运用目标激励、环境激励、情感激励、制度激励等理论。在实施激励过程中,把握好物质激励与精神激励相结合,以精神激励为主,正激励与反激励结合,以正激励为主的原则,建立并实施有效的激励机制,最大限度地满足管理干部自我实现的愿望和追求。在财政许可的情况下,可以适当加大物质激励的力度。与此同时,将精神激励与物质激励结合进行,使获得精神激励的党员干部不仅得到荣誉,也能得到实惠,保持高昂的积极性和创造性。

2.以教育促动力

激励机制建立起来之后,能否真正地达到预期目标,关键还是看管理干部在落实过程中的角色定位和发挥的作用。从哲学上来看,外因是变化的条件,内因是变化的根据,外因只有通过内因才能起作用。激励是手段,而通过激励达到产生正确动力的目的,还须有一个主观共鸣的过程,也就是作为激励客体的管理干部对这一机制产生积极的共鸣。需求是激发动机的起点,也是引起行为的关键,这其中至关重要的是追求什么样的需求和满足。一方面,管理干部应当在当前各种利益整合的过程中牢固树立正确的世界观、人生观和价值观,在改造客观世界的同时,努力改造主观世界。另一方面,要加强对管理干部的教育培训和管理干部自身的学习改进,这就既要加强理论学习还要注重实践锻炼,在学习和实践中不断总结经验,校正思想和行为,激发出强大的热情和动力。

3. 以竞争促动力

在社会经济市场化的大背景下，在对高校管理干部的选聘中，引入市场竞争的调节机制，在工作中实行科学的考核和评估机制，以此对管理干部形成一种无形的压力，产生危机感和紧迫感[5]。一方面促使管理干部不断学习，与时俱进，更新老化的知识，为更好地开展工作储备必要的资源，为高校管理活动注入新的活力。另一方面，借助竞争的优势可以不断完善对管理人员的聘任制度，真正做到优胜劣汰。

4. 以目标促动力

首先要建立和完善主体明确、层级清晰、具体量化的目标责任体系。在总体目标设定上，着重体现学校发展大局的要求。在个人目标的设定上，突出以人为本，综合考虑管理干部的个人能力和素质，并结合专业特长和性格爱好等，有针对性地确定绩效目标，建立相应的考核激励机制。其次，强化目标责任管理，建立目标责任评议制，定期开展民主评议活动，就管理干部目标任务完成情况进行反馈，接受公开评价。并且要严格目标责任追究制度，强化监督，严肃纪律，对因工作责任心不强、工作落实不到位、工作推进不及时而造成工作失误或重大损失的，视情节轻重予以处理。

四、完善高校管理干部动力机制的举措

1. 建立科学合理的薪酬福利体系

在人才市场上，薪酬待遇不仅是人才工作的"启动器"，而且在很大程度上已经成为了衡量人才价值的"标志尺"。国内外很多专家就人才流失问题，从社会大生产、产业结构转换的角度进行解释，认为人才流动的根本原因是经济结构转换过程中产生的地区间、部门间的收益差异。由于市场实行的是"价高者得"的资源获取规则，为了实现自身价值，人才应该是从组织效率低、个人收益低的地方向组织效率高、个人收益高的地方流动。因此，要想吸引并留住优秀的管理干部，就需要建立起科学的人力资本定价系统和市场化的薪酬制度，切实实现"以岗定薪，按劳分配，优劳优酬"的分配原则，真正实现收入水平与工作能力、业绩的直接挂钩。

2. 为管理干部队伍搭建一个可以施展才华的平台

高校管理干部最明显的特征在于以强烈的事业心和创造性开展工作的原动力。教育事业是他们生命的一部分，事业发展的基础和空间是他们关心的重点。大学是人才的高地、国家发展的基石，对教育事业的热忱和献身精神则是管理干部的重要精神力量。和谐发展的事业氛围、合作竞争的工作环境、规范合理的职业规划、公平公正的监督评价体制等共同构筑了管理干部施展才

华的平台。

3. 构建以人为本的干部队伍管理体制

人本管理就是将人作为管理的主体，尊重人的个性，突出人的能动性，注重人的差异性、层次性，从人的情感、需要、发展的角度来进行管理。人是一种可以开发的特殊资源，是有情感和发展诉求的生命主体，在“以人为本”的理念的指引下，开展管理工作，实现管理的终极目标——人的发展。高等学校作为一个知识传授和知识创造的特殊机构，有着与社会其他机构在工作性质上的巨大区别。对高等学校而言，无论是知识传授、知识创造还是运行管理，都是以人为主体的，都必须充分调动人的积极性和创造性[6]。管理干部是学校发展的“神经系统”，是提升学校竞争力的战略性资源，有着特殊的发展诉求和价值追求。只有将管理干部的健康成长和自我实现放在首要位置，一切以人为中心，通过有效地组织和引导，建立和完善管理干部成长的教育体系，构建灵活个性的职业进步和提升系统，积极运用信息技术，建立人才信息资源库，推动人才资源共享和流动，才能实现人才管理的现代化和信息化，进而调动管理干部的积极性和主动性，从而实现高等学校管理工作的发展和提升。

4. 规划管理干部队伍和学术论发展的共同愿景

“共同愿景”是美国当代杰出的管理大师彼得·圣吉提出的重要概念，是指组织之中的全体员工共同愿望的景象和期望达到的境界[7]。建立共同愿景是让员工在情感上理解、在行动上参与、在效果上把组织的目标和个人的目标连接起来的一个好途径。对管理干部而言，事业的成功和个人价值的实现比物质待遇更重要。他们特别关注个人的成长空间与学校所提供的事业平台等的契合度，特别是学校的战略发展规划能否成就个人事业，学校的价值体系是否与自身的价值观相吻合。只有学校的价值体系被管理干部所接纳，学校的发展前景与个人的未来规划相一致时，管理干部才会将学校的目标与个人的目标联结起来，才会产生源源不断的动力，因此，“共同愿景”是管理干部队伍建设的不竭助推力。

参考文献

[1]　苏东水. 管理心理学[M]. 4版. 上海：复旦大学出版社，2002.

[2]　朱利民. 高校行政管理人员管理制度改革刍议[J]. 中国人才，2006，7.

[3]　张颖春. 高校管理干部考核体系浅议[J]. 中国高等教育，2007(20)：58－59.

[4]　王鑫. 高校人力资源管理中激励问题研究[D]. 西安：西北大学，2008.

[5]　刘贵丰. 关于构建干部“能下”动力机制的几点思考[J]. 理论学刊，

2006,6.

[6] 刘永吉,张勇志.新时期高校行政管理工作的思考[J].辽宁行政学院学报 ,2007,8.

[7] 彼得·圣吉.第五项修炼——学习型组织的艺术与实务[M].上海:上海三联书店,1998.

提高高校党政机关干部工作动力初探

訾　方　徐　澄

一、高校党政机关干部队伍是推动学校事业发展的重要力量

高校是我国知识创新和高级专门人才培养的重要基地，是建设人力资源强国和创新型国家的重要力量。教学、科研、党政机关职能部门和后勤服务机构这四个部分，构成了推动高校有序发展的四个“车轮”，缺一不可。随着教育改革事业的不断深化，提升高校管理能力和水平、建设一支高素质的管理干部队伍，既是高校科学发展的必然要求，也是全面提高教育质量的必备条件。

高校党政机关和职能部门担负着整个学校的教学组织、学生管理、科研管理、学科规划、人才队伍建设等各项管理工作，也承担着制度建设、政策制定、机制改革等任务，是高校工作有序运转的重要组织，是承上启下、疏通左右、联系内外的桥梁和纽带，在高校改革发展中发挥着相当重要的作用。高校党政机关干部，既是管理者又是教育者，是高校师资队伍的重要组成部分。建立一支结构合理、德才兼备、精干高效、充满活力的管理人才队伍，并充分调动这支队伍的积极性、主动性和创造性，不断提高机关干部的政治素质、服务意识、业务水平和执行能力，是高校科学管理上水平的基本保证，也是促进学校事业又好又快发展的根本要求。

二、对高校管理干部工作动力不足的分析

《国家中长期教育改革和发展规划纲要(2010—2020年)》中，为高等教育的发展提出了六个方面的发展任务：提高人才培养质量、提升科学研究水平、增强社会服务能力、优化高等教育结构、促进高等学校办出特色和加快建设一流大学和一流学科[1]。这些任务目标的实现，需要一支政治强、业务精、懂教育、会管理的高校管理干部队伍。近年来，随着高等教育的快速发展，高校建立了一支比较过硬的党政机关干部队伍，高职称、高学历干部显著增加，岗位与专业的对口性明显改善。但与此同时，也出现了机关干部工作动力不足、墨守成规、因循守旧、缺乏工作热情、进取意识和创新精神，成为制约高校发展的

关键因素。因此，深入探寻高校党政职能部门管理干部工作动力不足的原因，分析研究并提出相应对策，继而采取切实有效的措施加以解决，对于高校的改革和发展将会产生积极有效的推动作用。

1. 轻视管理和管理人才的偏见

由于高校的定位和发展目标以教学、科研和学科建设为中心，强调教师和学生的主体地位多一些，长期以来党政机关工作在高校的整体工作中被看做是次要的、辅助性的、非决定性因素的工作，高校中不同程度地存在着轻视管理、轻视管理人才的偏见，认为没能力从事教学和科研工作的人才去从事管理工作。这往往给机关干部造成某些工作和心理上的负面影响，从而影响其工作积极性。

2. "官本位"思想严重

少数机关干部存在"官本位"意识浓厚等弊病，认为自己是管理者，其他人员是被管理者，以自身的利益和意志为根本出发点和落脚点，缺乏为师生服务的意识，失去工作的主动性。这不仅会严重损害学校党政机关和职能部门的形象，而且会影响学校正常的教学和科研、管理工作秩序。

3. 福利待遇和分配不公

许多高校为了突出以教学科研为中心的引导作用，以及加强师资队伍建设的力度举措，在分房、工资等福利待遇上，优先考虑教学和科研人员，造成机关干部的各种待遇在制度层面被边缘化，以示低于教师队伍的差别。在收入上，教学和科研人员除了工资、津贴外，可以领取课时费或较自由支配的科研经费，而党政机关干部除了工资、津贴等收入外，基本没有其他的收入来源。党政机关干部的日常工作更琐碎，工作时间相对更长，但收入却与教师和科研人员差距较大，而且他们从事的工作大部分是"为他人作嫁衣裳"，不能转化为个人成果和荣誉，会使部分干部产生心理落差和不平衡，在一定程度上损害了他们的工作热情，甚至可能造成极少数人的职业道德防线崩溃，责任感淡化，变得庸俗世故、重物质利益，甚至搞权钱交易、以权谋私等。

4. 职称评定和职务晋升困难

各高校对机关干部的职称评定存在一定差异，有些高校规定部分岗位的管理干部不允许评定职称，有些高校对其参评条件作了更加严格的规定，如任职年限、评定比例等均严于教师和科研人员的规定要求。许多高校也缺乏对管理干部职务和级别晋升的制度规定和途径，缺乏激励机制和淘汰机制，出现了"干与不干一个样，干好干坏一个样"的局面，这也会严重影响管理干部的工作积极性。

5. 对管理干部队伍的选用培养缺乏与师资队伍相同的规划和措施

多数高校存在“重教师与技术人员培训，轻管理干部培训”的现象，有些学校甚至在管理干部进修深造上设置更加严格的门槛和条件。应当看到，大多数管理干部希望进修深造，这既是对个人职业生涯规划和提升自身素质的要求，也是出于更好地从事本职工作的良好愿望，应该为他们提供和创造培训、深造的机会，而非加以限制和约束。

当然，党政机关干部队伍自身也存在着内在的主观问题，如能力水平不高、政绩观念不正、精神状态不佳、危机意识不强、创新活力不足等，也都造成了机关干部工作动力不足的局面。同时，还有诸多更深层次原因造成行政管理人员的心理阻抗[2]，如道德信仰紊乱造成工作行为失范，原则不强造成工作失误，责任意识淡薄造成奉献精神缺乏，自我意识过强造成统筹协调不足，工作因循守旧造成开拓创新不够等，从而阻碍高校党政管理工作的有效开展。

三、提高机关干部工作动力的措施建议

《国家中长期人才发展规划纲要》(2010—2020 年)，将党政人才队伍要重点建设好的六支人才队伍之一，并实施党的人才素质能力提升工程，这也充分体现了高校党政机关管理干部队伍建设的重要性。针对上述影响高校党政机关干部工作动力不足的原因分析，就如何提高党政机关干部工作动力，笔者认为应从以下几个方面努力。

1. 加强思想政治教育，提高政治理论素养

思想是行动的先导。强烈的事业心和崇高的使命感，是机关干部做好工作的重要前提和内在动力。要充分发挥我党在思想政治工作中的优势，加强对党政机关干部的思想政治教育，用科学的理论武装干部，用先进的典型激励干部，用时代任务要求召唤干部，引导机关干部以敬业奉献和事业成就作为价值标准，树立正确的世界观、人生观、价值观，自觉把履行“管理育人”“服务育人”岗位职责放到高校乃至党和国家的大局中去思考、去谋划，增强工作的主动性和创造性。

2. 党政机关干部的专门化

高校党政机关管理干部的专门化，可以提高管理队伍的水平和管理人员的积极性，它包括专业化和专职化两层含义。专业化指的是他们应深刻领会党和国家的教育方针，具备现代管理知识和管理手段等基本素养，熟悉高校党政管理工作特点、规律和方法，掌握计算机和网络应用等现代技术；专职化指的是党政机关干部尤其是初级管理干部，仅从事管理工作，而不兼任教学或科研工作，也就是通常所说的“单肩挑”。文献[3]对“双肩挑”型管理干部在高校

管理工作中的不足进行了详细的分析，认为一方面既不利于高校教学、科研的发展，也不利于学校管理事业的发展，另一方面，易使一些学术业务能力较强但又不太善于从事管理工作的同志走上管理岗位，而那些管理意识强，又有组织才能的人则可能被排斥在选拔范围之外，这在一定程度上又造成了管理人才的浪费，不利于学校管理干部队伍的相对稳定。

3.用愿景激发工作热情

愿景是人们愿意为之奋斗并希望达到的图景，概括了未来目标、使命和核心价值[4]。为高校机关干部树立清晰明确的愿景，能够激发他们敬业奉献的热情，激励他们实现职业理想和追求、赢得人生价值的升华。比如，高校发展的目标、部门工作的业绩、个人职业生涯的规划等，通过构建这些“共同愿景”，引导和鼓励党政机关干部脚踏实地、全心全意地投入工作，有效地激励他们的工作动力。

4.加强教育培训工作，提供进修深造机会

高校党政机关干部多数不是管理专业出身，对于管理方面的知识，特别是现代管理知识学习不多，应当通过岗位业务培训、在职继续教育与脱产进修深造相结合的方式，促使他们不断加强现代管理理论和教育理论的学习，改善知识结构，提升业务素质和科学文化素养，增强解决实际工作问题的能力，提高服务意识和创新能力。高校应制定党政机关干部的教育培训制度、培训监管制度和考核评价机制，确保机关干部教育培训和进修深造的效果。组织、人事部门要针对党政各职能部门的实际情况和工作特点，制定年度和中长期培训计划，实现党政机关管理干部继续教育的规范化、系统化和常态化。

5.建立健全选拔任用、定期晋升和管理监督机制

以科学化、民主化和制度化为目标[5]，根据党政机关职能部门和教学、科研部门的不同特点，坚持党政人才和专业技术人才两支队伍一起抓，使各项改革配套进行，整体联动，相互协调。制定出有针对性和可行性的规章制度，实现干部管理的制度化，理顺高校机关管理机构，科学定岗定责；制定定期晋升制度，创造激励环境，营造干事业的氛围，保障平等竞争，千方百计调动他们的积极性；制定管理监督制度，使党政机关干部的行为有章可循，有法可依，使他们时时处处都在学校党政领导和全体教职员工的监督之下，确保他们秉公办事，不徇私情。

6.建立科学的考核评价体系

对党政机关干部实行岗位任期制，采用年度考评与任期考评相结合的方法，对他们的工作进行定期考评，将考评结果与薪酬奖励挂钩。在考核方法上，采取定性与定量相结合的方法，综合运用民主测评、民意调查、实绩分析、

个别访谈、综合评价等手段，对干部的工作实绩做出客观公正的评价。建立和完善党政机关干部的薪酬奖励制度和标准，确保在他们没有课时费和科研收入的情况下，与教师和科研人员的整体收入保持合理的平衡。建立党政机关干部正常退出机制，对考评不合格的干部和不安心机关工作、不思进取、工作缺乏热情和主动服务精神的机关干部要及时进行批评教育，对的确不能胜任机关工作的干部要及时进行调离。

党政机关干部建设是高校师资队伍建设的重要组成部分，高校要从制度、机制和人文关怀等方面做好工作，提升他们的认同感、自豪感和成就感，尽最大限度满足党政机关干部自我价值实现的愿望和追求，从而推进学校党政管理工作有序高效地开展，促进高校党政管理工作上水平。

参考文献

[1] 国家中长期教育改革和发展规划纲要(2010—2020 年). 北京：人民出版社，2010.

[2] 於军. 高校行政管理工作中存在的问题与解决思路[J]. 教育与现代化，2006，4：53－57.

[3] 朱利民. 高校行政管理人员管理制度改革刍议[J]. 中国人才，2006(7)：44－45.

[4] 桂维民. 笃行——人大机关提升执行力的实践与思考[M]. 陕内资图批字 2010 年第 13 号，2010.

[5] 仲祖文. 不断把干部人事制度改革引向深入[J]. 求是，2004(22)：9－10.

高校实验技术人才测评方法研究

张 原 李 鑫 杜兴号

一、引言

纵观人类认识世界和改造世界的整个过程，实验的手段始终发挥着巨大的作用。用实验手段来验证和探求自然界的规律，符合唯物论的基本观点。现在，科学技术的发展已经进入了一种几何级数的发展时代，特别是第二次世界大战之后，涌现出这么多先进的科学技术，但无一例外都是与先进的实验条件和实验手段紧密联系在一起的[1]。而先进实验设施只有依靠一流的实验技术人才才能发挥出它的最大功效。美国的很多国家实验室如设在麻省理工学院的林肯实验室，加州理工学院的喷气推进实验室等，都拥有一流水平的实验技术人才，以保持其学科的领先地位。1956 年美籍华人吴健雄率先用实验证明杨振宁、李政道荣获诺贝尔物理学奖的弱相互作用中宇称不守恒理论。1958 年她当选为美国科学院院士，1975 年当选为美国物理学会会长，成为担任该职的第一位女性。可见实验技术人才是科学研究的关键之一，是科学技术发展的重要力量。

那么，吸引和培养一批高水平的实验技术人才，就成了高校应对当前激烈竞争重要环节之一。世界著名管理学家彼得·德鲁克首先比较全面地揭示了人力资源在经济发展战略中的决定作用。他指出：从竞争的角度来看，未来竞争的高低取决于人力资源的数量、质量与产出[2]。因此，招募实验技术人才是建设高水平研究型大学过程中人力资源管理的核心内容。任何高水平研究型大学都希望拥有一支高水平的实验技术队伍，这些人不仅具备雄厚的专业技能、前沿的学术视野、勇于创新的开拓精神，又能在重大项目攻关和关键设备研发中担当重任。但在理想人选与现实应聘者之间有一定的差距。如何评价申请实验技术岗位的应聘者，是高校人力资源管理活动的一项重要内容。

通过对高校各学院、重点实验室所需人员的岗位任务、责任、权力和专业要求做出分析后，设定专门的实验技术人才岗位，对应聘此岗位的任职者提出种种严格的要求。实验技术岗位的设置要突出两个“关键”，即实验关键设备的管理和关键技术的掌握[3]。只有符合设定条件的人选才有可能被录用。由于现代实验技术的飞速发展，涉及的相关理论和知识面越来越宽，技术更新换代速度加快，大量高精尖仪器设备和日趋复杂的实验技术给实验技术人员带来了新的挑战，录用实验技术人才的工作应尤为慎重。为此，就需要有一个考核的标准，以此来判断应聘者是否具备高水平实验技术人才的素质。这时进行人才素质的测评是必需的，但评价是否全面、客观、准确，取决于评价方法的科学性、全面性、合理性。一般常用的方法是综合定性评值方法，采用学校人事主管部门或专家组进行综合评分。这种方法属于主观评价法，其优点是评估简便迅速，但准确性不高[4]。比如主管部门和专家组无法短时间内对应聘人员进行深入了解，因而难以准确客观评价，同时还极易出现人情分和乱评分的现象。针对目前评估方法的不足，我们在主观评分方法的基础上引入客观评价方法，采用对评价对象各方面的表现分类测评，然后进行综合评价。

二、高校实验技术人才素质的构成

高校实验技术岗位的人才选择标准涉及五个方面，即个性、技能、态度、动机和行为。一般而言，首先考虑的标准是，他们的道德、实验技术能力，专业知识和实验室管理水平；其次是他们是否具有冒险精神、乐观的态度、扎实的基础教育和国际前沿学术视野；第三，他们是否有将国内外最新理论或先进技术应用于先进实验设备开发和解决实际工程技术问题的能力和经历；第四，他们是否有很强的独立精神和开创精神；第五，他们是否有同国内外高水平科学家合作研究的经验，是否具有团队合作精神；第六，他们是否有具有组织编制本专业具有国内外先进水平的实验教材、实验技术标准、实验技术发展规划的能力和经历。据此，将事业单位人才素质分为3类、12个指标。

第一类为基本数据测评指标。具体包括 M_1：专业知识水平；M_2：实验技术水平；M_3：实验室管理水平。这类指标反映了应聘者的知识和技能水平，对于这类指标可以通过考试和实地操作的方式来获得相应的人才数据。因此我们称之为客观评价指标。第二类为专家组评价指标。具体包括7项，M_4：国际前沿学术视野；M_5：个人性格；M_6：团队合作性；M_7：独立自主的精神；M_8：开拓创新精神；M_9：先进实验设备开发能力；M_{10}：前沿技术和标准应用能力。这些方面很难量化，通过专家组可以得到相对准确的评价。第三类为社会调查评价指标，具体包括两项指标，M_{11}：道德；M_{12}：成功的经验，这类指标可以通过问卷形式获得相应的准确的评价。对于后两类的9项指标，我们采用主观评价方法，下面在评价时设定各项指标的最佳值（满分）为100分，第i项指标M_i的得分为$x_i(i=1,2,\cdots,12)$。

三、对各项指标分类测评

1. 对第一类指标测评

对于第一类指标M_1, M_2, M_3采用考试的方式获得数据，但数据的可信度取决于试题的难易程度、覆盖面、出题人的经验以及考试的规则。这里假设$x_1=75$；$x_2=83$；$x_3=94$。

2. 对第二类指标测评

对于第二类指标$M_4, M_5, M_6, M_7, M_8, M_9, M_{10}$的评分，可以邀请一些专家和主管部门领导组成测评小组参与评分。由于不同的专家对同一个人的评分往往有差异，因此还须对评定结果进行差异性分析。当差异性较小时，说明所有评价者的意见比较一致，可以认为评价结果比较合理；反之，认为评价结果不太准确，若差异性很大就需要重新评价。

当进行差异性分析时，先把测评小组的评分分为4个顺序的等级{优、良、中、差}，分别用{1,2,3,4}表示，然后计算等级差异性系数，作为判定各指标的主观评分的差异性指标。在下面构造了一个等级差异性系统的计算公式：

$$f=\frac{4}{9}s^2=\frac{4}{9}\sum_{i=1}^{4}\frac{n_i}{n}(i-\bar{i})^2=$$

$$\frac{4}{9}[p_1(1-\bar{i})^2+p_2(2-\bar{i})^2+p_3(3-\bar{i})^2+p_4(4-\bar{i})^2]$$

这里$s^2=\sum\limits_{i=1}^{4}\frac{n_i}{n}(i-\bar{i})^2$为等级方差；$n_i$为$i$为测评小组总人数；$\sum\limits_{i=1}^{4}n_i=n$为测评小组总人数；$\bar{i}=\sum\limits_{i=1}^{4}i\frac{n_i}{n}=p_1+2p_2+3p_3+4p_4$为平均等级；$p_i=\frac{n_i}{n}$为评$i$等的频率，$\sum\limits_{i=1}^{4}p_i=1$。我们称$f=\frac{4}{9}s^2$为等级差异性系数。测评小组成员对某人的评分等级差别越大，f的值就越接近于1；当评分完全相同时，$f=0$。一般的，f的值越接近于1，评分结果越不准确。当$f\geqslant 0.25$时，我们认为差异性相当大，就需要重新评分。如果邀请10位专家组成测评小组对某人的第4～10项评价指标进行评分，结果见表1。

表 1　指标评价结果

指标＼专家	1	2	3	4	5	6	7	8	9	10
M_4	63	72	71	75	52	60	74	74	80	55
M_5	90	92	90	91	80	83	90	75	90	80
M_6	75	60	63	51	80	80	70	60	42	80
M_7	72	70	83	80	60	90	81	70	80	90
M_8	90	60	80	81	82	70	72	90	61	80
M_9	82	63	90	80	80	61	80	70	90	90
M_{10}	81	84	90	70	62	60	60	83	80	70

由表可得 M_4，M_5，M_6，M_7，M_8，M_9，M_{10} 的标准得分分别为

$$x_4=\sum_{j=1}^{10} i\,\frac{x_{4j}}{10}=\frac{63+72+\cdots+55}{10}=67.6\text{ 分}$$

$$x_5=\sum_{j=1}^{10} i\,\frac{x_{5j}}{10}=\frac{90+92+\cdots+80}{10}=86.1\text{ 分}$$

$$x_6=\sum_{j=1}^{10} i\,\frac{x_{6j}}{10}=\frac{75+60+\cdots+80}{10}=66.1\text{ 分}$$

$$x_7=\sum_{j=1}^{10} i\,\frac{x_{7j}}{10}=\frac{72+70+\cdots+90}{10}=77.6\text{ 分}$$

$$x_8=\sum_{j=1}^{10} i\,\frac{x_{8j}}{10}=\frac{90+60+\cdots+80}{10}=76.6\text{ 分}$$

$$x_9=\sum_{j=1}^{10} i\,\frac{x_{9j}}{10}=\frac{82+63+\cdots+90}{10}=78.6\text{ 分}$$

$$x_{10}=\sum_{j=1}^{10} i\,\frac{x_{10j}}{10}=\frac{81+84+\cdots+70}{10}=74\text{ 分}$$

下面进行评分等级差异性分析，我们把上述的评分结果化为等价的评分等级见表 2。一般的 90 分以上为优（1 等），80 ～ 90 分为良（2 等），60 ～ 80 分为中（3 等），60 分以下为差（4 等）。

表 2　评分等级结果

指标＼专家	1	2	3	4	5	6	7	8	9	10	平均等级
M_4	3	3	3	3	4	3	3	3	2	4	3.1
M_5	1	1	1	1	2	2	1	3	1	2	1.5
M_6	3	3	3	4	2	2	3	3	4	2	2.9

续 表

指标＼专家	1	2	3	4	5	6	7	8	9	10	平均等级
M_7	3	3	2	2	3	1	2	3	2	1	2.2
M_8	1	3	2	2	2	3	3	1	3	2	2.2
M_9	2	3	1	2	2	2	2	3	1	1	1.9
M_{10}	2	2	1	3	3	3	3	2	2	3	2.4

等级差异性系数分别为

$$f_4=\frac{4}{9}s_4^2=\frac{4}{9}\times 0.29=0.129$$

$$f_5=\frac{4}{9}s_5^2=\frac{4}{9}\times 0.45=0.2$$

$$f_6=\frac{4}{9}s_6^2=\frac{4}{9}\times 0.49=0.22$$

$$f_7=\frac{4}{9}s_7^2=\frac{4}{9}\times 0.56=0.248$$

$$f_8=\frac{4}{9}s_8^2=\frac{4}{9}\times 0.56=0.248$$

$$f_9=\frac{4}{9}s_9^2=\frac{4}{9}\times 0.49=0.218$$

$$f_{10}=\frac{4}{9}s_{10}^2=\frac{4}{9}\times 0.44=0.196$$

从上可见，对 M_4 评价差异性较小，即评价比较合理，对 M_7，M_8 的评价差异性较大，但可以接受不重新评估。

3. 对第三类指标的测评

评分方法同第二类，不过，这里的评判人不是专家，而是随机抽取的与被测评者相关的人员，例如在试用期与应聘者共事的人。承上例，假定对 10 位在试用期与应聘者共事的人进行问卷调查，得到最后两项指标的评分结果见表 3。

表 3　社会评价指标评分结果

指标＼专家	1	2	3	4	5	6	7	8	9	10
M_{11}	91	95	92	93	80	82	90	90	96	83
M_{12}	72	60	63	60	80	85	70	60	70	84

这两项指标的标准得分分别为

$$x_{11}=\sum_{j=1}^{10} i\,\frac{x_{11j}}{10}=\frac{91+95+\cdots+83}{10}=89.2\text{ 分}$$

$$x_{12}=\sum_{j=1}^{10} i\,\frac{x_{12j}}{10}=\frac{72+60+\cdots+84}{10}=70.4\text{ 分}$$

把这两项主观性评价指标进行差异性分析。把上述评分结果转化为评分等级见表 4。

表 4　社会评价指标评分结果

专家 / 指标	1	2	3	4	5	6	7	8	9	10	平均等级
M_{11}	1	1	1	1	2	2	1	1	1	2	1.3
M_{12}	3	3	3	3	2	2	3	3	3	2	2.7

等级差异性系数分别为

$$f_{11}=\frac{4}{9}s_{11}^{2}=\frac{4}{9}\times 0.21=0.093$$

$$f_{12}=\frac{4}{9}s_{12}^{2}=\frac{4}{9}\times 0.21=0.093$$

可见这两项指标的等级差异性系数都很小，说明这两项的评价结果是比较准确的。

4. 对应聘者进行综合评价

对于实验技术岗位，由于每项指标的含义和重要程度不同，它们具有不同的量纲。因此，综合评价应聘者的素质时，不能对各项指标的得分简单平均。我们可以给每项指标的得分赋予一定的权重，清除量纲造成的障碍，同时还可以保证评估的有效性，无偏性和一致性[6]。权重的判定运用层次分析法，通过比较不同指标的重要程度，利用判断矩阵得到。暂定每项指标的权重分别为 $w_1=15\%$，$w_2=10\%$，$w_3=10\%$，$w_4=15\%$，$w_5=6\%$，$w_6=4\%$，$w_7=4\%$，$w_8=6\%$，$w_9=8\%$，$w_{10}=8\%$，$w_{11}=4\%$，$w_{12}=10\%$。

由此可得应聘者的综合评估分数为

$$x=\frac{\sum_{i=1}^{12} x_i w_i}{\sum_{i=1}^{12} w_i}=75\times 0.15+83\times 0.1+94\times 0.1+67.6\times 0.15+86.1\times 0.06+66.1\times 0.04+77.6\times 0.04+76.6\times 0.06+78.6\times 0.08+74\times 0.08+89.2\times 0.04+70.4\times 0.01=78.948\text{ 分}$$

综合分析可知，该应聘者的综合素质处于中等水平。其中 M_4，M_6，M_{12} 方面应该引起注意。

四、结论

采用这种测评方法进行实验技术岗位人才测评，可以有效抑制人情加分和个人偏好差异造成的评分误差现象，减少了主观评分。对于必须用主观评价的指标，由于对评价结果进行了差异性分析，保证了综合评估的合理性，从而确保人才引进的质量。实验技术人才队伍建设，科学用人只是一个良好的开始，后期还必须通过创新管理体制和激励机制，以政策为引导，试点运行，总结经验，实现科学发展[6]。相信通过合理有效的方法应用，实验技术队伍的水平一定能够不断提升，从而带动高校科研、教学水平全面发展。

参考文献

[1] 李斌，吴晶. 一流教育，才能建设一流国家[N]. 人民日报海外版，2009-09-7(4).

[2] 姜澄宇. 一流大学必须建设一个强大的实验体系[J]. 实验室研究与探索，2006(9).

[3] 陆学艺，顾秀林. 中国事业单位人事制度改革研究[M]. 北京：社会科学文献出版社，2008.

[4] 张双才，等. 优化结构、完善机制、建设高素质的实验技术队伍[J]. 实验室研究与探索，2007(6).

[5] 李卫星. 人力资源优化配置的双向可选模型[J]. 科技进步与对策，2003(2).

[6] 彭正龙. 企业经营者评价系统与激励机制研究[M]. 北京：华夏出版社，2002.

[7] 张原，李鑫. 加强大型仪器设备开放共享工作，实现高校科学集约式发展[J]. 西北工业大学学报：社会科学版，2009(3).

基于和谐管理理论的高校教学管理研究

牟 蕾 闫晓霞

本文结合席西民教授提出的“和谐管理”理论，在当前和谐社会的要求下，根据新形势下高校教学管理的现状中人才培养目标障碍和教学管理中的矛盾两方面，对如何基于和谐管理理论的高校教学管理理念做了深入系统的探讨和研究。

一、和谐管理理论的思想价值

和谐管理理论是席西民教授于 1987 年提出的一种管理理论。它是建立在系统理论与系统分析的框架之上的。理论的核心基础是任何系统之间及系统内部的各种要素都是相关的，且存在一种系统目的意义下的和谐机制。和谐机制在很大程度上与效率是一致的[1]，和谐管理理论的立足点主要是和谐管理的意义与价值。席西民教授对和谐下的定义是：系统和谐性是描述系统是否形成了充分发挥系统成员和子系统能动性，创造性的条件及环境，以及系统成员和子系统活动的总体协调性[2]。由定义可知，和谐管理理论主要有两种内涵，即“和则”和“谐则”精神。其主要涵义如下：

第一种是和谐的精神价值，它体现了“和”的思想。对于一个企业成员而言，企业不但为他提供一种物质的生存手段，同时也是他实现自身价值，寻求集体归属感的最理想的场所。第二种是和谐的技术价值，它体现了“谐”的精神。和谐首先定义的是系统在要素上、组织上、结构上的总体协调，它反映了系统在一定输入下输出极大化（或在一定输出下的输入极小化）的一种技术要求。在这里，系统输出指的是狭义的系统产出，并不包含系统本身精神状态的改变。和谐的这种价值含义体现了效率的原则。这种效率是在系统目的的意义下进行定义的。效率这一概念可以适用于各种组织，包括赢利性组织与非赢利性组织、政府组织等。

二、高校教学管理中的主要障碍和矛盾

1. 高校教学管理中的主要障碍

随着国际竞争的日趋激烈，高校创新性人才培养成为举国关注的重要课题。目前我国在培养人才的管理方面还存在以下几方面的障碍[3]：首先，教学管理制度不利于创新人才的培养。教学管理工作制度的目的是为了提高工作效率，减少工作盲目性，为管理对象提供更好的服务，但是有些管理制度却过于死板，约束管理对象，缺乏对实施创新教育的积极引导，制约了教学正常工作的开展。其次，教学管理方法不利于创新人才的培养。我国高校从专业设置到招生、教学内容及就业都是由政府按计划实施，学生没有选择权，与之相配套的教学管理是一种强调规格相同且封闭、缺乏生机的强硬性管理。这种管理方法虽然能够增强教学管理的规范性，保证教学质量，但缺乏活力和灵活性，管理方法的僵硬呆板导致管理的被动与滞后，使学校和学生难以拓展其生存和发展的空间。还有，重视常规管理，轻视学术管理，不利于创新人才的培养。常规性管理工作对学校正常教学秩序的维持非常必要，但它不利于新思想、新观念、新事物的接受。尽管有的学校也实行了选修课制度、主辅修制、学分制，但是，课程和时间上的冲突很难使学生有提前修完课的可能。

2. 高校教学管理中的矛盾

目前的大学教学管理制度中存在各方面的矛盾，针对我国大学教学管理制度的现状，应当进一步强化微观管理、教学自由和教学服务三个基本理念，以达到提高管理效率和教学质量，减小矛盾，实现彼此关系的动态协调。大学教学管理制度是协调校部与院系之间、教学管理者与教师之间、教学管理者与学生之间关系的基本规范与准则。教学管理制度主要存在三对基本矛盾：校部宏观调控与院系微观管理的矛盾、教学控制与教学自由的矛盾、教学管理与教学服务的矛盾[4]。

首先，大学教学管理制度中的宏观管理与微观管理。宏观协调与微观管理是处理上级与下级之间关系的一对基本矛盾。它涉及如何合理划分校部与院系在教学管理方面的职责与权限，从而既发挥学校层次在教学管理上的统筹、规划、协调、指导等职能，又充分保障院系在教学管理方面的自主权和履行相应的职能，从而增强基层教学管理的活力，提高大学教学管理的效率。其次，大学教学管理制度中的控制与自由。控制与自由是要解决大学教学管理制度如何既保障教学的自由又能对教学活动实施有效控制，并最终实现教学管理目标的问题。大学教学管理制度中自由理念的体现，要求制度的安排把握好刚性与弹性的度，妥善处理好教学控制与教学自主的矛盾。力争形成既

有纪律，又有自由；既有统一意志，又有个人心情舒畅的良好局面。最后，大学教学管理制度中的管理与服务。管理与服务集中反映了大学教学管理制度中教学管理者与教师、学生之间的矛盾。这里试图解决的是教学管理制度如何保障教学管理者既履行管理职责，又履行服务义务的问题。大学管理与服务的职能相辅相成，相得益彰。因此，大学教学管理者的权利与义务应当对应，服务是权责统一的基础，权利是服务的工具，责任是服务的体现。

三、基于和谐管理理论的高校教学管理理念

学校和企业一样，需要推行“和谐管理”。在高校的教学管理中如何运用“和谐管理”，这要分别从“谐则”原则和“和则”精神来论述。

(1)“谐则”原则要求系统形成适合充分发挥系统能动性和子系统能动性的条件及环境。在教学管理中，无论是高层领导，还是教师和学生，都应使他们感觉到自身的价值，体会到学校是他们归属的最理想场所。在教学管理中首先要具备一定的硬件条件，为培养高校优秀人才创造条件，并为学校中协调各种矛盾提供有利环境。现代大学教学管理应属于以人为中心的人性化管理，它以重视人的情感，培养人的能力并使其有效发挥个人优势为着眼点，形成开放民主、和谐融洽的制度文化，造就主体性强、自主自律和具有创新精神、创新能力的自主人。其核心在于营造教学管理中以人为本的良好氛围，建立有利于调动和发挥人的积极性、展现和发展人的各种潜能和创造性的有效机制。重视大学教学管理的人性化建设，构建新的大学管理理念，创建新的大学管理制度，将人性化的管理理念渗透到大学管理的各个方面，这是现代大学管理的价值追求。大学教学管理的人性化就是在实施和制定大学教学管理制度以及手段等方面，充分考虑到教师和学生自身所具有的人的本质属性。在实施教学管理过程中要尊重教师和学生个体，尊重教育规律，有效地利用条件培养人才，创造条件发展人才。科学管理活动应该以一种合乎人性(主要是指人的需要的方式)，并为了人的目的来进行。实施人性化的管理，也是时代对大学教学管理的要求。

(2)“和则”精神要求学校的成员在学校提供给他们实现自身价值的平台的基础上，积极发挥其主观能动性，使系统内部协调稳定地发展。在教学管理中表现为无论是教师还是学生或是行政人员，要充分发挥自己的主观能动性，调动自身或自身周围的一切力量，配合学校的硬件条件，努力在已有的环境和条件下发挥自身最大的能力，配合“谐则”原则协调发展。在学校和企业一样，首先是对人的管理，而要想将人管理好；就必须要实施人性化的管理。人性化管理是在尊重人格独立和个人尊严的前提下，激发人的主人翁意识和责任感，

主观能动性和创造精神，使他们真正做到心情舒畅，不遗余力地为事业开拓创新。高等教育在进行教学管理体制的改革过程中，必须注重在教育管理过程中体现对人性的关注和理解。教学管理的主体是人，核心是人，目的也是人，即人去管理，围绕人进行管理，为了人的管理。因此应当充分重视教学管理中人的需要、人的地位，充分发挥人在教学管理中的积极作用。

参考文献

［1］ 黄丹，席酉民. 和谐管理理论基础：和谐的诠释[J]. 管理工程学报，2001(3)：69－72.

［2］ 席酉民，尚玉钒. 和谐管理思想与当代和谐管理理论[J]. 西安交通大学学报：社会科学版，2001(30)：23－26.

［3］ 朱宏伟. 改革高校教学管理体制，培养创新人才[J]. 管理探索，2006(8)：26－27.

［4］ 张慧兰，陈德海，王洁. 从构建和谐社会的新视角谈高校教学管理[J]. 教育与职业，2006(18)：14－16.

基于新格局下高校图书馆多元化管理模式

关　红　戚红梅

随着我国在高等教育体制上进行的一系列重大改革，高校普遍出现了“一校多区”的办学模式，高校图书馆因此形成了多个馆区并存、共建的新格局，这无疑给高校图书馆的管理带来了许多新问题。作为文献信息资源收集和传播的图书馆，如何对新格局下图书馆管理模式的科学性和有效性进行分析研究，完成各分馆管理由分散走向统一，资源利用由单一走向多元的实质性合并，建立一个功能齐全、结构合理、运转协调、灵活高效的现代化高校图书馆，这是图书馆管理者应深入思考和研究的课题。

一、新格局下高校图书馆管理现状分析

1. 国外多校区高校图书馆管理现状

在欧美发达国家多校区高校图书馆管理中，“一校多馆”各自独立的模式占主流。美国最大的高校图书馆——哈佛大学图书馆——采取“分散管理办法”，也就是“一校多馆”各自独立的模式，90 多个院系都有自己的图书馆，藏书大都达几十万册。加州大学各个分校的图书馆也都是各自独立运作。美国的不少大学还建有独立的专业图书馆，如东方图书馆、医学图书馆等。世界上有许多大学接受“慈善企业家”的捐赠而修建的图书馆也大多具有一定的独立性。

美国的许多大学也采用总馆分馆的管理模式。除了一些独立运作的学院图书馆外，也有一些院系的图书馆属于总馆的分馆，从属于总馆的领导和管理。总馆分馆的管理模式关系是在长期历史背景下形成的，并不是绝对统一的模式。

2. 国内多校区高校图书馆管理现状

目前我国多校区高校图书馆根据其历史原因、融合程度等客观因素，采取了各自不同的管理模式，构筑了适合自身的运行机制。

(1)总馆分馆管理模式。

总馆分馆模式也是当前国内常见的高校图书馆管理模式之一，即在高校

中设一个中央图书馆(称总馆或主馆),在一些院系、分校或几个相近的专业设置一个或许多分馆,分馆由总馆统一领导,如浙江大学、广东工业大学等。

(2)"一校多馆"各自独立的模式。

在高校中,一校多馆、各自独立经营的情况也很常见。如一些综合性大学的医学图书馆、二级学院图书馆都有相当大的独立性,许多大学强强联合后,原来的图书馆仍然具有独立业务建设和实行独立管理的职能。

(3)联合办馆模式。

在高等学校中不仅普遍存在"一校多馆"的情况,也出现了"多校一馆"的情况。在一些经济发达地区,地方政府提供地皮、资金,吸引名校办学,这些名校共同出资、共建馆舍、联手创建一个图书馆,共同管理,走出一条共建共享的新路。

当前,无论是在国外还是在国内,多校区高校图书馆的管理都是多种模式并存,这几种模式也各自有其优点和缺点。

二、新格局下高校图书馆管理的问题

1. 管理模式问题

管理模式问题主要是指多校区高校图书馆对管理运行机制的选择。对于多校区高校图书馆来说,其管理模式的选择,一定程度上是处于被动状态的,因为它更多地取决于多校区大学的办学体制。目前国内多校区高校的办学体制主要有4种类型,即合并重组型、归并互补型、联合办学型和新建校区型。反映到多校区高校图书馆管理模式的选择上,自然也出现了不同的类型,也主要有4种,即集中统一管理模式(一馆制)、统分结合管理模式(总分馆制),分散协调管理模式(并列馆制)和松散独立管理模式(独立馆制)。由于各高校图书馆在组建前都有其不同的发展历史、办馆条件、馆藏特色、组织文化、内外环境等因素,组建新大学后,在多校区的办学体制下,出现了许多新情况、新问题。因此,多校区高校图书馆管理模式的选择,要从实际出发,全面考虑多种因素,积极探索,吸取不同模式的长处、优势,在具体的管理实践中,逐步摸索出适合本馆实际需要的管理模式。

2. 资源利用问题

多校区高校图书馆的资源利用问题主要包括两个方面:一是馆藏信息资源的利用。有3个方面的问题:首先,新格局下,不同校区图书馆服务的对象发生了变化,以前形成的文献信息资源体系面临调整和优化问题。其次,由于校区分散,空间距离加大.一校区的读者利用另一校区的资源很不方便,馆藏文献资源的利用受到限制。最后,各校图书馆文献信息资源的管理系统、管理方法和分编手段不尽相同，新格局下，就会出现文献信息资源数据难以兼容的局面。

二是图书馆人力资源的利用。各高校图书馆在组建前都有一套独立的机构设置，新格局下，随着学校整体规划和布局安排的变化，各校区图书馆的职能也会随之发生变化，这就必然会带来图书馆机构设置的调整与重组，否则，会造成资源的浪费。又由于扩建了新校区，人员紧张，学校为了降低成本，给图书馆配备了一定数量的临时工，造成图书馆的人员配备上不理想，整体素质下降。

3. 读者服务问题

多校区空间上的距离，是读者利用馆藏信息资源的主要障碍。如何克服各校区之间时间和空间给读者造成的障碍，是多校区高校图书馆遇到的新问题。图书馆要根据多校区办学的实际情况，坚持"读者第一"的原则，积极采取措施，创新服务方式、服务手段，构建适合多校区图书馆实际需要的读者服务体系。

4. 队伍建设问题

多校区高校图书馆的建设并不是原来各学校图书馆数量上的聚合、相加和调整，是一项复杂的系统工程，其中人是最为重要的、起主导作用的因素。能否在短时间内凝聚人心，形成合力，建设一支高素质的人才队伍是新格局下图书馆各项工作顺利进行的关键。

三、新格局下图书馆管理与服务新模式

1. 积极探索，确立科学管理模式

在新格局下，高校图书馆在探索创建新的管理模式时，应该以有益于全馆文献信息资源的合理组织与调配，方便读者使用为前提，应对传统的采访、编目、流通、阅览、咨询等部门加以调整、合并和改造，以实现组织结构、馆藏布局、人财物等资源要素的全方位优化与配置。

在新格局下多校区高校图书馆采用的各种管理模式中，"总分馆制"的办馆模式应该是理想的管理模式。"总分馆制"是在对各校区原有图书馆的各种资源进行最大限度的集中、整合、重组的基础上，组建新的行政领导班子和业务机构，然后根据学校的发展规模、总体规划布局及学科建设的重点，确立学校中心图书馆（称总馆或主馆），再根据各校区的实际情况，适当建立若干个校区分馆。总馆是多校区图书馆的中心馆，要兼顾全校所有读者共同利用文献的阅读需要，资源优势相对较强，在传递文献、提供服务方面，能起到辐射和扩散的作用。总馆和分馆采取"统一的管理模式"，即统一人事管理、统一财务管

理、统一业务管理、统一规章制度，总馆在行政和业务上对分馆进行领导和指导，并和分馆在功能作用上实行互补。

总分馆制是由西方国家公共图书馆的分馆制发展而来的，由于分馆制的运作机理非常契合，“总分馆制”近年来逐步被我国多校区高校图书馆推广运用。通过多年的实践，“总分馆制”已经表现出最大限度适应高校多校区图书馆运作的优点。而现代网络技术、通信技术又有力地支持着这一管理模式的发展。

2. 调整馆藏资源，优化资源配置

图书馆资源主要包括馆藏文献信息资源、人力资源以及设备资源。因此，图书馆资源的优化配置也就是对这 3 种资源的优化配置。

(1)馆藏文献信息资源的优化配置。

多校区高校图书馆的空间结构扩大，地域上间隔较远。随着图书馆服务的对象及任务发生了变化，原有的文献布局模式势必被打破。要根据学校的整体规划布局和馆藏信息资源的现状，考虑不同校区的专业特色，以及读者的数量、类型、层次、结构，对馆藏信息资源进行有效的整合和布局，重新构建符合需要的、科学合理的馆藏结构体系，有效地提高图书馆服务水平。重新布局的思路是：应设立一个中心馆，中心馆除了本校区的专业文献重点入藏外，还应注重覆盖综合性、通用性、基础性等文献资源，切实承担起中心馆的任务；分馆应以校区内的专业文献为主。形成以总馆为中心，分馆有特色，布局合理的文献格局。这种突出整体性和强化专业特色的馆藏布局，既避免了基础馆藏的重复投资，又能形成不同的专业特色，既方便了读者就近使用文献，提高了文献资源的利用率，又有利于图书馆的科学管理，无疑是科学合理的文献布局模式。

其次要加强数字化信息资源建设。要对中心馆和各分馆的文献信息资源数据进行整合，采用统一的文献信息资源管理系统.对文献信息资源统一采访，统一分编，数据共享。这是多校区图书馆进行资源整合的基础。

(2)人力资源的优化配置和管理。

人力资源的优化配置是多校区图书馆管理行之有效的根本保证。必须对不同校区各分馆各部门的人力资源进行重新分配与组合，充分调动馆员的积极性，人尽其才，避免人才的浪费。在管理人才的配备上实行优化组合，既要避免力量分散、相互制约和权力过于集中，又要尽可能通过重组使内耗降低到最低限度，形成一个高效精简的人力资源管理模式。

(3)设备的优化配置。

设备的优化配置也是多校区图书馆必须进行的工作。各校图书馆组建前都配备有大量图书设备和现代化设备。新格局下，由于系部、专业的合并与调整，各分馆的读者服务窗口必然有增有减，现代化设备必然要进行调整和优化。因为多校区图书馆不管分馆的数量多寡，其系统管理中心和数据库服务中心只能有一个，否则既无法有效地实施集成管理，同时也会造成设备的极大浪费。从目前多校区图书馆的管理实践来看，只有现代化设备的优化配置才能保证设备应用的合理性和数据维护的有效性，并且能使设备的使用效率达到最大化。

3. 创新服务体系，提高服务水平

多校区高校图书馆的新格局对读者服务工作提出了挑战。为了满足多校区读者的文献需求，要以校园网络为依托，以建设文献信息资源共享网络的整体化发展思路为指导，建设一个集图书馆信息管理自动化、多媒体应用及因特网访问为一体的技术先进、实用高效，能最大限度发挥文献信息服务功能的互联网集成系统，形成一个资源共享的技术平台，使读者在任何一个网络节点上都能很方便地获取需要的信息。具体做法：一是在本馆图书馆主页上建立OPAC书目检索系统，使读者可以跨越时空限制，在任何一个终端上都能查询自己需要的信息。二是建立通借通还制度。各校区间实现计算机联网，建立校区间的图书文献配送系统，使读者可以在任何一个分馆借还书、阅览和利用馆内的各种电子资源。三是开展个性化特色服务。如读者通过本馆主页上的“我的图书馆”，即可办理预约、续借等手续，不必到馆。同时，还可以通过电话、E-mail实时在线咨询等方式，反映、咨询相关问题。四是开展网上导读、网上推介新书活动。五是建立学科馆员制度。根据学科、专业的不同，挑选业务能力强，有一定的学科专业知识的图书馆员，在不同校区图书馆，承担为某学科读者提供深层次信息服务的工作，形成一个多层次、立体化、较为科学、合理的服务体系。

4. 树立“以人为本”的管理理念，建设稳定的、高素质的人才队伍

在多校区大学图书馆的管理中，应该奉行“以人为本”的管理理念。尊重人，关心人，满足馆员的合理期待，使他们在新的环境中产生地位感、认同感和归属感，提高工作士气和效率。人本管理思想的精髓不仅在于管理的人性化，管理的民主化也是其重要内容。一个民主、公平的管理制度是催生校区图书馆真正融合与团结氛围的心理基础。

在人才使用上，要树立能本管理的思想，注重岗位，淡化身份，完善岗位聘任制度，建立健全激励机制，实行优胜劣汰。加强人力资源管理，注重在岗培训，提高馆员素质；给能者提升级别的机会，使图书馆有一支稳定的、高素质的人才队伍。

新格局下图书馆面临着种种亟待解决的问题。问题的存在既是图书馆面临的挑战，也是图书馆发展和改革的契机。高校图书馆应抓住这一契机，谋求新的发展机制，探索新的管理模式，以实现组织机构、信息技术、馆藏布局、文献结构、人员配置等资源要素的全方位优化，增强管理对象的交融度，促进各要素、功能之间的互补、匹配，形成一个融合的、高效的确保信息资源共建共享的有机发展体。

参考文献

[1] 王富民.高校变革重组后多校区图书馆管理模式的探讨[J].科技情报开发与经济，2005(13):35-36.
[2] 叶宏.合并后高校图书馆多校区管理模式探讨[J].图书馆界，2003(2):8-9.
[3] 吕雪.多校区高校图书馆管理与服务创新[J].郑州航空工业管理学院学报:社会科学版，2006(2):168.
[4] 张海平.高校合并办学过程中多校区图书馆建设与发展浅论[J].图书馆，2005(3):93-94.
[5] 郭琪，杨广锋.高校多校区图书馆建设问题探讨[J].科技情报开发与经济，2004(3):7.
[6] 金耀，姜巍.多校区高校图书馆建设发展思考[J].江苏工业学院学报，2004(4):41-42.
[7] 陆建芳.试析高校多校区图书馆的组织管理模式[J].图书馆论坛，2003(4):135-136.
[8] 付先华.论高校合并后的图书馆管理体制变革[J].大学图书馆学报，2002(5):50-51.

陕西省独立学院发展战略的SWOT模型分析

陈汉英　燕云捷

独立学院是指由较高水平普通本科院校与社会组织或个人按新机制、新模式举办的本科院校。独立学院的发展对增加陕西省民办高等教育资源，扩大办学规模，提高办学层次，保证教育教学质量和提高管理水平产生了深远影响。但与此同时，独立学院存在的问题以及面临的机遇与挑战，同样也是影响其发展的关键问题。本文基于SWOT分析法对陕西省独立学院的发展进行分析，以期对该地区独立学院的健康平稳发展提供借鉴。

SWOT分析法又称为态势分析法，它是由旧金山大学的管理学教授于20世纪80年代初提出来的，SWOT四个英文字母分别代表：优势(Strength)、劣势(Weakness)、机会(Opportunity)、威胁(Threat)，即将与研究对象密切相关的各种主要内部优势、劣势、机会和威胁等，通过调查列举出来，并依照矩阵形式排列，然后用系统分析的思想，把各种因素相互匹配起来加以分析，从中得出一系列相应的结论，而结论通常带有一定的决策性。

SWOT分析法对于独立学院发展战略的分析具有适应性。它可以帮助独立学院准确全面分析内外部环境因素，明了自身发展中所面临的优势和劣势因素，从而在制定发展战略中规避劣势，发挥优势，把资源和行动聚焦在自己的强项和有最多机会的地方。下面运用SWOT分析法对于与独立学院发展紧密相关的各种因素进行分析，在此基础上提出独立学院发展战略的可行性对策。

一、陕西省独立学院发展战略的SWOT因素分析

1. 机会因素分析

(1)政府政策支持导向明确。

独立学院在其发展过程中得到了政府的政策支持，国家还通过法律、行政性法规等对独立学院的发展提供了法律层面的支持。此外，陕西省地方政府认识到，独立学院的发展对提高本地高等教育入学率、优化社会经济发展环

境，缓解低龄化低层次人口就业压力等都有巨大的好处，也纷纷在土地使用、校园规划、资金贷款、人才引进等方面给予政策支持。

(2)社会对应用型人才需求大。

随着高等教育的大众化及其与市场经济更加紧密地结合，接受高等教育已经成为大众化的教育消费需求。独立学院作为培养应用型人才的高等教育机构，由于其办学以就业为导向，按照市场需求设置专业，有针对性地安排教学内容，注重学生在企业的实践，使毕业生具有较强的竞争优势。

(3)陕西省作为教育大省，教育资源丰富。

据陕西省教育厅统计，截至 2009 年 9 月，全省共有普通高校 76 所(其中本科院校 37 所、高职院校 39 所)，成人高校 19 所，独立学院 12 所，军事院校 9 所；全省高校本科专业布点共 1 490 个。各类高等教育在学人数近 100 万人。陕西省高等教育不论是高校数量、学生规模、师资队伍、经费投入，还是基础设施、专业设置和学科结构均发生了显著变化，形成了门类齐全、结构合理、比例协调的具有显著特色的高等教育体系，保持了全国高等教育大省的优势地位，成为区域性人才培育中心。丰富的教育资源为独立学院的发展提供了良好的发展环境以及教育教学的基础条件。

2. 威胁因素分析

(1)社会对独立学院的认可度较低。

独立学院的发展仅经过几年的历程，虽然趋势比较好，但仍存在教育基础薄弱、收费高、就业不理想、办学中的障碍等问题，同公办院校相比，社会、家长以及考生对独立学院的社会认可度较低，使得很多考生宁愿选择较低层次的公办院校就学，也不愿选择具有民营性质的独立学院。

(2)与公办大学、民办院校、公办高职院校等高等教育机构竞争激烈。

一方面，陕西省作为教育大省拥有丰富的教育资源，但另一方面，这对于独立学院的发展同样是一个威胁因素。尤其是大量的民办院校的存在威胁到独立学院的招生及就业。据统计，陕西省目前有民办高等教育机构 51 所，其中 5 所为本科院校，10 所为高等职业学院，在校生共计 22.1 万人，固定资产 47 亿元，教职工 2 万余人。陕西省民办高校数、民办本科院校数、万人以上民办高校数、民办高校在校生数等项指标，均在全国名列第一。民办院校入学门槛低，收费相对灵活，以及较高的就业承诺等，成为独立学院的强大的竞争对手。

3. 优势因素分析

(1)投资主体多元化。

独立学院是我国高等教育领域内投资主体多元化和混合所有制经营管理模式的一种教育载体或表现形式。它的投资主体不是国家和地方政府的财政性教育经费，而主要是各种社会力量，如企业、事业单位、社会团体或个人或非公有资本，以及其他有合作能力的社会机构等；独立学院的投资方（合作者）可以是一家投资单位，也可以是多家单位组成的联合投资体。

独立学院的发展，促进了我国高等教育投资主体的多元化和资金来源的多样化，拓宽了高等教育的融资渠道，弥补了政府教育经费投入的不足，初步形成了以政府办学为主、社会各界共同参与的办学体制，在一定程度上满足了社会多样化的高等教育需求，扩大了高等教育供给。

(2)依托母体优质教育资源，具有品牌优势。

母体学校的品牌和优质教育资源是独立学院持续发展的强大支撑。创办一所本科学院除了校园校舍、仪器设备、图书资料等基本条件外，更需要选配懂高等教育管理的优秀的领导班子、高素质的师资和管理队伍，这是保证教学质量，办好学校的决定因素，也是独立学院高起点办学的保证。西北工业大学明德学院这一独立学院之所以能在短短几年内发展壮大，就是依托了母体西北工业大学在师资和其他教学条件上的支持，享受了母体高校已有的良好社会声誉等无形资产，以及人、财、物及长期积淀的良好校园文化氛围等多方面的优质资源。

正因为独立学院与母体高校有这种特殊的“血缘关系”，同时又可以按照新机制和新模式进行运作，因此它比起真正的民办学校更具有强大的发展优势。可以说，独立学院是站在“巨人的肩膀上”起飞的，因此，独立学院对母体学校这种依托性和母体学校对独立学院的支撑性均是绝对的。

(3)在人才培养上定位准确、调整灵活。

在市场竞争压力下，大多数独立学院走上了一条与地方经济社会发展相衔接的、追求办学特色的应用型人才培养之路。例如，西北工业大学明德学院从培养应用型人才出发，修订了教学方案，增加了实践教学和产学合作办学的内容。学院根据企业集团对人才的需求，设置若干对口课程，实施“嵌入式”教学，开展实训教学，实行“订单式”培养。

目前，陕西省大部分独立学院应用型人才培养均采取了学校与社会用人部门相结合、师生与生产实际相结合、理论与实践相结合的基本模式。由于一些独立学院办学以就业为导向，按照市场需求设置专业，有针对性地安排教学内容，注重学生在企业的实践，使毕业生具有较强的竞争优势。

4. 劣势因素分析

(1)教育教学资源稳定性差。

尽管独立学院依托母体力量办学,但实际上,独立学院并未拥有稳定的教师队伍,除了数量较少的专职教师之外,主要面向社会聘请教师,这种聘请关系并不固定,造成教师的流动性强。教育投入的非稳定性,造成实验室等基础条件建设受阻,实践教学环节教学效果差。应用型教育机构的定位,造成教学研究力量薄弱。这些不利因素都影响到独立学院的发展。

(2)资本营利性与教育公益性的冲突。

独立学院是高校与社会力量联合举办的学院。与民办高校的性质类似,其投资主渠道是社会力量通过社会市场而筹集的民间资本,而民间资本的投入往往又具有投资回报性质。这就同教育所要求的社会公益性之间产生一定的矛盾。尤其是在教育投入方面,资本的赢利性往往会制约教育的公益性要求,从而直接影响到独立学院的发展。

此外,在独立学院的现实发展中,较高的学费标准和少有国家助学贷款资助,已使得在"分数面前人人平等"的教育公平性原则再次面临着新的挑战。学生背景的"非富即贵",也有悖于教育的公益性原则,甚至会对独立学院的长远发展产生不利的负面影响。

(3)民营机制下的法人治理结构对教育的干预。

独立学院一律采用民营机制办学,在办学过程中不仅要遵循《中华人民共和国高等教育法》,而且还必须贯彻实施《中华人民共和国民办教育促进法》,建立学院董事会,实行董事会领导下的院长负责制,维护学院独立法人地位,按照民营机制筹措学院建设与发展所需要的各项经费,独自实施学院资产和财务管理。这一治理结构不同于公立院校的校长负责制。这些对于教育资源的投入等都构成了一定的制约。

以上所分析的因素,分为外部环境因素和内部能力因素两大类。外部环境因素包括机会因素和威胁因素,它们是外部环境对独立学院的发展直接有影响的有利和不利因素,属于客观因素;内部环境因素包括优势因素和弱势因素,它们是独立学院在其发展中自身存在的积极和消极因素,属主观因素。

二、陕西省独立学院发展战略的 SWOT 模型

陕西省独立学院可以根据以下模型确定自己的发展战略,如图 1 所示。

用表 1 对上述模型具体论述。

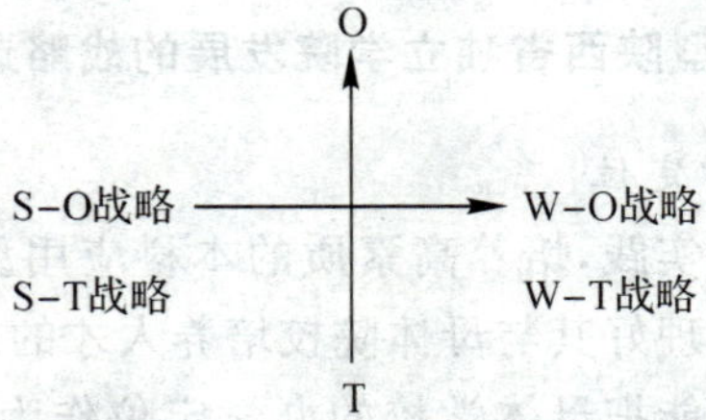

图1　SWOT分析模型

表1　陕西省独立学院发展的SWOT矩阵

内部因素 外部因素	内部优势(Strength)： ①投资主体多元化； ②依托母体优质教育资源，具有品牌优势； ③在人才培养上定位准确、调整灵活	内部劣势(Weakness)： ①教育教学资源稳定性差； ②资本营利性与教育公益性的冲突； ③民营机制下的法人治理结构对教育的干预
外部机会(Opportunity)： ①政策支持导向明确； ②社会对应用型人才需求大； ③陕西省作为教育大省，教育资源丰富	S-O战略： 发挥内部优势，充分利用外部有利条件，快速发展，培养出高级应用型人才。	W-O战略： 抓住外部机会，克服内在的劣势，重点解决内部治理结构存在的问题以及化解矛盾冲突
外部威胁(Threat)： ①社会对独立学院的认可度较低； ②同公办大学、民办院校、公办院校等高等教育机构竞争激烈	S-T战略： 发挥内部优势，化解外部威胁，有时需要通过改善自身的条件克服社会的偏见以及积极面对竞争	W-T战略： 弱化内部劣势，避开外部威胁，对于不利因素逐步逐个消解
分析后整体结论	内部因素是影响陕西省独立学院发展的关键问题，因此需要苦练内功，进一步明确自身的定位，完善法人治理结构、明晰资产构成、改善办学条件、提高办学质量和办学水平	

三、基于SWOT模型陕西省独立学院发展的战略选择

1. 进一步明确办学定位

经过近年来的办学实践,培养高素质的本科应用型人才已经成为各独立学院的共识。但如何处理好其与母体院校培养人才的层次错开定位这一问题极为必要。独立学院不能把母体学校的办学定位作为自身定位的依据,必须从自身拥有的教学资源、生源基础、面对的社会人才需求出发,找到自己的位置,与母体"错开定位,配套发展"。

所谓"错开定位",就是指独立学院既不同于重点本科院校,又不同于高职高专,独立学院明确以培养本科层次为主的高素质应用型人才为办学的战略定位。根据按社会需求设专业,按学科打基础,按就业设模块,基础教育分层次,专业教育分模块,总体加强实务性课程、实践环节和能力训练环节的原则,构建应用型专业体系和相应的人才培养新方案,形成横向可以转移,纵向可以提升的应用型人才培养计划。

除了一般性的校外学生实践基地以外,还应着重建设一批校内综合性创新实践基地,给予学生准职业训练的机会。应与产学研合作委员会成员单位在实习、合作研究、"双师型"教师聘用、共建实验室等方面开展全方位合作,构建紧密型产学研合作平台。

2. 要建立完善的产权制度

独立学院的产权是公立高校投入的资产和合作者投入资产的有机结合。要明晰产权,明确各主体所享有的权利和所承担的责任及其所获得的利益,相应的责任、权利和利益要对称;要实现"两权分离",确定所有权与经营权分离的运行机制,确立独立学院的财产所有权制度。

3. 完善独立学院的管理体制

这要从以下几个方面进行规范:借鉴其他发达国家高校较完善的董事会制度,建立有效制衡的独立学院董事会组织机构,明确独立学院的董事会和院长的职能,真正实行董事会领导下的院长负责制。建立健全独立学院监事会的监督机制,加强母体公立高校对独立学院的指导和监督,加强政府主管部门的监督和调控,形成科学合理、相互制约的法人治理结构。以规避办学的风险,保证办学的方向,满足办学社会公益性的需要。

4. 处理好赢利性与公益性之间的矛盾

对于教育之中赢利性与公益性之间的矛盾,著名教育学家潘懋元教授最近在一次民办高等教育高级论坛上指出:"公益性和赢利性,是教育在一定时代背景下相辅相成、相得益彰的两种属性。具备赢利性才能生存、才能发展,

才能更好地彰显教育的公益性。”“不得以赢利为目的，不是说不能赢利，赢利是进入市场经济阶段后必然存在的。公益是目的，赢利是手段，法律没有规定不得以赢利为手段，而是说可以获得合理回报。”按照这种权威性逻辑，在独立学院这块平台上寻找到一种新的平衡就成为一种必要。

当然，和很多其他的战略模型一样，SWOT 模型也带有时代的局限性，它没有考虑到研究对象改变现状的主动性。有鉴于此，今天独立学院的发展战略不仅仅如上所述是寻找机会以求发展，更重要的是提升能力以求成长。

参考文献

[1]　郭剑波，郑红午. 政府管理模式与高校管理体制改革浅议[J]. 教育理论与实践，2005(12).

[2]　耿建. 中国高等教育公共治理的模式选择——兼论高校管理体制改革的方向及途径[J]. 江苏高教，2005(3).

[3]　刘继荣，杨潮. 独立学院管理体制与运行机制构建的基本思路[J]. 高等工程教育研究，2004(3).

[4]　朱军文. 新制独立学院概念及其本质特征：基于产权的分析[J]. 复旦教育论坛，2004(5).

[5]　刘翠秀. 独立学院发展问题与对策[J]. 高教探索，2005(1).

[6]　周满生. 独立学院产生的背景、发展与政策调控[J]. 国家教育行政学院学报，2006(7).

[7]　黄福涛. 国际私立高等院校管理模式研究——历史与比较的视角[J]. 清华大学教育研究，1999(3).

[8]　朱军文. 新制独立学院终极所有权归属及其影响探析[J]. 清华大学教育研究，2004(5).

群体性冲突事件的项目管理视角分析模型与分析路径

郭　鹏　贾颖颖　王　敏

一、引言

群体性冲突事件是多种原因引发的社会冲突的表现，是正常的社会争端解决机制难以奏效的情况下发生的一种集体越轨行为。虽然群体性冲突事件的本质是利益冲突，但其表现形式却严重影响了社会稳定。妥善解决群体性冲突事件，是提高政府执政能力与危机管理水平，维持社会稳定，实现建设社会主义和谐社会宏伟目标的体制保证。

在整个群体性冲突事件的处置过程中，政府一直扮演着“消防员”和“灭火队”的角色[1]，忽视对群体性冲突事件进行系统分析的重要性。在处置事件的过程中，不能准确判定事件发展到哪个阶段，难以分清参与者和相关者的主次，针对性不强，效率欠佳，同类事件的重发率较高。项目管理作为一种能有效地整合资源、提高快速响应能力的理念和技术，已经广泛应用于各领域中。将项目管理理论运用于群体性冲突事件的研究，对政府部门管理群体性冲突事件具有理论价值意义和现实指导意义。因此，引入项目生命周期理论和利益相关者理论，为群体性冲突事件的管理提供一个项目管理视角的分析模型和分析路径，具有重要的理论价值和实践价值。群体性冲突事件有明显的项目特性。对于具体的群体性冲突事件来说，它是一个特殊的并且将被解决的有限任务，符合项目的独特性属性。群体性冲突事件最终要使事件中的利益相关者满意，由于群体性冲突事件中涉及了多种类型的利益相关者，使得群体性冲突事件的目标多元化，符合项目的多目标属性。群体性冲突事件有明确的开始和结束结点，有明显的阶段性，具有一个明确的生命周期，符合项目的一次性和生命周期属性。

文章首先根据价值累加理论分析造成群体性冲突事件发生的因素，以此为基础，从项目管理视角出发，对群体性冲突事件的生命周期和利益相关者进行研究分析。将群体性冲突事件的影响因素、生命周期和利益相关者这三个要素相结合，构建群体性冲突事件分析的三维模型，总结出群体性冲突事件的分析路径，并通过具体案例说明此分析路径的使用方法。

二、群体性冲突事件的项目管理视角分析模型

对群体性冲突事件的分析应对其演进过程中的各阶段影响因素和利益相关者进行研究，可将影响因素、生命周期和利益相关者放入一个空间维度，应用项目管理相关理论，对群体性冲突事件进行分析，建立群体性冲突事件的项目管理视角分析模型，如图1所示。此模型包括三个维度，即因素维、时间维和角色维。

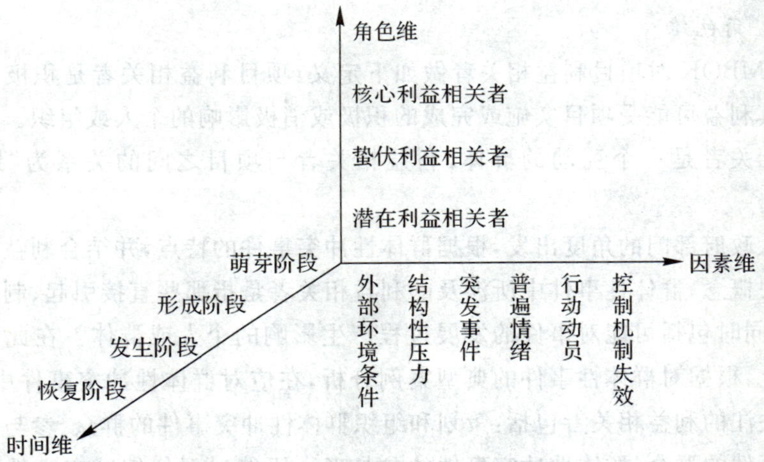

图1　群体性冲突事件的项目管理视角分析模型

1. 因素维

根据价值累加理论[2]，并结合群体性冲突事件的具体特征，可将造成群体性冲突事件发生的六个因素具体为外部环境条件、结构性压力、突发事件、普遍情绪、行动动员和控制机制的失效，如图2所示。

2. 时间维

任何事情都有一个发生、发展的过程，群体性冲突事件也不例外，群体性冲突事件有明确的开始和结束结点，它的发生、发展直至消亡都是有规律可循的。

根据项目生命周期理论，群体性冲突事件的生命周期可分为以下4个阶段：萌芽阶段、形成阶段、发生阶段和恢复阶段。这四个阶段与项目生命周期的C(概念阶段)、D(开发阶段)、E(执行阶段)和F(结束阶段)一一对应。

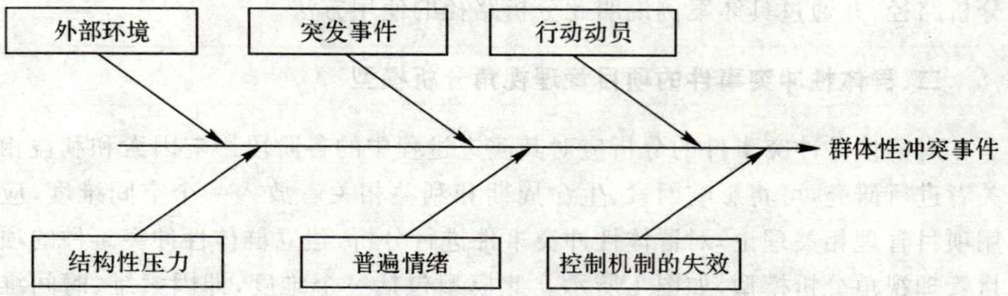

图 2 群体性冲突事件因素分析模型

3. 角色维

PMBOK 对项目利益相关者做如下定义：项目利益相关者是积极参与项目或其利益可能受项目实施或完成的积极或消极影响的个人或组织。项目的利益相关者是一个互动的群体，利益相关者与项目之间的关系为"影响互动"[3]。

从政府部门的角度出发，根据群体性冲突事件的特点，并结合利益相关者的相关概念，群体性事件中所涉及的利益相关者是指那些直接引起、制造或挑起的，同时包括可能对事件的发展过程产生影响的个人或群体。在此定义的基础上，根据对群体性事件的典型案例分析，在应对群体性冲突事件中，政府所应关注的利益相关者包括：策划和组织群体性冲突事件的群众、参与群体性冲突事件的群众（群体性冲突事件的参与者）、可能对群体性冲突事件起到推动作用的媒体、受群体性冲突事件影响但并没有参与其中的群众（群体性冲突事件的旁观者）以及事件发生地的地区环境和居民。

根据米切尔[4]的利益相关者判定模型，结合群体性冲突事件本身的特殊性质，将从以下三个属性对群体性冲突事件利益相关者进行判定：紧急性，是否急须满足此类利益相关者的利益诉求；重要性，即在群体性冲突事件从萌芽阶段到结束阶段的过程中，利益相关者的行为取向对群体性冲突事件的整体走向以及其他利益相关者的影响大小；积极性，即利益相关者在群体性冲突事件发生的整个过程中争取自身利益的主动程度。

针对整个群体性冲突事件在整个演进过程中的利益相关者进行分析，可以看出表中利益相关者的三个属性是在变化的，如表 1 所示。这说明在不同的生命周期阶段，事件的利益相关者的角色是变化的。这一点将在下文的研究中做进一步说明。

表 1　群体性冲突事件利益相关者判定表

利益相关者	积极性	紧急性	重要性
群体性冲突事件的策划者和组织者	高	高	高
群体性冲突事件的参与者	中→递增	高	中
媒体	低→递增	低→递增	高
群体性冲突事件的旁观者	低→递增	低→递增	低→递增
地区环境	低	低	中→递增
当地居民	低	低→递增	低

三、群体性冲突事件分析路径

根据群体性冲突事件的项目管理视角分析模型，政府部门在对群体性冲突事件的分析中，应首先运用因素理论分析目前事件所具备的因素，在此基础上，判断群体性冲突事件演进到哪个生命周期阶段，最后在对利益相关者界定和分类的前提下，判断在具体的生命周期阶段，各利益相关者的具体角色。

1. 基于因素分析的群体性冲突事件生命周期模型

群体性冲突事件是由外部环境条件、结构性压力、突发事件、普遍情绪、行动动员和控制机制的失效这六个因素推动发展的，事件的各个生命周期阶段受不同的因素影响，因此将三维模型中的因素维和时间维相结合，可得出基于因素分析的群体性冲突事件生命周期模型，如图 3 所示。

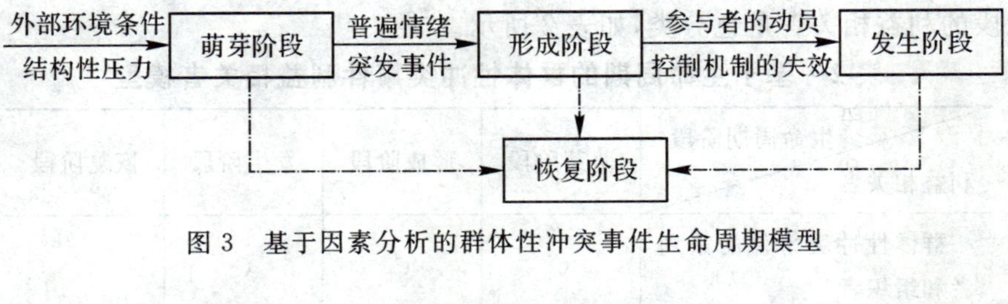

图 3　基于因素分析的群体性冲突事件生命周期模型

萌芽阶段。当前我国正值社会各界对政治的敏感期，政府的行为极易影响人们对政治的态度和导向，社会压力造成的整个时代浮躁的历史时期[5]。政府与群众之间充斥了大量潜在的矛盾和冲突，这些矛盾和冲突对社会结构产生的压力处于量的积累阶段，尚在可接受范围之内。

形成阶段。同类型的矛盾不断发生，对整个社会结构产生的压力已经超出其能够承受的基本范围，造成社会结构性紧张，某些矛盾在谣言、舆论的影响下，异常突出，并迅速扩大，成为焦点问题，使社会群众的焦虑增长。

发生阶段。由于外部环境条件的存在、结构性压力的破坏、突发事件的发生和普遍情绪的传播，大量群众聚集。此时，在参与者的行动动员下，对现状有不满情绪的群众被带动起来，再加上政府未能及时施行有效的控制机制，群体性冲突事件就会爆发。

恢复阶段。群体性冲突事件发展到此阶段，在政府部门的介入下，正确地运用社会控制机制，各方的利益得到满足，群体性冲突事件得到平息。

根据价值累加理论，各个因素对群体性突发事件的发展都有不同的贡献，都是群体性事件发展必不可少的过程，因此任何一个因素的缺失都会造成整个过程的终止。在群体性突发事件中的任一阶段引入有效的社会控制机制，都会使该事件转入恢复阶段。

2. 基于生命周期的群体性冲突事件利益相关者模型

不同利益相关者在项目中的利益和职责各不相同，并且可随项目生命周期的进展而变化。群体性冲突事件中的利益相关者也不例外，关于群体性冲突事件利益相关者分类的模型是动态的，即随着群体性冲突事件的推进演化，任何个人或者群体在获得或失去某些属性后，就会从一种形态转化为另一种形态[6]。

在不同生命周期阶段，群体性冲突事件的利益相关者的重要性不同。例如某一边缘利益相关者已经拥有了紧急性，如果周边环境的变化使他们的要求显得更加紧迫，那么他们就会转化成为蛰伏利益相关者。如受事件影响并没有参与其中的群众受到参与者以及相关媒体的鼓动，可能会转变成群体性冲突事件的参与者。本文根据大量群体性冲突事件案例总结出不同生命周期阶段的利益相关者角色分类，如表 2 所示。

表 2　基于生命周期的群体性冲突事件利益相关者模型

生命周期阶段 / 利益相关者	萌芽阶段	形成阶段	发生阶段	恢复阶段
群体性冲突事件的策划者和组织者	C	C	C	C
群体性冲突事件的参与者	D	D	C	C
媒体	D	C	C	P

续表

生命周期阶段 利益相关者	萌芽阶段	形成阶段	发生阶段	恢复阶段
群体性冲突事件的旁观者	P	D	C	C
地区环境	P	P	D	D
当地居民	P	P	D	D

注:C代表核心利益相关者;D代表蛰伏利益相关者;P代表边缘利益相关者。

在群体性冲突事件分析思路的基础上,政府管理部门可以根据具体因素下的特定生命周期阶段,分析具体群体性冲突事件中各个利益相关者的立场、利益需求以及角色,针对不同类型的利益相关者制定不同的治理对策。

四、结论

本文从项目管理视角出发,首先根据梅尔斯塞的价值累加理论,将群体性冲突事件的成因归纳为6个因素。其次,根据项目生命周期理论,将事件划分为4个阶段。通过项目利益相关者理论和米切尔的利益相关者评分法,将事件的利益相关者划分成为3种类型。综合上述的三个维度,构建群体性冲突事件的项目管理视角分析框架,并得出群体性冲突事件的项目管理视角分析模型。将分析模型中的因素维和时间维、时间维和角色维两两结合,得出基于因素分析的群体性冲突事件生命周期模型和基于生命周期的利益相关者模型,为群体性冲突事件提供了分析路径,通过对群体性冲突事件成因的分析,判断出目前该事件所具备的因素,根据基于因素分析的群体性冲突事件分析模型判断出目前该事件进行到哪个生命周期阶段,根据基于生命周期的利益相关者模型判断出该事件利益相关者的具体角色。

在群体性冲突事件的预防和应对过程中,政府部门应缓解社会的结构性压力,排查日常生活中存在的不稳定因素,并疏通群众利益表达渠道,积极地出台相关的政策措施给予保证,使群体性冲突事件化解在萌芽阶段。让群众通过制度化的渠道来表达和保卫自身的利益,在允许的制度内寻求问题的解决,群众就不会选择以非制度的渠道和手段来维护自身的利益,则可在形成阶段阻止高校群体性事件的爆发。群体性冲突事件爆发后,政府部门应合理利用媒体等宣传媒介,及时向公众报道事件的进展,使事态明朗化,避免流言和传闻的影响,并尽快调查冲突事件的起因和根源,切实有效地控制和处置冲突事件,使事件转入恢复阶段。

参考文献

[1] 熊建，杨爱华. 基于利益相关者理论的群体性事件对策研究[J]. 北京航空航天大学学报：社会科学版，2008，21(4)：26－28.

[2] Smelser N J. The of Collective Behavior[M]. New York：Free Press，1963：168－169.

[3] 王勇，张斌. 项目管理知识体系指南[M]. 4 版. 北京：电子工业出版社，2009.

[4] Mitchell A，Wood Toward. A Theory of Stakeholder Identification and Salience：Defining the Principle of Who and What Really Counts [J]. The Academy of Management Review，1997，22 (4)：853－886.

[5] 张乘祎. 群体性事件探析[J]. 前沿. 2009，10：163－177.

[6] 贯生华，陈宏辉. 利益相关者界定方法述评[J]. 外国经济与管理. 2002，5：14－18.

[7] 罗成林，李向阳. 突发性群体事件及其演化机理分析[J]. 中国软科学，2009，6：163－177.

[8] 刘德海. 群体性突发事件中政府机会主义行为的演化博弈分析[J]，中国管理科学，2010，18(1)：176－183.

[9] 陈晋胜. 群体性事件研究报告[M]. 北京：群众出版社，2004.

[10] 宋伟. 项目管理概论[M]. 北京：机械工业出版社，2007.

[11] 贺红梅. 基于企业生命周期的利益相关者分类及其实证研究[J]. 四川大学学报，2005(6)：37－38.

基于SoS理论的城市群体性事件预警机制研究

郭　鹏　王　敏　贾颖颖

近年来，我国群体性事件数量增加迅速。《2010年中国社会蓝皮书》披露，2009年我国群体性事件高发、频发，在全国范围内具有较大社会影响的群体性事件就有近10起。这充分表明我国已进入公共危机时期，危机管理成为我国各级政府必须认真对待的重要问题，而作为其重要分支的群体性事件管理更是如此。要想最大限度地减少由于公共紧急状态给民众生命和财产所造成的损失和给正常的社会秩序造成的巨大破坏，作为危机管理中最基本的机制，预警机制应当首要考虑[1]。但目前，对群体性事件预警系统的研究尚不完善，未能从社会系统角度对各种引起群体性事件的危机因素加以全面分析。而作为社会发展前沿地带的城市，其群体性事件管理的有效与否所具有的示范引导效应，也未得到足够重视[2]。如何以"城市"为主线，建立一套系统的群体性事件预警机制已成为我国"构建和谐社会"亟待解决的问题。因此，本文提出基于系统之系统（System of Systems，SoS）理论来建构一套城市群体性事件预警机制，主要包括预警指标、预警方法和对策组合三个方面，以此为实现有效的城市群体性事件预警管理提供借鉴。

一、基于SoS理论的城市群体性事件预警指标体系框架设计

1. 若干基本概念的界定

(1)城市的界定。

本文所说的城市，是指人类为满足自身生存和发展需要而建造的有固定区域或地域、呈现相对聚居特征的人工环境[2]。而城市的形成与地理、经济、民族、政治、文化、历史和地缘等有着密切关系。根据1993年国务院批转民政部《关于调整设市标准的报告》可得，设市标准应以人口为主要依据，同时参照经济社会发展水平。因此，本文主张从城市人口数量、行政区划、经济发展状况、民族文化背景和地域地貌特征等方面来认定城市特点，以实现区别管理。

(2)群体性事件的界定。

目前，学界对"群体性事件"的释义繁多，尚无统一的界定[3]。参照已有的

群体性事件定义，从群体性事件的目的、特征和行动指向出发，我们认为：群体性事件是指在特定情景下，由一定数量的人组成的特定群体或偶合群体，为了维护自身权益，或表达某种诉求，或发泄不满情绪，采取超越国家法律法规并对社会公共安全造成影响的集群行为。据此，我们认定城市群体性事件是发生在城市中以城市民众为参与主体的群体性事件。

(3)城市群体性事件预警的界定。

表面上来看，群体性事件好像只是由一些偶然因素的出现而突然引发的，无法预判，而实质上是社会运行中的负面因素在积累到一定量之后所产生的对社会稳定系统的冲击和扰动现象，是社会危机存在的反应[4]。以此为出发点，群体性事件预警即是通过对社会系统运行中负面因素进行检测和评估，进而就社会运行接近爆发群体性事件临界值的程度所做出的早期预报[5]。因此，我们认为城市群体性事件预警是指对影响和引发城市群体性事件的各种可量化因素进行连续不间断的动态监测、度量、测度并采集其信息，根据预警体系内容综合分析计算，从而对当前城市发生群体性事件的可能性做出评价分析、预测其发展趋势、及时做出等级预报的活动。

2. 理论依据及设计思路

正如前述，群体性事件预警实质上是对社会安全运行的稳定性程度的评判，应以社会稳定理论为理论基础。近百年来，西方学者就社会稳定问题先后提出"心理挫折"理论、"期望差距"理论、"中层组织"理论、"冲突功能"理论、"资源动员"范式、"社会建构"范式等理论，并就其设计出一系列指标体系：1961年埃·蒂里阿基安提出了社会动荡的经验指标；1976年艾斯特斯、摩根提出了社会不稳定的相关因素[6]；而在现今美国社会预警研究所采用的主流指标体系多侧重于社会心理态度[7]。在20世纪80年代末以后，中国也逐渐开始了社会预警指标及群体性事件预警指标的研究：我国社会学者朱庆芳的"社会发展综合评价指标体系"[8]、宋林飞的"社会风险指标体系"[9]、邓伟志的"社会风险预警指标体系"[10]、阎耀军的"社会预警指标体系"[11]、魏永忠的"城市社会安全与稳定预警等级指标体系"[2]以及吴竹的"群体性事件预警指标体系"[4]等相关研究成果相继提出，并逐渐被用于实践之中。这些理论研究与实践成果，对于我们把握群体性事件、具有程度不同的参考作用，也使得城市群体性事件预警指标体系框架的构建具有可行性。

在研究中，我们发现这些成果尚存在一些不足，如有的指标体系过于狭窄、有的过于宽泛且难以计量、有的分类不够科学等[12]；而吴竹[4]所构建的群体性事件预警指标体系则显得宽泛，未能根据各级各类城市特征加以系统设计。对此，SoS 理论[13]作为目前解决复杂巨系统问题的重要思想，无疑可以作为一种城市群体性事件预警指标体系框架设计的新思路。

SoS理论是近年来学术界针对传统系统工程无法处理系统的不确定性等缺点而从传统系统理论发展而来的一种新理论，其应用范围非常广泛[14]。具体而言，SoS是指一种包含多个子系统，通过协调各子系统相互作用来达到特定目标，由技术、人类和组织所构成的复杂巨系统，其具有运作与管理上的独立性、地域性、偶发性、渐进性、自组织性和适应性等特点[13]。基于此，SoS理论并无限于特定规范，而是提倡一种针对巨系统的复杂性可采取的解决方法，即通过运用系统架构，将一个复杂巨系统按其特点分解成一组相互作用且可被管理的子系统；除了在上个层级相互影响外，这些子系统相对独立且能在大型复杂系统中对应不同功能模块；系统架构连接所有子系统并体现其交互作用，以此来保证系统处理的整体性[15]。具体到城市群体性事件预警指标体系框架设计上，其应主要体现出整合性、协同性、灵敏性和动态性等四个典型特征：整合性要求城市群体性事件预警指标体系中所划分的子系统应能经过组织演化后形成新的整体功能，以整体反映城市群体性事件预警状况；协同性要求所有子系统结构化，以使城市群体性事件预警工作对于各个相关方面的考虑做到协调统一；灵敏性则指所构建指标体系应能针对城市群体性事件的偶发性做出及时反应；动态性则是针对社会系统的动态性而定的，其要求所构建指标体系应能随着系统复杂程度与外界交换强度的增加而改进。

3. 预警指标体系框架

城市群体性事件的发生依存于社会系统之中，社会系统是一个开放的特殊复杂巨系统，并可根据马克思创立的社会形态概念把社会系统划分为三个组成部分，即社会经济系统、社会政治系统、社会意识系统[16]。以此为出发点，结合SoS理论，通过系统分析城市群体性事件的各种危机因素，结合预警思想[17]和社会稳定理论的逻辑结构[11]，设计出一个以警兆指标为对象、以警源指标为依据、以警度指标为主体的城市群体性事件预警指标体系框架，如图1所示(图中，“警素”是警度指标、警兆指标和警源指标的统称)。

在图1中，警源指标分两级，一级警源指标共有六个，其下属二级警源指标则根据各城市特色来确定，形成城市群体性事件警兆所产生的源动力。警兆指标共有三个，分别是社会经济警素、社会政治警素和社会意识警素。①社会经济警素。社会经济系统是社会运行的物质保障，因而对社会经济警素分析可对城市群体性事件的物质基础加以诊断，进而起到预警作用。按功能划分，社会经济警素可分为经济保障警素和经济支撑警素，其中经济保障警素可直接反映居民的现有生活水平，用于衡量经济稳定对城市群体性事件的基础作用，而经济支撑警素则用以考察社会系统在经济基础方面的运行情况，体现经济发展对群体性事件的规避作用。②社会政治警素。社会政治系统是社会运行的政治保障，因此社会政治警素可用于体现社会运行的公平性和安全性，进而对群体性事件进行预警。据此，社会政治警素可由社会分配警素和政府执行力警素加以评判：社会分配警素用以衡量社会分配制度的合理性程度对群体性事件的催化作用；政府执行力警素则可以衡量政府调解民众矛盾及化解群体性事件的能力。③社会意识警素。社会意识系统是社会运行的感受部分，因而社会意识警素可以体现民众对于社会经济系统和社会政治系统运作的感受能力和感受状况，进而可以从社会认知与社会心理两方面体现民众参与群体性事件的主观可能性；因而，本文将该警素进一步划分为社会认知警素和社会心理警素，以充分衡量城市居民的意识对于城市群体性事件的影响。

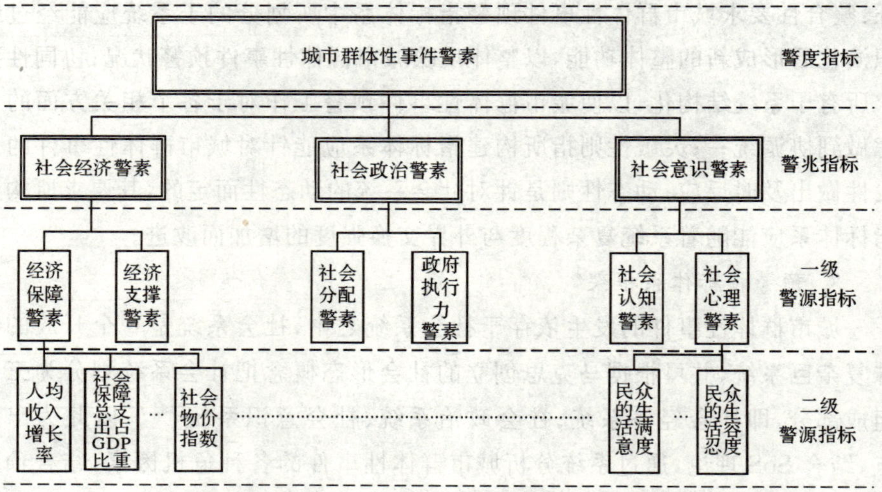

图 1　基于 SoS 理论的城市群体性事件预警指标体系框架

二、基于 SoS 理论的城市群体性事件预警等级判别方法设计

1. 中国城市群体性事件预警指标体系

城市群体性事件预警指标体系是城市群体性事件预警等级判别方法的前提和基础。因此，为进行城市群体性事件预警等级判别，本文根据城市群体性事件预警指标体系框架，结合中国城市实际情况，通过文献整理、数据收集、专家咨询等多种方法，提出一个中国城市群体性事件预警指标体系，如表 1 所示。

表 1 中国城市群体性事件预警指标体系

警度指标	警兆指标	一级警源指标	二级警源指标
城市群体性事件警素	社会经济系统警素	经济保障警素	人均收入增长率
			社会保障总支出占 GDP 比重
			最低生活保障线下人口比重
		经济支撑警素	社会物价指数
			城市 GDP 增长率
			恩格尔系数
			失业率
			绿色 GDP 占传统 GDP 的比重
	社会政治系统警素	社会分配警素	城市基尼系数
			10%最高收入户平均收入与10%最低收入户平均收入之比
			最低工资与平均工资的比值
		政府执行力警素	刑事案件发案率
			每万人警力配备人数比率
			上访(含信访)率
			政府立法制度的健全性
	社会意识系统警素	社会认知警素	城市居民平均文化水平
			法制教育普及率
		社会心理警素	城市居民的生活满意度
			城市居民的生活容忍度
			媒体舆论导向负面效应评价值

注:表中统计指标针对范围为所选城市;由于所选指标均为常用社会统计指标,其统计数值取得方法从略。

显然,表 1 能够作为各城市构建其城市群体性事件预警指标体系的一种参考,即各城市可以从其自身特点出发,根据系统性、针对性、可操作性和灵敏性等指标选取原则,在适当调整表 1 所示指标体系的基础上,最终得到一套符合其实际情况的城市群体性事件预警指标体系。

2. 预警等级的划分

依据社会稳定理论和中国城市当前形势及其发展趋势，本文将城市群体性事件预警等级划分为无警情、轻警情、中警情、重警情四个等级[17]，并依次采用绿色、黄色、橙色和红色的信号灯来加以标注(见表 2)，其中："绿灯"表示社会稳定，城市群体性事件发生可能性极小；"黄灯"表示社会处于向稳定或动荡转折的过渡时期，城市群体性事件存在发生可能，但无必然性；"橙灯"表示社会开始出现轻微的动荡，城市群体性事件发生的可能性进一步加大；"红灯"表示社会处于混乱状态，城市群体性事件必然发生并将对社会稳定产生破坏性影响。

表 2　预警综合指数所对应城市群体性事件预警等级表

预警综合指数	55～65	65～75	75～85	85～95
预警等级	无警情	轻警情	中警情	重警情
信号灯	绿　灯	黄　灯	橙　灯	红　灯

3. 预警综合指数的计算

正如前文所言，群体性事件预警实质上是对社会安全运行的稳定性程度的评判，而社会作为一个开放的特殊复杂巨系统，对其稳定性程度的评判具有模糊性。基于此，我们认为城市群体性事件预警也存在模糊性，其预警综合指数可采用模糊层次综合评价方法[18]来加以计量：在权重分配阶段，通过采用模糊层次分析法对各指标权重加以分配并定期修正，以实现预警指标体系的动态化，因而本文并不给出具体数值；而在综合评价阶段，则采用模糊综合评价法对城市群体性事件预警综合指数加以计算。需要说明的是，本文将模糊综合评价法所用的评价尺度集确定为{55,65,75,85,95}，并规定在评价过程中对各指标评价值的打分应与群体性事件发生的可能性呈正相关关系。由此可得出预警综合指数与预警等级及信号灯的对应关系，如表 2 所示。

4. 预警等级的判别

预警综合指数为城市群体性事件预警等级判别提供了基本依据。但值得注意的是，尽管社会稳定的实现以社会结构各要素间的有机运转为前提，群体性事件的发生却并不始终需要预警指数达到一定程度才发生。当社会系统某一方面的紊乱超出社会承受力时，它都可能引起群体性事件的发生[10]。故要对预警等级进行合理判别，还应从根据各指标属性，从构建指标体系(见表 1)中选取若干核心预警指标，并根据历史经验与国际惯例来对其加以设定警限

（见表3），以对预警结果做出修正：若某核心预警指标所显示警情高于预警综合指数所对应警情，应将前者作为最终评判依据；反之，则不变。

表3　城市群体性事件核心预警指标及警限示例

预警等级	无警情	轻警情	中警情	重警情
信号灯	绿　灯	黄　灯	橙　灯	红　灯
社会物价指数上涨率	10%以下	10%～15%	15%～25%	25%以上
失业率	4%以下	4%～10%	10～20%	20%以上
城市基尼系数	0.3以下	0.3～0.4	0.4～0.5	0.5以上
城市居民对政府的不信任度	25%以下	25%～35%	35%～50%	50%以上

因此，本文所构建的基于SoS理论的城市群体性事件预警等级判别方法将预警综合指数和核心预警指标作为同等依据，并选取两者所对应预警等级中的较高者作为最终判别结果。

三、基于SoS理论的城市群体性事件预警对策组合

有效的城市群体性事件预警机制要有一个系统的对策组合，以便从事件上辅助各城市政府更有效地开展群体性事件预警活动，及时明确群体性事件态势，提高群体性事件管理效果，真正为城市居民谋福利，减少甚至消除群体性事件给城市带来的不良影响。因此，本文从预警理念、预警体制与预案准备等三方面提出相应对策组合。

1. 培养城市群体性事件全民预警理念

现实中，各城市针对其群体性事件所采取的方式大多还是事后管理，即“临时抱佛脚”，其成效无法保证；而预警工作则能实现事前管理，提前规避不必要的社会成本支出，进而最大限度地维护广大人民群众的根本利益，更好地营建和谐社会。而全民参与无疑是实现有效预警管理的有力武器。因此，在预警工作中，城市各界人士均应培养群体性事件预警理念，全民参与预警工作：第一，政府相关部门必须改变领导者心态，坚持以人为本，由被动应付转变到主动预防、积极预防上来，树立以防为主的理念；第二，构建社会防范体系，从观念、体制、人员等各个方面保障调动全社会各方面力量参与预警工作；第三，进行预警防范演练，使民众熟悉最佳处置方式；第四，利用城市中社区居民集中、社会控制力量相对较强的特点，在社区建立城市群体性事件预警监测

点，根据城市群体性事件预警机制，定期上报本社区城市群体性事件相关预警信息。

2. 构建城市群体性事件预警体制

城市群体性事件预警是一项涉及多部门、多领域的工作，要想实现城市预警工作的有效开展、最大限度做好城市群体性事件预警，政府就必须实现组织、资源、信息的有机整合。这就需要政府：第一，专门成立"群体性事件预警工作小组"（以下简称"预警小组"），配备必要资源，并制定明确的工作流程和责权制度，做到定期统计及整理城市群体性事件预警指标体系相关信息，并将其向民众公开，使其逐渐成为政府部门的一项常规性工作；第二，与其他相关部门协商，建立群体性事件联络机制，保证预警小组实时了解各方面的资源和信息，以便实现部门之间的协调联动；第三，预警小组与所建立的城市群体性事件预警监测点形成联动，由后者实时监测警情并向预警小组汇报即时情况，同时接受预警小组的领导。

3. 做好城市群体性事件预警与预案的衔接

预警的作用仅在于使政府和民众实时掌握群体性态势，给出即时群体性事件预警等级，而要真正做到减少甚至消除群体性事件的不良影响，必须有事先考虑、规划好的措施或工作内容与之衔接，即预案。预案应至少包括领导体制、资源配置、指导原则、具体措施等内容，并且针对于不同预警等级在警情处理的工作强度、范围等方面有所区别和匹配。同时，应设立预案激活机制，即得到预警结果后，能够迅速启动匹配预案，做到反应灵敏，行动有效。

四、结论

SoS 理论针对现存复杂巨系统问题而产生，是世界范围管理实践的新方向，也是城市群体性事件管理理论研究的新领域，因此对基于 SoS 理论的城市群体性事件预警机制进行研究，就显得必要且有理论实践价值。本文运用 SoS 理论对影响城市群体性事件的各中危机要素进行系统分析，重新设计了一个以警兆指标为对象、以警源指标为依据、以警度指标为主体的城市群体性事件预警指标体系框架。在此基础上，本文运用模糊层次综合评价法对城市群体性事件预警等级判别方法加以改进，并融入预警综合指数和核心预警指标结合考虑的思想，从而构建了一套新的城市群体性事件预警机制。同时，文章针对该城市群体性事件预警机制的运用提出了相应对策组合，通过将实践与理论相联系，以求减少城市群体性事件所带来的社会危害，进而促进我国和谐社会的建设。

参考文献

[1] 薛澜,张强,钟开斌.危机管理:转型期中国面临的挑战[J].中国软科学,2003,4:6-12.

[2] 魏永忠.论我国城市社会安全指数的预警等级与指标体系[J].中国行政管理,2007,2:89-94.

[3] 吴佩芬,王国明.近几年学术界关于群体性事件的研究综述[J].云南行政学院学报,2009,5:45-48.

[4] 吴竹.群体性事件预警指标体系研究[J].政法学刊,2007,24(3):63-67.

[5] 杨和德.群体性事件研究[M].北京:中国人民公安大学出版社,2002.

[6] 王煜.社会稳定与社会和谐[M].北京:社会科学文献出版社,2006.

[7] 王锶明.中美群体性事件预警指标比较研究——关于建立符合中国社会安全和治安管理特性预警体系的思考[J].云南警官学院学报,2009,2:40,113.

[8] 朱庆芳.社会指标的应用[M].北京:中国统计出版社,1992.

[9] 宋林飞.社会风险指标体系与社会波动机制[J].社会学研究,1995,6:90-95.

[10] 邓伟志.关于社会风险预警机制问题的思考[J].社会科学,2003,7:65-71.

[11] 阎耀军.超越危机——构建新的社会预警指标体系及其运行平台的设想[J].甘肃社会科学,2005,3:12-16.

[12] 胡联合,胡鞍钢,王磊.关于我国社会不稳定因素变化态势的实证分析[J].探索,2007,6:105-114.

[13] Sage A P, Biemer S M. Processes for System Family Architecting, Design and Integration [J]. Systems Journal, IEEE, 2007, 1: 5-16.

[14] Janishidi M. System of Systems - Innovations for 21st Century [J]. Industrial and Information Systems, IEEE, 2008: 6-7.

[15] Chandana S, Leung H. A System of Systems Approach to Disaster Management[J]. Communications Magazine, IEEE, 2010, 48: 138-145.

[16] 钱学森,于景元,戴汝为.科学决策与系统工程[M].北京:中国科学技

术出版社,1990.

[17] “社会治安动态预警研究”课题组.社会治安预警指标体系及其实现途径[J]. 中国人民公安大学学报,2009(3):24-32.

[18] 江鹏辉,杨豪,彭斌,等.基于模糊层次综合法的加油站现状评价模型及应用[J].工业安全与环保,2008,34(2):58-61.

专业化、特色化的 MBA 教育创新研究

郭　德　梁娟红

一、引言

社会需求是高等教育发展的根本动因，随着现代经济的不断发展，社会对高层次管理人才与决策人才的需求越来越迫切，MBA 教育正是基于这种需求而不断快速发展的。与普通研究生相比，MBA 学生具有相关的工作经验，对理论的学习更容易与实际工作联系起来，能够较好地把专业领域的知识运用到企业的实践中。

随着我国 MBA 教育规模的扩大，商学院之间教育理念、师资水平、教学水平、办学质量均存在明显差距，部分品牌院校脱颖而出，MBA 教育两极分化趋势日趋明显，并且目前的 MBA 教育中也存在很多脱离本土化及企业实际环境的问题，培养出来的 MBA 毕业生往往得不到企业的认可，形成一定的困境。

二、国内 MBA 教育现状

1. 培养通用型人才

目前国内众多商学院大多沿袭综合 MBA 教育模式，缺乏自己的特色，没有专业针对性，培养出来的学生很难在某一行业有较高的适应性。综合 MBA 教育强调通用性，在教学上面面俱到，没有专业的针对性，所有的学生学同样的数门核心课程，虽然在管理理论方面学到了很多知识，但企业招聘 MBA 毕业生的原则是“拿来就用”，不会像对普通硕士毕业生那样进行一个时期的培养，MBA 学生的表现和企业的期望具有一定的差距。因此综合 MBA 培养的学生可能因为不熟悉行业特质而不能胜任该行业的工作，使 MBA 教学实用性大打折扣。

哈佛商学院向来以“一般管理”著称，在 MBA 项目中不设专门方向，但近年来也进行了重大改革，形成了被称为“创业型管理者”的培养方向和课程设置。哈佛商学院的改革预示着 MBA 教学未来的发展趋势。

2. 学生缺乏动手能力

目前国内商学院MBA在教学上理论多于实践，在培养学生的过程中侧重理论知识的传授，缺乏与企业的互动，使学生很少有机会深入企业实践，缺乏动手能力。而且现在有些MBA课程太过于理论，学生在实战经验不多的情况下没有企业的参与，缺乏解决实际问题的能力。企业认为拥有MBA学位只能是有能力的参考，但是否真有能力还有待于实践的检验。

国外商学院MBA教育专业化、特色化的最大特点是在传统的MBA课程教学中，引入着重培养学生解决实际问题能力的内容，把培养学生的“动手能力”放在首位，从而使毕业生不再是“只会夸夸其谈的理论家、演说家”。

3. 教学方式不能满足实际工作需求

MBA培养的是实用型人才，因此应该侧重操作性和实践性，而国内很多MBA授课方式仍然采用以课堂教学传授知识，忽视培养和锻炼学生解决实际问题的能力，忽视通过其他方式增强学生的实际应用能力。案例教学和团队学习是国外先进MBA教育最常用的教学方式，虽然国内各院校在教学中也要求并推广了案例教学，但缺乏适合本土企业的综合性案例，同时在案例分析中缺乏对学生必要的引导和总结，使得教学达不到预期效果。

4. 名校效应

目前MBA学生在报考院校的选择中，报考人群存在严重的分布不均现象，名校的报考出现拥挤，而一般高校则门庭冷落。很多企业表示，聘用MBA的学生看中的并不是他们学到了什么，而是毕业院校的名气，其次才是综合能力和专业特长[1]，这样的用人理念决定了MBA在招生中必然出现名校效应。名校效应造成考生盲目追求学校名气，忽视了对自己专业特长的进一步发展，使现有人才不能得到应有的发展；同时由于名校招生人数有限，使很多人失去接受MBA教育的机会。

5. 缺乏本土化实践

目前很多高校在对MBA学生的培养中倡导国际化，以国际视野与思维为目标，课程内容主要以西方管理思想为重，缺少中国文化和管理实践的教育，教学方式以案例教学为根本，在案例的使用上呈“进口导向”的特征，使MBA教育与本土企业环境脱节，缺乏本土化实践，造成很多MBA学员进入企业后在管理实践中存在水土不服的现象。这说明照搬西方管理教育理论和模式培养不出中国的企业家，哈佛式案例并不能成为中国企业的救世主。另外，企业在招聘中发现很多MBA学生一方面跟国际接轨不够，另一方面对国内实际情况了解不够。

三、MBA 教育创新思路

MBA 教育是市场经济的产物，其自身的发展必须体现市场经济的特征，即竞争性。因此，我国 MBA 招生院校要想在竞争中求得生存与发展，除了要注重 MBA 教育质量，还要适应多样化的市场需求，根据本校的学科和资源优势，办出具有特色的 MBA 教育。实际上，许多招生院校对此已有清醒的认识，即招生院校对 MBA 教育的发展方向是为企业和行业量身定做所需人才。例如，清华大学的汽车行业 MBA、金融财务 MBA；中国农业大学和中粮联手培养的中国葡萄酒行业 MBA；北京航空航天大学的民航方向 MBA；复旦大学推出的金融 MBA；东华大学开办的纺织服装 MBA；云南大学开办了旅游 MBA 等。由此可见，专业化、特色化将是未来 MBA 教育发展的方向。

1. 专业化

专业化 MBA 课程使学生既能深思管理之道，又能熟悉专业之本。专业化 MBA 的培养目标，是要使 MBA 人才既懂得管理，又熟悉技术。专业知识与管理知识的结合，使 MBA 毕业生成为适应现代企业管理需求的具备综合能力的高端管理人才。经过专业化 MBA 课程培养出来的人才，更容易成为适应具体行业的人才，符合企业对 MBA 人才的需求。

目前，MBA 教育发展的困境之一就是企业对 MBA 学生的期望与实际工作能力存在较大的落差。大多数企业认为 MBA 毕业生具备一定的工作经验，又懂管理知识，应该拿来就能用，能对企业的管理现状有较大改善，但从实际情况来看，MBA 毕业生的表现却令企业希望落空。出现这个问题的原因之一就是 MBA 培养院校过于强调通用性，在教学上强调面面俱到，没有较强的专业针对性。所有学生都学同样的数门核心课程，无法突出某一个研究方向。管理类有多个专业方向，如市场营销、生产管理、物流管理、人力资源管理、财务管理等等，因此，MBA 发展的出路在于更加专业化。专业化 MBA，在教学理念、环节、目的上确定明确的专业方向，使学生在学习过程中对某一专业有更深入的了解和研究，成为在这一专业具有丰富经验和渊博知识的高端专业性人才。

随着经济的发展，企业的多元化发展为 MBA 教育提供了持续发展的动力，对 MBA 的多层次需求决定了 MBA 教育的发展方向——专业化 MBA 教育，在教育内容、培养模式、质量标准更突出专业化要求，注重理论知识与专业知识的紧密结合。通过专业方向课程的学习和专业化技能的训练实现个性化培养，使学生在学习过程中掌握更多贴近自身专业的更为实用的管理理论知识和实践技能，更有效地提升管理能力。

2. 行业化

MBA 教育发展的另一个困境就是各行业有其自身的特色，如具有快速消费品行业经验的管理者对房地产行业的管理不一定能游刃有余。MBA 毕业生虽然懂管理，但可能因为不熟悉行业特质而无法胜任该行业的管理工作。如清华大学的汽车行业 MBA、复旦大学的金融 MBA 以及电子科技大学的 IT-MBA 都体现了行业 MBA 的发展方向。行业 MBA 通过各行业不同的特征，使学生根据自己的兴趣爱好学习不同行业的管理方法。

以行业细分的 MBA 教育方式，有助于培养在某一领域专业化的高端管理人才。MBA 毕业生不仅精通管理知识，而且对某一行业有较为熟悉与深入的研究，工作起来会更加得心应手，真正体现了学以致用的原则，解决了企业在管理中存在的问题，从而使毕业生为企业乃至社会的发展做出贡献。

3. 特色化

专业特色与行业特色是 MBA 办学的特色化特征，特色化的本质是办学的独特性。MBA 教育特色化的目标不应当是同质化的课程体系，而应当是多元化、差异性的办学理念和培养目标的特色、创新，有竞争力的课程结构和培养模式。办学特色越来越受到 MBA 考生的高度重视，也成为各高校发展 MBA 教育的新思路。因此高校应充分利用本校学科和资源优势，实现培养方案的创新和特色课程的建设，以贴近学生需求为宗旨，使专业化、行业化特色名至实归，逐渐形成其他院校无法复制和模仿的独树一帜的鲜明特色。在以后的发展中特色化将是办学水平和办学能力的一个重要标志。

特色化另一个方面也体现了办学的个性化。个性化就要根据自身的优势找准定位，才能做出特色。特色化的形成要有一个历史过程，高校的优势学科是一个积累、发展的过程，它要经过一个较长时期的积淀，才能形成自身的特色。因此积淀性是特色办学的关键特征，如果一所院校不具有积淀性，那只能是在某一方面具有独特性，还称不上特色化。

4. 高质量

企业的需要、社会的需要是培养 MBA 人才的出发点。MBA 教育培养的人才应该是应用型人才而非学术型人才，不能用一般学术性的衡量标准[2]，应用型人才决定了在学习过程中实践与理论需要同步前进，而且 MBA 毕业生在社会的认可度的提高，必须要使学生不再“高分低能”和“揣着文凭说外行话”，这要求 MBA 教育必须注重质量的提升。

质量是 MBA 教育发展的生命线。MBA 教育建设首先要以优秀的师资队伍保证教学质量，教师的责任心、知识面、科研能力和实践经验是影响教学质量的最重要因素。其次要以教材建设保证学习质量，特色化的发展战略必须要逐步形成适合学生学习的特色化教材，才能使教学工作顺利开展。再次要以教学方式创新保证实践质量，传统的课堂教学方式无法适应现代化企业对管理人才的需求，在发展专业化特色化的基础上，需要相应的专业及行业的实践学习，建立 MBA 培养院校与行业企业的长期合作机制，引进实践领域专家走入 MBA 论坛和名师讲台，才能保证学生实践能力的提高。

四、结束语

经济的快速发展决定企业对 MBA 仍有极大的需求。企业在发展中面对的激烈市场竞争，决定了企业最需要的高端人才不是通用性人才，而是既懂管理知识又熟悉行业特质并具备本行业技术能力的优秀管理人才。MBA 教育发展的出路在于创新，同时企业的需求决定了未来 MBA 教育发展的思路必须沿着专业化、特色化的道路发展。因此拥有专业优势的院校应发展专业化、特色化 MBA 教育来满足社会对高端专业 MBA 人才的巨大需求，让院校的优势学科和领域真正实现与行业相接轨，与企业相对接。

参考文献

[1] 张万灵．大连理工大学 MBA 教育品牌建设研究[D]．大连：大连理工大学，2007．

[2] 刘小明．MBA 教育：借鉴与思考．山西财经大学学报：高等教育版，2001(3)．

[3] 杨毅洲，张青怡．中美 MBA 教育比较分析[J]．吉林工学院学报，2003(3)．

[4] 聂在平，曾勇．电子科技大学 MBA 教育的思考与实践．电子科技大学学报：社会科学版，2002(3)．

理工类研究生英语信息加工项目式课型的理论与实践探讨

智 慧

英语课程是目前我国大部分高校理工类研究生必修的工具课程,在各专业中普遍开设,英语水平的高低直接决定了理工类研究生的专业素质和培养质量。但是目前理工类研究生普遍存在阅读较强、写作水平低、听说能力弱的情况,英语语言的各项技能发展失衡的现象比较严重。很多理工类研究生可以读懂专业英语人员理解起来都有困难的文章,但是应付简单的英语日常交流却很吃力、写出的文章层次结构欠清晰、难以准确表达思想。调查表明,大多数理工类研究生为了应付考试,拼命地背词汇语法、大量地做习题,自身的思辨能力和创新能力无形中被削弱了,在学生中间出现了"思辨缺席"的现象。

以上现象在一定程度上反映出我国高校理工类研究生的英语教学现状与社会的发展和人才的培养目标还存在一定的差距。作为培养高素质、研究型和创新型人才的基础英语课程,如何以理工类研究生现有的英语语言知识、社会经验和认知为基础,采用相应的教学策略,提高学习者对社会文化信息的综合处理效率,培养学习者用英语思维和思想输出的习惯,是理工类研究生英语教学改革亟须解决的关键问题。

一、外语学习实质上是学习者对语言信息加工处理的过程

20 世纪 80 年代美国著名的语言学家克拉申(Krashen,1982:32－33)在《第二语言习得的理论与实践》一书中提出了著名的二语习得输入理论。按照克拉申的观点,语言能力的获得主要是靠习得的途径,学习者只要在较小的心理障碍的情况下,借助语言环境,大量地接触略高于学习者现有水平的可理解的语言输入就会自然而然地习得第二语言。克拉申的二语习得理论是建立在理想的语言学习环境基础之上的。实际上,学习者在第二语言的学习环境中很难有较小的心理障碍和合适的 i＋1 语言输入。因此外语教学工作者在实际输入过程中既要输入合适的语言信息,又要输入相应的教学策略。

外语学习实质上是学习者对语言信息加工处理的过程。信息加工理论认为人的大脑好比一个储存库,可以输入信息,经过理解、吸收,内化为自己的语

言知识，并在一定的语言环境中输出，表达自己的思想。这一信息加工过程如图1所示。

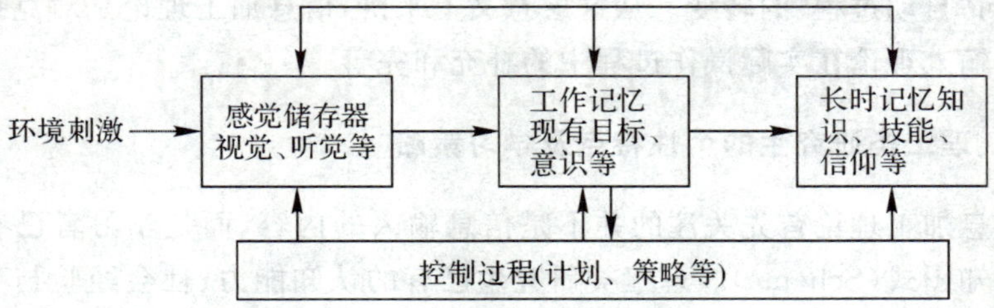

图1　信息加工过程

图1中，作为信息加工过程的第一步——感觉储存器中所感受到的信息是由外部视觉、听觉或触觉刺激引起的，信息保存的时间非常短暂，一般为1 s左右。这时如果输入的信息不被注意，就会很快消失掉；如果有些信息被学习者特别注意到，则可进入工作记忆做进一步的加工，此加工过程一般可持续20 s左右的时间。加工后的信息进入长时记忆，长时记忆的容量比工作记忆的容量要大很多，而且信息保存的时间也明显延长了，短至1 min，长可达一生。长时记忆所保存的是一个人的知识、技能和信仰等，可以被存储、也可以被提取和利用。

信息加工理论向我们揭示出人的大脑是一个有限的信息处理器，人脑有限的信息处理能力主要体现在以下三个方面：①人脑的注意力是有限的：环境提供给人的信息量往往超出人的处理能力，在某一特定时间里人只能从大量的视觉和听觉输入中接受处理其中一部分信息，即人脑所加工处理的仅仅是被人们注意到的信息。②人脑的信息加工能力也是有限的：工作记忆承担的两项基础职能是储存和加工信息。工作记忆的储存空间是有限的，仅限于7±2个信息单位，而其加工能力也被认为是有限的，视信息任务的难易程度进行储存和加工的资源分配。那些复杂的、需要多种综合技能的任务在执行中需要从工作记忆中调用大量的、有限的认知资源（如注意、记忆等)，而造成其他任务执行过程中的资源不足，这一过程被称为“控制过程”；无需大量的认知资源就能自如完成复杂任务，又不影响其他任务的执行，这一过程被称为“自动过程”。在英语学习中，综合技能（听、说、读、写）的培养需要经过反复的训练才能由“控制过程”转化为“自动过程”。③人脑的长时记忆尽管在储存的空间和加工的能力方面远大于工作记忆，但是其中存储的信息资源如果长时间得不到有效的编码和提取，将逐渐被人们淡忘，而失去其功效。

在外语教学实际输入过程中既要遵循信息加工的科学规律，提高学习者对语言信息的“选择性注意”，又要针对不同的学习人群，在控制过程中采取有效的学习与教学策略，通过经常性的教学和实践训练，促进外语学习由“控制过程”向“自动过程”的转变。从这层意义上来讲，信息加工理论是对克拉申二语习得输入理论在实际操作过程中的补充和完善。

二、理工类研究生的个性特点及学习策略

信息加工理论首先关注的并不是信息输入的内容，而是学习者已有的信息或认知图式(Scheme)。理工类研究生已有的认知能力、社会经验与英语语言能力首先成为关注的焦点。

研究生教育既不同于大学本科教育，又不是大学本科学制的“延伸”。它是高一层次的教育，有着明显的阶段性特征：研究生与本科生在年龄、阅历、生理和心理上的不同决定了研究生阶段学生在知识储备、知识结构、智力发展和志趣抱负等方面已接近成熟，拥有较为稳定的人生观、价值观和生活取向。根据对西北工业大学 2007 届入校的 825 名研究生(包括全国统招生、推荐免试生、单位委托培养生和单考生)随机抽样所作的问卷调查表明，74%和 43%的研究生在入校前分别通过了国家四、六级英语考试，拥有了最基本的语言听辨和表达能力；73%的学生认为受专业或个性所限，理工类研究生的群体意识不强，相互交流的机会偏少。对全国 1 017 名理工类硕士或博士研究生所做的分层抽样问卷调查表明研究生比本科生更渴望用英语实现双向交流而不仅是单向地获取信息。以上研究决定了理工类研究生的英语教学应当训练学习者在更高的层次上理解和运用语言，树立学习者英语思维的意识，积极创设相应的教学环境鼓励他们求索发现新语料、培养学习者在英语学习中获取信息、在处理和使用信息中形成独立思想的胆识和能力。

理工类研究生经过十几年的英语学习，具备了基本的英语自学能力。鉴于理工类研究生鲜明的个性特点和自学能力，学习者应当具有对于自我认知活动的调节和管理能力，如将自己正在进行的英语认知活动(信息加工)作为意识对象，不断地对其进行积极而主动地监控、控制和调节——如制订计划、实施计划、检查结果和反馈补救等，以达到预期的学习目标。

三、理工类研究生英语信息加工项目式课型的设计

1. 人脑是一个有限的信息处理器

外语学习的实质是学习者对语言材料加工处理的过程，这一过程中教师既要精化语言输入的内容和形式，使学习者尽可能多地接触可理解的语料，还要保证语言信息的正常运转，防止信息在传递过程中被阻隔或中断。因此课

程的设计须注意以下关键节点：①学习者对于语言输入材料的“选择性注意”：学习者只能从大量的信息输入中选择所注意到的信息进行加工，认知心理学将这一过程称为“选择性注意”。它是促成人的大脑内部加工机制有效运转的首要条件。②语言输入材料的“可加工性”：在外语学习的某一阶段，学习者认知资源相对稳定，材料因素是影响学习者有效利用有限的认知资源、完成输入加工的重要因素。③语言的输出：根据信息加工理论，学习的首要问题不是储存，而是提取。语言的输入只是输入知识和信息，没有足够的输出条件，知识和信息只会永远停留在大脑的记忆阶段，不会转化为语言技能。加拿大的语言学家 Swain(1985 年)强调，输出是习得外语的重要条件，如果学习者希望他们的外语既流利又准确，不仅需要可理解输入，更需要可理解输出(Comprehensible Output)。

2. 教学内容

我国大多数高校理工类研究生的英语教学一般采用听说和读写两种教学形式。遵循信息加工规律，语言的输入是不能自动转化为工作记忆的，能够转化的语言材料必须具有重复性和突显性才能引起学习者对语言材料的注意。在课堂上教师除了选择可以通过视觉、听觉刺激等引发学生学习兴趣的材料外，还要通过课堂提问方式的变化引起学生的注意并使得信息具有加工性，如注重由事实性问题(What, When, Where, Who)向思考性与评价性问题(Why, How)过渡的提问方式。通过分析句式和整个篇章中的词块、语块和段块来了解西方人的认知习惯和思维方式，通过反复练习熟练掌握各种语块的用法，并相应地增加记忆的容量。

鉴于英语教学课时有限，教师在课堂上不能够穷尽所有的教学内容。因此引导、鼓励并监督学生在课下大量地阅读、倾听和背诵不同类型的、真实的英语语料，积极参加英语第二课堂活动也成为教学的一项重要内容。在课外的实践活动中学习者会自觉或不自觉地调动自己的原有知识和认知策略，对语言输入进行分析处理并从中悟出规则、加以吸收，充实语言材料的储备。

语言学习的最终目的不是学习者被动地接受“选择性注意”、被动地加工语言信息，而是对于语言信息的主动选择、加工和处理。为了将这种“被动”转化为“主动”，将“控制输入”转化为“自动输出”，教学中需要大量地开展将语言的结构和功能融为一体的教学活动。

3. 组织方法

建构主义理论认为知识不是通过教师传授得到的，而是学习者在一定的情境即社会、文化背景下，借助他人(包括教师和学习伙伴)的帮助，利用必要的学习资料，通过意义建构的方式获得的。教学并不是把知识经验从外部塞进学生的头脑中，而是要引导学生从原有的经验出发，建构新的经验。

项目式教学策略是以项目任务驱动学习者对知识意义的主动建构过程，是一种通过组织学生真实地参加项目设计、履行和管理，完全在项目实施过程中完成教学任务的过程，它是一种强调对学生的综合能力做全面培养的教学方式。

理工类研究生英语信息加工项目式课型就是基于理工类研究生的原有经验，营造知识的情景，以真实的项目任务驱动学习者主动学习建构知识的意义，主动完成信息加工的全过程，增强学习者听、说、读、写的英语综合能力。

项目可以分成个体、团体和合作项目。首先从选题开始，由项目个人或集体选取本单位感兴趣的话题。选题确定后，由项目成员从大量信息中提取相关的语言材料进行加工处理，形成本项目的观点，在课堂上以多媒体、口头或笔头的方式，在一定的时间内为观众进行全方位的输出。输出结束后，观众（教师和听众学生）就项目中的疑点、难点现场发问，由项目成员进行现场英语解释和说明。最后由教师和观众进行现场点评。

在项目实施的整个过程中，项目成员完成了项目选题（输入）→选材（精化输入）→项目制作（材料加工）→项目展示（输出）→项目解惑（精化输出）的全过程；观众在观看和倾听讲解的过程中完成了项目信息输入→项目疑惑的形成（材料的加工）项目质疑（材料的加工）→项目点评（输出）的全过程。教师在项目执行过程中的任务是组织、引导、语言难点释疑、点评等。

4. 课型特点

首先，本课型的项目选题是学习者对话题主动的“选择性注意”。Rod Ellis(1990 年)在“话题假设”中指出“只有当学习者能够就话题进行命题和控制时，才便于语言的习得”。

其次，教学方式从传统的以教师为主导、学生为被动的知识灌输的对象转变为以教师为引导、学生为中心，以“项目”为导向，围绕“项目”开展的一系列教学活动。教师合理、适时地监督与引导，在学习者语言输入积累到一定程度时，营造环境促成知识和信息向语言综合技能的转化。

再次，本课型的评价机制也发生了改变，从原来教师是唯一的提问发出者和正误判断者转变为教师与观众学习者共同的探讨式评价；此种评价方式完成了整个项目式教学实施的流程（见图 2），使整个执行的过程具有可逆性。评价中所使用的鼓励、肯定和帮助的语言有利于形成学习者的“成就型动机”。“成就型动机”是一种持久性动机，它可以帮助学习者英语学习的自信心发生变化。在区别于第二语言环境的中国外语学习环境中，自信是学习者认同变化中最重要的方面。

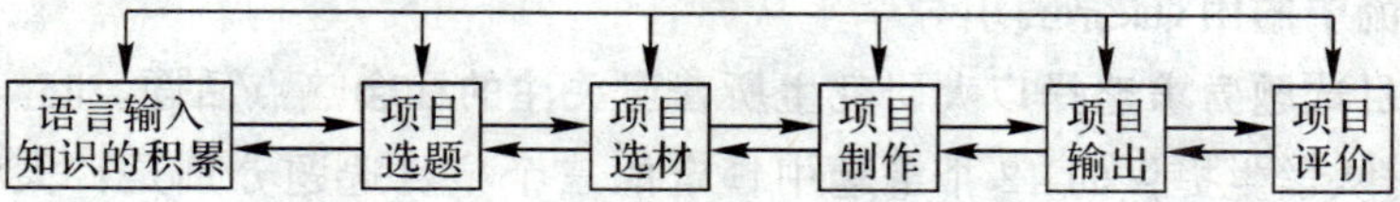

图 2　整个项目式教学实施的流程

四、课型的具体实施和指导方法

1. 个体项目

理工类研究生是一个独特的群体，其个体既具有群体的特征，又具有与众不同的个性特点。在教学上，教师要着重挖掘每个学生的个性特点，积极创造适合于个体信息加工和输出的环境。如在听说课堂中所采用的 Weekly Report 这一教学形式。在研究生的听说课堂中，教师发挥每个学生的主观能动性，鼓励他们将所听、所看和所想以完成项目的方式(用英语叙述，在讲台上通过 PPT、歌曲、动画、Flash 等多媒体载体)进行输出。然后回答教师和其他观众的提问，时间持续约 15 min。教师要求个体项目在选题上应具有一定的思想深度和社会意义，选择可以引起大家共鸣和探讨的话题。个体在项目制作的过程中，将自己的思想雏形进行进一步的提炼、加工和整合，通过互联网、图书馆、与同学切磋等方式查找英语语料，多方式、多渠道地接受大量相关的语言输入。个体的思想雏形在信息加工的过程中，形成了较为稳定的概念和思想并在课堂上用英语进行输出。而后教师和观众不同的思维模式构成了对本项目不同的看法和评价意见，这些评价对个体项目的整个加工过程起到反馈作用，促进了个体的反思和整个语言的精细加工过程。Weekly Report 从选题、选材、输出直至讨论是个体自我思想实现的一个过程，个体对项目选题的主动"选择性注意"降低了学习者的内心焦虑感，形成了师生讨论式的多维输入格局。同样的方式也可在研究生的课堂演讲等项目中实施和应用。

2. 团体项目

以研究生辩论式听说教学为例，该教学方法就是将辩论比赛这种项目形式引入到英语听说教学活动中。项目的设计与实施参照新加坡式辩论赛的基本程序：本着随机、合作和便利的原则，对正反双方的辩手进行分组(双方各四位辩手)；主席负责整个辩论现场的主持、语言衔接和气氛协调；所有的听众学生担任评判者，最后以计票的形式决出优胜队和最佳辩手。整个辩论比赛项目分为辩论(包括立论、驳论、自由辩论、总结陈词)、观众提问、宣布结果、观众点评和教师总结评讲五个阶段，整个过程用英语进行，教师负责协调解决学生英语交流中的困难之处。

项目选题力求选择广大研究生所普遍关注的社会热点话题。在辩论实践中，我们从学生提供的42个辩题中锁定的三个项目选题分别是："大学扩招，利大还是弊大""年轻人应该先成家后立业还是先立业后成家""在当今社会中，由于来自家庭和事业的双重压力，男人和女人，谁的压力更大"。

3. 合作项目

本课型以学习者接受英语语言的输入为起点，通过项目完成的方式来进行英语综合能力的训练。因此教师在讲授的过程中，要在语言的输入和输入材料的可加工性上下工夫，引导学习者自己去发现问题、提出问题和解决问题。如在读写课中要求学生先自行阅读课文，对于文章的整体结构(语块、段块等)提出个人的看法，从而引申出西方人的逻辑思维模式。在文章的讲解中，对于一些重要的语块和段块进行重点讲解并配合练习，对于一些精彩段落则要求学生背诵记忆。

计时写作与相互评阅项目是在学习者接受了大量的语言信息输入、尤其是"语块"输入的基础上，在规定的时间内针对某一题目完成写作后，先由学生相互评阅，再由教师整体评阅、进行课堂讲评的过程。此项目需要课内与课外、个体与团体的相互配合。在执行中有三个重点：①要求学生在规定的时间内完成写作，实际上就是在为学习者输入一定的语料和得体的表达方法之后，进行"逼迫"输出(Pushed Output)。②完成的作文先由学生相互评阅，从中发现错误，并由评阅人进行纠正。③教师在整体评阅之后，在课堂上针对普遍出现的错误给出正确的表达方法，并宣读优秀作文，进行评价鼓励。

该项目的实施需要教师的语言输入、学习者的相互合作和教师的课堂评讲，实际上是学习者在相互合作中获取信息、处理信息以及利用信息解决问题的过程。在发现对方错误的语言表达之后，评阅学生主动提高了对该信息的"选择性注意"，督促他们避免类似问题的产生。教师的评价鼓励激发了学习者"成就性动机"的形成，促使他们在今后的学习中保持和发展。

4. 实施效果

在初步尝试了本课型以后，通过对西北工业大学183名理工类研究生所作的问卷调查表明本课型促进了信息加工过程的有效运转。在"逼迫"输出的内力和外力影响下，学习者所接触、加工和输出的语言信息量大增。在辩论(团体项目)准备阶段学习者使用的主要工具有互联网(58%)、图书馆资料(42%)、学生或辩论小组之间的讨论、交流和观点整合(33%)。在计时写作

（合作项目）中，55％的学生认为写作速度有提高，至少可以在规定的时间内完成全文了。调查还表明学习者英语学习的自信心明显增强，参与意识显著提高。在辩论（团体项目）的选题提出前，仅有部分学生（11.5％）有参与辩论的欲望，绝大多数学生（67.5％）却表现出忐忑不安，甚至畏惧和恐惧心理。选题提出后，学生的参与意识有了明显的提高，有些学生甚至主动要求参加辩论。评价机制的改变使得60.5％曾经做过 Weekly Report（个人项目）的学生认为“其实也没那么紧张，做完下来，听到掌声和老师、同学的鼓励语言，感觉挺有成就感的。”但是调查也表明理工类研究生在直接使用英语思维、语言信息加工的效率等方面还有待进一步提高。

五、结语

著名的语言学家皮亚杰认为：“学习不是被动地接受信息刺激，而是主动地建构意义，是根据自己的经验背景，对外部信息进行主动地选择、加工和处理，获得自己的意义的过程。也是学习者与学习环境之间互动的过程。”理工类研究生的英语信息加工项目式课型就是基于理工类研究生的原有经验、认知和语言知识结构以项目设计和实施的方式来完成教学任务的过程。

作为我国大部分高校非英语专业研究生必修的工具学科，理工类研究生的英语教学应该成为研究生素质教育的一部分，锻炼研究生从思辨和运用中学习语言，从众说纷纭的语言信息中快速获取与本项目相关的信息，通过有效的项目设计和实施，强化语言和思想的输出能力。经过长期、大量的语言信息加工项目式课程的训练，逐步达到由语言信息的“控制输入”向“自动输出”转化目的。

参考文献

［1］ Krashen S D. Principle and Practice in Second Language Acquisition ［M］. Oxford: Pergamon Press, 1982.

［2］ Ellis, Rod. Instructed Second Language Acquisition: Learning in the Classroom［M］. Cambridge: Basil Blackwell Inc, 1990:124.

［3］ William, Littlewood. Foreign and Second Language Learning ［M］. London: Cambridge University Press, 1990:55－57.

［4］ Ellis Rod. Second Language Acquisition ［M］. Oxford: Oxford University Press, 1997.

[5] David W Carroll. Psychology of Language[M]. Beijing: Foreign Language Teaching and Research Press,2000.

[6] 黄源深. 思辨缺席[J]. 外语与外语教学,1998(7):1.

[7] 李淑静,高一虹,钱岷. 研究生英语学习动机强度与自我认同变化[J]. 天津外国语学院学报,2003(3):19.

[8] 何莲珍,张文艺,等. 时代呼唤研究生英语教学改革[J]. 中国外语,2005.

[9] 郭继荣,等. 研究生英语教学改革探索与实践[J]. 中国高教研究,2006(3).

影响高校教师使用教育技术的因素与对策研究

赵春燕 侯 颖

一、引言

教育技术学是当代教育科学与信息技术科学相结合的新兴交叉学科，是支持教育信息化的基础理论与应用学科。"教育技术是对学习过程和学习资源的设计、开发、运用、管理和评价的理论与实践"[1]，美国 AECT 协会 1994 的新定义最为简洁、明确且具代表性，它的形成和发展主要源自三个方面：一是视听运动的发展，推动了各种学习资源在教学中的应用；二是个别化教学（教学设备、教学方式）的发展；三是教学系统的发展。这三方面的发展起源不同，但逐渐融为一体，形成教育技术[2]。

教育信息化时代，在高校教学中运用教育技术势在必行。教育部门的大力支持，使得高校教师教育技术能力得到极大提高，但仍有一些因素阻碍了教师对教育技术手段的使用。通过问卷调查和研究分析，旨在找出影响教师使用教育技术手段实施教学的因素和主要困难，并提出相应对策。

二、研究方法

论文采用统计学研究方法。具体如下：向西北工业大学教师随机发放了 130 份调查问卷，获得有效问卷 128 份。问卷题目要求按照影响程度的强弱进行排序，进行统计时根据被调查对象选择的排序结果赋不同的权值。本项目研究中，按照答卷人认为选项的重要程度，由大到小赋权值。为了确保实际规律不受统计方法赋值因素的影响，特采用两种赋值：一种是等差赋值，即认为重要程度依次降低；另一种是将前面 5 个的权重加大，认为前面 5 个的重要性程度比后面 2 个的重要性更大，即排在前面的权值依次大于后面的值，这样把所有结果汇总到一起哪个选项得到的值最大，就是最重要的。相应地，分数越低，重要性也就越低。本文首先按照最大权值为 8 的等差数列进行统计分析，为确保统计结果的可靠性，又按照最大权值为 25 且不等差的数列进行统计分析。采用两种权值进行统计分析后发现得到的规律一致，表明统计规律与所赋的具体权值无关，得到的规律不受研究方法影响，从而说明规律的可靠性，具有普适性。

三、结果与讨论

调查问卷设计的题目：

影响使用教育技术手段实施教学的因素和主要困难（请按程度由强到弱的顺序排列）：

A. 课件制作精力有限；

B. 教学资源不足；

C. 缺乏相应的推动和鼓励政策；

D. 自己的理论和技能不够；

E. 领导重视不够；

F. 投资少设备不好；

G. 使用教育技术对我的教学毫无帮助。

上述 A～G 的 7 个选项基本涵盖了影响高校教师使用教育技术手段实施教学的因素和主要困难。

依据教师各项选择的先后顺序，采用两组权值（权值 a，b 的取值见表 1）进行数据分析，得出的统计结果（见表 2）显示：A（课件制作精力有限）成为影响教师使用教育技术手段实施教学的最主要因素和困难，其次，B（教学资源不足）、C（缺乏相应的推动和鼓励政策）排在第二个档次，D（自己的理论和技能不够）、F（投资少设备不好）在影响的因素和困难中也占有一席之地，而 E（领导重视不够）、G（使用教育技术对我的教学毫无帮助）选择的人数最少。

表 1　权值表

选择顺序 / 权值	1	2	3	4	5	6	7
a 组权值	8	7	6	5	4	3	2
b 组权值	25	20	15	10	5	3	2

表 2　选项人数及使用 a，b 权值得出的统计结果

选项 / 统计结果	A	B	C	D	E	F	G
人数	107	98	91	81	65	82	52
a	737	639	585	435	282	421	143
b	2109	1737	1570	1023	538	922	193

分别使用权值 a,b 时的统计结果如图 1、图 2 所示。

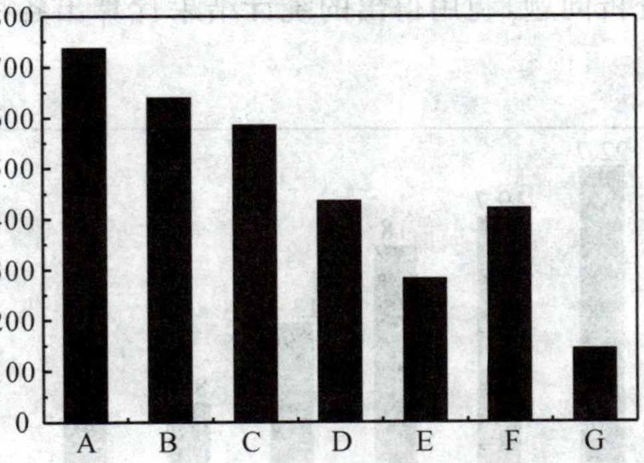

图 1　使用 a 权重时的统计结果

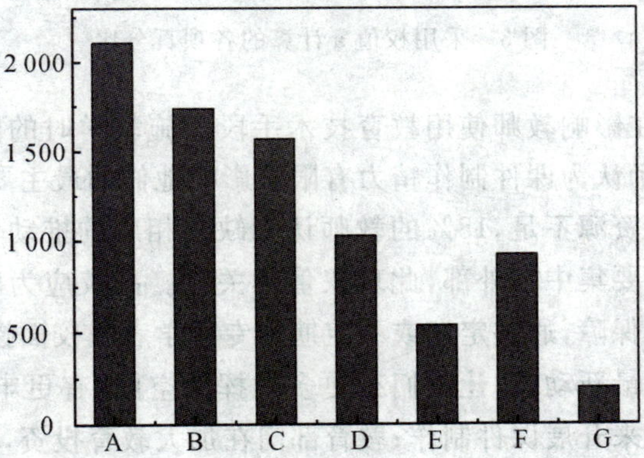

图 2　使用 b 权重时的统计结果

可以看出，在不同权值下，教师选择 A(课件制作精力有限)的最多，表明教师需要更多的时间和与之相应的辅助性帮助来完成课件制作；B(教学资源不足)、C(缺乏相应的推动和鼓励政策)说明外部条件和激励机制尚不够充足和完善，教学资源不足致使教师将技术应用于教学成为空谈，相应政策的缺失损伤了教师的积极性；D(自己的理论和技能不够)、F(投资少设备不好)说明理论、技术和设备仍有欠缺，还不能充分满足教师的需要，造成教育技术技能水平偏低，其深度和广度还有待挖掘，学校在硬件、软件等基础设施建设和教师培训等方面要继续加大关注并增强投资力度；E(领导重视不够)选择的人数不多表示教育技术已经基本得到教育部门和学校领导的重视；G(使用教育技术对我的教学毫无帮助)选项所占比例虽然最少，但仍有教师选择，对此我们需要找出产生此结果的原因并加以改进，使教育技术真正成为促进教育最优化的重要角色。

为了更好地分析问题，利用得出的统计结果计算出各项的百分比，如图 3 所示。

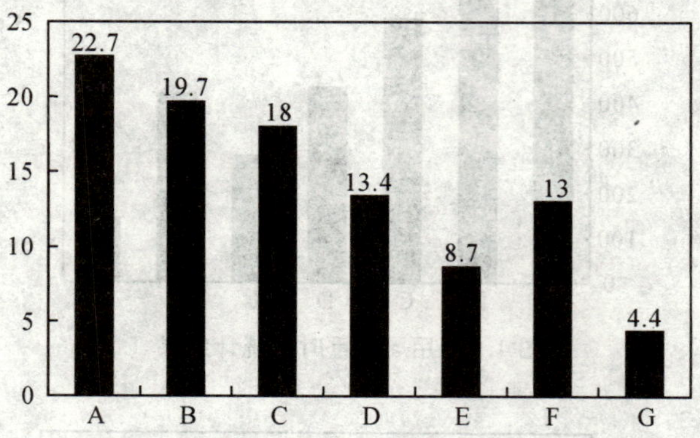

图 3　采用权值 a 计算的各项百分比

可以看出，在影响教师使用教育技术手段实施教学时的因素和主要困难中，22.7％的教师认为课件制作精力有限是影响他们的最主要因素，19.7％的教师选择了教学资源不足，18％的教师认为缺乏相应的推动和鼓励政策。这些因素和困难主要集中在外部，此现象值得关注。高校应为教师提供有力的技术支持和时间保障，通过定期或不定期请专家学者来校面授，帮助教师了解更多的教育技术最新动态，让他们有更多发挥的空间，有更丰富的创新思想，有更充裕的精力来开展课件制作；教育部门在加大教育投资，为学校引进最新教学软件、硬件，以满足教师对教学资源的需求的同时，在教学资源方面也要通过建立共建共享机制，使现有的教育教学资源得到充分利用，或与周边学校通过互建互助合作开发教学资源。18％的教师选择了缺乏相应的推动和鼓励政策，说明人性化的制度与政策尤为重要。学校要结合本校实际，制定符合本校教学实际需要的教师教育技术能力标准，建立相应的培训考核制度，逐步将教师应用教育技术的能力水平与教师聘任、教师考核和职务晋升等有关教师切身利益挂钩。对教师进行考核时要结合学科及教学内容特点，重点加强对教师信息技术与课程整合的考评[4]。

认为自己的理论和技能不够与投资少设备不好的分别占 13.4％和 13％，表明提供多种多样的培训形式（如理论与技能讲座、定期的机房实战训练、学术交流、教学观摩），加大培训力度尤其必要，也可以开展各种各样的活动（如多媒体课件设计大赛等）来提高教师的理论和技术能力，使理论与实践紧密结合。

领导重视不够占8.7%，虽然只是很小的一部分，但也应该引起我们的关注。一个学校能否将教育技术应用于教学以及发挥的效果如何，很大程度上取决于主管领导是否具备信息化教学理念，这是高校教育技术得以顺利发展的关键。要尽量为教师提供高效、舒适、满意的教学环境，使教育技术成为推动教育信息化的强大动力。

所占百分比最小的是使用教育技术对教学毫无帮助这一选项，仅为4.4%，既然有教师选择此项，说明教育技术并非为所有的教师带来帮助，这与我们的初衷背道而驰。

使用权重值b进行同样的数据处理，对比使用权重值a时的统计结果，发现各选项百分比无特殊变化，说明统计结果真实有效。

四、结论与对策

现代教学中，传统的教师身份和职责发生了微妙变化，授课教师不需要直接面对学生，教师的职责和功能被各种网络教学课程（资源、信息）所替代。教师根本不需要站在讲台上滔滔不绝地宣讲，很可能成为多媒体教学资源制作一员，参与到网络课程、课件的设计、筹划和制作中，成为电子媒体教材的创作者和策划者。研究发现，正是课件制作精力有限、教学资源不足、缺乏相应的推动和鼓励政策成为了影响高校教师使用教育技术手段实施教学的因素和主要困难。高校要为教师提供充裕的时间和广阔的空间，使他们有足够的精力制作课件；向教师推介教育技术相关网站（如精品课程等），指导教师有效利用资源，提高工作效率；请专家定期或不定期面授指导，使其始终和教育技术的最新动态紧密联系；加强高校之间的合作，互建互助，共同制作可共享的教学资源；建立独立于校园网站的专门教学资源学习网站，旨在突出教学，方便教师利用资源整合课程，同时便于管理、评估和运行。条件成熟时，还可以建立校际联合教学网站，使教学资源实现真正意义的共享。政府和教育部门建立的完善且富有人性化的激励政策和制度，应与教师的切身利益紧密结合，真正发挥通过激励促进教师应用教育技术进行教学的积极作用。

自己的理论和技能不够、投资少设备不好虽不是主要因素，但值得关注。可根据教师使用教育技术现状开展形式多样的培训，使其能够运用现代教学理论和教育技术理论，认真进行教学设计，制作出富有艺术性和表现力，教学过程中又具有交互性和趣味性的优质课件。同时进一步完善远程教学系统，开发远程高校教师网络培训平台，使该平台具有远程培训互动、教学资源共享、网络教研同步、学习过程跟踪等功能，成为支持教师终身的门户式平台，加大教育投资，满足设备等其他方面的需求[5]。

领导重视不够说明学校领导的教育信息认知水平相当重要，是教育技术得以顺利发展的前提。通过建立相关激励机制，鼓励教师积极开发和使用网络教学资源，探索利用网络进行教学的新模式；通过建设高水平的网络教学资源信息收集、创作、制作团队，提高网络教学资源、网络课件和多媒体课程制作水平；通过多种手段营造网络学习环境，促进网络教学管理科学化，提高网络教学效果；建设动态、开放的基于校园网的网络教学资源库，使其更好地为教育教学服务，将是摆在我们面前的长期任务。

使用教育技术对教师的教学毫无帮助，该选项警示我们要多多关注教育技术对教学及教师的影响，不断完善教育技术理论与技能。笔者认为产生此结果有以下几点原因：①教育技术作为一门新兴学科[6-8]，发展还不完善，尚有不足之处；②教师对教育技术的本质不明确，对其研究对象、使用范围等模糊不清；③传统教学思维观念阻碍教师接受新的教学方式，不愿尝试采用信息化的方式进行教学；④与传统教学方式相比教学效果不明显，或因使用教育技术手段不熟练致使效果不好，教师便不再使用，继而认为使用教育技术没有发挥作用。为此教育技术工作者要深入开展调研，在实践中及时发现教育技术应用中的不足并提出改进方法，使其真正成为促进教育信息化，深化教育改革的强有力武器。

高等教育为经济发展和社会全面进步提供精神动力和智力支持，高校作为培养人才的主要基地肩负着国家的兴衰，教育技术的快速发展为高校教学质量的提升带来了前所未有的机遇，要充分认识到这一重大变革，深入了解高校教师的教育技术现状和阻碍他们有效使用教育技术手段实施教学的因素和主要困难，采取相应措施加以改善，以切实提高教师教育技术能力为目标，从而培养出理论扎实、技术过硬、素质全面，适应21世纪发展的富有创新精神和创新能力的国家栋梁之才，为教育信息化做出应有贡献。

参考文献

[1] 芭芭拉·西尔斯，等. 教学技术：领域的定义与范畴[M]. 乌美娜，等，译. 北京：广播电视大学出版社，1999.

[2] 杨明. 教育技术学的发展(转载)[EB/OL]. http://www.360doc.com/content/09/0506/11/126419_3391058.shtml.

[3] 尹俊华. 教育技术学导论[M]. 北京：高等教育出版社，1996.

[4] 赵兵川，张军征. 影响山西省农村学校教师教育技术能力与培训绩效的因素分析及对策研究[J]. 现代教育技术，2008 9(18)：60－63.

[5] 叶惠文，邹应贵. 广东省高校教师教育技术能力培训策略研究[J]. 课程

与教学研究,2009(3):87－93.
[6]　何克抗,等. 教育技术学[M]. 北京:北京师范大学出版社,2002:25－30.
[7]　陈仑. 现代教育技术与高校教师培训手段的革新[J]. 中国成人教育,2007,2:109－109.
[8]　李春玲. 学校管理视野中的教师发展[J]. 上海:教育发展研究,2006,2:31－34.

高校师生体质健康现状调查与对策研究

聂东风　王家彬　赵春娜

一、引言

体质是人体在形态、功能、素质等方面的综合反应。良好的体质是健康的物质基础。本课题研究以西北工业大学的教师和学生体质现状为例，基于教师、学生体育锻炼等问卷，在研究内容上融入了骨密度等指标，对于教师、学生的体质健康水平进行跟踪研究，对研究数据逐一配对，进行配对 T 检验纵向的对比，所比较结果具有科学性，在实际指导教师、学生体质健康方面具有较大的理论和实践意义。

二、研究对象

研究对象分为两部分：西北工业大学大学生 3 274 名，其中男生 2 585 名，女生 689 名。西北工业大学教职工共 1 110 人。全部项目都参加测试的有 990 人，其中男子 20～39 岁 233 人，男子 40～59 岁 234 人，女子 20～39 岁 276 人，女子 40～59 岁 247 人。

三、研究方法

(1)文献资料法。查阅大量相关学生体质健康方面的专著、期刊及调研报告。

(2)体质健康指标选取及检测。由体育教师分别在大一、大二、大三学生中进行体质健康的测试，教职工按照《中国成年人体质测试标准手册》(以下简称《标准》)的要求测试有关指标。

(3)数理统计法。所有测试数据均用 SPSS10.0 软件进行配对 T 检验等统计学处理。

四、结果与分析

1. 对西北工业大学大学生体质健康水平的分析

(1)对大学生不同学年体质健康测试总成绩的分析。学生体质健康的总成绩分别由身高标准体重、肺活量体重指数、台阶试验指数、握力体重指数、50 m跑五个指标的得分组成，满分为 100 分，各指标分别占 15，15，20，20，30 分。从图 1 男女生在不同学年体质健康测试总成绩分布图看，男生的总成绩在良好的中等水平上下浮动，而女生的总成绩略高于良好的中等水平。表明女生的体质健康水平要高于男生。从学生不同学年体质健康测试总成绩比较分析，男女生均具有相同的发展态势，即在大二时总成绩达到最大值，在大三时又急剧下降，达到最低值，学年间差异非常显著(配对 T 检验 $P<0.01$)。从大二增加的幅度看，男生要明显高于女生。而女生在大三时体质健康水平的下降幅度则明显低于男生。表明男女生在不同学年的体质健康水平尽管总的态势趋于相同，但变化的幅度具有不同的特点。

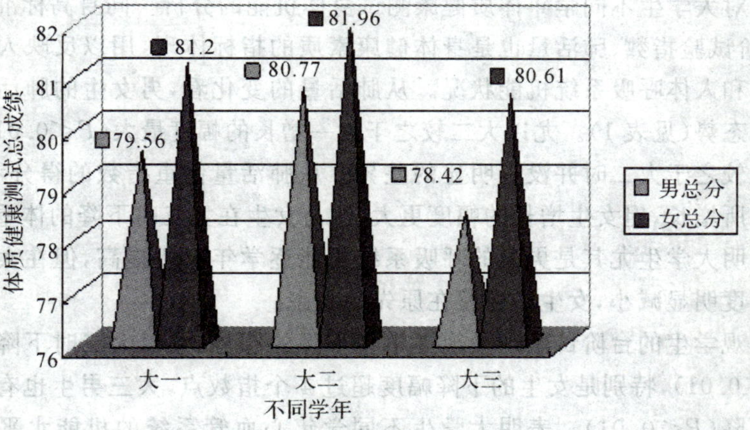

图 1　男女生不同学年体质健康测试总成绩比较图

(2)对大学生不同学年体质健康测试身体形态、机能、素质水平的分析。

1)对大学生不同学年体质健康测试身体形态的分析。身高标准体重是评价人体形态发育水平和营养状况及身体匀称度的重要指标，也是《标准》中身体健康素质取代身体运动素质理念的具体指标体现。由图 2 男女生不同学年身高、体重发展变化可知，男女生身高每学年基本保持稳定，仅男生大二高于大一差异显著($P<0.01$)。体重方面，男生先降后升($P<0.01$)，且大三升高的幅度超过大二下降的幅度。女生体重先降随后保持，大二较之大一下降明

显（$P<0.01$）。基此，对于身体形态发育水平已趋成熟的大学生来说，身高基本保持稳定，形态的差异主要体现在体重的变化上，这种差异潜在表明大学生在饮食营养、健身锻炼习惯等方面有着明显的差别。

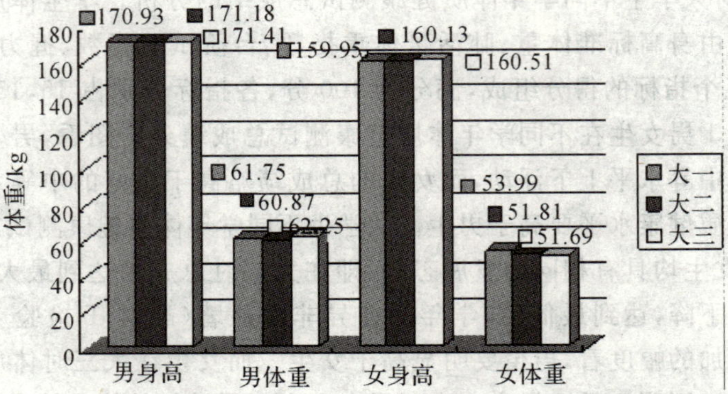

图 2 男女生不同学年身高、体重发展变化图

2)对大学生不同学年体质健康测试身体机能的分析。同身高标准体重一样，台阶试验指数、肺活量也是身体健康素质的指标体现，用以反映人体心血管系统和人体呼吸系统机能状况。从肺活量的变化看，男女生的肺活量均呈增长的态势（见表 1）。尤以大二较之于大一增长的幅度最大（$P<0.01$），而女生大三较之于大二时并没有明显的差异。从肺活量体重指数的得分看，男女生均有所增长，但女生增长的幅度更大，这与女生在大三时下降的体重密切相关。表明大学生尤其是男生的呼吸系统机能逐学年有所提高，但在大三时的增长幅度明显减小，女生则保留在原先的状态。

反观学生的台阶试验却呈现逐学年下降的态势，尤以大二时下降最为明显（$P<0.01$），特别是女生的下降幅度超过 4 个指数点，大三男生也有不同幅度的下降（$P<0.01$）。表明大学生不同学年心血管系统的机能水平有所下降，男女生下降的趋势表现为大二时下降的幅度较大，在大三时男生有所下降，女生则基本保持稳定。

表 1 大学生不同学年的身体机能发展变化表

项目 指标	男 生			女 生		
	大 一	大 二	大 三	大 一	大 二	大 三
肺活量/mL	3 497±833	3 809±716 (+312) * *	3 954±732 (+145) * *	2 343±644	2 657±575 (+314) * *	2 743±560 (+86)

续表

项目 指标	男　生			女　生		
	大　一	大　二	大　三	大　一	大　二	大　三
肺活量体重指数得分	10.59±1.9	11.49±1.9 (+0.9)＊＊	11.69±2.0 (+0.2)＊＊	10.32±1.9	11.64±1.9 (+1.3)＊＊	12.05±1.9 (+0.4)＊＊
台阶试验	52.03±8.0	49.45±8.0 (−2.6)＊＊	48.45±7.3 (−1.0)＊＊	53.24±8.4	49.04±7.8 (−4.2)＊＊	48.38±8.1 (−0.7)
台阶试验得分	15.92±2.5	15.02±2.5 (−0.9)＊＊	14.70±2.4 (−0.32)＊＊	16.81±2.5	15.67±2.3 (−1.1)＊＊	15.41±2.2 (−0.26)

注："(+,−)"内数值表示较之于前一学年增长和下降的幅度。"＊＊"表示 $P<0.01$，下同。

3)对大学生不同学年体质健康测试身体素质的分析。握力体重指数通过相对于人体前臂和手部肌肉的力量测量值来反映大学生肌肉的相对力量。大学生的握力水平随着年龄的增长，男生有增长的态势($P<0.01$)，而女生却增长不明显(见表2)。在得分方面，由于涉及体重，因此男生大三时握力水平的增长被体重的增长平衡后而表现出得分并未增长的态势。女生却基于较轻的体重握力得分较之男生有所增大，但大三时没有显著性差异。50 m 跑成绩在大二时男女生均有大幅度的提高，而在大三时又有大幅度的回落，与其体质总分的变化态势基本同步。表明大学生的神经过程的灵活性、身体的协调性、关节和肌肉的柔韧性以及肌肉的爆发力等方面在不同学年呈现突涨突落的态势。

表2　大学生不同学年的身体素质发展变化表

项目 指标	男　生			女　生		
	大　一	大　二	大　三	大　一	大　二	大　三
握力/kg	45.74±7.5	46.12±7.7 (+0.4)＊＊	46.64±8.0 (+0.5)＊＊	29.67±5.6	29.87±6.4 (+0.2)	30.05±6.5 (+0.2)
握力体重指数得分	17.68±2.4	17.94±2.3 (+0.3)＊＊	17.93±2.5 (0)	17.47±2.3	17.87±2.2 (+0.4)＊＊	18.06±1.9 (+0.2)
50 时间/s	7.29±0.44	7.12±0.43 (−0.2)＊＊	7.42±0.47 (+0.3)＊＊	8.98±0.60	8.76±0.62 (−0.2)＊＊	9.08±0.65 (+0.3)＊＊
50 m 得分	24.45±3.1	25.76±3.2 (+1.3)＊＊	23.62±3.2 (−2.1)＊＊	24.52±3.0	25.65±3.2 (+1.1)＊＊	24.15±3.3 (−1.5)＊＊

注："(+,−)"内数值表示较之于前一学年增长和下降的幅度，50 m 成绩相反。

2. 对西北工业大学教职工体质健康水平的分析

(1)对西北工业大学教职工身体形态测试指标的分析。身体形态指标主要是通过测量人体的身高、体重来反映人体的胖瘦特征。

身体胖瘦特征的分值越低表示身体越胖或者越瘦，分值越高表示身体胖瘦达标。从表3中可以看出女教职工分值1,2分占总数的16.8%,分值为5分的仅仅占总数的1.7%。而男教职工分值1,2分占总数的6.4%,分值为5分的占总数的15%。但是从总的来看,男、女教职工的身体胖瘦特征的良好加优秀的百分率分别为5.0%,28.3%。男教职工的身体胖瘦特征要比女教职工的好一些。从胖瘦特征来看主要是由于平日缺乏科学的锻炼和健康的饮食习惯,造成体内营养不均衡而造成的身体肥胖或者瘦弱。

表3 男、女教职工身体形态指标百分比统计表

分值百分比／项目	1分所占的百分比/(%)	2分所占的百分比/(%)	3分所占的百分比/(%)	4分所占的百分比/(%)	5分所占的百分比/(%)
女子胖瘦特征	6.3	10.5	78.2	3.3	1.7
男子胖瘦特征	2.3	4.1	65.3	13.3	15.0

(2)对西北工业大学教职工身体机能测试指标的分析。身体机能指标主要包括肺活量和台阶试验指数。

表4 男、女教职工身体机能指标百分比统计表

分值百分比／项目	1分所占的百分比/(%)	2分所占的百分比/(%)	3分所占的百分比/(%)	4分所占的百分比/(%)	5分所占的百分比/(%)
女子肺活量	5.2	21.1	29.4	31.9	12.4
女子台阶试验	15.1	38.2	25.6	17.5	3.4
男子肺活量	8.4	17.3	27.6	35.6	11.1
男子台阶试验	25.3	41.1	21.2	10.5	1.9

从表4中可以看出女子肺活量的优秀率为44.3%,不及格率为26.3%;而男子的肺活量的优秀率为46.7%,不及格率为25.7%。可以看出男教职工的肺部同期量从整体看较女教职工好一些。女子台阶试验的优秀率为20.9%,不及格率为53.3%。男子台阶试验的优秀率为12.4%,不及格率为66.4%。从台阶试验可以看出,教职工的心脏参与运动的能力较差,说明平时

很少一部分教职工参加体育锻炼。

(3)对西北工业大学教职工身体素质测试指标的分析。身体素质指标主要包括握力、纵跳、反应时、单脚闭眼站立、俯卧撑(男)、仰卧起坐(女)、坐位体前屈。

从表 5 中可以看出女教职工握力的优秀率为 29.9%，不及格率为 33.4%；纵跳的优秀率为 67.8%，不及格率为 9.8%；仰卧起坐的优秀率为 64.9%，不及格率为 7.6%。男教职工握力的优秀率为 31.1%，不及格率为 35.7%，纵跳的优秀率为 58.3%，不及格率为 15.9%，俯卧撑的优秀率为 11.6%，不及格率为 58.4%。男女教职工的手部力量均较差一些，而从纵跳可以看出男女教职工的腿部力量较好，男教职工的俯卧撑的成绩显示手臂的力量差，女教职工的仰卧起坐的优秀率很高，表示女教职工的腰腹部肌肉力量好。男女教职工应加强上肢力量锻炼，尤其是手臂的力量练习。

表 5　男、女教职工身体素质指标百分比统计表(1)

分值百分比 / 项目	1 分所占的百分比/(%)	2 分所占的百分比/(%)	3 分所占的百分比/(%)	4 分所占的百分比/(%)	5 分所占的百分比/(%)
女子握力	6.1	27.3	36.7	24.5	5.4
女子纵跳	2.2	7.6	22.4	31.9	35.9
女子仰卧起坐	2.5	5.1	27.5	41.3	23.6
男子握力	7.3	28.4	33.2	23.8	7.3
男子纵跳	3.0	12.9	25.8	33.9	24.4
男子俯卧撑	27.9	30.5	30.0	9.9	1.7

从表 6 中可以看出女教职工体前屈的优秀率为 57.0%，不及格率为 18.7%；闭眼单脚站立的优秀率为 49.7%，不及格率为 24.5%；反应时的优秀率为 43.0%，不及格率为 23.9%。男教职工体前屈的优秀率为 42.9%，不及格率为 25.4%；闭眼单脚站立的优秀率为 41.4%，不及格率为 32.9%；反应时的优秀率为 20.5%，不及格率为 32.6%。从测试结果可以看出女教职工的髋、背部肌肉的柔韧性较男教职工好。单脚闭眼站立较男教职工的测试结果好一些。女教职工的反应时较男教职工的测试结果要好，主要原因可能是，女教职工在平日里干家务活较多，手部的活动较多，使大脑反应的灵活性加强，从而使反应时的成绩较好。

表6　男、女教职工身体素质指标百分比统计表(2)

分值百分比 / 项目	1分所占的百分比/(%)	2分所占的百分比/(%)	3分所占的百分比/(%)	4分所占的百分比/(%)	5分所占的百分比/(%)
女子体前屈	5.3	13.4	24.3	32.3	24.7
女子闭眼单脚站立	8.4	16.1	25.8	27.9	21.8
女子反应时	3.2	20.7	33.1	32.9	10.1
男子体前屈	7.1	18.3	31.7	28.3	14.6
男子闭眼单脚站立	12.8	20.1	25.7	26.8	14.6
男子反应时	10.1	22.5	46.9	15.6	4.9

从表7可以看出男教职工的体质状况较女教职工差。女教职工的3,4分所占的百分率为58.7%,男教职工的3,4分所占的百分率为32.4%。而女教职工的1,2分所占的百分率为41.3%,男教职工的1,2分所占的百分率为67.6%。从以上的数据充分说明女教职工的体质状况明显好于男教职工的体质状况。

表7　男、女教职工体质总评分百分比统计分析表

分值百分比 / 项目	1分所占的百分比/(%)	2分所占的百分比/(%)	3分所占的百分比/(%)	4分所占的百分比/(%)	5分所占的百分比/(%)
女子体质总评分	3.3	38.0	36.3	22.4	0
男子体质总评分	15.8	51.8	24.0	8.4	0

五、结论与建议

(1)西北工业大学学生在不同学年体质健康水平呈现出大二时有大幅度的增长,大三时又大幅度下降回落的态势,尤以男生变化的幅度较大。

(2)大学生在不同学年身体形态方面身高基本保持稳定,体重男生先降后升,女生则先降随后保持。身体机能方面大学生的呼吸机能均呈现增长的态势,而心血管机能却呈现逐学年下降的态势,仅女生在大三时机能没有显著性差异。身体素质方面男生握力水平逐年增长,女生保持稳定。而50 m跑成绩大学生均先升后降,表现为同体质健康总成绩变化态势相似的同步性。

(3)大学生在不同学年身体形态的变化与运动缺乏、合理营养密切相关。基于《标准》相对评价体系的体重指标变化成为影响学生不同学年体质健康水平的重要因素。

(4)针对大学生不同学年体质健康水平的发展态势，高校应当在重视技能教育的同时，一如既往地加强体育卫生知识教育宣传力度。珍视大学生体育锻炼的运动方式，以此推动大学体育教育教学改革，加强大学生娱乐体育与健身体育的有机契合、协调发展的研究力度。在保障大学生较为充分的体育锻炼时间、场馆环境的基础上，高校还应当加强和完善学生体质监测工作的建设，使学生得到短周期的个体反馈信息健身指导，从而有效实现大学生体质健康水平的提高。

(5)西北工业大学教职工的体质测试水平呈现20～39岁的女教职工群体的体质状况最好，40～59岁的女教职工群体的体质状况较好，40～59岁的男教职工的体质稍差，而20～39岁的男教职工的体质最差的态势。建议广大教职工在进行过体质测试后，能够按照运动处方的具体要求坚持进行体育锻炼，从而在科学健身的指导下拥有强健的身体。

参考文献

[1] 赖炳森.执行新的《学生体质健康标准》的对策分析[J].体育与科学，2004，25(5)：76－77.

[2] 刘一民，孙庆祝，孙月霞.我国大学生体育态度和体育行为的调查研究[J].中国体育科技，2002，38(1)：28－31.

[3] 聂东风，王家彬，高炳红，等.8所重点大学学生健康体育意识及行为倾向分析[J].北京体育大学学报，2005，28(4)：254－257.

[4] 丁建国，安兵，吴卫兵.运动与健康促进[J].中国临床康复，2004，8(36)：8328－8329.

[5] 阿英嘎.不同项目选项课《学生体质健康标准》测试成绩的比较研究[J].北京体育大学学报，2005，28(12)：1672－1674.

[6] 张启迪.普通高等院校《学生体质健康标准》试行现状研究[J].西安体育学院学报，2004，21(6)：68－69.

[7] 谭红春.有氧运动与健康促进[J].中国临床康复，2004，8(18)：3650.

[8] 朱玉芳.学生体质健康的影响因素与学校体育的应对[J].体育学刊，2006，13(3)：141－144.

[9] 杨贵仁.2000年全国学生体质健康调研结果[J].中国学校卫生，2002，23(1).

[10] 国家体育总局《全民健身指导丛书》编委会.体育健身的科学基础[M].北京：北京体育大学出版社，2001.

[11] 刘大海,等.体育与健康理论教程[M].北京:北京体育大学出版社,2001.

[12] 学生体质健康标准研究课题组.学生体质健康标准锻炼手册[M].北京:人民教育出版社,2002.

[13] 2000年中国学生体育与健康调研报告[M].北京:中国学校卫生出版社,2000.

高校师生健康管理解决方案初探

巨安丽　何凯亮　程秀文　邓秀菊

一、引言

健康是一种个人躯体，精神与社会和谐融合的完美状态，包括三个层次：躯体健康、心理健康和社会适应良好，其中体格健康占首位。健康是社会和个人的资源，国民的健康是国家最宝贵的资源，健康资源需要管理，以最大限度地发挥其作用。健康管理就是对个体或群体的健康进行全面监测、分析、评估、提供健康咨询和指导以及对健康危险因素进行干预的全过程[1]。

当前，我们所面临的国民健康问题亟待解决。第一，"未富先老"的挑战日益尖锐。在人均收入不高，社会保障和医疗保健体系不够健全，技术不甚发达的情况下提前进入老龄社会。第二，传染病和非传染病的双重威胁越来越大。如艾滋病感染人数的迅速增加，肺结核患者居世界第二，乙肝患者数占世界的1/3，癌症的死亡数每年约150万人，心血管病死亡数每年约300万人，糖尿病患者4 000多万人，高血压患者1.6亿人，精神和心理疾病患者已达1 600万人。第三，人口质量和数量存在巨大的改善空间。我国的人口基数大，出生缺陷儿每年近100万人。现有残疾人口达8 300万人。第四，面临环境污染的威胁以及城镇化进程所带来的肥胖等"现代病"流行的压力。以上原因也造成医疗费用急剧上涨，个人、集体和政府不堪重负。

改革开放30多年来，我国的经济起飞消耗和透支了大量的健康资源[2]，我们对健康资源的重要性还没有充分认识，也没有很好地管理。对健康资源有效管理是提高国民健康水平的科学途径，本文以西北工业大学（以下简称西工大）教职工健康体检结果、死亡原因以及外转医药费支出的统计分析为基础进行了阐述。

二、高校知识分子的健康状况

1. 高校知识分子健康问题凸显

西工大现有师生员工22 774人，其中学生16 946人，在职职工3 549人，离退休职工2 279人。表1为西工大978名教职工2008年的健康体检结果统计，年龄在 25～92 岁间；其中男性 650 人，女性 328 人；60 岁以下的中青年教职工占体检人数的 78.24％，相关病例均符合 2008 年第 7 版《内科学》《外科学》中的诊断标准[3]。从统计结果看，随着增龄，慢性病患病率增高：青年组、中年组、老年组分别为 41.43％，77.78％，98.12％；教职工常见慢性病患病率达 62.47％；居前 4 位的分别是高脂血症（38.24％）、高血压病（21.47％）、颈椎病（14.21％）、冠心病（10.63％）；肿瘤患病率在中年组和老年组分别为 1.28％和 3.76％；男性教职工前列腺增生症患病率为 34.92％；西工大现存活的癌症和严重自体免疫性疾病病人有 104 例，其中离退休职工 84 例、在职职工 14 例、学生 6 例。

表 2 为近 10 年来西工大教职工 471 例死亡原因统计，死亡年龄为 35～102 岁；60 岁以下中青年组为 64 例，占全部死亡病例的 13.38％，自杀、车祸等意外死亡在中青年组中达 10.94％。中青年组和老年组死亡原因的前 3 位均为肿瘤、心血管病、脑血管病。

表 1　各年龄组相关疾病患病率

年龄组	≤45 岁（n=531）		46～60 岁（n=234）		≥61 岁（n=213）		不分组（n=978）	
	例数	比例	例数	比例	例数	比例	例数	比例
冠心病	6	1.13％	8	3.42％	90	42.25％	104	10.63％
高血压	41	7.72％	56	23.93％	113	53.05％	210	21.47％
糖尿病	4	0.75％	11	4.70％	33	15.49％	48	4.91％
高脂血症	158	29.76％	114	48.72％	102	47.89％	374	38.24％
胆石症	20	3.77％	15	6.41％	35	16.43％	70	7.16％
颈椎病	52	9.79％	69	29.49％	18	8.45％	139	14.21％
肿　瘤	0	0.00％	3	1.28％	8	3.76％	11	1.12％
脑血管病	1	0.19％	7	2.99％	35	16.43％	43	4.40％
COPD	0	0.00％	0	0.00％	10	4.69％	10	1.02％
前列腺增生（男）	28/317	8.83％	58/160	36.25％	141/173	81.50％	227/650	34.92％
患至少一种慢性病	220	41.43％	182	77.78％	209	98.12％	611	62.47％
未患慢性病	311	58.57％	52	22.22％	4	1.88％	367	37.53％

表 2　近 10 年西工大教职工 471 例死亡原因统计表

死亡原因	≤60 岁 $n=64$		≥61 岁 $n=401$		不分年龄组 $n=471$	
	例　数	比　例	例　数	比　例	例　数	比　例
肿　瘤	25	39.06%	138	33.96%	163	34.65%
心血管病	13	20.31%	96	23.51%	109	23.07%
脑血管病	10	15.63%	90	22.01%	100	21.15%
COPD	0	0.00%	35	8.58%	35	7.42%
其他疾病	9	14.06%	20	4.85%	29	6.10%
代谢病	0	0.00%	17	4.10%	17	3.55%
意　外	7	10.94%	6	1.49%	13	2.78%
老　死	0	0.00%	6	1.49%	6	1.29%

翟振武课题组 2005 年进行的“中年高级知识分子的健康状况调查”显示：知识分子中感到有工作压力的比例高于普通人群近 30%。科研人员和高校教师工作压力最大，低年龄组工作压力的比例高于高年龄组，压力主要来源于完成规定的工作以及争取更高的学术成就；有身体透支感觉的知识分子比例为 61.3%，而高校教师达 67.6%；高校的中年高级知识分子的亚健康状态严重程度最高；中年高知组中高血脂、高血压、高胆固醇三种疾病的患病率位居所有疾病的前三位；在职死亡的知识分子平均死亡年龄为 56 岁[4]。和红等研究提示：中年高知组的慢性病患病率（52.4%）明显高于普通人群组（45.3%）[5]。李力研曾提示知识分子的平均死亡年龄为 58.52 岁，中年死亡（60 岁以前）比例为 61.39%。死亡原因构成的前 5 位是恶性肿瘤、心血管疾病、脑血管疾病、意外死亡和消化系统疾病[6]。

2.“重疾病治疗，轻健康管理”导致医疗费用支出超控

教职工的慢性病不仅严重影响他们的身心健康，影响教学生产力，而且使医疗费用严重超支，难以控制。表 3 是西工大近 5 年来转往三级医院产生医药费的报销支出，按照有关政策，学生从 2009 年 9 月起参加“西安市大学生基本医疗保险”，2010 年（1～6 月）还从西安市医疗保险统筹基金支出 11 万。

表 3 2006—2010 年上半年西北工业大学外转医药费支出

单位：万元

年份 人员类别	2006 年	2007 年	2008 年	2009 年	2010(1～6 月)
退休人员	432	461	596	662	238
离休人员	138	120	103	147	112
在职人员	264	272	261	264	172
学 生	19	32	51	56	10
院 士			18	16	4
合 计	853	885	1 029	1 145	536

目前，大部分高校还没有参加职工医疗保险，继续实行计划经济时期的公费医疗制度，高昂的医疗费用支出已经成为学校的一个沉重包袱。为了维护高校教职工的健康，不能单纯靠现代的医疗技术和高额的医疗费用的投入，而要运用科学管理的方法，对教职工提供以健康教育为先、预防保健为主、基本医疗为核心的综合服务。通过健康教育、改善资源环境，大家可以改善生活行为方式，保持阳光心态，降低肿瘤等生活行为相关性疾病的发病率；对慢性病进行干预，把干预的年龄段提前到青年，将心脑血管病的发病年龄段向后推，从而达到保障教职工健康，节约医疗经费的目的。

三、推进高校健康管理进程须加强的工作

1. 认识健康管理的重要性

健康管理就是生产力！根据联合国开发署的测算，在一定范围内，人均寿命每增加 10%，GDP 就增加 1.1%[2]。建立创新型国家、建立“国内一流、国际知名”的高水平研究型大学，要靠“高素质的健康人”，而健康管理是实现宏伟蓝图的最有效途径之一。要实施健康管理，整个社会都必须转变观念，从注重疾病诊治转化到重视对生命全过程的健康监测、疾病控制和预防，并付诸行动。

健康管理在我国刚刚起步，在高校更是处于萌芽状态，世界卫生组织早在 2002 年就提出，中等花费的干预就能获得非常丰厚的健康回报。比如，我们可以通过改变人群生活方式来改变危险因素的分布，今后 30 年中将有 1 亿人

死于抽烟，几亿人的健康受到影响，这意味着我们将要为这几亿人的健康付出医疗代价。那么，政府可以采取两个很简单的方法来控制因烟草造成的巨大的健康透支，即烟草高税和全面禁止烟草广告。虽然短期会减少税收，但长期省下来的医疗支出和对健康资源的保护是会促进经济发展的。

2. 创建社区健康管理的环境

目前国内仅有少数专业的健康管理机构，还只作为医院或体检中心的附属。国内健康管理的从业人数大约为10万，能享受到专业的健康管理服务的人数只占总人口的0.02%，与美国70%居民能够在健康管理公司或企业接受完善的服务相去甚远[2]。

创建社区健康管理的环境，要从政府到社区、从医疗服务机构到健康管理机构、从雇主到员工、从病人到医务人员，人人都认识健康管理的意义。

借鉴国外开展健康管理的经验，探讨符合中国国情的健康管理体系；建立健康管理专业协调组织，有效整合分散的健康管理资源；开展健康管理的学术和信息交流，培训健康管理人才，建设健康管理师队伍。

3. 探索和实践高校健康管理新模式

目前，我国的高校医院还仅处在针对表现疾病症状的师生进行治疗，对于健康和“亚健康”人群，多数只局限于健康教育层面，主要承担者和组织者是高校医务人员、工会、离退休处、学生社团等，邀请某方面的专家就某一系统疾病的防治进行讲座宣传；虽然在大学生中开设了健康教育课，但仅停留在课堂阶段；这就造成高校师生们所掌握的健康知识是断续的、片面的、短期的，与真正促成高校知识分子健康的生活行为方式相距甚远。高校系统还没有一个真正意义上的健康管理机构。高校健康管理有其特殊性，不可能照搬国外的或某企业某机关的模式，需要探索和实践。

四、高校健康管理体系建设的设想

1. 基础环境

高校医院在其规模建设、配套环境方面，表现出独特优势。一方面高校医院在长期基层卫生服务工作中积累了大量预防、保健、医疗及卫生监督等公共卫生工作方面的经验；另一方面学校体育部门、人文经管学科、生命学院等尚有不少可利用的资源，高校工会、居委会、离退休工作处、团委、学生会等基层组织机构十分健全，后勤公共服务体系齐全，而且高校社区居民居住相对集中，经济条件好、文化层次高，这对实现按流程协调开展健康管理十分有利，如图1所示。

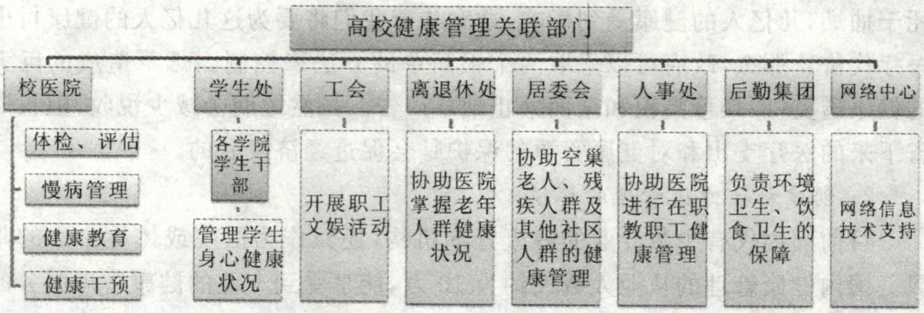

图 1 高校健康管理现有基础环境

2. 协同网络

基于高等院校上述已存在的相关职能部门，构建一个多部门协同作业的社区健康资源管理的组织与运行平台。各职能部门分工协作，实施高校各类人群健康管理，如图 2 所示。

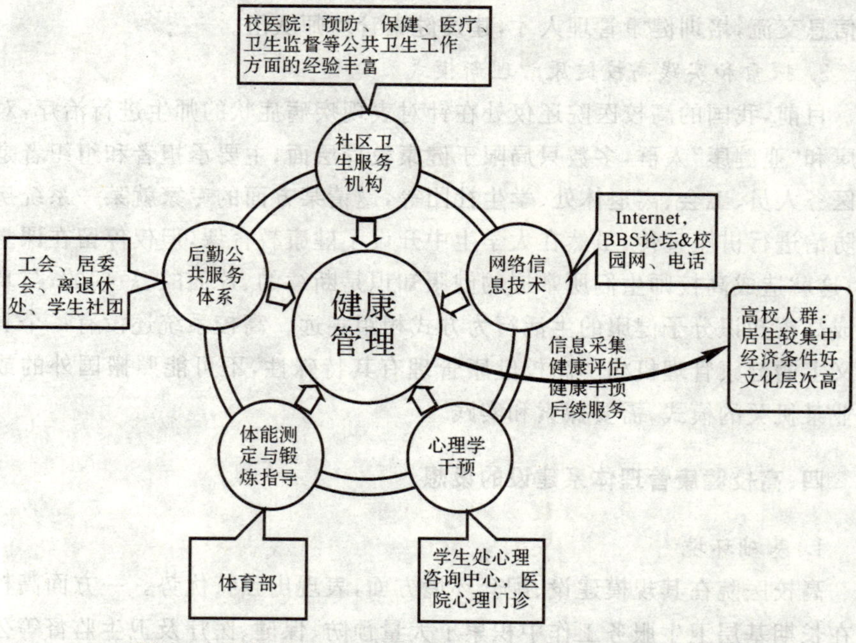

图 2 各职能部门分工协作，实施高校各类人群健康管理

3. 工作流程

以高校医院为基地，工会、居委会、离退休处、学生处、体育部等广泛参与。以高校社区人群的健康教育和慢性病管理为切入点，在社区卫生服务的基础上，逐步达到高校各类人群的全面健康管理，如图 3 所示。

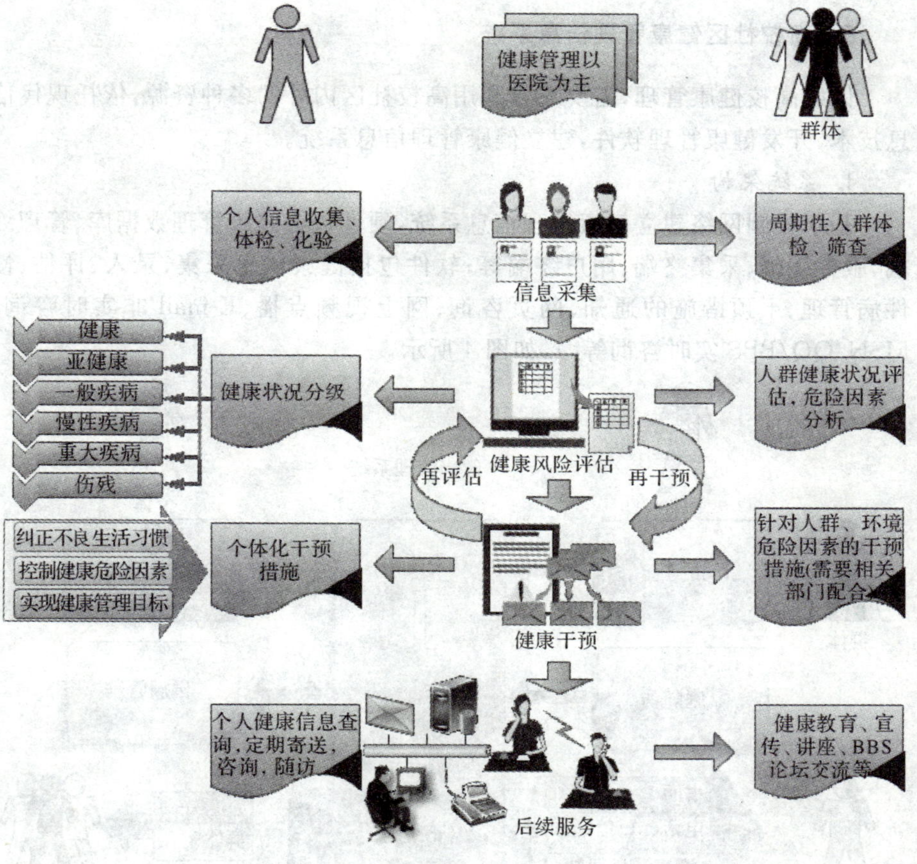

图 3　健康内容和流程

(1)收集健康信息，即收集高校各类人群的健康及生活方式相关的信息，发现各种健康问题(包括物理健康、营养、锻炼、学习、工作、娱乐、性、环境的应急等)，为评论和干预及管理提供基础的数据。

(2)健康危险因素的评价，即对各类人群的健康状况及发展趋势做出预测，以达到健康预警的作用并对干预效果的评价提供依据。

(3)健康促进干预管理，即通过健康改善的行动计划，对不同的危险因素实施个性化的健康指导。

在此过程中，高校医院的医护人员起着健康管理师的作用：第一，识别、控制健康危险因素，实施个性化健康教育；第二，指导医疗需求和医疗服务，辅助临床决策；第三，实现全程健康信息管理。重点是进行个体疾病危险因素控制，致力于改善其健康状况、节约医疗经费。

五、高校社区健康管理信息系统

做好高校健康管理，需要充分利用高校社区内外的多种资源，依托现代信息技术，开发健康管理软件，建立健康管理信息系统。

1. 系统架构

基于校园网络建立健康管理信息系统，硬件包含健康管理数据库、管理终端、服务终端、采集终端、用户终端等；软件包括健康信息采集、录入、评估、慢性病管理、干预措施的通知、网页咨询、网上视频点播、E-mail 非实时咨询、MSN/QQ/BBS 实时咨询等[7]，如图 4 所示。

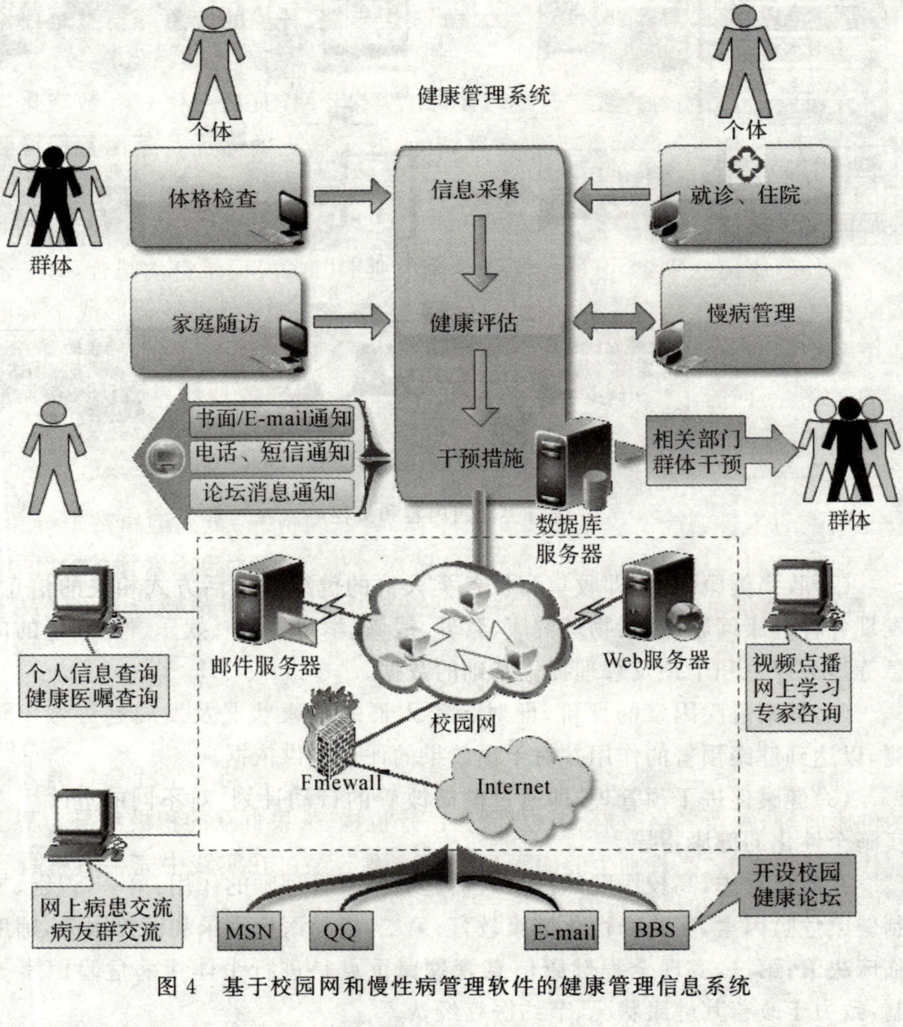

图 4　基于校园网和慢性病管理软件的健康管理信息系统

2. 硬件平台

系统运行平台基于已连通学校每个部门及家庭的校园网络系统，建立健康数据库服务器放置在网络中心。校医院设置数台健康服务终端、信息采集终端、管理员终端；学生处、离休处等关联部门设置信息采集终端；教职员工及学生个人可在连接到校园网上的任一台计算机上打开健康管理网页进入健康管理系统，也可通过手机上网、手机短信、固定电话拨号等多种接入便捷进入系统。

3. 健康信息采集

收集高校各类人群的健康及生活方式相关的信息是健康管理的重要工作，诸如物理健康、营养、锻炼、学习、工作、娱乐性、环境的应急等信息是评论和干预及管理提供基础的数据。

在医院内，采用各种数字化的设备，如数字化 MRI、数字化 CT、数字化生化仪、数字化监护仪、数字化血压计等，自动收集病人的体征及其他各种检验检查信息。医生、护士利用无线网络技术，直接在床边查询病人各种资料，录入健康管理信息系统。

院外健康信息采集，可通过一张健康信息卡。多次记录自动整合，每一个人从出生到各个年龄阶段的体检及在医院的就诊信息，积累整合形成个人健康电子档案。病人自己可以通过 Internet 查询资料，也可以在病人授权下，不同的医院、不同的医生可以共享病人的病历及影像等各种信息，减少资源浪费。

4. 软件功能模块

系统的主要功能模块有健康知识库查询、咨询指导、个人健康数据分析、个人保健计划、心理咨询模块；社区群体健康分析、健康危险因素评估、社区诊断、群体健康促进干预管理模块；个性化的健康指导、健康预警与干预建议模块等。

六、结束语

健康管理是一项庞大的系统工程，要真正实现高校乃至全社会各类人群的健康管理，需要各级政府、疾控部门、医疗机构、人民群众的积极参与。基于现代信息技术的“高校师生健康管理解决方案”，经过在实践中完善后将具有广阔的应用前景和推广价值。

参考文献

[1] 陈君石，黄建始. 健康管理概论，《卫生行业特有工种职业〈健康管理师〉

国家职业资格培训教材》[M]. 北京:中国协和医科大学出版社,2006:35-80.
[2] 黄建始,陈君石.健康管理在中国的历史、现状和挑战[J]. 中华全科医师杂志,2007,6(1).
[3] 陆再英,钟南山.内科学[M]. 7版.北京:人民卫生出版社,2008.
[4] 翟振武,明艳,侯佳伟.中国知识分子:短命还是长寿?——中国知识分子健康研究报告之一[J]. 人口研究,2005,(5).
[5] 和红,陈超.中年高级知识分子体质指数与健康状况研究[J]. 人口研究,2009,(7).
[6] 李力研.我国知识分子健康状况堪忧[J]. 科技智囊,1999(2).
[7] 巨安丽.虚拟医院的理论、方法及实现研究[D].中国优秀博硕士论文全文数据库(硕士),2005(4).

下　篇

德育与大学文化

以制度创新推进高校党的基层组织建设

陈小筑

近几年来，西北工业大学党委以贯彻落实党委领导下的校长负责制为重点，以加强学校党委和基层党组织的执政能力建设和先进性建设为主线，不断完善学校的管理体制和运行机制，充分发挥了学校党委的领导核心作用，保证了《中国共产党普通高校基层组织工作条例》的贯彻落实。

一、认真贯彻落实党委领导下的校长负责制，不断完善学校管理体制和运行机制

西北工业大学党委充分认识实行党委领导下的校长负责制的重要意义，按照制度要求不断深化学校体制机制改革，保证了党委领导下的校长负责制的贯彻落实。2002 年 3 月，学校党委正式印发了《西北工业大学党委领导下的校长负责制实施细则》(以下简称《实施细则》)。《实施细则》不但明确了学校党委的领导职责、校长的职权、领导制度与工作原则、院系等单位的领导体制和监督检查措施，而且还对党委全委会、党委常委会、校长办公会、书记办公会和教职工代表大会等会议制度进行了规范，对各种会议的议事范围、规则、程序和落实进行了明确规定。在实际工作中，党委是学校的领导核心，重点工作是把好方向，统揽全局，选好干部，抓好大事；校长是学校的行政负责人，在党委的领导下按照有关规定积极主动、独立负责地开展工作。学校党政密切配合，正副校长均是党委常委，共同参与学校重大事项的决策；校长主动邀请党委正副书记参加校长办公会，讨论决定行政重要工作。党委主要领导支持校长放手大胆地开展工作，通过加强党建和思想政治工作，为圆满完成行政工作提供坚强的政治和组织保证，但不干预行政具体工作。党委坚持集体领导和个人分工负责相结合，书记、校长和领导班子其他成员都在党委的集体领导下开展工作，班子成员虽然分工不同，但是都对党和国家的教育事业负责、对学校的改革发展稳定负责。书记与校长政治上坚强团结、互相信任，工作上互相帮助、互相支持，保证了党委领导下的校长负责制的健康运行。

在执行好《实施细则》的基础上，学校党委以落实党委领导下的校长负责

制为重点，制定完善了学院党政联席会议、干部人事、民主管理等300多项规章制度。在学习实践科学发展观活动中，学校共废止规章制度15个，修订和新建规章制度171个，构建了规范、高效、反应迅捷的校内管理体制和工作机制。实现了以制度保证学校的正常运转、以制度保证民主决策和科学决策、以制度规范领导班子的从政行为、以制度保证学校的科学发展。学校坚持和完善党委领导下的校长负责制方面的做法和经验，得到上级主管部门的肯定并被中央媒体报道。陕西省委教育工委全文转发了《实施细则》，在陕西省高校中推广经验，交流学习。

二、加强领导班子执政能力建设，充分发挥学校党委的领导核心作用

党对高等教育事业的领导，是通过高校党委来实现的，学校党委是学校的领导核心。学校党委的领导核心地位要通过学校的科学发展来检验、促进和巩固，通过领导班子的执政能力来体现。学校党委把执政能力建设作为班子建设的根本任务，不断提高领导班子和领导干部推动单位科学发展、促进校园和谐稳定的能力。

一是学习理论、武装头脑。学校党委按照建设学习型领导班子的要求，注重运用马克思主义中国化的最新成果武装头脑、指导实践、推动工作。学校校院两级中心组学习制度健全、执行严格，先后两次被评为陕西省理论学习先进单位。全国教育工作会议召开后，学校党委及时召开了中层以上干部参加的暑期理论务虚会议，在学习好会议精神的基础上，根据教育规划纲要的要求，结合学校发展建设中存在的问题，讨论确定了7大类共33个制约学校科学发展的整改项目，目前正在整改落实。十七届五中全会召开后，学校党委按照全会的要求对学校"十一五"期间的工作进行全面总结，研究和完善学校"十二五"建设规划，在学校的发展建设中贯彻落实中央全会精神。

二是集体领导，科学决策。学校党委坚持"集体领导、民主集中、个别酝酿、会议决定"的原则，贯彻落实民主集中制原则，凡是需要党委常委会和校长办公会决策的重大事项，会前都充分准备，书记校长之间、与分管校领导之间通气协商。同时通过召开校内座谈会、建言献策平台等渠道，广泛倾听师生员工的意见，建立了领导、专家、群众相结合的民主决策机制。学校还重视发挥各学术专业委员会、民主党派和无党派人士参政与咨询的作用，集中民智、问计于民，为科学决策提供基础与保证。

三是推动发展，促进和谐。学校党委以科学发展观为指导，明确了坚持"三航(航空、航天、航海)"特色、以内涵发展为主的办学方向和定位，确定了"三步走"发展战略和"四个坚持""五个统筹"的发展方式。2008年，划归工业和信息化部领导后，学校又紧紧抓住工业化、信息化和国防现代化的新机遇，拓展了学校的发展空间。近几年，学校在教学、科研、人才培养、党建和思想政治工作等方面均取得了突出成绩，学校的办学实力得到明显提升，教职工的收入明显提高，工作条件和生活环境明显改善，学校领导班子领导科学发展、处理复杂矛盾和解决突出问题能力明显增强。学校党委先后于 2006 年和 2009 年，被中共陕西省委和省教育工委评为先进基层党组织。2008 年 5 月，学校荣获全国五一劳动奖状。2009 年学校被中央文明委授予“全国精神文明建设先进单位”。

三、以先进性建设为主线，不断增强基层党组织的生机与活力

近年来，学校党委围绕学校的根本任务和办学目标，以加强党的先进性建设为主线，不断加强基层党组织建设，充分发挥了基层党组织推动发展、服务群众、凝聚人心、促进和谐的作用，为学校改革发展稳定提供了坚强的组织保证。

一是科学设计实践载体。在学习实践科学发展观和创先争优活动中，学校党委总结凝练出不同类型党组织和党员的实践载体。即基层党委和党员领导干部以“突出‘三航’特色，建设‘三个一流（一流学科、学院、大学）’”为实践载体，教职工党支部和党员以“建功立业”活动为实践载体，学生党组织和党员以学生党建“三个一”工程（一个党支部建好一个班，一名党员带好一个宿舍，一名入党积极分子帮好一名同学）为实践载体。这三个实践载体紧紧围绕学校的办学目标以及培养社会主义合格建设者和接班人的根本任务，将基层党组织和党员的先进性建设与单位和个人的职责任务结合起来、与学校的中心工作结合起来、与学校的办学目标结合起来，收到了很好的效果。

二是丰富活动内容，创新活动形式。为了进一步加强基层党组织建设，2006 年，学校党委启动了以增强基层党组织生机与活力、促进单位发展为主题的“基层党组织优秀活动方案”立项活动。通过基层党组织申报活动方案、单位评审立项、学校经费资助、加强过程督促与检查的方式，支持基层党组织丰富活动内容，创新活动方式，增强党组织的凝聚力和战斗力。截至目前，各基层党组织已申报 76 个活动方案，取得明显效果。基层党组织创新党建活动的积极性大为增加，基层党组织呈现出蓬勃的生机活力。

三是开展党建工作考核、落实党建工作责任制。2006 年 9 月，学校党委根据原国防科工委《委属高校党建工作评价指标体系》实施了党建创优工程。2010 年 6 月，学校以高分通过了工业和信息化部党建创优工程的检查验收，评估为优秀。2007 年，学校党委制定了《基层党委党建工作责任制实施办法》

和《党建工作考核办法》。从2008年开始，每两年对26个基层党委的党建工作进行一次考核。通过实施党建创优工程和对基层党委党建工作定期考核，提高了我校党建工作的科学化、制度化、规范化水平。

通过贯彻落实党委领导下的校长负责制，学校党委执政能力建设和基层党组织先进性建设得到明显增强，取得了包括国家科技最高奖在内的一大批标志性成果，学校呈现政通人和、人气高涨、勤政廉政、团结思进、蓬勃发展的良好局面。

当前反腐倡廉教育过程中存在的主要问题及其对策

王贵农

胡锦涛总书记在第十七届中央纪委第五次全会上指出:“进一步加强反腐倡廉教育制度建设,加强和改进教育培训工作,加强和改进反腐倡廉宣传教育工作,提高反腐倡廉教育的科学性、规范性、有效性。”对于我们今后一个时期反腐倡廉教育工作提出了更加明确的目标和要求。反腐倡廉教育是建立健全惩治和预防腐败体系的基本内容,是有效开展反腐败斗争的重要环节,也是党风廉政建设的基础性工作。认真做好反腐倡廉教育工作,破解教育过程中的难题,探索教育新理念和新思路,不断加强教育制度建设,努力提高反腐倡廉教育的效果,既是基层党组织工作的基本职责和要求,也是一项光荣使命。

一、当前反腐倡廉教育中存在的主要问题及其原因

中共中央《关于建立健全教育、制度、监督并重的惩治和预防腐败体系实施纲要》实施以来,在各级党组织的组织领导下,反腐倡廉教育取得了显著成效,对于预防和治理腐败发挥了重要作用。但是,从基层单位反腐倡廉教育过程中看,仍然存在一些问题和薄弱环节,比较严重地影响了教育效果,广大群众对于反腐倡廉教育工作的评价也并不十分满意。主要表现在以下几个方面:

(1)反腐倡廉教育过程中,由于涉及人们的知识结构和思想水平不同,道德素养和岗位职责的差异等,教育内容、方法和要求等都应当统筹考虑,科学设计。教育内容上不仅需要科学、规范,教育方法上需要因人施教、因岗施教,而且教育过程中的各个环节之间也需要相互联系和衔接,整体把握。反观现实教育活动中,虽然形式上丰富多彩,轰轰烈烈,但无论在教育内容上,还是在教育方法上都显得比较零乱,缺乏系统性,客观上表现为“东打一枪,西放一炮”。

(2)反腐倡廉教育活动中,党员领导干部应当是教育的重点对象。但是在具体的教育过程中,一些地方和部门往往没有区分教育的重点对象和一般对象,把党员领导干部与普通群众混为一谈,使得党员领导干部成为教育的薄弱

环节。此外，一些教育活动与本单位工作实际、党员领导干部和普通群众的思想实际相脱节，没有把教育重点放在权力运行的重点领域和关键环节上。结果是教育层次不清，无的放矢，缺乏针对性。正如有些群众议论："领导感冒，群众服药"。

(3)反腐倡廉教育不仅涉及政治学和伦理学的相关内容，而且还涉及社会学、心理学、管理学和法律学等许多方面的相关知识，不仅需要教育者良好的理论修养，而且需要有丰富的实际工作经验。因此，在教育过程中，对于教育者的素质与能力要求都是很高的。但是，在现实的教育过程中，教育者绝大多数都是党员领导干部。作为教育者，他们能否胜任值得我们重视和反思。况且有的党员领导干部自身行为不检点，作风漂浮，甚至腐化堕落，与教育者的形象判若两人，反而以教育者自居。因此，教育效果可想而知，结果则是"以其昏昏，使人昭昭"。

(4)反腐倡廉教育缺乏评价硬指标。教育活动浮在表面，具体要求难以落实，教育制度变成了可落实，也可不落实；或者可多落实，也可少落实。把反腐倡廉教育当成"软任务"，造成"以会议贯彻会议，以文件落实文件"。

存在上述问题的主要原因，首先在于反腐倡廉教育过程中，党员领导干部既是教育者，更应当是受教育者。而在现实生活中他们往往都是以教育者的身份出现，很少作为受教育者自觉接受教育。这就造成了反腐倡廉教育重点对象的混淆，即一般受教育者成为重点教育对象，而重点受教育者则常常以教育者自居，成为一般受教育者。其次，在于反腐倡廉教育制度的不完善。反腐倡廉教育应当遵循教育学的一般规律，在确定教育目标、内容和要求等方面都需要科学、规范和系统。而基层单位组织开展反腐倡廉教育则往往缺乏整体设计，也缺乏具体规范和要求，习惯于被动应付。

二、反腐倡廉教育的基本理念和思路

反腐倡廉教育关系到社会风清气正、长治久安和社会文明的发展进步，是整个社会教育的重要组成部分。与爱国主义、集体主义和社会主义教育紧密相连，贯穿于人的世界观、人生观和价值观形成的全过程，需要科学系统的规划与实施。因此，反腐倡廉教育应当始终贯穿并体现在公民思想道德和政治理论教育、职业规范教育、党性党风教育以及廉洁自律教育之中。反腐倡廉教育的第一层次是公民教育。作为一个公民，在其青少年时期就应当开始养成良好的思想道德品质，学会遵纪守法，正确行使公民权利和履行公民义务，这种素质将影响甚至决定其人生发展。第二层次是职业规范教育。重点对象是在刚走进社会、步入从业岗位的人员，使他们自觉遵守职业规范，忠于职守，而且在人成长过程中的不同阶段和不同工作岗位上，职业规范的教育内容和要求是不尽相同的。第三层次是党性党风教育，主要包括中国共产党的性质、纲领、宗旨和作风等内容的教育。努力使全体共产党员真正树立远大理想，牢记光荣使命，明确社会责任，实践自己的诺言。这是因为在相当长的历史阶段中，中国共产党将作为唯一长期执政的政党存在，是由其执政地位所决定的。第四层次是党员领导干部教育，主要包括权力观、地位观、利益观等廉洁自律教育，努力使他们保持清醒头脑，保持谦虚、谨慎，戒骄、戒躁和艰苦奋斗的作风。在一定意义上讲，反腐倡廉教育是建立在公民思想道德教育、政治理论教育和职业规范教育之上的教育，属于更高层次意义上的教育。或者说，开展反腐倡廉教育主要涉及党员领导干部的教育，其教育对象主要是党员领导干部。

在开展反腐倡廉教育过程中，应当制定教育大纲，明确教育主体、教育目标、内容和要求，以及教育方法、途径等内容，而且应当加强教育效果评估，注重教育的科学化和规范化。反腐倡廉教育既涉及在广义上的理解和把握，即反腐倡廉教育是针对全体公民的教育；也涉及在狭义上的理解和把握，即反腐倡廉教育是针对党员领导干部的教育。因此，在教育过程中，需要我们努力正确把握反腐倡廉教育规律，突出特殊性，不断创新方法和途径，提高教育效果。本文着重讨论后一种教育。

三、反腐倡廉教育的主要内容、形式、方法和途径

一般说来，腐败行为的主体是国家公职人员（也称国家工作人员），因此，反腐倡廉教育的重点对象应当是国家公职人员。在我国现阶段，由于国家公职人员中绝大多数成员是党员和党员领导干部，故在本文的论述中使用“党员领导干部”这一提法。

1. 反腐倡廉教育的主要内容

（1）忠诚教育。“忠诚”位居职业道德基本准则之首。在中国特色社会主义建设过程中，党员领导干部担负着重要的职责，他们对党和人民、祖国的忠诚度，关系着党的事业的成败、人民利益的得失、国家的安危。深入而扎实地开展忠诚教育，使党员领导干部始终坚定不移地贯彻党的路线方针政策，自觉地在思想上、政治上、行动上同党中央保持高度一致，坚定走中国特色社会主义道路的信念；牢固树立起人民利益高于一切的信念，始终坚持“权为民所赋，权为民所用，情为民所系，利为民所谋”；切实维护国家安全、荣誉和利益，维护国家统一和民族团结，决不发生损害国家的形象和利益行为。党员领导干部只有把忠诚信念转化为履行职责的根基，转化为推进工作的动力，才能真正担负起实现中华民族伟大复兴的历史使命。

(2)法制教育。通过法制教育,党员领导干部熟知廉洁从政的基本的法律制度和规范要求,掌握一定的普遍适用的法律原理,不断提升法律意识和素养,使他们正确认识腐败的内涵和本质,明确腐败行为是国家公职人员滥用公共权力谋取私利而侵犯社会公共利益的行为,腐败的核心问题是公共权力的滥用。在现实生活中,人们常常把不符合职业道德规范的行业不正之风看做是腐败,例如医生收取红包叫做医疗腐败;剽窃他人学术成果称为"学术腐败";记者进行有偿新闻称为新闻腐败等。甚至有人把小学生班干部接受同学礼物的行为,称为低龄腐败,几乎把所有社会问题与腐败画上等号。这就要求在反腐倡廉教育中正确区分公职人员利用社会公共权力进行违法犯罪的腐败问题与其个人道德品质问题之间的界线;正确区分公职人员非利用公共权力进行违法犯罪与腐败问题之间的界线;正确区分公职人员与非公职人员利用公共权力违法犯罪之间的界线。党员领导干部真正懂得了尊重法律、遵守规则,才能使廉洁从政由外在强制转化为对制度权威和制度内含价值要素的认同,更加严格的依照法律行使权利和履行义务,防止公共权力的滥用,自觉抵制腐败。

(3)形势教育。不同的历史时期和发展阶段,反腐倡廉建设面临的形势、任务和要求是不尽相同的。当前形势教育应当重点在以下方面:第一,深刻认识当前我国腐败现象产生的原因、表现形态和主要发生领域,使人们在充分认识我们国家基本国情的基础上,了解社会主义市场经济建设中存在的消极因素以及国家发展历史阶段中不可避免出现的一些问题都可能是滋生腐败的土壤和条件。同时,由于腐败与公共权力获取、社会公共资源配置以及人们利益调整等过程和环节紧密关联,因此腐败的表现形态是有所不同的。此外,还应当充分了解腐败集中发生的主要领域、行业、岗位和环节。第二,深刻认识个人发生腐败的主观原因和客观条件。作为党员领导干部,一方面,如果没有真正树立起正确的世界观、人生观和价值观,思想境界不高,贪图私利甚至热衷于奢侈的生活方式,就容易滥用公共权力谋取个人或小集团的利益,发生腐败问题;另一方面,在现实的社会生活中,有些人为了谋取个人或集团利益,千方百计对党员领导干部进行拉拢腐蚀,把他们作为腐败侵蚀的对象,这就客观上使党员领导干部的人生充满了腐败风险。第三,反腐倡廉教育应当解决人们对反腐败斗争的长期性、复杂性和艰巨性的认识。因为客观认识和正确把握反腐败斗争的长期性、复杂性和艰巨性,既是反腐倡廉教育中的热点和难点问题,也是人们正确判断反腐败斗争形势,提高反腐倡廉的信心必须认真回答的问题。同时,还是反腐倡廉建设中明确思路、制定措施和创新方法,应当具备的前提和基础。

2. 反腐倡廉教育的主要形式

(1)岗位教育是反腐倡廉教育的基本形式。引导党员领导干部明确岗位职责,认清权力风险,强化廉政意识,提高抵御风险能力。通过认真履行岗位职责,提高管理能力和水平,减少滥用权力的机会,堵塞腐败的漏洞,强化廉洁自律的自觉性。尤其是把重点领域、关键环节和重要岗位作为教育的重中之重。

(2)示范教育是反腐倡廉教育的重要形式。以坚定理想信念、加强党性修养方面的先进典型作示范教育,引导党员领导干部树立正确的世界观、人生观、价值观。以弘扬党的优良传统、勤恳工作、无私奉献的先进典型作示范教育,充分发挥其示范导向、激励带动、凝聚感召和鼓舞斗志的作用,使党员领导干部模范学习践行社会主义核心价值观。

(3)警示教育是反腐倡廉教育的辅助形式。以案施教,以案明纪。运用典型腐败案例,深入分析腐败原因、危害后果和惨痛教训。发挥警示教育的震撼力作用,警示党员领导干部充分认识到腐败的诱惑就在眼前,堕落失足就在脚下,深刻的教训就在身边,进一步提高廉洁自律、防微杜渐的自觉性,使警钟长鸣。

3. 反腐倡廉教育的主要方法和途径

反腐倡廉教育应当重点围绕学习《中国共产党章程》《中国共产党党内监督条例》《中国共产党纪律处分条例》《党员领导干部廉洁从政若干准则》等党内重要规章制度来进行,坚持对党员领导干部开展相关知识测验、签订个人廉洁自律承诺书、"一岗双责"责任书等活动。

在具体实施反腐倡廉教育活动中,党委应当面向本地区或本单位党员领导干部,始终坚持:①反腐倡廉教育学习制度。编辑、修订和印发《反腐倡廉教育学习手册》,不定期编印党风廉政建设专题学习参考资料,发放给党员领导干部,提出自学和集体学习要求,并且对学习情况进行考核。②党员领导干部培训制度。党委书记或纪委书记至少一年一次进行以反腐倡廉为主题的报告。③新任职领导干部谈话制度。根据具体情况,由党委书记或纪委书记、纪委副书记分别主持对新任职领导干部进行一次严肃的廉洁自律教育谈话。④针对重点领域或部门、重要岗位的党员领导干部,不定期地开展反腐败专题谈话制度。⑤廉洁自律承诺制度。党员领导干部履新时,应当向党组织和广大群众作出廉洁自律承诺,而且在每个年度或任期内进行述廉报告。⑥利用报刊、电视、互联网等传播媒体,开办反腐倡廉教育栏目,并且定期播放相关专题教育片。⑦编印《纪检监察工作简报》,宣传报道和交流基层党组织在党风廉政建设方面的创新和经验等。从而使反腐倡廉教育体现刚性要求,明确教育目标和具体要求，使之由软任务变成硬指标。

四、反腐倡廉教育过程中应当处理好的几个关系

(1)在教育目标上，应当把反腐倡廉教育与提高党员干部文化知识素养结合起来；把反腐倡廉教育与加强党员领导干部道德品质修养结合起来；把反腐倡廉教育与提高党员领导干部行政管理能力结合起来。

(2)在教育制度建设上，应当把握反腐倡廉教育制度与监督、查处制度之间的相互协调性；应当把握反腐倡廉教育制度内部结构、规范之间的相互协调性；应当把握反腐倡廉教育制度的确立与实施过程之间的相互协调性。

(3)在教育途径上，应当把反腐倡廉教育寓于政府信息传播之中；应当把反腐倡廉教育寓于岗位培训和管理之中；应当把反腐倡廉教育寓于案件查处之中。

只有不断地加强反腐倡廉教育制度建设，提高反腐倡廉教育的科学性、规范性和有效性，才能夯实反腐倡廉建设的坚实基础，开创反腐败斗争新局面。

基于政治参与视角的大学生政治社会化问题探析

秦　燕　张啸川

一、引言

我国大学生政治社会化即是通过高等教育以及大学生与社会的相互作用，使大学生获得政治态度、信仰、知识、情感、能力，逐步树立马克思主义政治观，掌握社会主义政治规范，形成社会主义政治态度，不断提高自身政治素质，进而成为符合社会主义政治要求的社会成员的过程。大学生政治素质的优劣、政治社会化程度的高低，不仅直接关系到他们今后能否走上社会健康成长，而且关系到我国未来接班人的问题，关系到整个国家和民族的兴衰浮沉。改革开放以来，我国已进入了一个新的社会转型时期，社会主体经济利益的凸显、政治文化内容的更新、政治参与意识和行为的分化与嬗变，都深刻地影响着大学生政治社会化。我国对政治社会化的研究起步较晚，尤其是对大学生政治社会化问题还缺乏全面、系统的研究。高度重视大学生的政治社会化，认识和把握大学生政治社会化的特殊性，促进大学生成为主流政治文化的继承者，在社会主义现代化建设中发挥积极的作用，既是做好高校思想政治教育工作的基础和关键，也是促进我国政治现代化的重要内容。

二、大学生的政治参与

现代意义上的政治参与源于近代西方民主理论中有关人民权利的思想，以近代政治思想家卢梭为代表的参与民主理论为政治参与提供了较早的理论依据。现代政治学中政治参与的概念是在第二次世界大战后西方学者首先开始使用并进行选举研究而发展起来的，不同的研究者对政治参与的理解和认识有所不同。其中有代表性的观点：认为政治参与仅指合法的政治行为，只有依照法定程序参与政治的行为，才属于政治参与；认为政治参与是普通公民的政治行为，是普通公民对于政治事务的参与；还有学者认为政治参与是在政治体制的各个层次中，意图直接或间接影响政治抉择的公民的一切自愿活动[1]。美国著名政治学家亨廷顿把政治参与界定为平民试图影响政府决策的活动[2]。笔者认为,政治参与是普通公民通过一定的方式去直接或间接地影响政府决策或与政府活动相关的公共政治生活的政治行为。

在现代社会,政治参与是普通公民政治实践的主要方式,在本质上也是公民个体外化政治文化的过程,政治参与的扩大是民主政治发展的必然要求,也是国家民主化程度的重要标志。大学生政治参与是其政治社会化最通常和广泛意义的实现,大学期间是大学生政治参与意识和参与能力形成的重要时期,大学生的政治参与意识如何,直接影响到他们的政治参与行为。大学生主要在学校学习,与一般的政治参与群体相比,他们还没有形成特定的社会角色,因而他们的参与行为主要受政治信念、政治价值趋向等参与意识方面的影响,而受特定的角色利益驱动较少。根据大学生群体的这一特点,有学者将大学生政治参与的范围界定为五类:学习政治理论知识、关注社会政治问题、参加政治活动、加入政治团体、投身政治生涯[3]。与以往对政治参与的界定不同,这种界定认为政治参与不仅仅指外在行动,诸如学生收听收看时政要闻、关心国内外大事、学习了解政治运作程序、明确地向公众表达自己对政治事件和政治形势的见解,这些也应属于政治参与。大学生通过关注政治来体现其接受和认同某种政治文化,同时在一定的条件下可以使自己的政治态度外显为政治行为。

根据政治参与是否符合法律或制度规定的有关程序,可将政治参与分为制度化政治参与和非制度化政治参与两种类型。制度化政治参与是指依据国家的法律法规、制度等所规定的程序和要求参与公共事务和国家事务的行为;非制度化政治参与则是指在国家法律法规或制度规定的程序和要求之外进行的影响政治决策过程的活动等[4]。大学生的政治参与也可以分为制度化政治参与和非制度化政治参与两种类型。

大学生制度化政治参与形式主要有以下几种:

(1)投票活动。投票活动是大学生通过投票进行的政治参与,主要指大学生参与的选举活动和公决活动,以选举活动为主。我国大学生的选举权直接行使在区(县)人大代表的选举和学校共青团、学生组织的选举方面。

(2)接触活动。接触活动是指大学生为了某方面的利益,以个人或集体方式主动与学校领导、有关部门或组织接触,正式或非正式地向他们反映情况,提出建议、意见或批评,以期改变他们的工作作风,影响或改变他们的决策和决定。

(3)结社活动。在政治参与意义上,结社活动有两方面的内容:一是参加政党和政治社团;二是以团体或组织的方式去解决社会或政治问题。比如,大学生社团是由志趣、爱好相同的学生自愿组织并经有关部门批准成立的群众性业余团体，它一般是基于某一宗旨而形成的非正式群体。

大学生非制度化政治参与形式有以下几种：

(1)越级上访。越级上访主要表现为上访者未遵循法定程序逐级反映情况，跨越下级部门直接向上级部门、高层领导反映问题，试图通过上级的行政命令来解决问题。例如，当某些学生感到自己受到不公正的对待或是感到班主任、学校相关部门没有解决自己的问题时，往往越级，直接到当地教育主管部门上访[5]。

(2)抗拒行为。抗拒行为是一些大学生基于对校方、相关部门的规定以及法律法规的不满而对有关的决定产生的不服从的抗拒行为。如对学校的某些收费政策不满，不服从学校相关部门的管理乃至集体罢课、罢餐等行为；或当感到遭受不公正待遇，或自身利益受损而在校内、校外进行的请愿和示威游行等。

(3)网络参与。互联网络的发展使得公民在网上可以充分享受其信息和言论自由权。大学生是利用网络最大的群体，他们在网络上可能自由发表对各种社会事件的观点、看法，一定程度上对社会舆论产生重要影响。

三、调查与分析

近年来，大学生政治社会化的问题越来越引起学界和教育部门的重视，有关大学生政治社会化的实证调查也逐渐开展，下面以本课题组所做调查[6]并结合其他一些相关调查[7]，对当前大学生政治参与的现状进行分析。

1. 大学生政治热情高，高度关注国内外重大政治事件

调查显示(见表1)，大学生的政治热情较高，高度关注国内外政治事件，具有强烈的爱国主义情感，总体上具有较好的政治素质。

表1　大学生对近十年来重大时事政治的关注程度

年　份	最关注的事件	所占比例
1997年	香港回归	82.7%
1998年	抗洪抢险、灾后重建	56.6%
1999年	以美国为首的北约用导弹袭击我国驻南使馆	91.2%
2000年	我国健儿在悉尼奥运会的金牌数名列世界第三	71.3%
2001年	北京申办2008年奥运会获得成功	78.4%
2002年	中共十六大的召开	50.3%

续表

年　份	最关注的事件	所占比例
2003 年	非典型肺炎肆虐 32 个国家和地区	70.6%
2004 年	我国奥运健儿在雅典奥运会获得佳绩	76.8%
2005 年	神舟六号载人航天飞行的圆满成功	64.8%
2006 年	台湾发生“倒扁”风潮	45.5%

近十年来，我国大学生对共产党领导的支持程度处在一个稳中有升的状况，如图 1 所示。

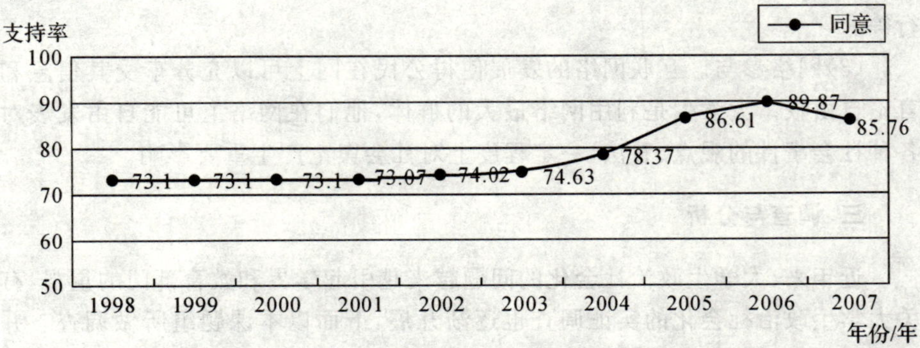

图 1　大学生对共产党领导的支持情况

当代大学生对党的全面建设小康社会的目标高度认同，对中国的政治前景充满信心。当问及对社会主义道路是否是中国发展的必然选择时，比较赞同和非常赞同之和占被调查总人数的 80.19%。另外，85.08%的同学认同“邓小平理论是中国现代化的根本保证”，82.75%的同学认为“三个代表”思想对党的建设具有重要意义。79.4%的同学表示愿意胸怀祖国，服务人民；78.8%的同学愿意加入中国共产党；更可喜的是有 81.5%的同学认为大学生应成为中国先进生产力的开拓者、先进文化的弘扬者、中国最广大人民根本利益的维护者。这表明，我国大学生的政治参与意识较强，态度积极。

2. 大学生非制度化网络政治参与表现明显

调查显示，高达 65.37%的大学生通过关注热点时事问题参与政治，33.22%的大学生通过网络参与，有近 17%的大学生通过选举或参加各种党团等政治团体进行政治参与[6]。这说明目前大学生非制度化的政治参与形式最典型的是网络政治参与。网络政治参与是公民借助于网络媒介来表达意图和利益诉求，并试图影响国家决策和行为的活动。作为掌握运用网络最多的大学生群体，已经开始利用遍布网络的论坛(BBS)、电子邮件(E-mail)博客(BLOG)等发表政治观点，直接对政府政策和议案发表自己的意见，传播自己的观点和理念，直接进行网上投票和选举，实现了政治参与的高效率化。

网络以其直接性、高效率性、平等性、成本廉价性等特性，对大学生的政治生活产生越来越深刻的影响，同时互联网的虚拟性和隐蔽性促成了非制度化参与的扩大，匿名性和隐蔽性被有效地结合起来，由于缺乏行之有效的监管，一些人可以肆意在网上发布错误的、虚假的信息，一些别有用心的人还在网上任意发布反动言论，迷惑大众，蛊惑民心。因此，大学生网上政治参与是我国大学生非制度化政治参与的重点研究课题，须大力加强对策研究，充分发挥好大学生网络思想政治教育优势，引导大学生有序、理性的政治参与。

3. *大学生政治参与的效能感较差*

政治效能感是公民对于政治参与行为影响力的主观评价。一般来说，政治效能感与公民参与行为呈正相关关系，即政治效能感强的人比政治效能感弱的人会更加积极、更多地参与政治。随着受教育程度的提高，其主体意识的确立和参与要求的增长，很多大学生已经将参与学校的管理和决策过程、参与一部分社会事务等视为自身权利和利益的组成部分，对于校内的选举及民主管理往往能积极参与。但是，在调查中发现，在大学生政治参与的意识较为明显的同时，也存在大学生政治参与效能感不强的问题。如对于参与人大代表的选举，调查者中有15.19%的人认为选举是自己的民主权利，经常参与选区人大代表选举活动，有26.86%的人认为选举和自己没什么关系，参不参加无所谓，还有24.03%的同学认为即使满意的人做人大代表，也起不了什么作用。另外还有35.69%的人认为选举活动流于形式，从来不参加。59.72%学生对选举活动及其效果持怀疑、不乐观态度，参与积极性不够高。

大学生为什么对人大代表选举参与积极性不高？调查结果显示：在参加过选举的大学生中仅有0.71%的人非常了解候选人，而27.21%的大学生只对候选人中的一部分了解，高达71.37%的大学生对所属选区候选人都不太了解。不了解候选人的原因，81.28%被调查者认为是候选人和选民之间缺乏联系，中间环节太多，信息不通畅；18.27%的被调查者认为和自己关系不大，没有兴趣了解。从形式上，大学生的参与度比较高，看似有权进行选举，但事实上不能起到应有的效果，因此挫伤了大学生政治参与的热情，产生低的政治参与效果。在大学生政治参与总体效能的评估方面，这一群体的自我评价也较低。如有58.3%的人认为他们“事实上没有办法影响到学校关于学生管理方面的决策”，76.8%的人认为他们“事实上没有办法影响到省级、国家级关于高等教育方面的决策”。这表明，大学生群体对其自身政治参与效能感的评价明显偏低。我国目前政府决策民主化程度还有待提高，选举制度也不太完善，造成大学生们对自己影响政府决策的信心不足。

4. 少数大学生政治认知肤浅，政治参与趋于功利化

当代大学生作为青年群体中的优秀分子，是国家政治生活中最富有政治热情和政治敏锐性的群体，但在现实的政治生活中，一部分大学生受“功利主义”“极端个人主义”的影响，对社会、政治生活的认识和理解缺乏长远、理性的目光，在政治参与的过程中受个人利益的驱动，存在较强的务实性，造成政治认知较肤浅和政治参与的功利化。

近年来，高校大学生入党人数呈现出一条上扬的红线。但是，受功利实用主义的影响，一些大学生把入党作为打造择业就业竞争资本的功能性手段，认为入党可为自己未来的名、利、权等方面获取政治资本和实惠。有调查表明，在“入党动机”的问题上，有 68.9%的学生表示“是因为拥有党员身份后更有利于就业”，有 26.3%的人表示“入党后将来可以更好地谋求仕途的发展”。同样，大学生基于综合素质测评加分、评选优秀学生或优秀学生干部等荣誉、评选校内外各种奖励的动机而参加共青团、学生组织的选举和活动的现象在各高校中也屡见不鲜[8]。当今大学生政治参与的功利心态由此略见一斑。

5. 高校政治理论课教学效果有待提高

高校思想政治理论课承担着对大学生进行系统的马克思主义理论教育的任务，是对大学生进行包括政治参与知识教育在内的思想政治教育的主渠道，但在实施效果方面却有不尽如人意的地方。如调查大学生在大学期间所受思想政治教育对其政治价值观的影响，有 44.5%的大学生认为有很大或一定影响，思想也有了一定转变。但调查问到大学生对思想政治教育理论课的学习态度时，只有 8.48%的大学生选择对高校开设的思想政治理论课“非常感兴趣”，有 56.89%的人选择“取决于老师讲得好不好”，有 35.3%的同学表示不感兴趣或持无所谓态度。19.08%的大学生认为教材内容与高中知识重复较多，59.01%的人认为教学内容滞后于现实生活，对学生适应社会缺乏指导性，30.39%的同学认为理论过于深奥，难以应用在现实。

四、政治参与视角下大学生政治社会化的实现途径

进一步优化大学生的政治社会化，培养大学生的政治参与技能，丰富其政治参与经历，是增强大学生对我国政治体系及主导政治文化认同的关键。针对目前大学生政治社会化过程中存在的诸多问题，提出如下对策：

1. 加强制度建设，提高大学生的制度化政治参与水平

目前大学生的制度化参与，主要表现在参与区人大代表的选举、校内人大代表、党代会党代表的选举；班委成员的选举、班级事务的公决；入党、入团、参加社会实践团队及青年志愿者协会等。共青团和学生组织是培养和引导大学生政治参与的重要实践环节，目前，我国高校中98%以上的学生是共青团员，其中已有10%左右的学生加入了中国共产党。但是，当前大学生积极参与各级人大代表选举的比例不高。要提高大学生对人大代表选举的参与热情，关键是要在信息沟通上下工夫，要通过各种途径让大学生全面充分地了解候选人，在充分了解候选人的基础上实施自己的选举权。与人大代表选举相比而言，大学生对班干、团干、学生会干部选举中的候选人比较了解，容易做出判断，能更好地体现出大学生的参与、民主和主体意识，最能让大学生体验到参与的效能。另外，大学社团对大学生的政治参与起到了积极作用。调查显示，有85.12%的大学生通过参加各种社团参与过社会公益活动，丰富多彩的社团活动可以发挥大学生多方面的潜能，提高各方面的素质。通过大学生社团群体组织的一系列诸如政策理论学习、人生价值探讨、社会热点问题讨论等活动，能激发大学生的政治热情和爱国热情，增强他们的历史使命感和时代责任感，自觉地关心国家的前途和命运，树立为祖国为科学而奋斗的远大理想。社团活动锻炼了大学生对社会问题的观察力和思考能力，有效提高了他们对社会的责任感。因此，组织和引导大学生发展社团文化生活，对推进大学生政治社会化具有重要的意义。

2. 拓展并规范大学生网络政治参与的渠道

思想政治教育进网络已有多年，但网络思想政治教育工作体系尚未建立起来，建立和完善网络思想政治教育工作体系已成当务之急。目前，必须从以下几方面入手。第一，学校在建立网络思想政治教育工作者队伍时，要培养专职网络工作者，必须重点考察他们的道德品质、知识水平、网络沟通能力和网络应用能力。第二，学校应该建立、健全和完善电子化政务建设，及时发布各种信息，提供相关咨询服务，保障大学生的知情权，使其能够就与自身利益密切相关的事情发表言论，影响政治生活过程。政府部门和大学周围的社区在制定政策时可以请大学生旁听，考虑他们的建议，并形成制度。第三，规范和引导各种论坛，加强时事评论、心理咨询、在线思想交流等板块的设计和建设。坚持发表正面引导文章和批驳错误言论双管齐下的网络舆论建设方针，营造正确高效的网络舆论氛围。最后，加强网络方面的立法，实行网络实名制，规

范网上表达，对其权利和义务进行明确规定，并加强网络监控。

3. 增强高校政治理论课教学的实效性，努力提升大学生政治参与的知识、意识和能力

高等学校政治理论课提升大学生政治参与的知识、意识和能力，主要通过对大学生进行政治知识的教育、政治倾向的引导，激发大学生政治参与的主体意识，预防和克服大学生的政治盲动和政治偏激，培养爱国主义的政治情感和政治价值取向，完善大学生的政治人格等方面来完成。教师对这些应有清醒的认识。教育者要及时掌握学生思想动态，强化思想政治理论课教学的探索，通过课堂社会热点问题讨论、社会实践、参观爱国主义教育基地等多种环节，培养大学生的政治参与意识，丰富其政治参与经历。

4. 加强大学生政治社会化的环境建设

加强大学生政治社会化的环境建设主要体现为加强校园文化建设。校园文化作为一种社区文化，具有参与广泛、目的鲜明、内容丰富、时代性和实践性强等特点，在提高大学生的政治素质中可以发挥其独特的作用。校园文化有着渗透教育的目的，对大学生有着明确的导向作用，校园文化体现时代特征，有助于大学生更新观念。校园文化还可以丰富同学知识结构，有助于大学生将来从事社会政治活动。校园文化是一个锻炼的平台，可以使大学生提高政治参与的技术，丰富政治参与经历。

5. 重视和研究大众传媒对大学生政治社会化的影响

现代社会中，媒体在推进民主等政治社会化进程中起着非同寻常的作用，西方学者将大众传媒看做是第四种重要的社会化力量，认为受控制的大众传播媒介是形成政治信念的一种强大力量。将大众传媒对公民政治行为的影响归纳为五个方面：充实政治知识；培养政治兴趣；形成或改变政治态度；巩固政治信念；参与政治活动[9]。在我国，传媒是党、政府和人民的耳目喉舌，同时它又具有一定的公共领域监管的功能，如提供信息、传达思想、凝聚公众意识、表达公众利益、有限度地评判政府政策等。电视、广播、报纸、杂志、网络等大众传媒在具有基本社会功能的同时，也具有强大的政治社会化功能，宣传、理论、新闻、文艺、出版等方面要坚持弘扬主旋律，为大学生思想政治教育营造良好的社会舆论氛围，为大学生提供丰富的精神食粮，是政治社会化的重要途径。另外，应该强调的是，在大学生政治社会化的过程中，来自家庭、学校、同辈群体，以及大众传播媒介等政治社会化机构的政治影响应保持一致，这对大学生政治社会化的影响于至关重要，“如果社会或社会中某一特定的机构想要有意识地来塑造其年轻公民，建立各社会化机构之间的一致性是首要的促进因素”[9]。

参考文献

[1]　郭立江. 当前中国公民有序政治参与研究[D]. 兰州：西北师范大学，2007,6:4.

[2]　亨廷顿·纳尔逊. 难以抉择发展中国家的政治参与[M]. 北京：华夏出版社,1987:5.

[3]　金国兴. 试论青年的政治参与问题[J]. 云南财贸学院学报,2001(2):72－75.

[4]　陶东明,陈明明. 当代中国政治参与[M]. 杭州：浙江人民出版社,1998:104.

[5]　张建荣. 当代大学生政治参与的有序性研究[D]. 上海：华东师范大学,2007:29－30.

[6]　西北工业大学课题组. 当代大学生政治社会化研究，2008－2009.

[7]　西安交通大学等,陕西高校学生思想、政治、道德素质实例研究报告(2007年);黑龙江省青少年研究所,在校大学生发展状况的调查(2005年);中国青少年研究中心、团中央学校部课题组,大学生思想政治教育调研报告(2004年),等.

[8]　陈金圣,周爱平. 关于在校大学生政治参与状况的调查分析[J]. 河北青年管理干部学院学报,2007,2:43.

[9]　加布里埃尔 A 阿尔蒙德. 比较政治学：体系、过程和政策[M]. 曹沛霖,等,译. 上海：上海译文出版社,1987:91,117.

近年来大学生政治社会化问题研究述评

秦 燕 陶蕴芳

一

研究大学生政治社会化的基本问题是以认识政治社会化理论为前提的。政治社会化是政治学理论的一个重要概念，这一概念主要包括两个层次，一是社会个体通过学习和接受政治文化，由“自然人”转变为“政治人”的过程；二是社会统治集团通过传播政治信息、进行政治教育、强化统治体系的合法性基础，从而维护整个政治体系稳定的过程。

政治社会化作为一种社会政治文化的延续和传递现象古已有之，但对政治社会化问题形成一种专门的研究则始于 20 世纪 30 年代的美国。当时的美国，大批移民人口的同化是一个突出的社会政治问题，因此，一些社会学家和政治学家开始关注和研究公民培训问题，由此开启了政治社会化研究的先河。此后经过多年的探索，政治社会化研究已成为当代西方政治学领域中一门颇具规模、影响较大的新型分支学科，逐步确立起了政治社会化研究的理论体系，主张以政治行为、政治过程作为分析对象，实行动态的、定量的、不带价值偏见的研究，研究的内容主要有生命周期中的政治社会化、政治学习过程、政治社会化因素和政治社会化机构、政治社会化对不同人的影响等。美国著名的政治学家阿尔蒙德认为，政治社会化就是政治文化形成、维持和改变的过程，政治文化是一个民族在特定时期流行的一套政治态度、信仰和感情，是在该民族的历史和现在社会经济、政治活动进程中形成的，人们在过去的经历中所形成的态度类型对未来的政治行为有着重要的制约作用[1]。许多研究者也认为，政治社会化贯穿人的一生，但早期获取的态度最终会在政治体系中产生某种结果。早期形成的倾向往往成为政治自我的一部分[2]。因此美国学术界非常重视对青少年政治社会化的研究，这方面的论著十分丰富，如格林斯坦的《儿童与政治》1979 年已出至第九版。道森的《政治社会化》则提出，青少年在 13～18 岁已确立了一定的政治信念和态度，形成某种政治素质[3]。

我国对于政治社会化问题的研究开始于 20 世纪 80 年代，主要是翻译介绍国外相关的政治学著作，对政治社会化的含义、特点、过程等进行研究探讨。20世纪90年代至今，是政治社会化研究迅速发展的阶段，学者在对国外政治社会化研究成果进行总结、借鉴的基础上，对政治社会化的运行机制、功能作用、一般过程、类型以及转型时期中国政治文化的嬗变、对社会政治化的影响等问题进行了较深入的研究[4]，尤其是展开了对青年大学生政治社会化研究的全面探析。当代世界任何国家，无论其实行何种政治制度、何种政治体制，也无论其经济发达还是落后，政治社会化都是关系到该国稳定和发展的重大问题。通过政治社会化，占统治地位的政治体系可以使其倡导的主导性政治文化得到公民的高度认可，可以缓解非主导政治文化对主导政治文化造成的冲击，从而为现实的政治稳定奠定广阔而坚实的基础。大学生是现代社会成员中一个特殊的群体，作为社会精英的组成部分，他们既是当前社会的建设者，又是未来社会的开拓者。目前，我国高等院校在校学生已经超过2 000万，规模位居世界第一，大学生政治社会化的状况、政治素质和政治行为的能力，关系着国家政治文明的进程和发展趋势。大学阶段是人的政治立场和世界观趋向成熟的关键时期，如果大学生没有坚定正确的政治方向，政治素质不高，政治立场不坚定，国家政治体系的有序性和政治发展的持续性就无从谈起。胡锦涛同志指出，一个有远见的民族，总是把关注的目光投向青年；一个有远见的政党，总是把青年看做推动历史发展和社会前进的重要力量。改革开放30多年来，我国社会政治秩序和政治规范均发生了不同程度的变化，大学生的政治思想与行为也在随着社会的改革发生着改变。因此，深入开展大学生政治社会化研究，探讨促进和优化大学生政治社会化的对策有着重大的现实意义。

二

综观20世纪90年代以来有关大学生政治社会化的研究成果，其内容主要集中在以下几个方面。

1. 大学生政治社会化的含义和内容

从目前研究来看，学者们对政治社会化含义的理解上应该说是一致大于分歧，只是角度有所偏重。孙爱军认为考察政治社会化内涵主要有三种角度：教育学主要关心向年轻人灌输知识和信仰，将社会主导政治文化内化在学生的政治知识结构和思维能力之中；社会学侧重于人与社会的互动关系，认为政治社会化就是个人逐渐学会被现存政治制度接受和采用的规范、态度、行为的过程；政治学则认为政治社会化是一个社会内政治取向和社会模式的学习、融合、传播、继承的过程[5]。李元书把国外学者对政治社会化含义的界定区分成五类：社会教化论、个体学习论、文化传承论、政治传播论和社会环境论。个体学习论者把政治社会化看成是个人习得政治取向和行为模式的过程，社会教化论者侧重于是社会对其成员进行人格塑造的过程。文化传承论认为政治社会化是政治文化的形成、维持和改变的过程。文化环境论则认为政治社会化是政治、经济、文化、历史等因素共同作用的结果[6]。其他有代表性的观点如薛立强从政治社会化与社会化的关系、政治机构与社会个体、政治信息与政治文化的关系等方面分析了政治社会化的内涵，提出政治社会化是社会化的内容之一，但是政治社会化统帅社会化，政治社会化和社会化是一个过程的两个方面，两者并不矛盾[7]。以上各位学者尽管表述不一，但基本上都认同我国大学生政治社会化即是通过各种途径，特别是通过高等教育及大学生与社会的相互作用，使大学生获得政治态度、信仰、知识、情感、能力，逐步树立马克思主义政治观点，掌握社会主义政治规范，形成社会主义政治态度，不断提高自身政治素质，进而成为符合社会主义政治要求的社会成员的过程。

学者对于大学生政治社会化的具体内容进行了积极的探讨。李元书将政治社会化的内容概括为三个领域：一是社会个体学习政治知识、获得政治取向，形成和完善政治人格，以适应政治生活；二是政治文化的传播、代际传递和变迁；三是民主、法制和纪律政治体系的运行过程及与政治社会化的关系[8]。潘吉平指出大学生政治社会化的主要内容包括政治知识社会化、政治方向社会化、政治情感社会化以及政治能力社会化。政治知识社会化主要包括学习、掌握邓小平理论和“三个代表”重要思想，理解和坚持党的基本路线、方针、政策；掌握社会主义民主、法制和纪律。政治情感的社会化主要是培养大学生的政治认同感、政权情感以及培养对中国共产党的感情，达到拥护党的领导的目的，政治能力则是指人们从政治上划清是非、区分美丑，及时、准确判断事物发展方向和趋势等能力[9]。毛寿龙认为政治社会化的研究内容主要是对于政治体制的体认、党派态度和政治参与，前两者涉及政治态度问题，后者则涉及政治行为的实际举动。总之学者都认为大学生政治社会化的内容是其目标的具体化，政治社会化内容包括学习政治知识、确定政治信仰和政治态度、掌握政治技能、充当政治角色几个方面。

2. 大学生政治社会化的功能

“政治社会化是政治文化形成、维持和改变的过程”[1]。任何政治体系要维护并巩固其政治秩序，都必须设法提高其社会成员的政治社会化水平，培养和造就合格的政治角色。李元书、薛立常等人对于政治社会化的功能进行了探讨，认为政治社会化有传播、教化、实现、变革等功能。朱道忠认为政治社会化具有塑造合格公民、促进政治民主、保持政治稳定和推动政治发展的功能，并指出家庭、学校、大众传媒及同辈群体是具有普遍意义的政治社会化功能的实现途径[10]。唐立山对大学生政治社会化功能做了详细论述，将其归纳为传播和传递政治文化、培养合格的政治角色、维护社会政治稳定。认为大学生的政治心理是社会的晴雨表，每当社会出现变革，总是从大学生的思想和心理上最先反映出来，还可能通过舆论相互感染，逐渐形成一定的校园政治气氛、政治思潮和政治舆论，并向社会扩散和产生影响，直接关系到社会的稳定[11]。钟志凌认为研究青年大学生政治社会化可以起到丰富政治社会化基本理论的作用，有利于指导青年大学生的政治实践，需要在政治实践中对大学生进行全面的指导，规范大学生政治实践的行为和塑造大学生健全的政治人格[12]。

总而言之，政治社会化作为社会政治生活中一种重要的政治行为，其核心的功能在于传播和延续社会的政治文化，使社会个体形成稳定的政治心理和政治思想，从而使政治统治获取信仰的权威，达到维护既定政治秩序的目的。大学生政治社会化是国家政治稳定、政治发展的要素，其主要的功能就是通过学校、家庭及社会传媒等各种途径向大学生传播主导政治文化，使大学生形成正确的政治态度，在政治心理上形成一致的共识，达到对党和国家的路线、方针、政策等的认同、支持和拥护。而功能的实现主要通过对大学生政治知识的教育、政治倾向的引导，激发大学生政治参与的主体意识，预防和克服大学生的政治盲动和政治偏激，培养爱国主义的政治情感和政治价值取向，完善大学生的政治人格等方面来完成。

3. 大学生政治社会化的特点及影响因素

大学生身份的特殊性及成长阶段的特殊性是研究大学生政治社会化不能忽视的一个重要环节。从总体上说，当代大学生在政治上保持着积极向上的良好态势，呈现出正确的政治认知和政治情感、政治参与意识日渐增强、政治态度及政治行为日渐成熟的发展特点[9]。李艳萍将大学生政治社会化的特点概括为大学生政治社会化的系统教育性、条件的群体凝聚性、途径的立体多样性。认为大学生群体相似的居住环境、文化层次、社会兴趣及易受到相互感染的特性，使得属于大学生能接受的政治思想和政治行为方式容易被迅速传递和相互强化，随着大学生智力的发展、生活视野的扩大以及接受社会教化主动程度的增加，大学生政治社会化的途径也从纵向吸收转向立体吸收[13]。黄力飞等人分析了目前大学生的心理特点，指出他们既希望正确认识社会，但又缺乏辩证思考能力；追求理想，但动机功利化；智力发展达到高峰，但缺乏辨识能力；自我设计愿望强烈，但自我评价片面；情感丰富而强烈，但带有较大的波动性；要求独立，但又存在依赖心理[14]。这些心理特点必然会影响大学生政治社会化。

一些学者进一步分析了影响大学生政治社会化的社会因素。袁贵礼提出，现阶段大学生政治意识中热情与冷漠交织、自主与迷茫同在、理性与偏激共存的重要特征，这既是青年大学生成长过程中心理特点的反应，更是我国社会转型期各种利益冲突、多元思想文化的相互激荡以及社会运行机制的不断调整，社会成员思想观念中的矛盾、冲突在现阶段大学生政治意识中的突出体现[15]。曹银忠较为系统地分析了大学生政治社会化过程所遇到的种种障碍，并提出了要从优化社会环境、教育改革和自身觉悟三个方面来克服这些障碍[16]。于永梅分析了大学生在政治认知、政治情感、政治信仰以及高校在政治理论课教学等方面存在的问题，在此基础上，从加强主体的政治认同感和建设客体环境方面，提出了高校的应对策略[17]。姚宏建、刘莉认为大学生政治社会化受多种因素的影响，其中，家庭、学校和社会传播媒介是影响大学生政治社会化的最主要的环境因素[18]。

如何更好更有效地推进大学生的政治社会化，是研究大学生政治社会化的特点及影响因素的最终目的。长期以来，教育者较多地注重单方面向大学生们灌输政治信息，而较少研究大学生政治心理的特点及发展规律，其结果是造成了大学生政治社会化的低效和盲目性。以上学者对于大学生政治社会化的特点、影响因素的研究，阐明了大学生不同于其他群体政治社会化的多重矛盾特性，揭示了解决大学生政治社会化矛盾冲突的关键问题，这将有益于创新大学生政治社会化方式、增强大学生政治社会化的有效性。

4. 大学生政治社会化与思想政治教育的关系

大学生政治社会化与思想政治教育的关系是近年的研究热点。学者大多认为政治社会化的功能与思想政治教育的功能在很多方面是重合的，它们是从不同角度涉及意识形态教育的各个方面。如青岛理工大学课题组在其学术成果中认为，政治社会化与思想政治教育有着内在的逻辑关联，在中国，思想政治教育是大学生政治社会化的集中实现形式，以思想政治教育的优化与创新推进大学生政治社会化的顺利实现是转型期高校思想政治教育的基本目标[19]。王晓漪提出，高等院校作为承担完善大学生政治社会化职责的主要机构，肩负着为未来社会培养高素质公民的重任，必须把思想政治教育作为高校德育的核心内容摆在首要位置。要从理论到实际，从教学到环境，全方位多层次地加强思想政治教育工作[20]。文学平从政治社会化的角度论述了思想政治教育的现实功能，认为主要是增强公民个体对现行政治体系的认同，从而促进有效的政治参与。政治认同解决的是国家政治体系通过思想政治教育对社会个体政治心理的建构，政治参与解决的是个体的政治行为问题，它们完整地构成了思想政治教育对于公民个体的内在功能指向和外在功能指向的统一[21]。也有学者从政治社会化的视域审视现有思想政治工作模式的缺失，认为其在价值定位上整体主义与个体主义、国家本位和个人本位之间严重失衡，使其在实施过程中呈现出只见国家不见公民的特征，这不利于新形势下思想政治工作的有效性[22]。

从以上论述可以看出，引入政治社会化的研究视角和范畴，在相当程度上扩展了思想政治教育的研究视野，进一步深化了思想政治教育工作的内容。政治社会化不仅包括通过政治教育所要达到的政治认同、政治信仰，还包括政治参与技能的培养和塑造健康参与的现代社会公民，这就要求思想政治教育工作在目标上不仅仅把维持政治共同体的秩序作为唯一的目标，而且也要把塑造健康独立参与的个体作为目标。这些无疑对高校思想政治教育工作提出了新的课题。

三

当前我国大学生政治社会化的研究已取得了较多成果，但仍存在着明显的不足，需要在今后的研究中进一步改进。

1. 应重视实证研究，将定性研究和定量研究结合起来

定性研究和定量研究是社会科学研究领域的两大基本研究范式。20 世纪 90 年代以来国内有关大学生政治社会化的研究成果主要侧重于理论阐述、概念演绎和定性研究，研究方法比较单一，造成了研究内容的笼统和无法深入。定性分析可以加深对大学生政治社会化的全面认识和了解，也在一定程度上拓展了理论研究的深度和广度，但是仅仅有理论研究是不够的，大学生政治社会化本身具有非常强的实践性，而且是一个非常复杂的过程，需要进行较为充分的定量研究，理论的概括和提升必须建立在对过程及各环节的调查统计和实证分析的基础之上。

目前，只有少数学者的研究是以第一手调查资料为基础，如陈金圣、周爱平对在校大学生政治参与状况进行了实地的调查，取得了显著的研究成果，得出大学生政治参与呈现出总体良性发展，但局部也存在着政治冷漠现象、参与动机的功利化等不良倾向的结论，指出影响大学生政治社会化的关键因素不是家庭，而是他们所处的社会大环境等[23]。这些研究从实践层面丰富了对大学生政治社会化影响因素的分析。遗憾的是，这样的实证性研究并不多，造成大学生政治社会化的研究理论与实践结合不够紧密，缺乏实证材料和个案分析，提出的对策大多比较宽泛，缺乏现实操作性。因此必须从研究方法上进行改进，尤其是应该采用社会学、心理学中的问卷法、访谈法、实验法、比较法等，对大学生政治社会化的诸问题进行实证研究与定量分析，将大学生的政治社

会化看成是一个有着输入、输出、反馈等功能并可以控制的系统而加以微观化的研究，只有这样才可以避免主观臆断及浮于空泛的定性议论，增强研究成果的可靠性和科学性。

2. 研究内容需要进一步扩展和深入

多数学者在选题时注意了大学生政治社会化的某一方面，如大学生政治社会化的特征、政治观的形成发展、影响政治社会化的因素等，但这样的研究在一定程度上因为缺乏系统性容易造成只见树木不见森林。大学生的政治社会化是一个长期复杂的过程，包括政治信息传播、政治观念内化、政治态度演进及贯穿个体一生的阶段性发展。各个环节既是逻辑顺序上递进、连续、统一的关系，各自又可分为若干个彼此间内在相连的层次[22]。因此，研究大学生政治社会化，还需要着眼于新时期这一特殊的社会背景和大学生这一独特的群体，全方位、分层次、系统地梳理自改革开放以来我国大学生政治社会化的过程、内容、特征和途径等，建构有关新时期大学生群体政治社会化的完整的理论体系，以期对丰富政治社会化基本理论有所贡献，并努力在促使大学生成功实现政治社会化方面有所创新。

政治参与和实践活动是社会个体政治社会化的重要方法，当前转型时期中国社会政治生活日趋活跃，各个阶层、利益团体都在以前所未有的热情参与其中。大学生群体虽然在年龄上和法律上已具备公民的资格，但实际处于准成人的状态之中，一方面他们求知欲强，政治敏锐性高，参与意识浓厚；另一方面由于涉世未深，政治上未成熟，思想过于理想化，有时的政治参与行为不免出现情绪化、过激化的现象。现代政治学研究表明，稳定的民主制度的运作，需要的是一种冷静的、有节制的、制度化的参与。如何引导大学生熟悉和遵行社会主义政治文明的规范？怎样使大学生具备进行复杂判断所需要的实际政治知识？这就需要研究者加强对大学生具体政治技能培养的研究，以期能够培养大学生现代政治参与的理性精神，引导大学生正确地参与政治。

另外，近年来网络的跨地域性、即时性、无限扩张性等特点给大学生政治社会化带来巨大的冲击和影响。如何针对网络的内在特点对政治社会化做出创新性构想？如何充分利用网络的有利条件克服其负面作用来促进大学生在这一新环境下顺利完成政治社会化？这些都将是非常值得研究并对未来社会的发展具有很强指导意义的课题。就大学生政治社会化的过程而言，无论是政治信息的传播、政治教育的实施，还是大学生对政治活动参与，都要借助正式或非正式的组织机构，国内以往研究较多关注正式组织如大学中的党团组织、学校正规的政治理论课的作用，而对非正式组织如学生社团、同辈群体在政治社会化中的作用却很少研究，这些方面以后都有待于加强。

开展与国外政治社会化的比较研究也是今后需要努力的一个领域。西方学者政治社会化研究开展的较早，其研究的内容比较深入，他们所重视研究的如重大政治事件对个体政治观点的影响、政治社会化过程的规律和特点、政治社会化与政治文化的关系等内容也会对我国学者研究大学生政治社会化有所启示和借鉴。

3. 开展多学科的综合研究

目前学界对大学生政治社会化的研究主要是从政治学单一学科角度来研究，还需要结合社会学、心理学、教育学等多学科进行综合研究。

"互动"是现代社会学中一个普遍被应用的概念，它也可以应用到大学生政治社会化的相关分析中。政治教育不应只是国家、教育机构、教育者单方面的意识形态灌输，更应是大学生自我教育、通过实践学习民主选举、民主处事作风和技巧，不断将政治原则内化为政治信念的过程。政治社会化的研究可以从学生与学校的互动、学生与教师的互动、同辈群体的互动、学生与大众传媒的互动、学生与社会的互动等诸方面，来探讨如何在高校学生思想政治工作中达到内容与形式的完美结合、教育主体与客体的统一，从而实现大学生政治社会化的目标。

了解心理学既有的研究成果也有助于大学生政治社会化研究的深入。大学生政治社会化最终是培养大学生形成社会主义政治态度，进而使其成为符合社会主义政治要求的社会成员的过程。凯尔曼的态度形成的三阶段理论指出，服从阶段只是表面上改变自己的态度，在同化阶段是自愿接受某人或某团体的观点、信念和行为规范，但是对这些观点和信念的信仰还不够坚定，而只有内化阶段受众才会发自内心地相信并接受他人的观点，并把这些新观点纳入自己的个人意识世界，成为自己态度体系中的一个有机组成部分。因此，对大学生政治社会化的研究一定要重视其政治态度的形成过程，从政治心理学角度来看，政治社会化是受动性和能动性、社会性和个体性相统一。大学生政治社会化的过程包括政治认识、政治情感、政治信念、政治意志等心理品质的形成过程，这些政治性心理品质的形成，遵循着一般心理活动规律，包括认同、接受的规律。教育者只有充分掌握当代大学生政治社会化的心理特点，及时把握他们的心理动态，才能有效地引导大学生形成正确的政治观念、政治行为。

参考文献

[1]　阿尔蒙德 G，等. 当代比较政治学[M]. 北京：商务印书馆，1993：41.

[2]　王宗礼. 论政治社会化及其功能发挥[J]. 甘肃社会科学，2000，5：33.

[3] 宋迎法.西方政治教育和政治社会化研究概述[J].国外社会科学,1995,7:29-31.

[4] 胡海可,林华蓉.近二十年我国政治社会化研究述评[J].广东社会科学,2002,1:139-144.

[5] 孙爱军.政治社会化:大学教育的一个基本点[J].中国青年政治学院学报,2000,6:6-9.

[6] 李元书.论政治社会化的一般过程[J].政治学研究,1997,2:14-22.

[7] 薛立强,杨书文.论政治社会化的含义[J].重庆社会科学,2002,4:50-51.

[8] 李元书.政治社会化理论的产生、发展和研究领域[J].文史哲,2004,2:141.

[9] 潘吉文.大学生政治社会化的内容与倾向研究[J].经济师,2006,2:95.

[10] 朱道忠,朱陆民.政治社会化的功能和实现途径[J].中南工业大学学报,2001,6:156.

[11] 唐立山.我国高校学生政治社会化问题的研究[D].长春:东北师范大学硕士学位论文,2005.

[12] 钟志凌.新时期青年大学生政治社会化研究[D].重庆:西南师范大学硕士学位论文,2003,5:12-15.

[13] 李艳萍.当代大学生政治社会化的特殊性分析[J].青海师范大学学报,2007,2:138.

[14] 黄力飞,唐杰.大学生心理、思想特点与政治社会化[J].华北电力大学学报,2004,1:80.

[15] 袁贵礼.现阶段大学生政治意识中的三对矛盾[J].黑龙江高教研究,2005,11:53.

[16] 曹银忠.试论大学生政治社会化障碍及其克服[J].电子科技大学学报社科版,2004,6:78.

[17] 于永梅.高校在政治社会化背景下的应对策略[J].中国地质教育,2007,1:77.

[18] 姚宏建,等.当代大学生政治社会化的环境因素分析[J].延安大学学报:社会科学版,2004,2:119-120.

[19] 青岛理工大学课题组.政治社会化与转型期高校思想政治教育[J].河北学刊,2006,1:67.

[20] 王晓漪.大学生的政治社会化与高校的思想政治教育[J].探索,2005,5:122.

[21] 文学平.政治社会化视野中思想政治教育的现实功效[J].探索,2006,3:102.

[22] 金林南,王集权.政治社会化视域下的思想政治工作[J].扬州大学学报,2002,6:47.

[23] 陈金圣,周爱平.关于在校大学生政治参与状况的调查分析.[J].河北青年管理干部学院学报,2007,4:43.

高等学校党组织先进性建设的实践与体会

杨　晓　段根良

先进性是马克思主义政党的根本特征、生命所系、力量所在，加强党的先进性建设是马克思主义政党的根本任务和永恒课题。近年来，西北工业大学党委以加强党的先进性建设为主线，围绕高校的根本任务和学校的办学目标，在基层党组织中开展了以加强党的先进性建设为主要内容的一系列活动，为基层党组织和广大共产党员永葆先进性创建了载体、搭建了平台，实现了基层党组织先进性建设和完成学校改革发展任务的有机结合，充分发挥了基层党组织推动发展、服务群众、凝聚人心、促进和谐的作用，为学校改革发展稳定提供了坚强的组织保证。在建设高水平研究型大学的实践中，学校对加强高校党组织的先进性建设也有了新的思考和体会。

一、加强高校党组织先进性建设，先进的理论指导是基础

在新的历史条件下，加强高校党组织先进性建设，必须要坚持以邓小平理论、"三个代表"重要思想和科学发展观为指导，结合高等教育的发展规律，正确运用马克思主义中国化的最新成果指导高校党组织的先进性建设。在学习好、领会好党的先进理论和重大战略思想的基础上，关键是贯彻落实好这些理论和思想，找到这些先进理论、战略思想与高等教育、高校党组织建设的结合点，用这些先进的理论指导学校党组织的先进性建设。党的十七大召开后，学校党委召开了"学习和实践科学发展观理论务虚会"，就学习贯彻科学发展观、进一步解放思想、全面建设高水平研究型大学等问题展开了深入研讨，提出了"建设一流大学、建设一流学院、建设一流学科"的理念，将贯彻和落实科学发展观与创建一流业绩、树立一流意识结合起来，用科学发展观指导基层党组织的先进性建设，用科学发展观指导学校建设高水平研究型大学的各项工作；在创先争优活动中，学校党委结合各类基层党组织的实际，以加强基层党组织先进性建设为主线，设计了不同的实践载体，提出了明确的任务，把深入开展创建先进基层党组织、争当优秀共产党员活动与加强党的先进性建设结合起来，在创先争优活动中巩固和保持党组织和党员队伍的先进性。

二、加强高校党组织先进性建设,合理的实践载体是关键

党的先进性建设不仅是一个重大的理论课题,更是一个广泛而深刻的实践问题、实践范畴。只有不断实践,才能把加强先进性建设的要求落到实处,取得实实在在的成效;只有不断实践,才能把握规律、遵循规律,把党的先进性建设不断推向前进;只有不断实践,才能检验党的先进性建设取得的实效,同时进一步丰富和发展党的先进性建设理论。高校党组织的先进性需要在实践中体现,体现的平台就是实践载体。加强高校党组织建设,关键就是要结合学校发展建设的实际,实事求是、科学合理地设计体现党组织和党员先进性的实践载体。在加强基层党组织先进性建设的实践中,学校党委根据实际和基层党组织先进性建设的需要,分别设计了基层党委和党员领导干部、教工党支部和教职工党员、学生党支部和学生党员先进性建设的实践载体,即基层党委和党员领导干部以"突出'三航'特色,建设'三个一流'(即突出航空、航天、航海特色,建设一流学科、一流学院、一流大学)"为实践载体,教职工党支部和党员以"建功立业"活动为实践载体,学生党组织和党员以学生党建"三个一"工程(即一个党支部建好一个班,一名党员带好一个宿舍,一名入党积极分子帮好一名同学)为实践载体。这三个实践载体的共同特点是紧紧围绕学校的办学目标和培养社会主义合格建设者和接班人的根本任务,将基层党组织和党员的先进性建设与单位和个人的职责任务结合起来、与学校的中心工作结合起来、与学校的办学目标结合起来,收到了很好的效果。截至目前,学校已先后表彰了四批"建功立业"先进基层党组织和先进个人,其中先进基层党组织 55 个,先进个人 189 人,涌现出了一大批成绩显著且具有时代特点的先进典型,这些党组织和党员的先进典型为学校"十五"取得的突出成绩和"十一五"建设的顺利实施做出了重大贡献。学生党建"三个一"工程也得到教育部思想政治工作司、陕西省教育厅的高度评价,新华社《内部参考》《中国高等教育》杂志和《中国教育报》先后宣传报道,2009 年,我校《实施学生党建"三个一"工程,探索大学生思想政治教育新思路》获得教育部党建创新二等奖。

三、加强高校党组织先进性建设,院系党组织是重点

高等学校内设院系党组织(包括基层党委、党总支和党支部),是高校党委所属的基层党组织,是落实党的路线方针政策和各项任务的政治核心和战斗堡垒,是高校党委创造力、凝聚力、战斗力的重要体现。院系党组织作用的发挥主要是依靠党组织的先进性来增强组织的创造力、凝聚力、战斗力,依靠党员队伍的先进性来体现党员的先锋模范作用。因此,加强院系党组织先进性

建设对于加强高校党组织先进性建设非常重要。我校党委高度重视院系党组织的先进性建设工作，在基层党委先进性建设方面，本着“把各级基层党组织建设成为基层单位的政治核心，把基层党委班子建设成为坚强有力的工作班子”的指导思想，加强基层党委领导班子建设，保证基层党委政治核心和保证监督作用的充分发挥。同时为了巩固和保持共产党员先进性教育活动成果，学校制定了《西北工业大学基层党委党建工作责任制实施办法》和《基层党委党建工作考核办法(试行)》，要求党委各部门负责人和各基层党委书记牢固树立“不抓党建就是失职，抓不好党建就是不称职”的观念，制定了基层党委党建工作考核指标体系，明确了考核内容、考核标准以及考核程序，每两年对基层党委党建工作进行一次考核。在基层党支部建设方面，结合党的十七届四中全会精神，制定印发了《关于进一步加强和改进教职工党支部建设的若干意见》，明确了教职工党支部建设的指导思想、建设目标和工作思路，提出了8个方面的具体措施，进一步明确了党支部建设的责任。2006年，学校党委启动了以加强基层党组织先进性建设、促进单位科学发展为主题的“基层党组织优秀活动方案”立项活动。截至目前，各基层党组织已申报76个活动方案，大部分活动方案已经付诸实施，进一步调动了基层党组织创新党建工作的积极性，进一步增强了基层党组织的生机活力，收到了很好的效果。我校基层党组织先进性建设方面的做法得到上级主管部门的肯定，2006年以来，共有11个基层党组织获得“陕西高校先进基层党组织”荣誉称号，共有38名党员获得“陕西高校优秀共产党员”荣誉称号。

四、加强高校党组织先进性建设，党的执政能力建设是根本

党的先进性建设是执政能力建设的前提、基础和关键，加强高校党组织先进性建设，要求我们站在完成党执政兴国使命的高度，不断加强和改进党的建设，保持和发展党的先进性，使党的工作和党的建设更加符合科学发展观的要求，提高党的执政能力，巩固党的执政地位，这是加强基层党组织先进性建设的最终目的所在。在加强基层党组织先进性建设的实践中，学校党委紧紧抓住加强党的执政能力建设这个根本目的，坚持把建设高水平研究型大学的实践和加强党的先进性建设紧密结合，围绕中心、服务大局、促进发展，取得了一大批标志性成果，领导班子推动学校科学发展和促进校园和谐的能力明显增强，成为带领全校师生员工开拓奋进的坚强核心。2006年，原国防科工委巡视组来校视察后用“团结好、机遇好、干得好”来概括学校领导班子取得的成绩。学校党委先后于2006年和2009年，被中共陕西省委和省教育工委评为先进基层党组织。2008年5月，学校荣获全国五一劳动奖状。2009年学校被中央文明委授予“全国精神文明建设先进单位”。

论党内民主的内外因及其相互关系

武婉珍　华艳君

党内民主是指在党内政治生活中，全体党员在一律平等的基础上，按照少数服从多数的原则，直接或者间接地决定和管理党的事务的制度。党内民主是党的生命，不断扩大党内民主，既是提高党自身执政能力的内在要求，也是带动人民民主、建设社会主义政治文明的必然要求。党内民主发展离不开党员内外因之间的相互作用，但党员内外因相互作用并不都能有效地增进党内民主。从效果论角度辩证地看，党内民主发展是党员内外因相互结合后，在又统一又斗争中达到正向平衡和协调发展的结果。因此党内民主必须充分挖掘和利用党员内外因中的积极因素，努力克服和消除其消极因素。唯有此，党内民主发展才能不断向前推进。

一、党内民主的内因与内因培植

1. 党内民主的内因：党员内在因素及其矛盾运动

党员个体内因来自其生存、发展和完善自己的需要。无论马克思的宏观需要理论，还是马斯洛的微观需要理论，都折射出一种理论的凝结——需要是人类一切认识活动和实践活动的出发点。党内民主作为一种有目的的认识和实践活动，必然与一定的需要相联系，没有党员的需要，就不会有党内民主发展的内在动力。在党员个体内因中，除需要外，还包括认识、情感、动机、兴趣、意志等因素，这些是构成人的行为的内在根据。行为科学理论认为，如果把认知系统活动看成是感受、处理信息，得出一定意义的操作活动，那么人的需要与动机、情感与态度等对一定行动则起着激励、促进和维持的动力作用。

党员内因在矛盾与冲突中增强。首先，党内民主发展是党员新需要与由经济基础决定的党内民主之间矛盾运动的结果。个体内在因素发展，必须要有新需要，且这种新需要同由经济基础决定的党内民主之间构成矛盾运动。在这里，新需要是矛盾活跃一面，表现为物资利益、政治权利、追求知识、素质提升等；而原有党内民主是矛盾稳定一面，主要包括民主心理、民主理论、党内选举、集体领导、党员权利保障、党内监督等制度以及党内权力产生和授予规则、党内权力行使规则、党内权力终止的规则等。由于党员新需要与由经济基础决定的党内民主所满足党员需要水平之间构成了矛盾，就产生了党内民主发展的动力。其次，党员内在品质是知、情、信、意、行各要素均衡发展的产物。当民主意识、民主制度向党员输入时，他开始接收外来信息，其思维沿着“知道—理解—认同”层次发展，逐步掌握起“认知”；在这个基础上，经过反复心理体验（特别需要在实践中体验），逐渐丰富起情感；良性心理体验又激发着其内在需要层次升华，从而发展成为民主需要，产生出对民主的追求，一旦这种需要得到满足，又反过来强化良性的心理体验；随着民主需要升华和情感增强，党员对非民主因素干扰的抵抗力不断加强，这时就具备了顽强意志，形成了坚定民主信念，实现了认知“内化”。再次，党员内在品质是内部民主环境扩展的反映。个体“内部民主环境”是其长期生活的心理体验和经验积累，带有感性成分和混杂性。因此，一方面党员有接受外部信息帮助的要求和愿望，非常需要有人在政治上关怀、经济上关心、工作上关爱、生活上关照，这是一种“期待心理”，是我们进行民主建设的逻辑起点；另一方面党员又不是完全被动地接收任何外来信息和帮助，而会对其进行有选择接受，甚至会消极抵制，这是一种“抗拒心理”，是我们推进党内民主发展的阻力。

2. 党内民主的内因培植

发展党内民主既要充分有效地发挥党员内在的积极因素，克服和消除其消极因素，又要培植和开发其内在的优良品质，促进其智力和非智力因素发展形成完善的个性。个性指个体在其自身条件和环境影响下，通过社会实践形成和发展起来的使其成为他自己而不是别人的所有综合特性。个性非先天具有，是在后天社会实践中逐步形成和完善的。人的个性形成和发展是一个不断持续的过程，即是一个从低级到高级、由量变到质变连续发展的过程。培养党员个性要注重发展后劲和开发动力，实现个性发展中的质与量统一，提高个性价值。对此党组织要深入调查研究，准确把握党员的特长、爱好、愿望、职业生涯设计、价值追求等，根据调查结果，分门别类地建立党员档案，调整培训计划和人力资源发展规划，为发展党员个性奠定基础，使个体的展示具有丰富的内涵。

二、党内民主的外因与外因优化

1. 党内民主的外因：社会环境因素

党内民主是一个开放系统，它不断与环境进行着物质、能量和信息交流。环境和党员内因的相互作用制约着个体的民主水平。就党内民主来说，环境分为外部和内部两类。

对党内民主影响的外部环境有三个层次：①宏观层：国内外政治、经济、文化因素对党内民主建设有着重大影响。其中经济因素影响着党员的收入及党员对经济政策的认识,经济发展水平在很大程度上决定着党内民主的发展程度;政治因素影响着党员民主心理、民主思想的形成,制约着党内民主发展方向;文化因素影响党员价值观形成和行为取向,左右着党内民主发展水平。②中观层:社区和行业因素,社区和行业物质文化、制度文化和心理文化都会对党员产生潜移默化影响。③微观层:家庭因素。家庭是人成长的初始环境,其物质条件、情感氛围、社会背景、家长文化水平和价值观都会对党员成长产生重要影响。

内部环境指党组织内部有形和无形的诸种因素相互制约与相互作用所形成的党内民主因素。它包括:①硬环境:党内民主制度和民主程序。虽然这两者本身是党内民主的组成部分,但它们对自身以及党内民主意识都有影响,如党内民主制度和民主程序从纵向上看有继承性,历史上适应党内民主发展的制度和程序,历来为人们所坚持,并对党员行为有约束与规范作用,促其朝着社会要求和期望方向发展,否则会被人们抛弃,再如对民主制度体系的不断健全和民主程序的不断完善,对党员性格、心理乃至人格形成产生作用,从而间接地影响其民主意识。②软环境:党内精神环境因素。人是社会的人,社会因素渗透到党内,会引发党内特有的群体心理反应,一个党员的民主心理、民主作风,特别是党的干部的民主心理和作风具有带动作用,一个地区的民主作风一旦形成,就会影响该地区以后的民主进程,而且还会影响相关地区同一时期的民主发展;同时媒体能引导舆论、营造环境、培育情操,对党员情感熏陶和感染,激发他们民主情感的产生和发展。

人类社会的物质生活、精神生活和文化生活条件,都对党内民主发展起着制约性作用。就这个意义上说,党内民主就是各级党组织运用外部条件对党员内心世界进行“影响”和“干预”的过程。尽管这种“影响”和“干预”有计划、有意识和有目的,但它要对党员起到积极有效作用仍需要条件,这就是只有当党员目前的思想状态与干预者的“干预”处于某种矛盾冲突,从而激起党员积极思维与奋发向上的力量时,“干预”才有效。

2. 党内民主的外因优化:建设良性环境

良性党内民主环境是一种理想的动态的民主发展环境,是按照党内民主建设原则和目标组织起来的党内与社会和谐统一的有序系统。在这一系统中,党员能全面吸收养料,能较好地把社会要求与规范内化为自己稳定的心理品质。

(1)横向统一、纵向一致与整体优化。横向统一是指党内民主的内部环境和外部环境协调一致,构成一个政治生态链,形成横向发展合力。纵向一致是指环境建设各个阶段之间要承前启后，注意衔接，避免出现脱节和重复现象，保持前后连贯一致和时间上的连续性，形成纵向发展合力。整体优化，一要综合治理社会环境，从全局角度把改造和创造环境工作辐射到社会每一个角落、每一个方面和每一个人，既注重社会阴暗面的清除，又注重良好社会舆论和氛围形成；二要努力营造好“小气候”，把党建设成奋发向上的组织，把党组织建设成积极上进的集体。

(2)凸显特性、强化优势与强正减负。环境中各种因素都会对党员产生相应的影响，因而无论是利用外部民主环境，还是营造内部民主环境，都要考虑它对党内民主的促进功能。优化党内民主发展环境，要增强或突出环境某些特征，有意形成某些特定环境条件和意境来影响党员行为，如加强社会主义市场经济建设，促进党内民主意识的内生和发展；创建有特色的党内民主作风、民主方式和方法等，营造良好民主氛围。各个基层党组织有各自外部民主环境和内部民主环境的特点与优势，充分挖掘、利用和强化已有的环境优势，形成优势民主传统，能推动整个民主环境优化：环境输送给党员的信息良莠相杂，既起到“信息教化”作用，也有“信息污染”等负面影响，党内民主环境要有净化功能，能够适时调控，以最大限度地强化正面信息和弱化负面信息，发挥最佳效果。

三、党内民主内外因相互作用与有机结合

1. 党内民主内、外因相互作用

党内民主内因与外因的正向作用。所谓正向作用，是指党内民主内因和外因相结合后，在又统一又斗争中，起着推进党内民主发展的作用。具体表现在：一是党内民主外因的积极因素作用于内因，与内因的积极因素相结合，强化了内因的积极因素，使其在与消极因素的对立统一中，上升为矛盾的主要方面，或进一步巩固其支配地位，更有力地发挥主导作用，从而加速党员民主意识和党内民主制度的内化过程；二是党内民主外因的积极因素作用于内因，对内因的消极因素产生影响，致使消极因素被削弱、消灭或者转化为积极因素，使内因积极因素在与消极因素的对立统一中，成为矛盾的主要方面或使其支配地位进一步加强，更好地发挥主导作用，从而促进党员人格健康发展；民主外因的积极因素与消极因素，分别与内因的积极因素与消极因素相结合，经过“优化组合”的激烈矛盾斗争后，内因积极因素最终取得较原来更为有利的优势而起着主导作用和支配地位，从而不断推进党内民主发展。

2. 党内民主内、外因有机结合

党内民主内外因相互作用的关系表明，党内民主过程只有充分实现内外

因有机结合，或以外因的积极因素有效地影响内因的消极因素，才能增强党内民主发展的合力。党内民主发展的一切有效策略，都应基于对这一作用关系的科学分析和准确把握。

(1)以党内民主外因积极因素作用于内因，消除或转化内因消极因素。人是社会的产物。党员由于受主客观因素影响和作用，其"内部民主环境"往往存在着一些不良东西，如当某些党员身上存在的民主动机不纯、民主要求孱弱、民主体验肤浅等因素时，就会直接或间接削弱民主的动力。对此，各级党组织要引导党员深刻理解党内民主的本质、作用，并指导党员客观看待党内民主现象，使党员对党内民主的"期望值"与党内民主现实之间的差距处于一个合理的范围内，避免因差距过大而产生负面情绪。同时党组织注重发展党员自我控制力及自我约束、自我调节、自我激励的科学方法，提高党员耐挫力，努力改进党内民主方法，为形成党员良性心理体验奠定基础。

特别需要指出的是，由于青年党员的思维、认知、情感、意志、道德、生理心理等均处在发展状态中，抗拒外界不良影响的能力也相对较弱，迫切需要通过真挚感情、身边典型、优秀人格等外因的积极因素，调动党员内在动力，启发党员觉悟，引导党员积极参加党内民主实践，以达到消除或转化他们内因中消极因素的目的。

(2)以民主外因积极因素作用于内因，强化内因积极因素。党员内在"期待视野"非常强烈，无论是参与党内民主生活的热情和主动性，还是行使民主权利的冲动，或是各种内在发展欲望，都是内因中的积极因素。党内民主发展过程中，积极的外因如能与这些积极内因有机结合，无疑会使党内民主的动力增强。完成这一结合，一要依据党员的认知活动的规律，在民主发展进程中必须实现教育量与接受度相一致，找准最佳"结合点"，民主教育要适合党员内部认知和提高民主理论水平，在此基础上提升实际民主素质；二要把准党员的实际需要，使党内民主适应党员内在需要，从而引发党员极大的兴趣，产生积极的心理和行为，同时要帮助党员确立正确的需要观，提升党员内在需要层次性和成长自觉性；三要遵循情感的发展规律，让党员在身临其境中受熏陶，在不知不觉中受感染，促其高涨情绪转化成民主的增力，并及时转变其悲观沮丧情绪，化消极情感为积极情感，使党员的情感沿"情绪—情感—情操"方向发展，从而丰富情感品质，养成良好情操。

马克思主义认为，人类社会及其各种社会现象的发展，是人类社会诸要素之间相互作用的结果，党内民主的发展程度取决于内因和外因以及内外因这两种分力相互作用而生成的合力。民主外因的积极因素，无论作用于民主内因的积极因素还是其消极因素，要起到促进党内民主发展的目的，最终总要通过内因实现。因此，党内民主要通过外因对内因的强刺激，真正增强党内民主发展的动力，推进党内民主发展。

参考文献

[1] 黄金辉.党内民主与人民民主良性互动的途径[J].社会科学研究，2007(5).
[2] 靳连芳.执政党建设若干前沿问题述评[J].新视野，2007(4).
[3] 刘彦昌.党内民主的动力及其培育[J].新视野，2007(5).

研究生第二课堂：提高研究生创新能力的有效途径

王宇波　张雪霞　李春林　陈　磊

加强和改进新时期大学生思想政治工作既是高校学生培养的中心工作之一，又是国家、社会、高校和家庭最为关注的事情之一。高校大学生思想政治教育既关系着国家的前途和命运、社会的和谐稳定和发展进步，又与学校的建设发展、家庭的幸福平安紧密相连。研究生是高校学生中平均年龄大、在校经历长、学历层次高的重要群体，随着研究生招生数量逐年增加，在校研究生数量越来越多，如何加强研究生这个特别群体的思想政治教育显得越来越重要。本文旨在通过研究加强研究生第二课堂的建设与实践，对研究生第二课堂在加强和改进新时期研究生思想政治工作中的作用进行一些探讨。

一、加强研究生第二课堂建设的思考

《中共中央、国务院关于进一步加强和改进大学生思想政治教育的意见》中明确提出"我国在校大学生包括本科生、专科生和研究生"。研究生是高校学生群体中平均年龄大、在校经历长、学历层次高、在学生中影响力最强的学生群体。

在以往研究生招生数量较少时，高校传统模式培养出的研究生基本上都分配到科研院所或高校工作。当时的毕业研究生都能够比较顺利地适应工作岗位的要求，能够较快进入工作状态，较快做出贡献。随着经济社会的快速发展，研究生招生数量不断增加，研究生的就业趋向多元化，社会对研究生的要求也开始多元化——现实向高等教育提出了更高的要求。高等学校培养学生的任务，形象地说就是要点燃学生的激情，激发学生的灵感，挖掘学生的潜能。研究生创新能力的培养过程是一个经由多渠道、多手段，外部影响与内化过程协同作用的复杂教育培养过程。当代研究生群体具有喜欢独立思考，年龄、经历差异大，承担的社会角色多，个人追求多元化，与导师的科研团队关系紧密而班集体概念较淡漠等特点。在新的历史时期和新的社会需求下，针对研究生的以上特点，高校开展对如何培养研究生的综合素质、提高研究生综合能力的研究和探索是当务之急。

多年来，西北工业大学充分利用校内外各种资源，以研究生自我服务、自我管理、自我教育为主体，以形式多样的学术活动为切入点，以提高学生的科学素质、创新意识和能力，增强其团队意识和责任感为目标，营造良好的研究生成长氛围，鼓励支持研究生开展学术年会、班级创新大赛、国防科技创新大赛等内容丰富、形式多样的活动，大力建设研究生第二课堂，探索出一条提高研究生创新能力的有效途径。

二、研究生第二课堂的实践

1.提高研究生全面素质的平台——研究生学术年会

为研究生的创新思想和实践提供有效支持——自 1978 年恢复招收研究生伊始，学校一直在探索一条途径：既能够促进研究生的群体学术交流，又能够提高研究生的群体创新能力；既可以激发研究生的学术热情，又能锻炼研究生的综合能力。在多年的探索实践中，研究生学术年会作为合适的途径于 1996 年被确立下来。到 2008 年，研究生学术年会已经连续举办了 13 届。十多年来，研究生学术年会虽然名称没有变，但在学校有关部门和历届研究生的共同努力下，其内容和形式年年有创新：从最初单一的研究生自己进行论文交流，到邀请老师、校友一起参加，使参与者能够了解到最新的学科前沿信息；从按学院进行分组到全校跨学科分组，使参与者能够接触到更多的学术思想；从单纯的学术交流到邀请著名专家学者和企业家参加，使参与者能够了解到更多的实践经验；从仅是本校研究生参加到其他高校研究生积极响应，使参与者加强了校际交流和相互学习；从单一校区举办年会到多个校区举办年会，使学术之风吹遍整个西工大校园。使研究生用自己的实践实现自己的思想——每届学术年会历时半年多，由校研究生会和研究生科协一起策划，校院研究生会共同合作，从年会时间的安排，到专家学者、领导的邀请联系；从年会内容的协调，到“十篇优秀论文”“十佳科技英才”等相关奖项的评选；从年会论文集《研究生科技殿堂》论文的征集，到组织评阅、编辑出版，全部由研究生自己负责。

内容丰富，形式多样。每届学术年会都包括举办 10 多场全校性大型报告会、40 多场“博士论坛”、3～5 场“总裁论坛”、5 场左右的“开放实验室论坛”，2～3次校际交流。为能够让更多的研究生参与其中，从 2002 年开始，学校把组织研究生学术活动列入各学院工作计划和年度工作考评内容，调动了学院开展研究生学术活动的积极性，越来越多的研究生开始走上展示自己学术风采和智慧思想的大舞台。现在，学术年会已经是研究生向往的学术殿堂，成为研究生自由探索思考、共同交流提高、强化实践能力、提升综合素质的大平台，整个校园开始展现出浓浓的启迪创新智慧、开阔思维视野、提高创新能力的学术氛围。

2. 锻炼研究生综合能力的亮点——班级创新大赛

国家之间的竞争根本上是人才的竞争，而人才的竞争实际上是人的团队意识、责任意识的竞争。研究生“班级创新”大赛，主要目的就是培养研究生的团队意识和科技协作能力，开展几年来已经成为研究生活动的新亮点。

研究生班级创新大赛自 2005 年至今，每年举办一次，是以研究生班级为单位开展的系列创新活动，研究生自己给这个活动确定的口号是“想创就创，新无止境”，由研究生班级自定主题，自主策划，自行组织实施。每届历时半年，有超过 50 个研究生班级的近 2 000 名研究生参加。活动得到了广大研究生的积极响应，收到了良好的效果：既促进了参与者之间的相互交流、培养了参与者的团队意识，更锻炼了参与者的综合能力，展示了参与者的聪明才智。

机电学院 04605－5 班组织的“周秦汉唐大演义”系列活动，以提高参与者人文素养为目的，通过对历史人物的剖析与解读，使参与者对人生观、价值观有了新的认识，达到了“读史明理，读史明志”的目的。管理学院 2005 级研究生班共同组织的“优秀的文化，优秀的班级”创新活动周，通过各种丰富多彩的活动，将文化娱乐活动和实践管理理论、提高班级凝聚力结合在一起。航海学院 07603－3 班开展的“研究生培养问卷调查”活动，调查内容包括个人和导师基本情况、师生关系现状、师生相处中存在的问题、学生对导师的期望和改善关系的途径等项目。参与者在设计问卷、深入调查、统计结果的过程中，对研究生与导师关系中的不少问题达成了共识，更增强了师生之间的相互了解。

3. 展示研究生奇思妙想的舞台——国防科技创新大赛

创新需要思想的解放、良好的氛围和不断地推动。提倡“奇思妙想”的国防科技创新大赛为培养研究生的发散思维创造了舞台。大赛自 2004 年开始每两年举办一次，以“崇尚科学、务实创新、迎接未来”为主题，通过寻找理论支点、论证实施可行性、形成论文或作品参赛等环节，展示西工大研究生的奇思妙想。通过比赛，将学生的专业知识、发散思维和创造能力结合起来，使学生敢于创新、善于创新。另外，国防科技创新大赛注重结合学校“三航”特色和学生专业类型，向国防科技和我国当前科研热点引导参赛学生，如第三届比赛的主题侧重于我国大飞机项目的实施。同时，比赛还将研究生的学习与专业研究方向结合，以期在理念上为学校基础研究领域作一定的技术储备。对那些被认为有发展潜力的作品，将为其联系相关的科研院所提供资金与技术上的支持，帮助其实现作品成果的转化。

三、研究生第二课堂的启迪

研究生第二课堂多年的坚持与实践，培养锻炼了许多优秀的学子：在2006年中法博士生学院在我国招收的首届150名研究生中，西工大15名研究生入选，占到总数的10%，其中多名是研究生第二课堂的主要组织者和参与者。

曾获西工大研究生学术年会“十佳优秀论文”奖的盛美萍博士，现在已是教授、博士生导师、声学学科带头人。她的博士论文被评为第二届“全国百篇优秀博士论文”，先后荣膺“第九届中国青年科技奖”“全国巾帼建功标兵”“中国青年女科学家奖”等20多项殊荣。

曾任校研究生会主席，“班级创新大赛”主要策划者祝志明同学，是中法博士生学院首届学生，在2008年昆明市面向全国公开选拔处级后备干部工作中，是全国1 300余名报名者中唯一一名在校博士生，在选拔中，他以优异的成绩和突出的表现被破格录用为公务员，2009年6月被任命为昆明市委办公厅副主任。

曾任陕西省学联副主席、校研究生会主席、校研究生科协主席的闻其伟同学，是共青团第十六次代表大会代表，他担任北京奥运会、残奥会陕西省赛会志愿者服务队领队助理，出色地完成了奥组委和团中央所交办的奥运服务任务，受到志愿者工作领导小组领导的表扬；2009年2月他挂职担任中国青年报共青团新闻中心主任助理，现任共青团陕西省委学校部副部长，还入选团中央第三批住基层挂职干部。

以上述几位突出学生为代表，一批批研究生第二课堂活动的主要组织者和参与者，走上不同的工作岗位后很快表现出不凡的能力做出了突出的贡献。

研究生第二课堂活动的开展给了我们许多启迪：

(1)学校和相关职能部门的高度重视是开展研究生第二课堂的关键。学校的重视和推动，激发了研究生的积极性，为他们参与第二课堂的各项活动提供了动力，增强了活动的可持续发展性。

(2)调动和保持研究生的热情是开展研究生第二课堂活动的重要内容和活动赖以持续的基础。针对研究生在校时间短、任务重、角色多、研究生干部两年一换的特点，要从制度和方法上下手，努力调动和保持研究生第二课堂活动主要组织者和参与者的工作积极性。

(3)学校应加强研究生第二课堂的战略规划研究。高校应从学校工作的顶层设计中将研究生第二课堂作为一个系统工程进行规划、设计和部署，以期更好地开展研究生第二课堂，切实增强研究生的国际竞争能力。

高校思想政治理论课实践教学的思考

高旭红

中共中央宣传部、教育部《关于进一步加强和改进高等学校思想政治理论课的意见》指出："要加强实践教学。要建立和完善实践教学保障机制，探索实践育人的长效机制。"伴随着高校思想政治理论课的新一轮改革，实践教学在其中的地位和作用日益凸显。如何科学定位思想政治理论课实践教学的目标？如何进行富有成效的实践教学？如何确保实践教学的长盛不衰并不断推陈出新？这些都是当前高校思想政治理论课教学改革必须解决的关键问题。

一、高校思想政治理论课实践教学的目标定位

高校思想政治理论课承担着对大学生进行系统的马克思主义理论教育的任务，是对大学生进行思想政治教育的主渠道。思想政治理论课的突出特点就是具有鲜明的实践性，它要求在教学过程中坚持知与行的统一、课堂教学与实践教学的统一、学习理论与提高素质的统一。《关于进一步加强和改进高等学校思想政治理论课的意见》概括了实践教学的总体目标："通过形式多样的实践教学活动，提高学生思想政治素质和观察分析社会现象的能力，深化教育教学的效果。"具体而言，高校思想政治理论课实践教学的目标包括基础目标、深层目标与价值目标三个层次。

1. 知识目标：实践教学的基础目标

有人认为，知识目标不应该是高校思想政治理论课实践教学的目标，而应该是课堂教学的目标。这种认识是片面的。大学阶段正是大学生世界观、人生观和价值观形成的关键时期，系统的理论学习非常重要，课堂学习是主渠道，但不是唯一渠道。古人有云："纸上得来终觉浅，绝知此事要躬行。"马克思主义认为，实践是人的正确认识形成发展的源泉；通过实践人们才能对事物的认识从现象到本质、从片面到比较全面；实践是认识发展的动力，实践不断冲击旧的思想观念，提出新问题；实践是检验认识正确与否的唯一标准。因此，人的思想观念的形成与发展都离不开实践。实践教学巩固并拓展着大学生的基础知识：一是实践教学改变了纯理论灌输的教学方法，让大学生在鲜活的现

实生活中感受并检验所学马克思主义理论的正确性，加深对马克思主义理论的理解，巩固课堂教学中所学的思想政治理论基础知识。二是实践教学使得大学生接触和体验纷繁复杂的社会现象，在实践中认识自然，了解社会，了解国情，从而学到许多在课堂上无法学到的知识。而且，实践活动的可感知性、直接现实性的特点，使得大学生从书本上得到的知识转化为处理各种问题的观点和方法。

2. 能力目标：实践教学的深层目标

高校思想政治理论课的教学过程就是向学生传递马克思主义、毛泽东思想和中国特色社会主义理论体系等知识以及这些知识内化为能力的过程。实践教学不同于课堂教学，也不同于教师指导下的实习，主要是通过学生能动地参与实践而发挥教育作用。一方面，实践教学是以受教育者亲自参与的教学活动，尊重学生的主体性与自主性，让学生广泛参与实践教学的准备、策划和组织，可以锻炼学生的组织协调能力和创新能力。另一方面，通过志愿服务、参观访问、开展社会热点难点问题的调查研究，使参与者可感受到直接的、现实的、切身的教育，可以帮助学生解决在一定程度上存在的知行不一致的问题，从而使其在实践中不断增强把思想政治认识转换为行为的能力。高校思想政治理论课实践教学有利于培养大学生的创新精神和实践能力，有利于提高学生观察社会现象、分析问题与解决问题的工作能力和写作能力。

3. 素质目标：实践教学的价值目标

人的全面发展是一个不断提高、不断完善的漫长的历史过程，这个过程与人类的实践活动息息相关。对高等教育而言，培养健全人格与发展"一技之长"同样重要。高校思想政治理论课的根本任务就是培养学生良好的思想道德素质，为其全面发展提供精神动力和价值导向。大学生既要学会做事，又要学会做人；既要打开视野、丰富知识，又要培养创新精神、提高创新能力；既要发展观察力、思维力等智力因素，又要发展兴趣、情感和性格等人格因素。实践教学是大学生全面发展的决定性因素，是大学生自我发展、自我完善的重要途径。通过实践教学，了解社会与国情，有助于加深对基本理论的认识，决定正确的政治方向；通过探究现实中的社会问题，并运用所学理论提出解决问题的办法，有助于大学生在探究过程中坚定理想信念，明辨是非善恶，不断完善自我，达到养浩然之气、树健康人格之目的；通过了解社会对知识和人才的需求，看到自身知识与能力的缺陷，增强发奋学习、提高能力的责任感。引导学生参加社会实践活动，正是抓住了学生的"兴奋点"，让他们在"起作用"中"受教育"，在"做贡献"中"长才干"，这本身既是思想政治教育的好形式，又是培养人才的重要途径。

二、高校思想政治理论课实践教学的路径选择

高校思想政治理论课实践教学要求关注大学生的思想特点和成才需求，贴近生活、贴近实际、贴近学生。因此，把课堂教学内容与大学生的现实生活紧密结合起来，是设计和开展高校思想政治理论课实践教学的基本途径。

1.“了解历史、感受现实、激发斗志、增强责任”的感受型实践教学

感受型实践教学是让大学生在接触社会中得到具体而深刻的感受。组织大学生进行感受型实践教学，必须结合大学生实际采取多种形式：一是组织大学生到成功企业、社会主义新农村进行参观考察，用强有力的事实加深大学生对党的现行路线方针政策的理解，增强大学生同党中央保持一致的自觉性，增强大学生的社会责任感。二是开展以祖国山河为对象的考察。以悠久的历史、富饶的资源和美丽的山河等为题，通过考察使大学生了解中华民族灿烂的文化，增强民族自豪感。三是开展对学校及周边革命前辈、英雄人物的走访活动。通过学习其优秀事迹，了解其思想境界，激励大学生立志干好平凡工作，为祖国、为人民奉献青春。四是结合专业进行参观考察。通过考察了解本专业在社会上的需求程度以及在社会主义建设中的地位和作用，从而调动大学生学好专业知识的积极性，为更好地成才打下基础。

2.“立足校园、走向社会、接触实践、增长才干”的体验型实践教学

体验型实践教学是让大学生在参与实践中获得直接体验，具体包括：一是社会调查。“没有调查就没有发言权”，这是毛泽东主席的名言。结合课堂教学内容，针对一些社会热点难点问题，组织学生开展小型专题调研，比如，组织“大学生消费状况调查”“关于某一弱势群体生活状况调查”“大学生诚信状况调查”与“社会主义新农村建设调查”等，学生可以在参与调查中深入生活，了解社会，增长见识，从而明确自己肩负的社会责任。二是科技、文化、卫生“三下乡”“四进社区”活动。在实践中，大学生充分发挥自身的知识技能优势，通过科技扶助、企业帮扶、文化宣传、医疗服务、法律普及、支教扫盲、环境保护等多种实践活动，既体察民情、了解社会，又可锻炼、提高自身的各种能力。三是社会服务。学生利用周末或课余时间走向社会，从事各种志愿服务活动。常见的有街头宣传、便民服务、咨询服务与医疗服务等。社会服务有利于学生与社会接触经常化，培养助人为乐精神。四是勤工俭学活动。学生利用课余时间参加体力或智力活动获得一定劳动报酬，这有利于培养学生的自强自立精神，有利于学生树立参与意识、锻炼工作能力。

3.“结合专业、学以致用、服务社会、锻炼能力”的运用拓展型实践教学

运用拓展型实践教学是引导学生把理论认知转化为实践行为。高校思想

政治理论课的教学，只有通过个人的躬身实践，才能内化为德性，外化为自觉的行动。设计和组织运用拓展型实践教学，必须立足现在，着眼长远，具体包括：一是课外科技活动和创业活动。课外科技活动是一个充分发挥大学生主动性、创造性的领域，大学生利用课余时间参加一些科技活动，为企事业单位解决技术难题或管理问题；从事小发明、小革新、小制作等创造性活动。二是专业实习。专业实习对于培养大学生虚心向经验丰富、技能高超的专业人员学习的优良作风，对于提高运用所学理论知识分析问题、解决问题的能力意义重大。高校思想政治理论课实践教学应该拓展自己的实践领域，与专业学习相结合，充分发挥思想政治教育的合力作用。三是专业性社会实践。专业性社会实践是指大学生集中一段时间到专业对口单位跟班实践。由于实践时间长，又是以普通工作者身份工作，对国情民情了解得更全面、更深入，而角色的变化又有效增强了学生的社会责任感，较长的工作时间也为发挥学生的业务专长提供了广阔舞台。四是课外创业活动。虽然上大学期间将创业计划付诸行动的学生只是极少数，但是大学生个人或团队利用课余时间制定创业计划并付诸实施对于培养学生的开拓创新精神、创业精神、团队意识等有很大的帮助。

三、构建高校思想政治理论课实践教学的长效机制

从思想政治教育的改革趋势来看，教育模式正在由空洞的说教转向人类的社会实践，从课堂转向现实生活，从知识传授转向社会活动。实践教学是高校思想政治理论课教学的内在要求，实践教学与课堂教学如鸟之双翼，车之双轮，相辅相成，缺一不可。实践教学只能加强，不能削弱。由于实践教学涉及面比较广，需要精心组织和周密安排，需要人力、物力、财力的投入和支持，才能富有成效。

1.课程建设是制度保证

实践教学是西方国家在倡导实用主义和行为主义教育哲学而产生的一种教学模式，今天已被大多数国家正式纳入到理工农医类学科的教学中，人文社科类教学也引入实践教学方法。国外注重从哲学、教育学、心理学、社会学、行为科学等各个方面对道德教育的内容、方法与效果进行学术研究，产生了许多交叉学科和理论派别。学科化的研究给实践教学以有力的指导，极大地提高了其实效性。目前，我国思想政治教育的学科化刚刚起步，思想政治理论课的实践教学更是如此。高校思想政治理论课课堂教学使用全国统编教材与教学大纲，而实践教学则没有统一标准，没有制度的依据。课程建设是构建高校思想政治理论课实践教学长效机制的制度保证，主要包括实践教学大纲、教材、

教学学时学分、考核方法等。将高校思想政治理论课实践教学纳入到正常的课程学习之中，针对不同年级的大学生制定相应的计划，实施严格的学分管理制，从而保证高校思想政治理论课实践教学活动的顺利开展。

2.协同管理体制是组织保证

根据实践教学的特性，把高校思想政治理论课实践教学纳入教学管理和学生工作管理的双重轨道，力争形成主管领导亲自抓，各相关职能部门齐抓共管的工作格局，为实践教学的顺利开展提供强有力的组织保证。

第一，校领导负责制。成立由主管校领导牵头，成员包括实践教学所涉及的团委、学生处、教务处与宣传部等有关部门负责同志，共同组成实践教学领导小组。领导小组应明确组织机构及职责范围，对社会实践进行总体规划、统筹安排，协调各部门的工作，加强科学指导和监督，及时解决社会实践活动中出现的经费保障等问题，促使社会实践的健康有序发展。

第二，形成明确的协作机制。高校思想政治理论课实践教学不单是教师或学生的任务，高校相关部门应共同安排实践教学的内容、经费，明确教学要求和考核标准，力求做到真实公正。相关部门应有明确分工：教务处负责将实践教学列入教学计划，进行课程设计与建设；团委或学生处负责提供学生实践教学的条件；财务部门应该给予一定的物质支持；等等。

第三，构建广泛的社会支持体系。高校加强大学生社会实践的宣传力度，利用报刊、广播、电视、互联网等新闻媒体，深入宣传报道大学生社会实践，扩大学生社会实践的社会影响力，为大学生社会实践营造良好的氛围。同时鼓励支持社会各方面接纳大学生社会实践，为大学生社会实践创造有利的条件。

3.基地建设是载体保证

实践教学离不开丰富的教学资源的支撑，实践基地是联系学生与社会的中介和平台。高校思想政治理论课实践教学要求基地类型多样，能够满足不同目的实践教学的需要。建立和拓宽实践教学领域，要实现“四个结合”：固定实践教学基地与随机实践教学活动场所相结合；校内实践教学活动与校外实践活动相结合；学生直接实践活动与间接实践活动相结合；思想政治理论课实践教学与学校现有各类教育活动（暑期社会实践、校园文化建设、社团活动）等相结合。参照产学研一体化的模式，高校可与有关单位建立长期合作、互利互惠的关系，比如，企业可作为学校思想政治理论课实践教学基地、毕业实习基地等，而学校负责为企业提供科技服务，为企业培养和输送人才。

4.科学评价机制是指挥棒

教学评价理念和方法对教学过程的开展以及教学实效的取得都具有重要的导向和促进作用。将实践教学环节列入教学评估体系之中，是实现实践教学目标的重要保证。为了抓落实,实践教学要有检查、有总结、有激励。第一,制定实践教学具体的量化评价标准,具体包括:学校重视程度;实践教学学时与经费的保证;实践教学调动学生学习自主性、能动性与创造性的程度;学生对实践教学的评价等。在给定实践成绩时,应深入检查情况,了解学生实践活动的实际效果,采用定性和定量相结合方法评价实践教学的成绩。第二,建立切实的激励机制。实践教学对于培养学生的综合素质与创新意识意义重大,这就须将实践教学纳入教学计划和大学生素质拓展计划中,以督促和激励大学生积极参与实践教学,树立良好的学风。同时,根据考核标准分别对指导老师与学生采取分等级的奖励措施,提供有激励性的奖励政策。

参考文献

[1] 普通高校思想政治理论课文献选编(1949—2006)[M]. 北京:中国人民大学出版社,2007.

[2] 周长春. 新形势下大学生思想政治教育探索[M]. 北京:北京工业大学出版社,2005.

[3] 王小云,王辉. 大学生社会实践概论[M]. 北京:中国经济出版社,2005.

[4] 冯艾,范冰. 大学生社会实践导读[M]. 北京:社会科学文献出版社,2005.

新媒体环境下
高校红色网站建设的几点思考

陈仲昌　陆佩华

一、红色网站是大学网络文化建设的重要阵地

网络文化作为一种新兴文化，正处于蓬勃发展时期，其开放性、自由性、共享性的特点，决定了对它的建设和管理是一项崭新的课题。就大学而言，网络文化是全校师生员工共同参与网络，利用网络的一种文化形态，是校园文化重要的有机组成部分，它具有文化的一般特征，文化的传播功能和教育功能在新技术下得到更好体现。这就要求大学一定要建设好一批融思想性、知识性、趣味性、服务性于一体，紧贴学生思想、生活实际，符合健康向上的校园文化主流的，有影响力和生命力的主题教育网站——也就是通常意义上讲的“红色网站”，并利用这个平台积极开展生动活泼的网络思想政治教育活动，形成网上网下思想政治教育的合力。

红色网站是大学网络文化建设的重要阵地。要发挥网络文化在人才培养中的积极作用，首先要加强阵地建设，并且规范管理，以丰富网络文化资源保证正确的发展方向。红色网站建设是大学网络文化建设的重要部分，在大学网络文化体系中占据“阵地”作用，建设什么样的红色网站，怎样建设好红色网站，关系到引导师生科学上网、文明上网，并从中受教育的实际效果，更关系到高校网络文化的繁荣发展。

大学网络文化建设是一个不断探索、不断实践的过程。近年来，国内一些高校在利用网络开展思想政治教育方面做了积极的探索和尝试，取得了丰硕的成果，也涌现了一批师生喜闻乐见的在全校乃至全教育系统有一定影响力的红色网站。

二、新媒体环境对红色网站建设提出了新的要求

新媒体技术的出现，对红色网站建设提出了新的要求。互联网的互动、手机与互联网的互动，以及互联网络、手机网络、电视网络三网融合等形成的新媒体环境，和依托数字技术、互联网络技术、移动通信技术等为代表的新技术

对当代大学生的思维模式、语言特点、行为方式、心理意识等方面产生了重大影响，人们的阅读、学习习惯已经发生很大的转变，过去人们读书、看报的时间，现在已经大量转移到网络上。最新的抽样调查显示，每天上网 2～3 个小时的学生占到近 70%，上网已经成为大学生生活的重要部分，如果不以积极的态度用社会主义先进文化占领这块阵地，那么颓废、庸俗的落后和反动文化就会乘虚而入。大学生对红色网站的需求在增加，对红色网站的质量和品位要求也在增加。

网络为人们提供了消遣娱乐的平台，娱乐、游戏成为一些人上网的主要目的，文化的娱乐功能在网上得到加强，而文化的教育、引导功能则被弱化。建设一个大学生喜闻乐见的红色网站并非易事。传统思想政治教育采用的都是单项和群体性的教育模式，学生被动接受信息，互联网的无中心化和交互性彻底扭转了这一局面。红色必须突破传统思政教育网站“说教式”的教育模式，坚持网络思想政治工作形式创新，结合大学生学习和生活需要，扩大信息交互与共享，有效整合所在高校的优势资源，注重服务、交流与沟通，使师生在参与网络生活的过程中自然而然地受到教育，而不是简单的说教。

新媒体技术对大学网络文化建设来说既是机遇也是挑战。新媒体具有信息容量大、资源丰富、传输快捷和交互性强、覆盖面广、形式多元等优势，高校可以借助新媒体，挖掘大量、丰富的资源，也可以通过新媒体技术大规模地、主动地、快速地传播积极、健康的思想，为大学生思想政治教育提供崭新的、空前广阔的理论与实践平台。面对新形势，大学红色网站如何在总结以往成功经验的基础上，与时俱进，在新媒体环境下实现华丽变身，是校园网络文化建设中不可忽视的问题。

三、红色网站建设的几点思考

在当前“泛娱乐化”倾向严重的网络大环境中，在技术流突出的新媒体环境中，大学红色网站要保持特色并发挥育人功能，就需要在运营模式上下工夫。为此，笔者结合多年高校网络文化建设经验，提出以下几点思考。

1. 红色网站要坚持“红色”定位，注重内容建设

大学红色网站要保证“公益性网站”的定位，这一点是毋庸置疑的，但也要避免建成形式死板的“部门工作网站”。公益网站和商业网站不同，在商业利益驱动下，一些行业操守不强的商业网站，利用青少年自制能力差、好奇心强的特点，提供容易使人沉迷的内容，或传播暴力甚至淫秽信息，以吸引用户从而实现经济收益。而公益性网站则是以文化育人为目标，如果偏离了这个目标而去涉足商业模式，很有可能迅速走上“泛娱乐化”的道路，与良性发展的渐

行渐远，也发挥不了应有的作用。在保证网站公益性的前提下，靠什么模式来吸引用户呢？答案是明确的：内容建设。

任何网站，归根结底都是在为其受众提供各种内容或服务的，“内容为王”已经成为各类网站建设的共识，没有内容的网站是没有价值、没有生命力的。这里所说的“内容”，不仅是网站所能提供的具有自身特点和优势的各类资讯和资源类信息，还包括网站所提供的各种形式的服务以及策划的面向广大大学生的丰富多彩的群体参与度高的一系列活动。重视内容和资源建设，关系到大学生爱不爱上你的网站，关系到红色网站“服务”的质量，关系到网站“共享、共用”的效果，关系到红色网站的育人效果，关系到红色网站的生命力。

2. 红色网站要坚守文化阵地，注重品牌建设

品牌建设是网络文化传承的客观要求，也是红色网站保持长久生命力的基础。一个网站，特别是公益性网站，要想形成一定的影响力，就必须要有自己的“产品”，提供“特色”的服务。大学生对网站或网站提供的服务的认知度与认可度如何，或者网站提供的服务是否能让大家接受并深入人心，体现在传播学理论上，就是品牌。红色网站应注重品牌建设，让网络文化对大学生的影响深入人心。由于定位和所服务的受众群体不同，不同的红色网站可能各具特色，但都必须形成具有自己的文化特色或者地域特色的品牌，拥有一个或者多个大学生喜闻乐见的品牌栏目或者品牌服务。这样，学生在使用网站或参与网站活动的时候很容易找到归属感和信任感，有助于红色网站发挥文化育人功能。

3. 红色网站要以活动为载体，形成有效的网上网下互动

大学网络文化建设归根结底在于大学师生的参与和互动，没有人的参与，网络文化就只剩下一具技术躯壳。这种参与和互动是信息传播的需要，也是人与人交流与沟通的需要。人人网等 SNS 网站之所以能够在短时间内脱颖而出，并很快聚拢了一大批忠实用户，正是体现了人们对交流与沟通的需求。在红色网站建设中，在传统的思想政治教育内容网络化的同时，也要特别注意网上和网下的互动，比如博客类的网站可以结合形势教育开展主题博客大赛等。基于红色网站策划并实施的各种服务和各项活动是非常有效的引导手段，大学生在使用网站和参与网站活动过程中，网络伦理道德和互联网法规遵守等方面都得到历练。大学生在参与网络、使用网络的过程中受教育，而不是被动地接受，是发挥大学网络文化育人作用的重要手段。

4. 红色网站要把握技术潮流，注重用户体验

互联网时代的大学生接触外界的事物非常多，思维也很活跃，已经不再是很多年前描述的“象牙塔”里不闻世事的懵懂青少年了。他们不但追赶潮流，

迎着潮流，而且更是新潮流的引领者。这些人既是将来新技术的创造者，也是今天新技术的前端体验者。网络文化是基于互联网技术而生的，从“大学生思政教育进网络”到“大学网络文化建设”，正是体现了技术的发展。在新媒体环境下，红色网站建设不能仅局限在展示内容的多样化（图文、音频、视频），也要体现展示方式的多样化（博客、播客、微博），更要紧跟技术潮流，注重用户体验多样化（RSS、手机 wap 支持、多终端访问），这是技术发展的必然趋势，也是红色网站得以广泛应用并实现可持续发展的客观要求。紧跟技术潮流的用户体验，是红色网站吸引大学生参与的有效手段之一。

四、结束语

红色网站是思想政治教育的舆论阵地、学习阵地、生活娱乐阵地，高等院校要主动适应新媒体环境，在加强资源建设、管理队伍建设的基础上，充分利用新媒体技术，着重从内容、品牌和服务形式等方面建好一批红色网站，不断丰富思想政治教育的新方法、新途径，以满足不同形式、不同阶段、不同群体条件下开展思想政治教育的需要，增强校园网络文化的吸引力、感染力。

参考文献

[1] 连玉明，武建忠. 网络新政[M]. 北京：中国时代经济出版社，2009.

[2] 中国互联网络发展状况统计报告[R]. 北京：中国互联网络信息中心，2009.

[3] 张爱华，王振刚. 高校德育工作如何应对新媒体环境及技术的挑战[N]. 天津日报，2010-01-11(9).

[4] 胡锦涛. 高举中国特色社会主义伟大旗帜，为夺取全面建设小康社会新胜利而奋斗——在中国共产党第十七次全国代表大会上的报告[M]. 北京：人民出版社，2007.

[5] 李小聪，黄迪民. 充分利用校园网络平台，不断创新大学生思想政治教育[J]. 今传媒，2010(4).

新校区校园文化建设的问题及对策

张淑华

一、引言

随着前几年高校规模的扩大，不少高校建立了新校区。但是，这些新校区一般位于远离老校区的城郊地带，缺乏任何地理上的人文背景和文化遗产，造成了新校区建设初期和一段时间内校园文化的匮乏以及与老校区校园文化的不对称性。如何构建高品质的新校区校园文化，是高校新校区面临的一个重大的人文课题。

高校校园文化是一种亚文化，它是社会文化的有机构成部分，是学校为实现教育目标，在校内形成的有关教学及其他一切活动的价值观念及行为形态，是教学实践过程中所创造的物质财富和精神财富的总和。它以大学校园环境和教学设施等为物质基础，以师生特有的思想观念、心理素质、价值取向和思维方式为核心，以具有大学校园特色的人际关系、行为方式以及报刊、讲座、社团和沙龙等文化活动为表征。高校校园文化由物质文化、制度文化、行为文化和精神文化等四个层面组成。其中物质文化主要是指校园物质环境，包括大学校园的地域环境、校园规划布局、建筑风格、标志性建筑、园林绿化环境、人文景点等；制度文化主要是指各项校纪校规、道德规范与行为准则、人际交往活动的方式；行为文化主要指师生员工的行为习惯、生活方式、各类群体和社团的活动以及在此基础上表现出的校风、班风、学风等；精神文化主要是指师生的世界观、人生观、价值观和审美情趣等。

高校校园文化建设不仅影响着高校自身的发展，同时对当代大学生的未来也起着重要的作用，因而建设和谐的校园文化既是新时期高校培养人才的需要，同时也是高校自身发展的需要。国家教育部、共青团中央颁发的《关于加强和改进高等学校校园文化建设的意见》中明确指出："高等学校校园文化建设是社会主义先进文化的重要组成部分。加强校园文化建设对于推进高等教育的改革发展、加强大学生的思想政治教育、全面提高大学生综合素质，具有十分的重要意义。"

二、新校区校园文化存在的问题及原因

1. 新校区校园物质文化缺乏精神文化内涵

与老校区相比，高校新校区在硬件设施建设方面都更为优越和完善。很多新校区兴建了现代化的功能完备的教学楼、实验室、图书馆、体育馆等教学设施，校园空间设计合理，布局得当，建筑物实用美观；同时各种生活配套设施完善，超市、餐厅、书店、文具、服装、通信、银行等应有尽有，学生足不出校就能满足基本的生活需求；并且也注意营造了一定的绿化园林景观。但是，由于新校区建设的时间短，没有浓荫蔽日的参天大树，缺少历史的厚重感。很多新校区就在人造景观上下工夫，出现了一些盲目模仿知名大学建筑风格和景观的现象。有些新校区在楼宇、道路命名方面，不是用A,B,C,D等英文字母来标识，就是用1,2,3,4等阿拉伯数字来区分；道路命名也杂乱随意、无统一规则，既体现不出这些设施的教育功能，也体现不出学校的特色、内涵及优良传统，校园物质环境人文氛围淡薄。

2. 新老校区校园文化传承出现断层

由于新校区的建设是逐步展开的，在新校区的规划和建设中，往往优先考虑教学需要和学生宿舍，教师科研用房和教职工宿舍或列入二期工程，或许就没有考虑。再加上新校区地处郊区，生活不便，即使有教职工宿舍，也少有教师常住。因此，教师上课则乘校车来新校区，下课就离开，基本不在新校区逗留。平时常驻新校区人员只有辅导员和部分管理者，学生在课余时间难得有机会与教师接触交流。因此，教师的道德风范、人格魅力、治学态度对新校区学生产生的作用有限，从而影响了校园文化的传承。

再者，在新老校区的教学功能区域划分上，目前绝大部分高校都采用这样两种形式：一种是按照专业和系别划分，将便于搬迁的一些院系、专业率先整体搬迁到新校区；第二种是按年级布局，将大一、大二低年级的所有专业学生安排到新校区，原校区只保留高年级以及研究生教育。前一种专业布局方式加大了新老校区的学科差异，不利于学科的充分交叉和渗透。长此以往，将造成新老校区间文化的较大差异，稀释整体文化特征。后一种布局方式使低年级学生不能得到高年级学长的“传、帮、带”，造成人文环境自然传续纽带的断裂，不利于人文环境的积淀和传承。

3. 新校区校园文化建设缺乏开放性

大学是一个培养人才的组织，同时又是社会的一个细胞，必须让学生走向社会、参与社会，从社会中学习、到社会中锻炼，这样，学校培养出的人才才能适应社会的需要和发展。校园文化建设并不是仅仅限于在校内的文化活动，

参与对外交流、参加社会实践，这也是校园文化建设的一个重要环节。然而新校区因地处城郊偏僻地带，交通不便，信息闭塞，不利于对外交流，很少能与外校学生一起探讨问题(地处大学城的高校除外)，校园文化在空间拓展上受到限制，致使新校区校园文化建设过于封闭。同时，新校区勤工助学的岗位也不多，学生无法在课余时间多接触社会，失去了一些走出校门的锻炼机会，对其今后走入并了解社会产生了不利影响；很多学生甚至感觉到新校区的生活像是高中生活的延续，客观上不利于学生产生对于新校区校园文化的认同感。

三、新校区校园文化对策

1. 将校园景观文化与地域文化相结合，体现学校人文内涵和精神文化

苏霍姆林斯基说："要使学校的每一面墙壁都发出教育的声音。"(苏霍姆林斯基.给老师的100条建议.杜殿坤，译.北京：教育科学出版社，1999.)良好的校园文化环境，具有催人奋发向上、积极进取、开拓创新的教育力量。它可以使师生员工教有其所、学有其所、乐有其所，在求知、求美和求乐的过程中受到潜移默化的启迪和教育。

地域文化是指校园所在地的历史背景、风俗人情和山水意境。大学校园物质文化是校园精神文化的物质基础和外部表现形态，因此若能充分利用周边环境，将地域文化与新校区的外在物质文化结合起来，则可于无声处感染和熏陶师生。这方面处理较好的新校区有重庆大学虎溪校区和厦门大学漳州校区，这两座新校区依山借水，巧妙地将自然山、水融于校园环境之中，创造出独具特色的、山水相依的校园空间。这种规划取"仁者乐山、智者乐水"之意，以山水喻师生的品德。南京师范大学新校区因山就势，将图书馆建设为一个打开的书本式样，而后山上高高的瞭望塔被塑造成一支冲天的擎天笔，使师生产生勇攀书山、凌云健笔之豪情壮志。还有些大学更是考虑到了将校园的物质文化与周边文化环境有机地融为一体，比如安徽大学罄苑校区在建筑色调运用方面，主要采用徽派文化中典型的灰白相间色，注意学校建筑风格与皖派文化的呼应；浙江工业大学屏峰新校区地处杭州市西湖区，学校充分挖掘这一得天独厚的地缘背景，将所有的校园小路按照"西湖十景"来命名，如曲院风荷路，三潭印月路等，并把这些景点的缩影和典故刻在路碑上，走遍校园后，便浏览了杭州的"西湖十景"；上海大学新校区食堂命名为益新楼、尔美楼、山明楼、水秀楼，第一个字分别取上海话一、二、三、四的谐音，具有鲜明的海派文化色彩。

每所大学都有自己的办学理念和历史，有其独特的文化渊源，因此，新校区应该有一些能承载学校历史、传统或办学理念的艺术景观或标志性建筑。

这方面的成功例证如上海交通大学闵行校区“人”字形门景，它象征着学校“张开双臂，迎接四方学子”，体现了学校对人的尊重，意味着只有融千百万个人之力量才能实现全人类的梦想，同时还预示了交大学子是国家未来的栋梁之材，来日必将如大鹏般展翅飞向社会。厦门大学芙蓉湖区在湖心岛上设置厦门大学“世纪的嘱托——陈嘉庚与学生”组雕，也与周边整个“嘉庚式”建筑、湖水、绿化环境融为一体，体现了厦门大学“自强不息，止于至善”校训精神。山东大学南外环新区，树立着一座“山东大学星”的雕塑，是为了纪念国家天文台在山东大学校庆日发现的国际永久编号为 29467 号并命名为“山东大学星”的一颗小行星，激励师生献身科学，以母校为荣。这些景观或建筑校园雕塑成为校园文化物化的精神载体，紧密地与各高校的历史文化相联系，反映了学校特定的价值观和审美取向，树立了良好的高校个性形象，对于建设各校独特的校园文化有着积极的意义。同时，结合学校的历史、人文、自然环境对新校区的楼宇、道路、湖泊等进行有系统的命名，营造良好的育人氛围，既使新校区环境格调雅致有序，显示出深厚的人文底蕴，又与学校特有的地理位置有关，体现出鲜明的校园文化特色。比如陕西师范大学的楼宇分别命名为思齐厅、归人堂、格物楼、上林馆、终南厅、香积道等，显示了周秦汉唐文化熏染下的儒家文化精神。

总之，精神文化建设隐含在物质文化建设中，它是校园文化建设中实质性的组成部分，是校园文化存在的价值和意义。离开了校园精神文化建设，单纯的物质文化建设就失去了文化建设的意义。高校校园文化建设的根本目的是通过一定的物质环境和精神气氛，使生活在其中的每个成员都有意无意地在思想观念、心理因素、行为准则、价值取向等方面与现实文化发生认同，从而实现对人的精神、心灵、性格的塑造。

2. 发挥校园文化建设中各主体力量的作用

新校区校园文化建设是一项复杂的系统工程，既包括显性的物质文化建设，又包括隐形的精神文化建设，还包括介于其中的制度文化建设和行为文化建设，因此，不是单个的人或某些群体所能完成的，它需要校园里每个人的共同参与。更何况，在没有历史积淀的新校区进行校园文化建设，注定要经过数代大学人的努力。曾经在该校园里生活过或正生活在这个校园里的每一个师生员工都是校园文化建设的主体。在加强新校区校园文化建设中，一定要重视全方位、全员和全程育人；以学生为主体，以教师为主导。只有依靠学校各级管理人员、教师、学生三者的有机结合，才能营造出良好的校园文化环境。

学校党领导班子在校园文化建设中起着至关重要的作用。领导班子是大学的灵魂和神经中枢，其理念不仅影响着整个管理风格，也影响着学校的发展方向，决定着学校的主要基调；而且校园里的人文景观、治学风气、民主氛围、校风、学风等都无不受这种基调的影响。因此，领导班子对新校区的未来发展要有持续性的战略思考，对新校区的校园文化建设要有足够的重视。当年蔡元培在北大坚持的“学术自由、兼容并包”的方针，今日杨叔子在华中理工大学提倡“通识教育”的理念，这些都成为了其校园文化的核心，也逐步成为他们各自独特的大学传统。

高校教师的职责是文化创新、传承新知和教书育人，大学教师通过研究和教学活动使他们自身的知识结构不断更新和变化，使他们有能力对学生进行知识创新的示范和启蒙，启发和帮助学生以积极、开放、创新的观念和方法对待科学研究和知识发展，使大学校园成为多种文化和知识的交汇处，促使新的文化得以形成和发展。教师开展的教学科研活动，是学校提炼实践经验、创新教学方法、升华思想理论、弘扬科学精神和人文追求的主要实践活动，又可带动学校其他活动的开展，因而是校园文化建设的主要途径和载体。因此，教师是校园文化主要的创造者、继承者和传播者。教师要充分认识到自己在大学文化建设方面的重要性，通过多种方式在课堂之外对大学文化塑造做出积极贡献。同时学校应该加快新校区教师公寓和家属楼的建设，解决教师在新校区的常住问题，以便使学生可以经常性地与教师进行交流。可以通过设立研究生兼职班主任，教授任班级导师等各种切实可行的制度，强化老校区和新校区之间的沟通网络，通过制度的创新来缩小新老校区之间的空间距离，实现新老校区间校园文化的双向互动。可以建立教师志愿者队伍服务新校区学生，营造和谐的文化氛围。

校园文化的实质是实现学校教育目标，服务于人的全面发展，因此学生是校园文化建设的主体力量。一代一代“流水般”的学生不仅把清新的气息带入了校园，同时又将大学的文化和传统扩展到社会，学生维系和延续着大学的传统和文化。由于新校区的偏僻与交通不便，学生们的课余生活比老校区贫乏得多，这就要求学校根据学生的兴趣爱好和特点，组织丰富多彩的活动，给学生一个展现自我的平台，促使学生最大限度地发挥自己的创造力和想象力，培养学生的合作互助精神，提高学生的整体素质，增强学生在新校区中的归属感。重视学生会和学生社团在新校区校园文化建设中的重要的作用，设立专门的机构来负责指导校园文化活动的组织开展，建立完善的校园文化建设规划。通过参与多种多样的活动，学生的激情、智慧、勇气和进取给学校带来了青春的活力，激活了校园文化，同时也可以消除“教与被教”“管与被管”的隔阂，实现学生与教师以及整个学校环境的平等民主和良性互动。

3. 充分利用网络资源，建设数字校园，推动新校区校园文化发展

为了克服新老校区之间因距离而给各项活动造成的不便，建设数字化校园、开发网络资源是有效的解决方法。基于校园网络平台，利用先进的信息化手段和工具，将现实校园的各项资源数字化，形成一个数字空间，从而实现教学、科研、管理和服务的自动化、现代化。同时可利用网络来构建校园文化活动空间，加强新老校区在文化建设方面的联系，加强与其他高校在校园文化活动上的合作，克服因距离产生的校园文化活动缺乏开放性的问题。

但是需要警惕网络在给我们带来便捷的同时，随之带来的负面影响。教育学生抵制网络中的不健康内容，避免学生沉溺于网络游戏不能自拔。对于那些生活在新校区课余生活较单调的学生来说，网络的这些负面影响尤甚。因此在营造校园网络文化时要认真分析学生的内在需求，不断吸收、创造和筛选反映时代特征的新知识、新思维、新观念、新精神，创建融思想性、知识性、趣味性、服务性于一体的校园网站，更好地为广大师生的学习、生活提供服务，弘扬校园文化的主旋律。虚拟的数字化校园建设方案要与现实的校园文化形成一个互补的系统，使新校区建设更加规范有序，管理更加稳定高效。

4. 注重校园文化的社会辐射作用

由于大多数新校区都位于城郊或偏僻的农村，受到城市文化的影响和辐射较弱，学生接受城市文化的影响较少，而周边落后的城郊负面文化可能在一定程度上对学生有所影响，这些不能不说是校园文化在表层形态上的不足和遗憾。然而，我们可以将新校区的周边看成一个社会实践的场所，看成大学生了解接触社会的一部分，并尝试通过有目的、有计划地深入社会现实，参与具体生产实践和社会生活，观察社会、了解社会、分析社会，进一步延伸对社会问题的思考，为日后踏入社会积累经验。同时，以社团或学生会为载体，既可以从技术、管理等方面对其进行援助，也可以从文化教育方面对其进行帮助，注意排除社会消极因素的影响，改造周边文化中那些负面的因素，形成能够鉴别良莠、吐故纳新的强有力机制。发挥校园文化强大的渗透力和辐射力，把优秀的校园文化建设进一步推向社会，带动整个社会文化向更高层次发展。

参考文献

[1] 缪克明，高树军. 大学新校区校园文化的建构[J]. 教育创新，2005(10).

[2] 张丹，赵正洲. 大学新校区校园文化建设面临的问题及其对策[J]. 华中农业大学学报：哲社版，2008(5).

[3]　姚福校.大学新校区校园文化建设创新思考[J].创新论坛,2006(3).
[4]　林则田.高校校园文化建设的思考[J].教育与职业,2007(3).
[5]　黎伟,薛春艳.新校区校园文化建设对大学生社会化的影响及其对策分析[J].武汉科技大学学报:社会科学版,2008(12).

基于创新型人才培养的高校学生党建工作体系研究

刘小军

高等学校承担着培养社会主义建设者和可靠接班人的重要责任，培养更多的创新型人才是义不容辞的使命。高校学生党建是高等学校人才培养的重要内容与方式，在创新型人才培养中发挥着非常重要的引领作用，在实行大众化高等教育的同时重视创新型人才的培养，就显得尤为重要。

一、高校学生党建在创新型人才培养中的作用

1. 在学生培养中起“龙头”作用

高校学生党建在学生培养教育中担当着“龙头”作用，直接牵引着学生的思想教育、课程教学、日常管理、就业规划等各项工作，必然要在人才培养方面发挥引领的角色。学生党建作为学生工作的龙头，把握着学生管理与教育中涉及的各项工作的政治方向，从而使各方面的工作尤其是培养学生成材方向上符合党和国家人才培养的政策要求。

2. 在学生工作中起“保证和监督”作用

高校学生党建在本单位各项工作中起“保证和监督”的作用。它是通过学生党组织深入细致的思想工作，保证全体学生在党和国家的重大政策、重要时期以及学校改革发展重要工作中，能够引领学生坚定立场、增强信心、坚持原则，遵照国家与学校的要求，确保向正确的工作方面前进，在思想上同学校发展目标和人才培养目标保持一致，使国家的人才培养路线、方针政策在学生培养工作中得以体现。

3. 在学生管理中起“协调与服务”作用

学生党建主要是通过学生党组织来协调学院与其他学生管理口（或领导班子）内部的各种关系，协调学生管理工作中教师和广大学生之间的关系，为学生工作中的人才培养、素质提高等工作积极服务，为教师更好落实教育工作服务，这种协调与服务作用是其他组织所无法替代的，也是学生党建发挥实效性本身的一种政治优势。

二、高校学生党建工作中影响人才培养质量的因素

随着国内外形势的变化和高校管理体制改革的推进，作为高校中思维活跃的大学生，他们的思想观念、行为方式、成才目标、价值取向在激荡中发生了多样的变化，新的形势变化对学生党建如何培养创新型人才产生着深刻的影响。主要有以下几个方面：

1. 经济全球化负面影响加重了学生党建工作的难度

目前，经济全球化已成为一个不能回避的客观事实，经济全球化为发展中国家实现跨越式发展提供了难得的机遇，但也存在严峻形势。某些西方国家利用他们在经济全球化过程中的主导地位，全力推行"蚕食""同化"战略，千方百计地影响我国国民，尤其是年轻大学生，这些急剧地冲击着部分大学生的思想意识，动摇着其信念、理想。随着我国的改革开放，很多大学生的"人才不如钱财"思潮愈加涌动，给大学人才培养增加了难度。

2. 学生党建在创新型人才培养中的作用有待正确认识

"党管人才"。党组织在当前非常重要的历史使命是"以人为本""人才强国"。很多高校的学生党建没有围绕人才培养工作展开。一些高校在党建与人才培养关系中存在着两种片面的认识：一种观点认为党建工作就是对学生进行思想政治教育，让他们了解国内外形势，追求党建表面效果，对人才培养影响力不够深入与彻底。另一种是在党建工作中，过多地地凸显人才培养中的科研能力培养，忽略了人才培养中的"品德"的灵魂作用，没有把培养又红又专的人才作为人才目标，"只专不红"。

3. 学生党建的队伍建设还有待进一步加强

"学高为师"。作为培养创新型人才的高校，要有一支思想观念与时俱进、工作能力强的师资队伍。但是部分学校还存在思想不能及时跟进、对承担的重任认识不足，不能主动开创工作，难以发挥学生党建在人才培养中的积极作用。有的高校学生党建存在优秀的党务工作人员选配难、稳定难的现象，有的高校未能对党建工作人员的待遇（如聘岗、职务晋升等）进行明确肯定或适当倾斜，致使有的老师对个人业务与党建工作存在"先己后公"的现象，直接影响创新人才培养质量。

三、改进高校学生党建在培养创新型人才中效用的对策

为增进高校学生党建培养创新型人才工作的实效性，应建立新形势下的高校学生党建工作体系，具体体现为"四个确保"，如图 1 所示。

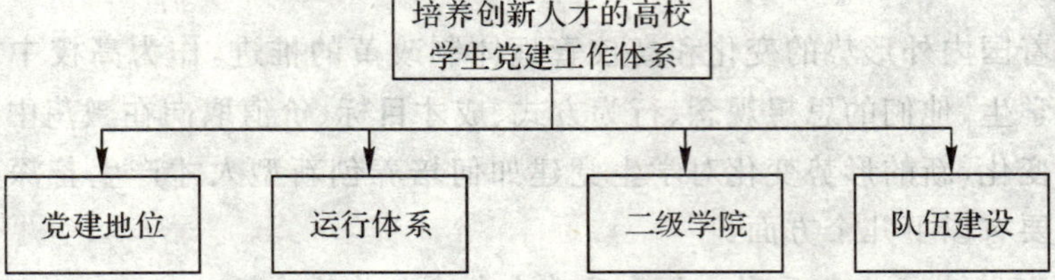

图1 创新型人才培养的工作体系

1. 确保党建在创新型人才培养工作中的首要地位

"党管人才"。高校作为党委领导下的校长负责制运行模式,必须确保党建在人才培养中的首要地位。创新型人才培养是高校高水平的人才教育过程。这个过程对学校与学生都提出了更高的要求,强调以一流的教师、一流的学科、一流的科学研究和一流的管理,使全体学生在学习的全过程中接受到高水平的全面教育和个性培养,使学生真正具备成为国家栋梁和社会创新型人才的潜质。

2. 确保从人才培养角度架构的科学人才培养体系的运行

成立高校学生党建工作机构,在人才培养中实行学生党建对人才培养工作的全局领导。学校有关部门如学生党总支、教学管理、就业中心等都在学生党建工作机构下运行。通过学生党建的政治"龙头"作用,架构起"党建为龙头的五个一"的运行体系,即"以党建为龙头,以学生全面发展为目标、优良学风建设为重点、干部队伍建设为保障、安全稳定为基础、就业工作为导向"的创新型人才教育与管理的工作运行体系。实践证明,这个体系就成为新时期下全面改善与推进学生创新型人才培养工作的适时之举,对推动创新型人才培养工作产生重要作用。

3. 确保党建在二级学院人才培养中的"抓手"作用

创新型人才培养是"过程培养"而不是"目标培养",学院是高校最基础、最重要、最关键的人才培养层面。在学院中,学生党建在人才培养中具有重要作用,学生党建效果如何,直接影响到人才(尤其是创新型人才)培养的质量。因此,大学构建创新人才培养目标,必须把学院的学生党建摆在突出的位置,把发挥学院党建作用作为构建创新人才体系的重要"抓手"。通过学生党建,凸显学院地位与功能,使学院真正做到有责任、有地位、有经费、有权力、有指标。只有这样,学院在创新人才培养方面才有一个扎实稳固的基础。

4. 确保党建在大学教师队伍建设中的"职业生涯规划"作用

培养创新型人才的关键是师资水平。作为党委领导下的大学,没有一流的党建工作，就不可能有一流的教师队伍。中青年教师占整个大学教师队伍的比例大，因此必须为他们的成长构建更优良的平台，提供更广阔的空间。为此，应把学生党建与教师队伍建设结合起来。应考虑建立教师学术生涯规划机制，将人性化和个性化管理理念贯穿到整个师资队伍建设的全过程，把教师个人学术生涯规划纳入学校党委师资队伍培养建设的总体规划，把教师个人发展与学校的整体发展有机地结合起来，形成完整的教师个人职业生涯规划机制。

参考文献

[1]　石国亮. 高校思想政治教育创新引导[M]. 北京：中国言实出版社，2007.

[2]　王润孝. 高等教育改革研究与实践[M]. 西安：西北工业大学出版社，2008.

[3]　李玲娣. 关于新时期高校党建工作的深层次思考[J]. 学校党建与思想教育，2007.

[4]　曹俊兴，程孝良，大众化背景下我国的精英教育之路[J]. 高教研究与评估，2007(7).

大学和谐班级构建要素分析

商存慧

和谐社会需要有和谐的教育氛围，和谐教育需要有和谐的校园环境，和谐校园需要以创建和谐班级作为前提。班主任是班级的管理者和引路人，其管理理念和方式方法在构建和谐班级的工作中起着举足轻重的作用。班级学生的自主性和创新性是构建和谐班级的实力基础；班干部队伍的责任心和集体荣誉感的是构建和谐班级的组织基础；公平、公正、合理的激励机制是构建和谐班级的动力基础。

一、班主任的“人文关怀”理念是构建和谐班级的精神基础

教育是促进人的全面发展的一种社会活动。把学生培养成为一个全面发展的人是现代教育的目标，对学生进行人文关怀以促进其健康成长是教育工作者最根本的教育理念，也是教育工作的主要内容。哲学家雅斯贝尔斯认为“教育过程首先是一个精神成长过程，然后才成为科学获知过程的一部分”。班主任主要是从事以心育心、以德育德、以人格育人格的精神劳动。“人文关怀”更深刻、更准确地反映了班主任教育劳动的意蕴，体现了班主任以人为本的教育理念，表达了班主任对学生情感和态度的关注，是班主任专业化的核心内容。班主任是学生主要的“人文关怀者”，“人文关怀”是现代班主任的重要角色。

班主任是全面关心学生发展的老师，包括关心学生的生活、健康、学习、心理、道德等等。大学生多是初出家门，离开父母，开始过“独立生活”。他们有的来自城市，有的来自农村，由于社会背景和家庭环境的不同，学生的学习目的和个人理想也不相同，对个人与社会、自然环境的关系的认识也不同。有的学生以自我为中心，有的学生组织观念差，有的学生缺乏公德心。因此，如何把大学生培养成为思想政治觉悟高、对经济建设和社会发展的有用之才，便成为班主任的重要责任。

班主任最根本的教育理念、最重要的教育品质就是对学生的精神关怀，能与学生心灵沟通。精神关怀内容是很广泛的，关心、理解、尊重、信任是关怀情感的基本表现，也是学生基本的精神需求，因而也是班主任专业劳动的基本内

容。在大学生活中，学生会遇到许多新情况新问题，如家庭经济困难，亲人突遇意外，“恋爱”问题困扰，偶有疾病或出现意外伤害等。这些情况和问题对许多学生来说难以面对和处理，而且有可能造成学习目标动摇，性格脾气改变。有的学生随波逐流，不思进取；有的学生沉默寡言，自我封闭。因此为了使学生保持身心健康，在其遇到困难和问题时要有人及时给予关怀和温暖，在他们不自信的时候给他们打气，在他们失恋的时候给予肩膀哭泣，在他们取得成绩的时候鼓励鞭策他们要看更高的目标等，班主任正充当了这样一个角色。为了做到这一点，班主任应建立必要而翔实的数据库，其中包括学生及其家庭的联系方式、宿舍安排表、课程表、学生的生日记录、家庭经济困难学生名单、有心理疾患的学生名单等等。这样，在遇到问题时可以处理，在学生生日时可以及时对其表示祝福，还可以有针对性地做好个别学生的思想工作，尤其是家庭贫困的学生，积极给他们联系勤工助学的机会，尽量改善他们的经济处境。

二、充分发挥学生的自主性、创新性和管理能力是构建和谐班级的实力基础

班主任每学期开学引导学生制定班级目标，培养学生的自主精神。在制定班级管理目标时，要求每个学生以主人翁的身份出谋献策，组织他们学习、讨论，共同制定出切合班级实际的目标。班级总目标的确立，一方面使全班学生既要看到前进的方向，又要明确目标实现是每个个体努力的总和；另一方面也要使学生看到目标高而可攀，但必须经过努力才能实现。班级管理目标制定的过程，本身就是学生自我教育、自我激励的过程。

一个民族需要凝聚力，一个家庭需要凝聚力，一个班级同样需要凝聚力。班级的凝聚力依靠班风来体现。自班级建立之初，我们就确定了“团结友爱、互助拼搏、严格谦逊、开拓创新”的班风，同时极力增强班级凝聚力和向心力。班级向心力的形成就是一股强大的凝聚力，这种力量会对每一个学生的发展起潜移默化的教育和激励作用。每个同学是班级中的一个小细胞，是班级兴衰的最决定因素。因此，应启发学生的主体意识，唤醒每个学生在集体中的存在价值，使学生对集体有强烈的责任感，积极性得到充分的发挥。

建立班级自我管理机构，培养学生的管理能力。改革班干部的选举方法。以前班干部的选举由学生提名，举手表决通过。常常有这样的学生，从进大学开始，就因为听话、大胆等原因被选上班干部，以后又因为有了工作经验，有了一定的组织和管理能力，从大学一年级到四年级毕业，连选连任，致使多数学生失去了锻炼的机会。为了使更多的学生有当干部的机会，需要采取干部定期轮换制的方法，下一届班干部从没有担任过的同学中间选举产生。由学生自我推荐作竞选演讲，再由同学不记名投票，民主选举，组建班委会。规定新班集体和旧班集体成员之间交接时期是一个月，这样原先的班干部成员可以指导刚上任的学生，让他们慢慢适应为集体服务的意识，也减少旧班集体成员的失落感。这样可以给更多的学生提供锻炼的机会，使每个人都具有为集体服务的意识，有利于学生干部以后走上社会摆正个人和集体的位置，正确处理个人与事业的关系。

三、一支具有强烈集体责任心和集体荣誉感的学生干部队伍是和谐班级产生的组织基础

学生干部，首先是学生，其次是干部。他们的作用是，服务同学，提高自己，奉献学校。只有品学兼优的学生干部，才能对整个班级具有很强的表率作用。“火车跑得快，全靠车头带”，班干部队伍就是班级的火车头，班风好坏、班级整体形象如何，在很大程度上取决于班干部的责任心、领导能力和模范带头作用。班主任的重要职责之一就是选好班委成员，并指导他们开展工作，这样既有利于自己做好班级工作，又能使一些学生得到培养和锻炼。那么如何才能选出想干事、能干事、会干事的学生干部，是摆在班主任面前的重要课题。

学生干部的选拔，必须坚持公平、公正、合理的原则。班主任要对学生干部严格要求，要向全体同学公开选拔和担任学生干部的具体条件。学生干部首先要具备学习上的优势，即学习成绩名列前茅，这样给其他同学能起到良好的表率作用。其次要有为大家服务的热心，要有诚实的作风，要有无私的奉献精神。当干部不是为自己捞好处，而是为同学、班级、学校服务。再次是要有一定的组织能力，要善于抓工作中的主要问题或主要矛盾，有条不紊地做好各项工作。

当好学生干部应具备“六种能力”，处理好“五种关系”。六种能力包括管理能力、组织协调能力、观察分析问题能力、语言表达能力、出主意想办法能力以及处理突发事件的能力。五种关系是干部与同学的关系、干部之间的关系、干部与老师的关系、干部与异性的关系、学习工作和休息的关系。一个学生干部还应该具备“三性”“三高”和“三心”。“三性”是主动性、积极性和创造性；“三高”分别为高标准、高要求、高效率；“三心”包括忠心、细心和耐心。一个朝气蓬勃的班干部队伍，是班级工作核心，是一个班能否形成良好班风的决定性因素。只有充分发挥班干部在班级管理中的核心作用，班务工作才能有声有色，班级才会有凝聚力，班风才会更加向上，高校本身也会因此更加和谐。

四、公平、公正、合理的激励机制是和谐班级产生的动力基础

美国成功学大师拿破仑·希尔博士指出：“没有任何人是不受激励而做任

何事的。”因此要让人去做某事就必须有相应的激励。所谓激励就是持续不断地激发人们的行为动机，使其心理过程始终保持在激奋的状态，维持一种高昂的热情。进入大学后，学生的基本组织是班级，大学生这个特殊群体决定了班级属于一个特殊的组织。班级管理的好坏直接影响到每个大学生的成长。只有管理好大学班级，营造出一个好的环境，使班级的每个成员能相互鼓励、相互支持、相互竞争，才能发挥出各自最大的潜力。因此，在大学班级管理中引入激励，一方面可以充分调动班级中每个学生的积极性，发挥他们的潜能；另一方面，班主任的工作和行为也有很强的示范和导向作用。

班主任要严于律己，做出示范。“其身正不令则行，其身不正虽令不从”。学生不仅聆听教师的言谈、说教，而且还要注意观察教师的行动。“教师是一个被几十双眼睛所盯视的职业”，因此教师要言行一致，表里如一，以身作则。教师的优秀品德会对学生产生潜移默化的影响和作用。同时班主任要平等地爱护每一个学生，不能对学生有重此轻彼的现象。学生最忌讳的就是老师的不公正和感情的偏向性。或许由于一次无意的感情偏向性，会造成其学生永远地从精神上离开了班主任，更严重地会造成该生的精神层面游离于班级之外。

为了肯定学生的努力与所取得的成绩，促进教学等各项工作的顺利开展，要有具体的奖励措施，如评定不同等次的奖学金，评选优秀班干部、优秀团干部、三好学生、优秀团员以及不同范围的优秀毕业生；再如对表现优秀、有入党愿望的同学，研究确定为入党积极分子，根据条件发展入党。这些都需要班主任认真对待，严密组织，积极参与。要做好此项工作需要把握三点：熟悉和掌握各种奖励的条件和标准，以此对照学生的表现，把奖励条件和标准作为评价学生的最主要尺度；了解和掌握学生的表现情况，做详细的记录。如学生学习成绩的排序，参加各种社会活动情况等；坚持原则、按程序做好评优及奖励活动。原则是：评优奖励的对象必须表现突出，成绩优秀；有群众基础，得到大多数同学赞同和认可。要做到这三点，需要班主任有一颗公正的心，能公平对待班里的每一位同学，评出先进、干劲，营造团结、和谐、良好的班风。

总之，构建和谐班级是素质教育改革的一种探索，对于提高育人质量、促进学生全面和谐发展具有重要意义。构建和谐班级各要素之间是相互关联、相互影响的关系，他们共同作用，相互融合，从而形成一个健康、和谐的大学班级。

参考文献

[1]　朱永新. 中国著名班主任德育思想录[M]. 南京：江苏教育出版社，

2000:124-136.
[2] 班华,等. 发展班级教育系统[M]. 南京:南京师范大学出版社,2000:136-168.
[3] 博尔诺夫 O F. 教育人类学[M]. 李其龙,译. 上海:华东出版社,1999:302-225.
[4] 靳云全. 激励在大学班级管理中的应用[J]. 理论月刊,2005(12).
[5] 王祖. 世界上最有效的管理[M]. 北京:中国统计出版社,2002:126-145.
[6] 严中华,蔡美德,彭文晋. 大学生自我管理技能开发[M]. 广州:华南理工大学出版社,2000:267-294.
[7] 陈志霞. 大学心理学[M]. 武汉:华中科技大学出版社,2001:124-152.

大学生志愿服务的价值与长效机制研究

高旭红

志愿服务是人类文明发展到一定阶段的产物。作为拥有专业知识技能和高素质的特殊群体,大学生逐渐成为了青年志愿者活动的中坚力量和社会关注的亮点。大学生志愿服务热潮的方兴未艾,给高校工作开辟了一片新天地。如何认识大学生志愿服务的价值,如何弘扬“奉献、友爱、互助、进步”的志愿精神、构建高校志愿服务的长效机制,就成了大学生志愿服务科学发展的题中要义。

一、志愿服务的提出

志愿服务起源于19世纪初西方国家的宗教性慈善服务。第二次世界大战以后,随着志愿者主体和服务客体的不断扩大,志愿服务日益大众化、常态化、专业化与规范化。目前,志愿服务以其良好的社会效益越来越受到各国政府和社会的高度重视,参加志愿服务已经成为西方国家广大民众的自觉行动。中国的志愿服务是伴随着改革开放出现的新生事物。特别是2008年汶川大地震灾区志愿服务和北京奥运会志愿服务,使中国人对于志愿服务事业有了新的认识。随着中国的社会转型,志愿服务也不断得到充实与发展。

由于受历史、政治、宗教和区域文化的深刻影响,各国对志愿服务的认识有所不同。综合我国学界观点,目前对志愿服务主要有三种代表性解释:第一,从所属部门角度解释志愿服务。从部门结构来看,志愿服务属于社会三大部门中的“第三域”即社会领域。有学者认为,志愿服务是一种非政府系统的组织行为和服务行动,是民间系统服务于社会的群体行为或个人行为,即民间组织或个人利用自己的知识、技能、体能或财富,通过各种服务性的行动去实现和体现对社会事业的服务与奉献,或实施和完成对有困难的社会群体及个人的服务与保障。第二,从文化视角解释志愿服务。有学者认为,志愿服务是志愿精神的具体体现。联合国前秘书长科菲·安南指出:“志愿精神的核心是服务、团结的理想和共同使这个世界变得更加美好的信念。”第三,从生活方式角度解释志愿服务。有学者认为,志愿服务是志愿者的一种生活方式,是志愿者感恩社会、回报社会、实现自我、完善自我、超越自我的外在体现，是志愿者人性的使然。有学者认为，志愿服务是公民参与社会生活的一种重要方式，是公民社会和公民社会组织的精髓。

以上解释各有侧重点，都有一定的道理。一般而言，志愿服务有两种表现形式：一是有组织的志愿服务，即志愿者通过参加特定组织，以组织形式或以组织中成员的身份为社会提供志愿服务；二是非组织的志愿服务，通常是个人或团体为追求社会利益和自我价值的实现，以非组织形式自发地、不计报酬地为社会或他人提供志愿服务。因此，从推动志愿活动开展方面来说.不能简单把志愿服务界定在狭窄范围内，也不能以某一国的志愿服务为标准。笔者认为，志愿服务是指个人在志愿精神引领下自愿贡献个人时间和精力，在不为物质报酬的前提下，为推动人类发展、社会进步和社会福利事业而提供的服务。其中，志愿者是志愿服务的主体，志愿精神是志愿服务的标尺和灵魂。

二、大学生志愿服务的价值体现

自 1993 年共青团推出“中国青年志愿者行动”以来，青年志愿者行动已成为目前中国青年参与面最广、参与程度最高、具有极高知名度的群众性公益活动。大学生志愿服务是指大学生以志愿者身份参与各项社会服务事业活动的总和。我国大学生志愿服务在总结传统学雷锋活动并借鉴国外志愿者组织机构工作经验的基础上开展起来的。作为社会的特殊群体，大学生具有较高的科学文化素质和较强的社会责任感，是促进社会发展、文明传播的中坚力量。

1.有利于大学生的全面发展

改革以来，随着社会主义市场经济体制的建立，社会价值取向多元化，享乐主义、利己主义抬头，社会责任感随之淡化。大学生的全面发展需要旗帜的导向，也需要一定的载体来落实。高校开展志愿服务，既是大学生倡导社会新风、奉献自我、回报社会的一种方式，同时又是在实践中锻炼自我、自觉成才的一种途径。志愿服务对大学生的全面发展意义重大。第一，增加知识储备，提高技能水平。通过参与多层次的志愿活动，志愿者可走出狭窄的生活圈子，在为他人服务的同时获得学习新知识、新技能的机会。第二，提升精神境界，塑造健全人格。志愿服务可为志愿者提供自我教育和自我完善的机会，大学生在志愿服务中了解社会、了解历史、了解国情，增强社会责任感；通过关心公益事业，奉献爱心，互帮互助，养成文明习惯，增强团结协作意识，塑造健全人格和坚强的意志品质。西北工业大学“阳光工程”志愿者写道：“参加‘阳光工程’活动与其说是教育别人，不如说是去感受震撼，我们才是真正的受助者，通过义务支教，弄懂了什么叫价值，怎样做人。”“我们所得到的远远超过金钱，因为真情、友谊、爱心和人格升华是无法用金钱换得的。”

2.有利于高校软实力的提升

美国学者约瑟夫·奈认为，一国综合国力既包括由经济、科技、军事和资源等表现出来的“硬实力”，也包括以文化、价值观、制度吸引力等体现出来的“软实力”。约瑟夫·奈提出的“软实力”理论，开拓了人们认识综合实力的新视角。高校居于一国社会发展的中心，承载着知识生产、科技创新、服务社会的神圣使命，是推动社会发展、引领时代进步的“引擎”。高校软实力是大学的整体精神风貌，是大学精神、治学理念、办学特色、规章制度、校风学风等多种因素的综合体现，是学校综合实力和核心竞争力的重要组成部分。教育的“泡菜理论”认为，泡菜水的味道决定了泡出来的萝卜、白菜的味道。学校全部的工作就是调整好这个泡菜水，营造高品位的文化氛围，让学生在这氛围中去思考、感悟，净化灵魂，升华人格。这种大学文化是高校对内凝聚人心、振奋精神、构建共同价值观，对外展示形象、提升品牌的重要载体，是高校软实力的重要组成。其中，大学生志愿服务是志愿精神播撒开去的平台，一个高校拥有大量的志愿者，提供具有学校特色的多种志愿服务，就会大大提升高校的软实力和竞争力。

3.有利于和谐社会的构建

讲文明树新风，是志愿服务的响亮主题。随着社会的发展，志愿服务越来越需要有专长的志愿者参与进来，这样才能提供高质量的志愿服务，才能有利于和谐社会的构建。大学生参与志愿服务既帮助他人、服务社会，同时传递爱心和传播文明。首先，作为一条强有力纽带，志愿服务把大学生联系在一起，友爱、互助、进步、奉献的新型互动关系的形成，客观上起到社会整合的功能。其次，大学生志愿者致力于帮助有困难者，积极为其排忧解难，促进了人与人之间、不同社会群体之间的了解和沟通，缓解了由于社会群体分化所带来的矛盾。第三，大学生志愿者不仅提供了优质高效的服务，而且对于补救或预防某些问题发生和恶化发挥着积极作用。比如直接参与抢险救灾、环境保护等志愿服务在最短时间内集合起社会力量进行治理，可有效地防止问题的蔓延。根据共青团中央的统计数据，中国大学生志愿者的增幅超过GDP的增幅。截至2007年12月，我国累计已有超过2.68亿人次的青年在扶贫开发、社区建设、环境保护、大型活动、应急救援、海外服务等领域为社会提供了超过61亿小时的志愿服务。总之，大学生志愿服务领域宽、渠道广，能有效弥补政府服务和市场服务的不足，为百姓解难，有利于在全社会形成团结互助、平等友爱、共同进步的社会氛围和人际关系，增加和谐因素。

三、构建高校志愿服务的长效机制

把各方面资源整合起来，积极推动大学生志愿服务事业的科学发展，是社会文明进步的必然趋势。为了拓展大学生志愿服务的广度与深度，提高大学生志愿服务的效率和水平，实现志愿服务活动由以阶段性为主向经常性转变、志愿服务管理由松散型向规范化转变，高校需要构建志愿服务的长效机制。

1. 将志愿服务引入大学生培养计划，完善考核激励机制

青年是志愿服务的生力军，高校是开展志愿服务教育的主阵地。2008年，中央精神文明建设指导委员会《关于深入开展志愿服务活动的意见》指出：要把志愿精神作为大学生思想政治教育的重要内容纳入学校的教育教学，体现到课堂教学、课外活动和社会实践中。为了使大学生志愿服务正规化，可将志愿服务纳入大学生培养计划之中，规定在校期间必须从事一定时间的志愿服务方可拿到毕业文凭。而作为一种特殊的道德行为，志愿服务的教育意义在于能够将思想政治教育理论成果转化为具体实践，标志着思想政治教育对象的知行统一，在较高层次上彰显和表征着思想政治教育的成效。目前，志愿服务已成为西北工业大学思想政治理论课实践教学环节的必修内容。

科学的量化评价标准和考评办法，是大学生志愿服务科学化的重要标志。要以服务时间和服务质量为尺度，以日常服务记录和组织评价、服务对象评价为依据，对大学生志愿者工作的绩效进行客观评价。具体而言，要把大学生参加志愿服务情况纳入到学生党员的发展、入党积极分子的培养之中，计入大学生的综合测评，与奖、贷、补等方面挂钩。同时，完善以精神激励为主、物质奖励为辅的志愿者激励机制。志愿服务是一份需要默默无闻辛勤耕耘的事业，任何急功近利的心理都无法将这份事业坚持下去。因此在实施激励中，对于仅走形式而无实际效果的志愿者应进行批评教育，对踏踏实实参与服务、卓有成效的个人和集体要进行表彰。高校可开展"学校十佳志愿者"等优秀志愿者评选活动，通过星级认定、奖章颁授、评选表彰等加强大学生志愿服务评价奖励机制，切实加强志愿者的权益保障、就学就业等方面服务。

2. 改革管理机制，提升志愿服务水平

虽然志愿者组织力求结构简单，自由灵活，但是长期无序则会陷入发展困境。必要而有效的组织层次，统一的指导协调机构，是保障志愿服务健康顺利发展的保证。

第一，改革管理机构。一是建立校级志愿服务指导中心，由学校团委专人负责，思想政治理论课教师协助，共同指导大学生志愿服务的顺利发展。二是为志愿服务的管理与实施操作层面，包括校、院级志愿服务队，从事具体的服

务项目实施。

第二,加大志愿服务的宣传力度。课题组调查显示,37.3%的大学生对学校志愿服务不太了解,46.9%的有点了解,并认为有机会他们将参与,15.4%的对志愿服务没有兴趣。可见,大多学生对志愿服务没有清楚的认识。只有让大学生充分了解志愿服务,才能在一定程度上避免因不了解情况而丧失志愿服务积极性的情况。高校要利用电视台、广播站、思想政治理论课教学、设立咨询台、张贴海报、悬挂横幅等形式广泛宣传志愿服务,营造有利于志愿服务的浓厚舆论氛围。

第三,推行注册制度,加强服务培训。大学生参加志愿服务的动机多种多样,行为具有一定的盲目性和随机性。不少大学生不安心于从事专业技能不强的献爱心活动,加上大学生与社会处于"半隔离"状态,对社会了解有限,一旦委以重任就暴露出不善与人沟通、不能很快融入工作团队、甚至连基本的为人处世都不会等诸多问题。为规范志愿者的服务,志愿者注册势在必行。为了增强注册的便利性和针对性,高校可探索QQ群、网络论坛等吸引大学生注册的新途径,依托管理型志愿者组织广大学生,实现志愿者队伍"裂变式"发展。同时,分级分类的志愿服务培训必不可少,主要包括:志愿服务理念与一般技能的培训(沟通能力,团队工作能力,敬业精神,独立解决问题能力等);根据志愿服务项目要求,围绕"干什么""为什么干"与"怎么干"等问题邀请专家,志愿服务典型进行相关知识和技能培训。对大学生而言,最重要的是结合所学专业进行志愿服务,用自己所学的知识帮助他人,服务社会。

3.拓展志愿服务载体,培养服务品牌

根据志愿服务活动的性质,在校大学生志愿服务主要有两种载体:一是大型赛事与大型会议志愿服务。这类服务具有临时性,但最能吸引大学生的踊跃参与。二是公益性志愿服务,如环保宣传、社区爱心援助、烈士陵园和科技馆的义务讲解员、普法宣传等,这类活动具有公益性、长期性和专业性。当前,需要拓展志愿服务载体,培养志愿服务品牌。

加快志愿服务基地建设。志愿服务项目和基地是志愿服务组织开展志愿服务的重要载体。基地建设应立足校园、面向社会,与一些社区、家庭、孤儿院等单位建立长期志愿服务的协议,让大学生志愿服务代代相传,让服务对象能接受到长期帮助,使志愿服务更加具有影响力。同时,将服务试点投向更为广阔的社会需要,丰富已经开展的日常生活性服务、医疗健康型与科技文化型的内容,针对社会关注的焦点开发法律援助,青少年心理健康咨询,教育环保等方面的新项目,通过在更大范围内开展志愿服务,将志愿服务的目光从关注弱势群体的生活投向提升人的生存质量和社会可持续发展这一更为广阔的空间。

依托多种平台，拓展志愿服务。支教支农、扶贫帮困、环境保护、公益捐赠、大型活动、法律援助等需要公益关注都可以成为志愿者参与的领域。目前，西北工业大学85个学生社团中，志愿服务性质的社团占到社团总数的23%，以“为绿色中华而努力奋斗”宗旨的“星星火”环保志愿者协会、以服务于贫困山区学龄儿童的山区曙光志愿者服务队、以服务失学女孩的红凤工程与爱心彩虹志愿者服务队等。依托公益类社团参与志愿服务，是大学生志愿服务的重要渠道。

精心设计服务项目，培育志愿服务品牌。在市场经济条件下，高校的志愿服务组织好比是一个从事精神产品生产的“工厂”，产品的商标是“志愿者”，消费者是广大志愿服务的对象。志愿者行动要想产生持久、深入的社会影响力，必须注重培育志愿服务的品牌项目。“阳光工程”是西北工业大学一个志愿服组织，经过多年发展已建立了西钢、陕建八、3513、西安仪表厂、延光厂、东大等7个社团活动区，先后有近万名大学生申请参加。“阳光工程”先后获“中国杰出志愿服务集体”“陕西省学雷锋先进集体”“陕西省优秀学生社团标兵”等荣誉，已成为西北工业大学的品牌项目之一。实践证明，有持久生命力的志愿服务项目都精心设计的，且能兼顾志愿者特点和受助对象需求，将分散的志愿行为整合为持续性的集体力量，从而为特定的受助对象群体提供针对性服务。各类志愿服务组织应立足自身优势，紧密结合志愿者的特点和受助群体的现实需求，大力开发和推广对志愿者有吸引力、对受助者有切实帮助的志愿服务项目，使志愿服务充满生机和活力。

综上所述，志愿服务是一项平凡而伟大的事业，是社会文明进步的重要标志。课题组抓住志愿服务这个突破口，将参加志愿服务作为大学生思想政治理论课实践教学的重要形式，将参加志愿服务情况作为大学生思想政治理论课学习效果的重要考核指标，取得了一定的成效。大学生志愿服务的利己、利他、利校与利社会的价值，在志愿服务活动中得到了充分体现。加强、改进大学生的志愿服务，提高大学生志愿服务的效率和水平，需要各方面的共同努力和参与。

参考文献

[1] 丁元竹.志愿活动研究类型、评价与管理[M].天津:人民出版社,2001.

[2] 安国启.志愿行动在中国——中国青年志愿者行动研究[M].北京:中国青年出版社,2002.

[3] 江汛清.与世界同行——全球化下的志愿服务[M].杭州:浙江人民出版

社,2005.

[4]　关于进一步加强和改进志愿者工作的意见[J].北京青年工作研究,2009(4).

[5]　李国荣.试论志愿者、志愿服务、志愿精神的内在底蕴[J].社科纵横,2009(4):54-55.

[6]　周炳振,等.大学生志愿服务长效机制研究[J].思想理论教育,2005(增刊).

以人为本思想在重点学生管理中的应用

巨维博　徐方暖　李　捷　王军军

在市场经济社会环境下，高校"重点"学生越趋呈现多样化，这严重影响着高校的安全稳定运行，同时也给社会和家庭造成不可挽回的损失。因此，各高校都在设法解决类似的难题，然而在这一过程中管理者往往苛求用统一的标准和教育目标来要求学生，而忽视受教育主体的客观差异性、不同个性及发展需求，过分突出管理者的主导作用，忽视管理者和管理对象都是管理过程的主体，这往往造成很多本可避免或可减少的不稳定因素的发生，由此更需要管理者在新形势下寻找新途径。同时以人为本，科学指导，认真做好重点学生工作，是维护学校安全稳定重要的基础性工作，也是推动学生工作整体进步、和谐发展的必然要求。根据重点学生管理服务的精神，坚持"全员、全力、全心"的方针，制定动态系统化管理方案，结合学校实际，学生工作干部应深入了解学生状况，认真摸排重点学生情况；建立健全档案，细分重点类型，认真研讨重点学生工作新思路，积极探索新方法，始终坚持"靠前一步把管理变成服务"理念；逐步使重点学生工作规范化、制度化、科学化。本文以西北工业大学力学与土木建筑学院的学生为对象，采取五方面的措施，深入推进体系建设，取得了显著效果。

一、健全档案，细分类型

重点学生的档案建立是统筹把握重点类型的基础，完整清晰的档案有助于学生工作干部更加全面地了解学生当前情况，记录变化过程的每一个点滴，为学生工作干部科学指导提供有力的保障。

在入学伊始，通过查阅学生档案材料、与周围同学及家长沟通等多途径了解每位学生的实际情况，然后细分重点学生类型，分门别类做好重点学生档案，及时更新重点学生当前状况，建立一套完备的重点学生档案。每一名学生工作干部定期汇报当前重点学生情况，共同分析成因，探讨解决办法，分管领导及时约谈情况突出的重点学生，全员、全面、全方位做好必要的预防和干预。

二、找准问题，精心解决

现在的大学生有鲜明的时代特点，“80 后”“90 后”已经成为大学生的主体。特别是部分学生学习的纪律性、自觉性差，学习目的不明确、态度不端正、方法不科学或沉溺于虚拟的网络世界，从而造成学习成绩差且学习动力不足。针对这些现象，应认真分析成因，找准问题，提出方案，精心解决。

(1)通过抓党风促学风，深入开展学生党建“三个一”工程，响应学校“创先争先”的号召，在学生中树立努力学习的榜样，激励广大学生和学生班级努力进取，帮助学生明确学习目标，营造良好竞争氛围，全面推进优良学风建设。在大一、大二学生中，营造浓厚的“比、学、赶、帮、超”氛围，周一至周五实行“三早一晚”制度，每天早上辅导员和高年级党支部委员轮流负责签到，监督学生按时早读，培养学生良好的学习习惯，并经常性组织集体自习，针对普遍性的疑问，组织学习成绩优秀的学生统一为大家讲解。

(2)要求学生工作干部必须和每位学习困难的学生至少每月谈话一次，了解同学情况，帮助学生分析原因，找出解决问题的办法。学期初，与重点学生共同分析上学期的存在的问题，在经过多方努力无效后，符合学校相关处理条件的学生，及时上报学院，对屡教不改的从严处理；学期末，与重点学生共同温习学校的规章制度，强化认识。

(3)多方联手，共同帮助。学院定期召开班主任会议，及时通报重点学生类型及存在的问题，要求班主任定期约谈重点学生给予指导与帮助，及时反馈有关情况。努力联系各科任课老师，将学习成绩差以及经常有逃课行为的学生情况书面告知各科任课老师，以加强对这些同学的督促和关心，帮助其端正学习态度。加强班干部队伍建设，要求学习委员协助学习困难的同学制订学习计划，并加强上课点到，班长每月汇报一次学习困难学生当前情况。另外，要求每一名学习成绩优秀的学生与一名学习困难的学生结对子，带领他们上自习，细化课外辅导，及时解决学习过程中的疑问。

(4)实行学生预警机制，经学院认真排查，认定为重点学生后，及时与重点学生家长取得联系，通报该学生当前情况，向家长建议解决问题的相关方法，说明由于处理不当所造成的相关后果，并寄发《力学与土木建筑学院家长告知书》，要求家长签字后寄回。

三、细心呵护，营造温暖

由于家庭、社会、学校环境等方面的影响，贫困大学生存在不良的心理特点，如自卑、焦虑、孤僻等，伴随着贫困出现的种种问题，不是仅仅靠经济手段所能解决。面对特定关爱的群体,学院注重人文关怀,不仅在学校管理制度和政策上寻求对贫困学生给予诸多优惠,而且在日常教育与管理工作中有所侧重地给予关爱。

(1)坚持“公平、公正、公开”原则,注重过程教育。每学年以学校困难学生的认定办法为依据,细化认定环节和程序。由学生个人提出申请,班级召开班会讨论,然后把投票表决结果交给班主任,班主任认定后,交由年级辅导员,由年级辅导员召开年级工作组会议,投票结果报学院学生工作组审批,审批结果在院内必须公示至少三天以上。此外,学院要求各年级辅导员要时时了解重点学生的情况,对不符合规定的困难学生及时处理,实行动态管理。

(2)利用多种形式,切实加强对家庭经济困难学生的思想政治教育工作,引导他们树立信心、克服困难、稳定情绪,乐观地学习和生活,并通过思想政治教育工作,在全院范围内形成一个积极向上、团结友爱、扶贫济困的良好风尚。

(3)关心、帮助家庭经济困难学生解决心理问题,要求学生工作干部要特别关注那些生活困难、因经济问题造成的心理压力过大、缺乏必要的人际沟通、心理承受能力相对较差、表达能力和自强意识淡薄的家庭经济困难学生,着力提高他们的心理素质和学习生活能力。

(4)进一步加强感恩、诚信教育,除通过播放感恩、诚信教育等视频材料,还鼓励家庭经济困难学生参加志愿者活动、义务家教、公益性劳动等活动回馈社会,且每学年必须完成40学时的工作量。

(5)充分重视周围学生的教育工作,积极营造互帮互助、团结友爱的班集体,动员广大同学献爱心。特别教育那些家庭环境不错,又获得高额奖学金的同学,动员他们主动为贫困学生解决日常一些费用,细微处见真情。

(6)营造轻松的校园文化氛围,充分利用党团组织、学生组织等集体活动的平台,让他们积极参与其中。这不仅加强了爱国主义和集体主义教育,而且可以提升贫困学生的文体活动、社交活动能力,促进个人素质的全面提高,还可以调整个人的心理状况,促进个人健康成长。

四、多方沟通,全心帮助

健康的心理是大学生接受思想教育以及文化科学知识的前提,是大学期间正常学习、生活、工作的基本保证。大学生的心理健康不仅关系到大学生个人的成长,也关系到一代新人的培养。明确心理健康对大学生成长的影响,了解大学生常见的心理障碍问题,加强对大学生进行心理健康教育,帮助大学生预防心理疾病,提高心理健康水平,优化心理素质,促进人格成熟,也是安全稳定工作的内在要求。

(1)多方沟通,认真排查。要求辅导员和学生交心,交朋友,重视心理障碍的预防工作,加强感情上的交流,用我们的感情开展工作,积极主动地接触学生,每周至少去一次学生公寓,经常性回访周围学生并深入课堂了解心理障碍学生的情况,主动与班主任、研究生导师联系了解学生情况,为开展有针对性的思想工作创造有利条件。

(2)加强学生自我心理调节能力的培养,教育学生要正确对待挫折,面对困境要积极寻求解脱并找出原因。使学生能对自己的情绪进行把握与调节,豁达大度、遇事冷静、放弃成见、身心放松,常能做到自我正确的安慰;能合情合理地对待自己的各种需要,培养应对挫折的承受力。

(3)充分发挥班干部的作用,完善校级、院级、班级心理健康教育网络,教育周围同学,注意自己言行,尽全力帮助心理障碍学生,发现突出重点问题,及时上报学院。要求年级辅导员定期走访重点学生宿舍,了解周围学生的情况,妥善处理矛盾问题。

(4)及时联系家庭成员了解背景情况,并主动把存在心理障碍学生情况通报家长,要求家长协助学院积极疏通学生的心理障碍。

五、动态管理,维护稳定

在现实社会中,经常会遇到如地震泥石流灾区、少数民族、未就业学生的教育与管理问题。应对复杂的社会环境,适时认定重点关注对象,不断探索解决多类重点学生的工作方法。

(1)面对地震泥石流灾区的学生群体,我们首先全面了解学生情况,认真记录有关问题,及时与学校有关部门沟通,妥善解决相关问题。同时,定期找该群体学生了解情况,利用节庆日组织学生座谈,为每一名学生制作贺卡并寄送回家。

(2)坚持从少数民族学生的特点和实际出发,把综合素质高和创新能力强的少数民族骨干人才作为培养目标,以“教育细化,管理细致,服务细心”为工作思路,从“细”处着手,积极探索少数民族学生教育管理的模式。针对少数民族群体,除了分类型开展工作外,鼓励有条件的班级组织少数民族传统的联欢活动,要求辅导员尽可能参加少数民族的节日活动,为其送上最诚挚的祝福,拉近彼此的距离。从入学阶段开始就经常性地开展爱国家、爱民族、爱家乡的教育,注重他们思想政治教育。

(3)随着就业压力的增大,每年的未就业学生群体有不断扩大的趋势,新型的重点学生群体呼之欲出,他们或焦虑或急躁或想不开。学生工作组要求毕业班辅导员除加强就业指导外,还应深入了解未就业学生情况,必须做好全面的摸底排查工作，找准出现问题的难点，做到多了解、多帮助、多指导。学院还针对这部分学生，定期召开座谈会，宣讲国家、学校有关政策，鼓励、帮助学生正确面对暂时的困难。

六、总结

随着困难学生类型的多样化，学生个性表现和维权意识的逐渐增强，只有全面推进“以人为本”的学生管理，以学生为出发点和归宿，满足学生的合理需求，最广泛地调动学生的积极因素，最充分地激发学生的创造活力，最大限度地发挥学生的主观能动性，充分尊重学生的人格价值和尊严，尊重学生的个性、利益、需要、知识兴趣和爱好，才能更好地促进学生全面发展和健康成才。

参考文献

[1] 罗锦银. 以人为本构建我校学生工作新格局[J]. 武汉科技学院学报，2005(2).

[2] 王迎丰. 论高校学生工作以人为本的思想[J]. 乐山师范学院学报，2003(6).

[3] 隋松智. 坚持以人为本，创新高校学生工作[J]. 国家教育行政学院学报，2004(4).

[4] 张国栋. 新时期高校学生工作探析[J]. 呼伦贝尔学院学报，2003(1).

后　记

在《高等教育改革与创新》第六册即将付梓之时，我长长地舒了一口气，由于我的工作发生了变动，将放下这副挑了近10年的担子。酸甜苦辣，五味杂陈，心中久久不能平静。

2001年10月，学校机构改革，设立了党委政策研究室；从2002年开始，学校每年拨款10万元设立政策研究基金，资助全校教职工开展教育理论研究和调查研究。到目前为止，教育理论研究已经开展了8年。教职工和他们所带领的研究生，坚持以中国特色社会主义理论体系和科学发展观为指导，发挥工科院校工理管文学科交叉、逻辑思维缜密等特点，围绕国家发展战略、学校重点工作、党建及德育工作以及大学文化建设等课题，进行深入研究。理论研究采取项目管理的模式，包括每年发布科研项目指南、全校人员申报、专家评审、立项资助、过程检查、项目结题以及专家评审验收等诸多环节。在这里，我要感谢马彦群、林维欣、唐宗焕、施建民、祁随元、黄迪民、段根良、支希哲以及校外的梁克荫、杜希民等专家评委，谢谢他们对该项工作持之以恒的大力支持！

从2002年至2010年，政研基金共资助立项项目207个，目前在研项目21个。在已经完成的186个项目中，共产生394篇论文或研究报告，其中183篇论文在全国各类刊物上公开发表或在国内外学术会议上交流，相当一部分论文发表在教育和管理类中文核心期刊上，有的论文被人大报刊复印资料全文转载，有的被EI和ISTP检索。一些调研报告成果经摘编后，以《调查与研究》内刊形式送学校领导和有关职能部门负责人参阅。截至目前，已编辑并公开出版《高等教育改革与创新》共计6册，挑选收录研究论文250余篇，计200余万字。《高等教育改革与创新》系列丛书，不仅汇集和保留了作者的研究成果，而且在学校本科生教育、研究生教育、党的建设、办学水平提升工程等重大检查评估中，起到了材料支撑和佐证作用。

总结8年来政策研究工作，其主要成效体现在以下几个方面：

一是通过申报立项、基金资助、专家评审等方式，全校群众性的教育理论研究活动得以开展，并纳入科学化、规范化的管理轨道，充分调动了文科和管理学院教师及研究生、职能部门干部从事理论研究的积极性，目前群众性的理论研究氛围已经形成，促进了理论研究水平的整体提升。二是理论研究在服务学校工作的同时，教职工个人的理论水平和理论素养得到潜移默化的滋长。他们的研究成果，或是为成功申报更高级别的社科基金项目打下了基础，或是为职称的晋升提供了重要的砝码。对此，一些晋升为教授、副教授甚至博导的文科教师心存感激。三是相当一部分文科和管理研究生参与导师牵头的项目组，在实际工作中锻炼了他们的创新思维和研究能力。四是提高了西北工业大学在全国高校的知名度和影响力。中国高等教育学会所属的《中国高教研究》编辑部，每年对全国高校国内 14 种高等教育核心期刊发表论文情况进行统计和排名，西北工业大学教育研究论文从榜上无名到近几年有了大幅度的提升，2006 年首次跃居陕西省高校之首和西部高校第二，这其中就有政策研究基金资助论文所做的铺垫。

高等教育在实践层面也取得了较大成绩。在学校党委书记和校长的领导下，党委政策研究室联合相关职能部门，系统地总结了学校“十五”期间在内部管理改革方面取得的成功经验，编辑公开出版了《国防高校管理创新与实践》，在原中华人民共和国国防科学技术工业委员会组织的项目评审会上受到专家们很高的评价，该项目以创新性、系统性、实践性和示范性的特色，获 2004 年度国防科技进步二等奖(软科学类)。

人生在历史长河中是短暂的，人生有涯而事业无涯，能在党委政策研究室工作近 10 年的宝贵时光中，为学校和教职工做成一两件事情，不遗余力地为大家服务，心里应该是坦然的。在这里，我要感谢先后在党委政策研究室工作的晁小荣、訾方、秦瑜宏，感谢党政办公室正副主任和全体同志，因为他们的大力支持才成就了我今天的小小成绩，我很怀念逝去的快乐而温馨的时光。最后，我还要感谢西北工业大学出版社负责《高等教育改革与创新》系列丛书的雷军同志，感谢所有帮助、支持、爱护我的同事和朋友！

徐　澄[1]

2010 年 12 月 27 日

---

① 徐澄，2001 年 10 月至 2010 年 12 月任西北工业大学党委政策研究室主任，研究员，教育学硕士生导师。